Auxiliando a humanidade a encontrar a Verdade

Ramatís

MENSAGENS DO ASTRAL

Obra mediúnica
ditada pelo espírito
Ramatís ao médium
Hercílio Maes.

© 1964 — Hercílio Maes

Mensagens do Astral
Ramatís (psicografado por Hercílio Maes)

Todos os direitos desta edição
reservados à
CONHECIMENTO EDITORIAL LTDA.
Fone: 19 3451-5440
www.edconhecimento.com.br
conhecimento@edconhecimento.com.br

Nos termos da lei que resguarda os direitos autorais, é proibida a reprodução total ou parcial, de qualquer forma ou por qualquer meio — eletrônico ou mecânico, inclusive por processos xerográficos, de fotocópia e de gravação — sem permissão, por escrito, do Editor.

Ilustração da Capa: Mário Diniz
Projeto Gráfico: Sérgio Carvalho
Colaboraram nesta edição:
Mariléa de Castro
Paulo Gontijo de Almeida
Sebastião de Carvalho

ISBN 978-857618-350-1 — 18ª EDIÇÃO - 2015

• Impresso no Brasil • *Presita en Brazilo*

Produzido no departamento editorial da
CONHECIMENTO EDITORIAL LTDA
Impresso na

a gráfica digital da **EDITORA DO CONHECIMENTO**

Dados Internacionais de Catalogação na Publicação (CIP)
(Câmara Brasileira do Livro, SP, Brasil)

Ramatís (Espírito)
 Mensagens do Astral / Ramatís ; obra mediúnica ditada pelo espírito Ramatís ao médium Hercílio Maes. — 18a ed. rev. por B. Godoy Paiva — Limeira, SP : Editora do Conhecimento, 2015.

 430p.
 ISBN 978-85-7618-350-1

 1. Profecias 2. Evangelhos - Comentários 3. Cosmologia 4. Espiritismo 5. Jesus Cristo - Interpretações espíritas 6. Mediunidade 7. Psicografia I. Maes, Hercílio, 1913-1993. II. Paiva, B. Godoy III. Título.

06-5811　　　　　　　　　　　　　CDD — 133.901

Índice para catálogo sistemático:
1. Profecias 2. Evangelho - Interpretações espíritas
: Obras psicografadas : Doutrina espírita 133.901

Ramatís

MENSAGENS DO ASTRAL

Obra mediúnica
ditada pelo espírito
Ramatís ao médium
Hercílio Maes.
Revista por
B. Godoy Paiva

18ª edição — 2015

Obras de Ramatís editadas pela **EDITORA DO CONHECIMENTO**

HERCÍLIO MAES
- A Vida no Planeta Marte e os Discos Voadores – 1955
- Mensagens do Astral – 1956
- A Vida Além da Sepultura – 1957
- A Sobrevivência do Espírito – 1958
- Fisiologia da Alma – 1959
- Mediunismo – 1960
- Mediunidade de Cura – 1963
- O Sublime Peregrino – 1964
- Elucidações do Além – 1964
- Semeando e Colhendo – 1965
- A Missão do Espiritismo – 1967
- Magia de Redenção – 1967
- A Vida Humana e o Espírito Imortal – 1970
- O Evangelho à Luz do Cosmo – 1974
- Sob a Luz do Espiritismo (Obra póstuma) – 1999

SÁVIO MENDONÇA
- O Vale dos Espíritas – 2015
- Missão Planetária – 2016
- A Derradeira Chamada – 2017
- O Sentido da Vida – 2019
- Amor: Encontros, desencontros e Reencontros – 2020
- Mediunidade sem Preconceito – 2021
- Por que Reencarnar? – 2022

MARIA MARGARIDA LIGUORI
- Jornada de Luz
- O Homem e o Planeta Terra
- O Despertar da Consciência
- Em Busca da Luz Interior

AMÉRICA PAOLIELLO MARQUES
- Mensagens do Grande Coração

OBRAS COLETÂNEAS:
- Ramatís uma Proposta de Luz
- Face a Face com Ramatís
- Um Jesus que Nunca Existiu
- Simplesmente Hercílio
- A Missão do Esperanto
- A Origem Oculta das Doenças
- O Objetivo Cósmico da Umbanda
- Do Átomo ao Arcanjo
- O Apocalipse
- Marte: O futuro da Terra
- O Além – Um guia de viagem
- Geografia do Mundo Astral
- O Homem Astral e Mental
- O Carma
- O Menino Jesus
- Homeopatia – A cura energética

Coletâneas de textos organizadas por SIDNEI CARVALHO:
- A Ascensão do Espírito de A a Z – Aprendendo com Ramatís
- Ciência Oculta de A a Z – O véu de Ísis
- Evangelho de A a Z – A caminho da angelitude
- Jesus de Nazaré – O avatar do amor
- Mecanismos Cósmicos de A a Z – O amor do Pai
- Mediunidade de A a Z – O portal da Luz
- Saúde e Alimentação de A a Z – O amor pelos animais
- Transição Planetária de A a Z – A chegada da Luz
- Universalismo de A a Z – Um só rebanho

Obs: A data após o título se refere à primeira edição.

HOMENAGEM

A Antônio Luiz do Lago, a cujo espírito laborioso e repleto de renúncia se deve o santificado patrimônio da Instituição e Editora Divino Mestre, cuja obra se destina à divulgação exclusiva das verdades morais e espirituais consagradas no Evangelho de Jesus.

A B. Godoy Paiva, a cujo labor devotado e lucidez de ideias se deve a revisão que tornou fluente e apreciável o encadeamento desta obra.

Curitiba, 20 de outubro de 1956

Sumário

Nota de repúdio à pirataria 9
Esclarecimentos 11
Prefácio 13
Explicando 17
Palavras de Ramatís 24
1. Os tempos são chegados 31
2. O Juízo Final 58
3. As influências astrológicas 74
4. O signo de Pisces 89
5. Os reis magos 99
6. O valor da profecia 106
7. A Bíblia e sua significação 146
8. O simbolismo do "Apocalipse" 153
9. A "Besta" apocalíptica 172
10. O número 666 na profecia apocalíptica 194
11. A queda angélica e a ação satânica 203
12. O astro intruso e sua influência sobre a Terra ... 225
13. Os que migrarão para um planeta inferior 249
14. A verticalização do eixo da Terra 279
15. As explosões atômicas e os efeitos cármicos 294

16. A higienização da Terra, suas futuras riquezas
e suas novas condições de vida 300
17. Os Engenheiros Siderais e o plano da Criação ... 322
18. O terceiro milênio e a nova humanidade 366
Ramatís e seus críticos 387
Ramatís e seus conceitos 390
Considerações sobre opiniões do Além 408
A voz oficial do Espaço ou das instituições
religiosas ou espiritualistas 410
O trabalho de Ramatís analisado pela Federação
Espírita do Estado de São Paulo 427

Nota de repúdio à pirataria

Respeitar o sacrifício alheio para produzir uma obra espírita é o mínimo que se espera de todos que almejam alcançar a condição de "bons espíritas", conforme nos ensina *O Evangelho Segundo o Espiritismo*, no capítulo 17, intitulado "Sede perfeitos", item **Os bons espíritas**.

O capítulo 26 desta obra básica ("Dai de graça o que de graça recebestes") nos conduz a uma importante reflexão sobre o tema "mediunidade gratuita", explicando, de forma muito objetiva, o papel do médium como intérprete dos Espíritos:

> ... receberam de Deus um dom gratuito – o dom de ser intérpretes dos Espíritos –, a fim de instruir os homens, mostrar-lhes o caminho do bem e conduzi-los à fé, e não para vender-lhes palavras que não lhes pertencem, porque não são produto de suas concepções, nem de suas pesquisas, nem de seu trabalho pessoal. ...

Contudo, muitos seguidores da Codificação têm um entendimento equivocado a respeito da produção das obras espíritas e/ou espiritualistas, atribuindo a elas o ônus da gratuidade, ao confundir a produção editorial com a mediunidade gratuita, universo do qual ela não faz parte.

É fundamental separar uma coisa da outra, para que os espíritas não sejam induzidos a erros, cujos efeitos morais e éticos conflitam com os princípios espirituais.

Para que um livro de qualquer gênero literário chegue às mãos dos leitores, é preciso mais que a participação do autor (ou do médium escrevente), uma vez que o processo editorial depende de inúmeros profissionais qualificados em áreas diversas. Sem eles, as ideias e conteúdos não se materializariam em forma de livros.

Portanto, tradutores, revisores, editores, digitadores, diagramadores, ilustradores, capistas, artefinalistas, impressores, distribuidores, vendedores e lojistas fazem parte desse rol de profissionais empenhados na veiculação das obras espíritas/espiritualistas. Sem citar os custos da produção gráfica com papel e insumos que influem no preço final do livro.

Como se pode perceber, para que um conteúdo, uma psicografia, chegue aos leitores, percorre-se um longo caminho que envolve uma equipe diversa, em que muitos dos profissionais não são médiuns nem voluntários e, portanto, não se inserem na máxima: "Dai de graça o que de graça recebestes".

Por isso, ao se praticar a pirataria, apropriando-se indevidamente de uma obra literária, seja através da reprodução de seu conteúdo por arquivo pdf ou digital, visando ao compartilhamento "fraterno" dos ensinamentos da Doutrina Espírita, se está na realidade infringindo a lei da Primeira Revelação: "Não roubarás!". Sim, porque apropriação indébita de bens que também fazem parte do plano material é um delito, qualquer que seja a suposta boa intenção.

Este é o alerta que a maioria das editoras, inclusive as espíritas, gostaria de fazer chegar aos leitores e que a Editora do Conhecimento inclui na conclusão desta belíssima obra, fruto de um trabalho editorial que não envolveu voluntários, mas sim profissionais remunerados que exigem respeito por suas atividades.

Deixamos aqui registrado nosso repúdio a sites, blogs, fóruns e outras mídias que pirateiam e armazenam obras literárias. Ao fazer uso ilícito desses depósitos de livros roubados, "espíritas e espiritualistas" se distanciam cada vez mais do seu aprimoramento moral.

Finalizando, lembramos que "o homem de bem respeita todos os direitos que as leis da natureza atribuem aos seus semelhantes, como gostaria que respeitassem os seus" (*O Evangelho Segundo o Espiritismo*, capítulo 17 "Sede perfeitos", item **O homem de bem**).

Conhecimento Editorial
Seus editores.

Esclarecimentos

Em 1961 a segunda edição de *Mensagens do Astral* foi impressa com um número reduzido de páginas, em relação à primeira edição. Os argumentos expostos pelos editores e responsáveis por aquela edição foram apresentados como "Esclarecimentos sobre a segunda edição", que reproduzimos abaixo:

Premidos pelas atuais circunstâncias de carência e alto custo do papel para impressão de livros, o que obriga os autores e editores a reduzirem as obras muito extensas e volumosas, sob pena de torná-las proibitivas aos leitores menos favorecidos, vimo-nos constrangidos a eliminar alguns trechos insertos na primeira edição desta obra, os quais, no entanto, não fragmentam a contextura, por tratar-se de acréscimos independentes do texto principal.

Assim, rogamos a Ramatís o obséquio de indicar-nos quais seriam os capítulos ou excertos que poderiam ser excluídos nesta segunda edição, mas sem prejudicar o tema fundamental e com probabilidade de serem incluídos em futuras obras.

Sob a orientação de Ramatís o médium reviu toda a obra, corrigiu alguns equívocos e interpretações dúbias da primeira edição, citou fontes de comprovação do texto básico e acrescentou novos esclarecimentos. Foram eliminadas as extensas considerações preliminares, em que Ramatís, a nosso pedido, opinava sobre o motivo da crítica espiritista acerca de suas comunicações. Tratando-se de um assunto quase íntimo e já superado, quiçá, fora de tempo e respondido na continuidade das demais obras, nada perde o leitor quanto a essa exclusão.

Acresce, ainda, que o conteúdo fundamental da obra *Mensagens do Astral*, abrange a profecia, o apocalipse, a influência astrológica e o estudo da engenharia sideral no Grande Plano da Criação, relacionados intimamente com o motivo dos "tempos chegados" ou do "Juízo Final". Deste modo, Ramatís sugeriu a eliminação dos trechos e capítulos que não se ajustassem hermeticamente a esse tema essencial.

Os trechos excluídos serão ampliados e refundidos nas obras *O Sublime Peregrino* e *O Evangelho à Luz do Cosmos*, a que eles se ligam perfeitamente. Os capítulos eliminados desta segunda edição foram os seguintes: "A bíblia e sua significação", "Os reis magos", "As explosões atômicas e os efeitos cármicos", inclusive aqueles que resumem a vida de Jesus e se afastam da intimidade do texto.

Cremos que *Mensagens do Astral*, segunda edição, ainda ficou mais compacta e nítida em seu tema fundamental do "fim dos tempos", e o assunto excluído não faz a conexão desejada. E apesar do nosso intuito de reduzir esta obra e torná-la acessível ao leitor comum, ela ainda se apresenta volumosa e sem permitir qualquer novo "corte", sob pena de truncar-lhe o esquema de Ramatís. Somos gratos aos leitores pela compreensão dessa providência obrigatória, pois o aumento de páginas implicaria, também, em acréscimo do custo e venda.

Curitiba, 20 de setembro de 1961
Grupo Ramatís

Hoje, 44 anos depois, compreendemos aqueles motivos como sendo frutos de uma época. Por esse motivo, decidimos restituir ao final dessa edição os capítulos anteriormente retirados, como homenagem ao esforço de criação desta importante obra.

Limeira, 20 de setembro de 2005
Os editores

Prefácio

O livro que se vai ler é uma explicação, a mais aproximada possível, dos acontecimentos que se registrarão na Terra até o fim do século atual, já descritos de modo simbólico em inúmeras profecias e, principalmente, no livro do Apocalipse, o último dos que compõem a Bíblia. Os estudiosos dos Evangelhos encontrarão, nesta obra, magníficos esclarecimentos quanto à linguagem figurada do vidente na ilha de Patmos, João Evangelista, autor do *Apocalipse* escrito por ele quando exilado naquela ilha nos tempos da perseguição do imperador Galba, sucessor imediato de Nero.

Neste livro, Ramatís faz uma descrição pormenorizada do que será o chamado "fim do mundo", temido por tanta gente. Em torno do "fim do mundo" têm girado centenas de considerações completamente discordantes entre si, principalmente quando focalizados os acontecimentos previstos por João Evangelista. As considerações mais conhecidas são as dos que afirmam que a história da humanidade e do planeta Terra terminará por uma crise suprema, física e moral, quando, então, o Cristo se manifestará exteriro, visível e corporalmente neste planeta, ocorrendo então a ressurreição dos corpos dos mortos, que, juntamente com os vivos, serão submetidos ao "Juízo Final". Então, aqueles que se acharem vivos na Terra, e que escaparem da condenação, serão transformados e arrebatados para o céu, ao mesmo tempo que os reprovados serão transportados para o inferno, onde permanecerão por toda a eternidade. Mas, em geral, os interpretadores do *Apocalipse* e de certas palavras que Jesus pronunciou acerca do "Juízo Final", não se estendem muito sobre o que acontecerá neste mundo até que se efetue o julgamento final dos atos da presente humanidade e, quando se estendem, penetram numa argumentação árida, chegando a conclusões que a razão não pode aceitar.

Ramatís vem ao encontro daqueles que desejam uma exposição clara, lógica e razoável do que seja a aproximação do "Juízo Final" e o julgamento dos vivos e dos mortos. Mas não se detém nesse terreno; ele aproveita a oportunidade para chamar a atenção dos terrícolas — como ele os denomina — para as grandes responsabilidades da hora que passa, fazendo uma análise sucinta do panorama que nos oferece o mundo atual, grandemente perturbado e a caminho de uma solução drástica, a única compatível com as necessidades atuais de uma humanidade que se afastou por completo do caminho do dever, não tendo esperança de cura senão através de complicada operação cirúrgica que extirpe pela raiz o cancro que lhe corrói a alma!

A linguagem de Ramatís encanta pela simplicidade e profundeza de seus conceitos. Ele não gosta de dialética complicada e vai direto ao âmago do assunto, entremeando as suas revelações com conselhos e instruções que só um espírito de alta categoria — como ele o é — poderia nos legar.

A biblioteca espírita — se bem que Ramatís não seja propriamente espírita, na acepção do vocábulo, pois que a maior parte dos que se consideram espíritas não admite nada que o codificador da doutrina "não disse" — vai ser grandemente beneficiada com a obra que acaba de vir à luz, pois Ramatís descortina aos espíritas um mais vasto panorama, lançando sobre a literatura espírita um facho de luz que põe em destaque os principais postulados dessa doutrina, de modo a serem mais bem compreendidos os ensinos de Kardec.

Uma das preocupações principais de Ramatís é afastar a ideia de que devemos fazer do espiritismo um amontoado de pontos de vista pessoais e considerá-lo como uma religião que deve dar combate às outras, enciumando-se, não raro, com o que se passa nos demais arraiais cristãos que não pensam pela nossa cabeça.

Infelizmente, ainda há entre os espíritas os que pensam que todas as demais religiões estão erradas; por isso, e porque o espiritismo é a "única religião verdadeira", não se deve nem ao menos entrar em um templo de outra religião, porque significa pactuar com os erros dos outros; o lugar do espírita é no centro espírita; se ele gosta de entrar em um templo estranho ou apoia qualquer postulado estranho ao espiritismo, que fique por lá de uma vez, e não se diga espírita!

Nas nossas lides pelas tribunas, pela imprensa e pelo rádio, temos sido alvo de violentos ataques pelo fato de defendermos os princípios sagrados de todas as religiões, demonstrando respeito por aquilo que se esconde por detrás dos seus simbolismos.

É que muita gente não sabe que Jesus não tinha religião e, por isso, defende intransigentemente a "sua" religião, achando que ela é que era a religião de Jesus. Não sabe que todas as religiões são divinas e que Deus tem os seus filhos espalhados por entre todas as religiões do orbe, cada um na religião que está de acordo com o seu grau evolutivo, conquistado através das vidas passadas.

Não há diversas religiões. A religião é uma só, assim como a matemática é uma só e a ciência é uma só. Assim como a matemática é usada por pessoas atrasadas e por pessoas adiantadas, cada uma resolvendo problemas de acordo com o conhecimento que tem da matemática, também, cada encarnado resolve os seus problemas espirituais pela religião que professa, de acordo com o conhecimento que vem adquirindo de encarnação em encarnação, nesse curso, nessa escola, que é a vida. O matuto, para saber quanto é 100 vezes 5, vai amontoando grãos de feijão no chão, em grupos de 5, e depois conta todos os grãos de feijão, para saber a quanto somam. É a matemática dele, e ninguém pode dizer que isso não seja matemática. O homem mais adiantado não usa o feijão; usa o raciocínio: coloca dois zeros, mentalmente, ao lado do número 5 e diz logo, 100 vezes 5 são 500. Mas os dois estão somando; os dois estão aplicando a matemática; um obtém a soma através de grande esforço; o outro, com uma simples multiplicação mental, faz a soma mais depressa, dando logo o total. Um chega mais depressa ao fim que deseja, porque tem melhor compreensão, melhor estudo, ao passo que o outro, para chegar ao mesmo fim, perde um tempo imenso. Assim são os caminhos para Deus, através da nossa compreensão consequente do adiantamento espiritual. Não podemos obrigar um indígena a fazer suas operações por aritmética; nem uma criança a fazer seus cálculos por operações algébricas; nem fazer um escolar compreender cálculo infinitesimal. É tudo questão de estudo, de compreensão e, portanto, de adiantamento.

Ramatís vem ao encontro de nossas afirmações, quando diz, muito bem, nas belíssimas páginas desta obra:

> Não temais a abóbada da igreja católica, as colunas do templo protestante, o esforço do esoterista, a reunião do teosofista, o experimento do umbandista, as lições da ioga ou a cantoria dos salvacionistas! Concorrei à lista para os pobres de todas as religiões, sem exclusivismo para com a vossa seita; atendei ao esforço do irmão que vos oferece a Bíblia em lugar do livro fescenino e auxiliai a divulgação da revista religiosa que vos recorda Jesus; rejubilai-vos diante do labor doutrinário adverso ao vosso modo de entender, mas que coopera para a melhoria do homem. Aprendei que a doutrina é sempre um "meio" e não um "fim". O espiritismo é maravilhosa revelação da imortalidade da alma; convite divino para que o homem modifique a sua conduta desregrada e assuma a responsabilidade da vida espiritual; mas, acima de tudo, que se cumpra a universalidade do Cristo, antes que o separativismo de seitas. E que "vos ameis uns aos outros, assim como eu vos amei" seja o compromisso incessante a que deveis atender, porque nunca podereis pregar a união sob a exclusividade religiosa.

Só isto basta para pôr em relevo o valor da obra que Ramatís nos oferece e que vem mesmo no tempo e na hora, na ocasião em que o mundo caminha a passo acelerado para a desunião e para os eventos do "fim do mundo". Oxalá sirva esta obra não só para instrução do nosso espírito como para que se estabeleça entre os espíritas e os membros das diversas religiões, que são nossos irmãos muito amados, um laço de fraternidade, aliás muito necessário, para que, conjugados os nossos esforços na evangelização da humanidade, atenuemos o mais possível os terríveis efeitos da catástrofe que se aproxima e possamos, um dia, ao se realizar o julgamento da humanidade do planeta Terra, ouvir dos lábios do Mestre Jesus o seu chamado: "Vinde, benditos de meu Pai, para o reino que vos está preparado desde o começo do mundo"!
Que assim seja!

São Paulo, 2 de outubro de 1956
B. Godoy Paiva

Explicando

Prezado leitor:

Cabe-me a obrigação de dar-te alguns esclarecimentos sobre a personalidade de Ramatís, o espírito autor desta obra, e o modo pelo qual se processa a concatenação das instruções dele recebidas para serem dadas à publicidade.

Escolhido o gênero de literatura espiritualista que se torna de maior interesse para a época que atravessamos, submete-se ao espírito manifestante uma série de perguntas que giram em torno de um tema principal, embora tais perguntas pareçam fugir, por vezes, ao assunto fundamental, porquanto, apesar de serem as primeiras adrede preparadas, provocam, no decorrer do recebimento das respostas de Ramatís, outras perguntas que nem sempre têm ligação direta com o tema principal, porque provêm de dúvidas suscitadas ou de críticas formuladas pelos consulentes. Igualmente não se cogita, no momento, de dividir a obra em capítulos, deixando-se a realização desse trabalho para a ocasião de se tratar da confecção completa da obra que deve vir a público, e isso devido justamente ao fato de não poder cada capítulo cingir-se rigorosamente a um conteúdo exclusivo, dada a ligação entre um e outro, impossível de ser evitada. Essa circunstância, porém, longe de causar embaraços — apesar de serem reduzidas as repetições — redunda em benefício do leitor, tornando mais clara a exposição do assunto, que, em certos casos, demanda mesmo insistência para que haja melhor compreensão do pensamento do espírito manifestante.

Foi este sistema (o de seleção final das perguntas e respostas e sua subdivisão em capítulos) o empregado na confecção da obra de Ramatís *A Vida no Planeta Marte e os Discos Voadores*, já do domínio público, e o mesmo que se empregou na presente obra.

Outras obras em preparo obedecerão ao mesmo sistema de confecção, exceção feita ao livro próximo a sair, *Fisiologia da Alma*, que se comporá de capítulos previamente escolhidos e perguntas rigorosamente selecionadas de antemão, pois assim o exigiu o espírito Ramatís, visto tratar-se de assunto muito delicado e bastante complexo.

A recepção das respostas de Ramatís às perguntas que lhe são formuladas é feita diretamente pelo médium, que se serve para isso de uma máquina de escrever. Esta espécie de mediunidade (ou este sistema de recepção) permitam os leitores que eu a denomine de faculdade "psicodactilográfica", na falta de melhor expressão.

Ramatís viveu na Indochina, no século X, e foi instrutor em um dos inumeráveis santuários iniciáticos da Índia. Era de inteligência fulgurante e desencarnou bastante moço. Espírito muito experimentado nas lides reencarnacionistas, já se havia distinguido no século IV, tendo participado do ciclo ariano, nos acontecimentos que inspiraram o famoso poema hindu "Ramaiana".[1] Foi adepto da tradição de Rama, naquela época, cultuando os ensinamentos do "Reino de Osíris", o senhor da Luz, na inteligência das coisas divinas. Mais tarde, no Espaço, filiou-se definitivamente a um grupo de trabalhadores espirituais, cuja insígnia, em linguagem ocidental, era conhecida sob a pitoresca denominação de "Templários das Cadeias do Amor". Trata-se de um agrupamento quase desconhecido nas colônias invisíveis do Além, junto à região do Ocidente, onde se dedica a trabalhos profundamente ligados à psicologia oriental. Os que leem as mensagens de Ramatís, e estão familiarizados com o simbolismo do Oriente, bem sabem o que representa o nome "RAMA-TYS", ou "SWAMI SRI RAMA-TYS", como era conhecido nos santuários da época. É quase uma "chave", uma designação de hierarquia ou dinastia espiritual, que explica o emprego de certas expressões que transcendem às próprias formas objetivas.

---

1 N. do Revisor: No poema hindu *Ramaiana*, o feliz casal Rama e Sita é símbolo iniciático de princípios masculino e feminino. Mas, unindo-se Rama e atis, ou seja, Sita ao inverso, então resulta Ramaatis, como realmente se pronuncia em indochinês.

Fomos informados de que, após significativa assembleia de altas entidades, realizada no Espaço, no século findo, na região do Oriente, procedeu-se à fusão entre duas importantes fraternidades que dali operam em favor dos habitantes da Terra. Trata-se da **Fraternidade da Cruz**, com certa ação no Ocidente (que divulga os ensinamentos de Jesus), e da **Fraternidade do Triângulo**, ligada à tradição iniciática e espiritual do Oriente. Após a memorável fusão dessas duas fraternidades brancas, consolidaram-se melhor as características psicológicas e objetivo dos seus trabalhadores espirituais, alterando-se a denominação para **Fraternidade da Cruz e do Triângulo**. Seus membros, no Espaço, usam vestes brancas, com cintos e emblemas de cor azul-clara esverdeada. Sobre o peito, trazem suspensa delicada corrente como que confeccionada em fina ourivesaria, na qual se ostenta um triângulo de suave lilás luminoso, emoldurando uma cruz lirial. É o símbolo que exalça, na figura da cruz alabastrina, a obra sacrificial de Jesus e, na efígie do triângulo, a mística oriental.

Asseguram-nos alguns mentores que todos os discípulos dessa fraternidade que se encontram reencarnados na Terra são profundamente devotados às duas correntes espiritualistas: a oriental e a ocidental. Cultuam tanto os ensinamentos de Jesus, que foi o elo definitivo entre todos os instrutores terráqueos, tanto quanto os labores de Antúlio, de Hermes, de Buda, assim como os esforços de Confúcio e de Lao-Tsé. É esse um dos motivos pelos quais a maioria dos simpatizantes de Ramatís, na Terra, embora profundamente devotados à filosofia cristã, afeiçoam-se, também, com profundo respeito, à corrente espiritualista do Oriente.

Soubemos que da fusão das duas fraternidades realizada no Espaço, surgiram extraordinários benefícios para a Terra. Alguns mentores espirituais passaram, então, a atuar no Ocidente, incumbindo-se mesmo da orientação de certos trabalhos espíritas, no campo mediúnico, enquanto que outros instrutores ocidentais passaram a atuar na Índia, no Egito, na China e em vários agrupamentos que até então eram exclusivamente supervisionados pela antiga **Fraternidade do Triângulo**. Os espíritos orientais ajudam-nos agora em nossos labores, ao mesmo tempo em que os da nossa região interpenetram os agrupamentos doutrinários do Oriente, do que resulta ampliar-se o sentimento de fraternidade entre Oriente e Ocidente, bem como aumentar-se a oportunidade de reencarnações entre espíritos amigos.

Assim, processa-se um salutar intercâmbio de ideias e perfeita identificação de sentimentos no mesmo labor espiritual, embora se diferenciem os conteúdos psicológicos de cada hemisfério. Os orientais são lunares, meditativos, passivos e desinteressados geralmente da fenomenologia exterior; os ocidentais são dinâmicos, solarianos, objetivos e estudiosos dos aspectos transitórios da forma e do mundo dos espíritos.

Os antigos fraternistas do "Triângulo" são exímios operadores com as "correntes terapêuticas azuis", que podem ser aplicadas como energia balsamizante aos sofrimentos psíquicos, cruciais, das vítimas de longas obsessões. As emanações do azul-claro, com nuanças para o esmeralda, além do efeito balsamizante, dissociam certos estigmas "pré-reencarnatórios" e que se reproduzem periodicamente nos veículos etéricos. Ao mesmo tempo, os fraternistas da "Cruz", conforme nos informa Ramatís, preferem operar com as correntes alaranjadas, vivas e claras, por vezes mescladas do carmim puro, visto que as consideram mais positivas na ação de aliviar o sofrimento psíquico.

É de notar, entretanto, que, enquanto os técnicos ocidentais procuram eliminar de vez a dor, os terapeutas orientais, mais afeitos à crença no fatalismo cármico, da psicologia asiática, preferem exercer sobre os enfermos uma ação balsamizante, aproveitando o sofrimento para mais breve "queima" do carma. Eles sabem que a eliminação rápida da dor pode extinguir os efeitos, mas as causas continuam gerando novos padecimentos futuros. Preferem, então, regular o processo do sofrimento depurador, em lugar de sustá-lo provisoriamente. No primeiro caso, esgota-se o carma, embora demoradamente; no segundo, a cura é um hiato, uma prorrogação cármica.

Informa-nos Ramatís que, após certa disciplina iniciática, a que se submetera na China, fundou um pequeno templo iniciático na Índia, à margem da estrada principal que se perdia no território chinês. Nesse templo, procurou ele aplicar aos seus discípulos os conhecimentos adquiridos em inúmeras vidas anteriores. Na Atlântida foi contemporâneo, em uma existência, do espírito que mais tarde seria conhecido pelo pseudônimo de Allan Kardec (o codificador do espiritismo) que era profundamente dedicado à matemática e às chamadas ciências positivas. Posteriormente, em sua passagem pelo Egito, teve novo encontro com Kardec, que era então o sacerdote Amenófis, ao tempo do faraó Merneftá, filho de Ramsés.

O templo que Ramatís fundou foi erguido pelas mãos de seus primeiros discípulos e admiradores. Cada pedra da alvenaria recebeu o toque magnético e pessoal de seus futuros iniciados. Alguns deles estão reencarnados atualmente em nosso mundo, e já reconheceram o antigo mestre Ramatís através desse toque misterioso, que não pode ser explicado a contento na linguagem humana. Sentem-no por vezes, e de tal modo, que as lágrimas lhes afloram aos olhos, num longo suspiro de saudade!

Embora tenha desencarnado ainda moço, Ramatís pôde aliciar setenta e dois discípulos que, no entanto, após o desaparecimento do mestre, não puderam manter-se à altura do mesmo padrão iniciático original. Eram adeptos provindos de diversas correntes religiosas e espiritualistas do Egito, da Índia, da Grécia, da China e até da Arábia. Apenas dezessete conseguiram envergar a simbólica "túnica azul" e alcançar o último grau daquele ciclo iniciático. Os demais, seja por ingresso tardio, seja por menor capacidade de compreensão espiritual, não alcançaram a plenitude do conhecimento das disciplinas lecionadas pelo mestre. A não ser vinte e seis adeptos que estão no Espaço (desencarnados) cooperando nos labores da **Cruz e do Triângulo**, o restante disseminou-se pelo nosso orbe, em várias latitudes geográficas. Sabemos que dezoito reencarnaram no Brasil; seis nas três Américas (do Sul, Central e do Norte) enquanto que os demais se espalharam pela Europa e, principalmente, pela Ásia.

Em virtude de estar a Europa atingindo o final de sua missão civilizadora, alguns dos discípulos lá reencarnados emigrarão para o Brasil, em cujo território — afirma Ramatís — se encarnarão os predecessores da generosa humanidade do terceiro milênio.

No templo que Ramatís fundou na Índia, esses discípulos desenvolveram seus conhecimentos sobre magnetismo, astrologia, clarividência, psicometria, radiestesia e assuntos quirológicos aliados à fisiologia do "duplo etérico". Os mais capacitados lograram êxito e poderes na esfera da fenomenologia mediúnica, dominando os fenômenos de levitação, ubiquidade, vidência e psicografia de mensagens que os instrutores enviavam para aquele cenáculo de estudos espirituais. Mas o principal "toque pessoal" que Ramatís desenvolveu em seus discípulos, em virtude de compromisso que assumira para com a **Fraternidade do Triângulo**, foi o pendor universalista, a vocação fraterna, crística, para com todos os esforços alheios na esfera do espiritualismo. Ele nos adverte sempre de que os seus íntimos e verdadeiros admiradores são também incondicionalmente simpáticos a todos os trabalhos das diversas correntes religiosas do mundo. Revelam-se libertos de exclusivismo doutrinário ou de dogmatismos e devotam-se com entusiasmo a qualquer trabalho de unificação espiritual. O que menos os preocupa são as questões doutrinárias dos homens, porque estão imensamente interessados nos postulados crísticos.

Diz-nos textualmente Ramatís:

> Servem-lhes o ambiente do templo protestante, a abóbada da igreja católica, a mesa branca dos *tatwas* esotéricos, os salões dos teosofistas, o labor fraternista rosa-cruz, o acampamento krisnamurtiano, a penumbra da sessão espírita, o canto dos salvacionistas nas praças públicas, a ruidosidade da umbanda, as posturas muçulmânicas, os lamentos mosaístas, o fatalismo budista, o silêncio dos iogues, o sincronismo dos cenáculos ou as estrofes mântricas dos iniciados. Não os preocupam os invólucros dos homens movendo-se para solucionar o mistério da vida; sentem a realidade contínua do espírito, que só lhes inspira o amor e a fraternidade, a qualquer momento e em qualquer local! Respeitam e compreendem a necessidade que os homens sentem de buscar a verdade, quando se situam em círculos doutrinários simpáticos, a fim de se exercitarem para os vôos crísticos do futuro. Não se adaptam, porém, a exclusivismo algum, e evitam que os postulados doutrinários lhes cerceiem a liberdade da razão.

Eis em resumo, prezado leitor, um relato sobre a figura de Ramatís, o espírito que nos ditou esta obra e que sempre nos aconselha a que evitemos a ilusão separativista da forma, pois o sentido real da vida espiritual é o princípio coeso e eterno do amor crístico.

Ramatís se nos apresenta à visão psíquica com um traje um tanto exótico, composto de ampla capa aberta, descida até aos pés, com mangas largas e que lhe cobre a túnica ajustada por um largo cinto de um esmeraldino esverdeado. As calças são apertadas nos tornozelos, como as que usam os esquiadores. A tessitura de toda a veste é de seda branca, imaculada e brilhante, lembrando um maravilhoso lírio translúcido. Os sapatos, de cetim azul-esverdeado, são amarrados por cordões dourados que se enlaçam atrás, acima do calcanhar, à moda dos antigos gregos firmarem suas sandálias. Cobre-lhe a cabeça um singular turbante de muitas pregas ou refegos, encimado por cintilante esmeralda e ornamentado por cordões finos, de diversas cores, caídos sobre os ombros. Sobre o peito, uma corrente formada de pequeninos elos, de fina ourivesaria, da qual pende um triângulo de suave lilás luminoso, que emoldura uma delicada cruz alabastrina.

Essa indumentária é um misto de trajes orientais; tipo de vestuário hindu-chinês, raríssimo, porque deriva de antigo modelo sacerdotal, muito usado nos santuários da desaparecida Atlântida. Os cordões que lhe pendem do turbante, flutuando sobre os ombros, são velhas insígnias de atividade iniciática: — a cor carmim indica o "Raio do Amor"; o amarelo o "Raio da Vontade"; o verde o "Raio da Sabedoria" e o azul o "Raio da Religiosidade". Um último cordão branco, que pudemos perceber, é o símbolo de liberdade reencarnatória.

Alguns videntes têm confundido Ramatís com o seu fiel discípulo do passado, que o acompanha no Espaço, também hindu-chinês, conhecido por Fuh Planuh, e que aparece com o dorso nu, singelo turbante branco em torno da cabeça e, comumente, com os braços cruzados sobre o peito. É também um espírito jovem na figura humana, embora conserve reduzida barba de cor escura, que lhe dá um ar mais sisudo.

Curitiba, 13 de maio de 1956
Hercílio Maes

Palavras de Ramatís

Estimados irmãos:
Paz e Amor.

Submetendo à vossa meditação a substância moral e espiritual destas despretensiosas páginas, não temos por escopo alterar o vosso raciocínio, se o considerardes mais lúcido e correto para os vossos anseios espirituais. Todavia, não vos deixeis dominar pelos condicionamentos psicológicos resultantes de dogmas seculares; deixai a mente limpa e desobstruída de ideias preconcebidas ou de subordinação a conceitos doutrinários.

É difícil a adesão incondicional a qualquer crença e, ao mesmo tempo, continuar a criatura com a capacidade de pensar com clareza. Através dos milênios transcorridos, tendes criado hábitos e agasalhados preconceitos religiosos que vos impedem de pensar livremente no terreno das realidades espirituais. Enquanto estivermos escravizados a preconceitos religiosos, não os examinando a fundo nem os pondo em dúvida, terão eles de perturbar qualquer ação ampla no sentido de se conhecer a Verdade.

Embora os nossos relatos pareçam exotismos, aparentemente contraditados pela mecânica dos astros, há que buscardes com mais empenho o sentido oculto daquilo que vos parecer discutível, procurando encontrar, principalmente, o "espírito da palavra", muito antes que a "palavra do espírito". O nosso objetivo principal, nesta evocação profética, é despertar-vos a consciência física para aquilo que já se devia ter feito sentir no subjetivismo de vossas almas, diante do que vos tem sido notificado nos entreatos dos avisos do Além.

Os acontecimentos de que vos temos dado conhecimento não são propriamente produtos de nossa mente; apenas os assinalamos na viabilidade dos vossos dias. Daí não crermos na adesão unânime às nossas exposições e reconhecermos perfeitamente os razoáveis protestos que muitos lavrarão contra as suas chamadas incongruências. Não estamos fazendo revelações para todo o mundo; há grupos eletivos para as nossas mensagens e que nos compreendem pela via intuitiva, sem necessidade de demonstrações científicas ou de aplicação de equações algébricas. Esses sentem-nos fundamentalmente, na atmosfera templária do coração. Indiferentes ao veredicto acadêmico, eles consideram as nossas dissertações como de suma importância e de vigoroso ajuste psicológico aos seus anelos de conhecimentos espirituais.

Anunciando-vos que os eventos dos "tempos são chegados" atingirão o seu "clímax" até o fim do vosso século, objetivamos despertar em vós maior interesse e respeito pelos princípios crísticos que, na realidade, serão os únicos recursos salvadores no próximo teste espiritual, previsto há milênios para o mundo que habitais.

Infelizmente, a vossa humanidade ainda insiste na dolorosa separação espiritual, mantida de modo absurdo sob os auspícios das próprias religiões que se constituíram objetivando o congraçamento humano! Desde Antúlio, Numu, Anfion, Confúcio, Lao-Tsé, Zoroastro, Rama, Krishna, Platão, Pitágoras, Sócrates, Buda e outros líderes espiritualistas, os terrícolas, no afã de procurarem a Verdade e o Bem, vêm se digladiando reciprocamente na incessante e absurda criação de novas doutrinas religiosas. Mesmo após o advento unificador do Sublime Jesus, prossegue a censurável dissociação religiosa entre os homens! Milhões de budistas, muçulmanos, bramanistas, taoistas, hinduístas, confucionistas, cristãos — inclusive congregações iniciáticas e instituições espiritualistas mais avançadas se afirmam, isoladamente, portadoras da maior "dose" da Verdade, proclamando que os seus postulados são os únicos certos. Católicos romanos, anglicanos, luteranos, reformistas, protestantes tradicionalistas e independentes, adventistas, batistas, evangélicos, mormonistas, assembleístas de Deus, salvacionistas e centenas de outros credos religiosos, que surgem como produtos de interpretações novas da Bíblia ou dos Evangelhos, fortalecem a proliferação de novos agrupamentos separatistas. As próprias matrizes espiritualistas de um comando mais amplo dividem-se em novas correntes particularistas: os teosofistas já se subdividem sob várias correntes e legendas, independentemente de observância dos estatutos originais; os rosa-cruzes separam-se em vários conjuntos fraternistas emancipados, que seguem modalidades à parte do tronco iniciático. Às sombras amigas da Terceira Revelação enquistam-se grupos espíritas científicos, filosóficos ou simplesmente religiosos, com ou sem reservas doutrinárias; transpondo suas fronteiras iniciáticas, trabalham racionalistas ou redentoristas, neo-espíritas, umbandistas, e se delineiam outros ecletismos inspirados na escolástica oriental, apesar de haver Allan Kardec estabelecido sensato e lógico roteiro para o espiritismo codificado. Em face da intransigência personalística de muitos dos adeptos do espiritismo, formam-se grupos isolacionistas no seu seio, com injustificado sincretismo de outras expressões doutrinárias.

Sabeis que o universalismo crístico da doutrina codificada por Allan Kardec não autoriza preferências ou caprichos pessoais entre os seus discípulos; entretanto, suportam-se, num esforço evangélico, grupos exclusivamente kardecistas e grupos espiritistas de convicção roustanguista! Quanto maior a ansiedade de coesão fraterna, tanto mais se dispersam, paradoxalmente, os terrícolas, procurando buscar, por essa maneira estranha, a unidade crística que a todos identifique como irmãos e viajeiros da mesma jornada! A vossa humanidade multiplica doutrinas, seitas e separatismos ante a intransigência fanática de "pontos de vista" pessoais, definições sectárias personalísticas, na animosidade sistemática contra os labores espirituais alheios! E assim os já enfraquecidos regatos que derivam das fontes originais mais ainda se debilitam, fragmentando-se na formação de novos afluentes de insatisfações.

Discute-se exaustivamente até sobre a simples colocação de pronomes ou de vírgulas nos Evangelhos; há preferência intransigente a respeito de certas máximas atribuídas aos apóstolos ou a Jesus; há funestos debates públicos quanto ao que o discípulo Paulo "disse" ou "não disse"; permanece a obstinada preocupação de cada um se julgar mais sábio e ser considerado o mais sensato. Imitando o mecanismo forense do mundo profano, registram-se contendas sobre a substância de um versículo bíblico; invoca-se a ciência, a filosofia e a tradição para o fortalecimento das chamadas "cartas abertas", antifraternas, que a imprensa doutrinária expõe para gáudio dos que apreciam o escândalo. Estremecem-se as diretorias de instituições espiritualistas, e hostilizam-se entre si abalizados trabalhadores da mesma causa, formando grupos adversos!

A obstinada fiscalização dos princípios puritanos de cada seita ou doutrina termina criando dificuldades para que o próprio adepto possa viver esses princípios, embora os admire e defenda. A severidade, a intransigência e o anátema fáceis separam, contundem, criam desilusões fraternas; a mais apagada sutilidade de interpretações doutrinárias mantém semanas de polêmicas, e o mais singelo equívoco do companheiro neófito move o terrível maquinário do julgamento fácil e agressivo! O Evangelho é citado, comumente, para reforçar a discórdia doutrinária; o meigo Jesus é invocado para "vergastar os vendilhões" adversos e, por fim, o Mestre, símbolo absoluto do amor e da doçura, é promovido a paraninfo dos desavisados esgrimistas da palavra "mais certa"!

Conquanto se pretenda que os postulados doutrinários se afirmem decisivamente, o "elo crístico" se enfraquece, e sacrifica-se o "amai-vos uns aos outros" e o "sede tolerantes" em troca de uma garantia provisória para a seita, o credo, a doutrina ou o grupo. Salvem-se os princípios, os conceitos e as exigências puristas tradicionais, ainda que o excessivo zelo reduza o coeficiente amoroso e essencial do Cristo!

Cuidado, porém, pois a mesma sucessão dos séculos, que esboroou monumentos graníticos e pirâmides milenares, também fará com que se esboroem religiões e doutrinas que pretendam servir de "meio" para difusão do cristianismo, persistindo, porém, em se manter como agrupamentos personalísticos.

Eis o motivo por que não nos preocupamos em considerar esta ou aquela doutrina, esta ou aquela religião ou filosofia, como sendo a mais valiosa entre as demais do vosso orbe, em cujo panorama seríamos, então, um "novo intruso" no jogo atribulado dos problemas humanos. O nosso desejo essencial, através destas mensagens, é o de invocar os princípios crísticos que devem reunir todos os filhos de Deus. Importa-nos resguardar a ideia-mater, principalmente as conceituações abençoadas do Evangelho de Jesus, muito antes da comprovação meticulosa de nossas advertências no "espaço" e no "tempo".

Não pretendemos aliciar adeptos nem criar fascínios para as nossas singelas comunicações, mas apenas despertar real interesse para os efetivos valores espirituais, sendo inútil, pois, nos situarem neste ou naquele sistema filosófico ou doutrinário, pois não temos em mira aprovar ou reprovar postulados. Identificado com um pugilo de trabalhadores do bem espiritual do vosso mundo, operamos através de um médium, afastado de qualquer outro objetivo que não seja um serviço desinteressado. Não reclamamos distinções pessoais no conjunto dos laboriosos servidores de Jesus, nem fazemos exigências proselitistas.

Sem pretendermos que se extingam as instituições desse setor, devemos dizer que já é tempo de o ser humano viver mais os princípios do Cristo do que os sistemas dos homens. Daí nossa mensagem especial, que se destina aos seres de boa-vontade, avessos ao sectarismo e à exiguidade espiritual das afirmações intransigentes.

Já tendes maior alcance de pensamento e de consciência, graças aos tenazes esforços da ciência, às meditações dos filósofos e à evolução social, para compreenderdes melhor a realidade cósmica da Criação. Chegastes à desenvoltura do vosso intelecto que, liberto da canga dos dogmas asfixiantes, exige, para o seu equilíbrio, um sentimento mais amplo do Amor, brilhante refulgência do Divino Jesus!

A consciência humana, atuando em vários níveis da vida, é, basicamente, um instrumento de aferição contínuo, tão valioso quanto dinâmico, e o seu melhor aproveitamento será conseguido na mais incessante atividade crística e no menor apego às fórmulas envelhecidas da tradição dogmática. Ela se expande ao registrar e agir, em relação aos novos produtos de sua experimentação, e o seu volume será cada vez mais rico e pródigo tanto quanto o for a grandeza de sua própria experiência. Daí o motivo por que os dogmas religiosos e as doutrinas sectaristas, ou os agrupamentos fanaticamente ciosos de seus postulados estáticos, oferecem menores probabilidades de êxito, pois que se isolam e impedem a maior expansão da consciência, ante a menor comprovação das experiências alheias.

Também não temos em vista agradar a todos; contentamo-nos com que o homem se compreenda a si mesmo, pois quando a criatura já se compreender a si mesma ser-lhe-á fácil compreender os seus irmãos, visto que a sua alma vibrará só de amor e paz.

O que vos está faltando é amor e fidelidade a Jesus e não maior número de religiões ou doutrinas espiritualistas, pois estas são entidades abstratas, que não podem gerar o amor que não esposais em vossas relações humanas. Sem a afeição, a cordialidade e a ternura do "amor a Deus sobre todas as coisas e ao próximo como a vós mesmos", não se fortalecerão os fundamentos do amor crístico que existe potencialmente em todas as almas. A ausência de entendimento humano anula qualquer credo religioso, doutrina ou movimento espiritualista. O vosso principal problema continua a ser o das relações fraternas sob a égide do amor do Cristo, e não a pesquisa do que seja a melhor religião ou sistema portador de maior dose de verdade.

A renovação da Terra não terá início sem o desenvolvimento de um amor crístico que seja capaz de se sobrepor às próprias afirmações separatistas e aos pontos de vista pessoais, afidalgados pelo intelecto mas paupérrimos como expressões adversas! O conjunto de crenças que não passa de agrupamento de palavras doutrinárias vos leva a discussões antifraternas. Criastes o paradoxo de buscar a verdade — que é, acima de tudo, amor e paz — pelos caminhos tortuosos da discórdia. E, no entanto, o homem que, realmente e de todo o coração, procura a Verdade, não precisa de seitas, de crenças ou de fórmulas escravizantes da consciência. Ele dispensa fórmulas, rótulos, sistemas e poderes sacerdotais, porque a sua ânsia, a sua finalidade, é a integração com Deus, esposando o amor do Cristo que, no seu caso, dispensa medianeiros. Basta-lhe apenas esse amor puro e incondicional, que dispensa títulos hierárquicos e sistemas religiosos.

As vossas discussões partem continuamente da intolerância dos vossos profetas, inovadores, compiladores, renovadores, guias, condutores e chefes teocratas; no entanto, é certo que, se eles exigem que se respeitem os valores das fontes em que se inspiram, também devem ser acatadas as ideias dos seus adversários, porque se baseiam em sistemas e fontes idênticos ou semelhantes.

Se alimentásseis em vossos corações o amor de Jesus, todos os templos ficariam vazios, pois seria ridículo irdes lá em busca de um sentimento já agasalhado por vós em toda a sua plenitude. O desejo que vos leva a procurar esses templos ou congregações, certamente, não pode ser outro senão o de vos tornardes felizes, mas lembrai-vos de que essa felicidade só poderá ser conseguida sob as bases indiscutíveis do amor crístico.

Oxalá, pois, os vossos corações se tornem amorosos, antes do próximo evento das dores coletivas, as quais, sendo recurso divino, conseguem sempre atingir os fins colimados por Deus.

Pouco importa que não creiais ou que protesteis contra as nossas afirmações, pois de qualquer modo tereis de vos sujeitar, em breve, à profetizada seleção entre o "joio" e o "trigo", entre o "lobo" e a "ovelha", cujo resultado depende de vós, exclusivamente. Quer aceiteis a veracidade de nossas mensagens, quer as rejeiteis sob o escalpelo implacável da argumentação científica, o problema da cristificação continuará exigindo a vossa própria reforma espiritual.

Assim pois, prezado irmão, haurido o conteúdo de nossos relatos, não te prendas à configuração exterior do que te foi ditado, mas entrega-te à reflexão importante de que "só o amor salvará o homem" e não os credos ou sistemas sectaristas. Quantos de vós já tendes mudado de credos e, no entanto, verificais que eles, agora, não vos fazem falta. Quando também abandonardes por concepções mais altas o sistema que agora esposais, igualmente não sentireis a sua ausência, pois o bordão para a caminhada eterna não é a "muleta religiosa" mas, indiscutivelmente, o amor do Cristo!

Ramatís

1. Os tempos são chegados

PERGUNTA: — Que pode o irmão dizer-nos sobre as afirmações, hoje tão comuns, de que "Os tempos são chegados"?

RAMATÍS: — Posso dizer-vos que já estais vivendo essa época, anunciada pelas profecias milenárias, por João Evangelista, no Apocalipse, e, principalmente, por Jesus, na síntese simbólica que nos legou em seu Evangelho. No entanto, os sinais insólitos, que aparecerem nos céus ou na Terra, não representam milagres ou perturbação das leis imutáveis do Criador, mas eventos científicos ou estranhos ao orbe,[1] sem derrogarem os princípios divinos, na época denominada "fim dos tempos".

PERGUNTA: — Como interpretarmos o conceito de "tempos chegados"?

RAMATÍS: — Trata-se de ciclos periódicos, previstos pelos mentores siderais, bilhões de anos antes do vosso calendário, reguladores de modificações planetárias que se sucederão em concomitância com alterações que também deverão ocorrer com os habitantes do vosso orbe. São "fins de tempos" que, além das seleções previstas para as humanidades físicas ou para os

---

1 Ramatís refere-se aos foguetes teleguiados, satélites e demais engenhos lançados pelos russos e americanos, inclusive, também às aeronaves interplanetárias conhecidas como "discos voadores". São os estranhos sinais que não desmentem as leis do mundo, mas coincidem com a profecia do "fim dos tempos".

desencarnados adjacentes aos respectivos orbes, requerem, também, a limpeza psíquica do ambiente, a fim de que seja neles eliminado o conteúdo mental denegrido das paixões descontroladas.

PERGUNTA: — *Quais as características fundamentais que denunciam o início desses períodos denominados "fins de tempos"?*

RAMATÍS: — São as consequências nefastas dos desregramentos humanos e que ameaçam dominar toda a humanidade. O magnetismo inferior, gerado pelo atavismo da carne e pelos pensamentos dissolutos, recrudesce e se expande, formando ambiente perigoso para a existência humana disciplinada. São épocas em que se observa verdadeira fadiga espiritual; em que domina o desleixo para com os valores das zonas mais altas da vida cósmica. As energias primitivas, saturando o "habitat", aumentam a invigilância, e o gosto se perverte; escapam aqueles que vivem, realmente, os postulados do Evangelho à luz do dia. Em consequência disso, as auras dos orbes também se saturam, até às suas fronteiras "astroetéreas" com outros planetas, surgindo então as más influências astrológicas, que os astrônomos terrícolas tanto subestimam. Forma-se intenso oceano de forças magnéticas agressivas e sensuais, que se expandem e convergem num círculo vicioso cada vez mais perigoso à integridade espiritual daqueles que são devotados às coisas superiores. O mais débil pensamento licencioso encontra, então, farto alimento para se avantajar e influir melhor nos cérebros ávidos de sensações inferiores. O deletério conteúdo magnético do ambiente instiga às piores sensações, fazendo predominar o egocentrismo do mundo animal inferior; há insidioso e voluptuoso convite no ar e, em consequência, os seres obedecem facilmente a um comando pervertido, que os impele para os prazeres animalescos. Predomina a influência satânica e aumenta o gosto pelas sensações brutais e licenciosas; o clima físico torna-se campo propício para a sugestão perversa e destrutiva das forças das trevas. O denso lençol de magnetismo perigoso transforma-se em excelente campo de ação para as coletividades das sombras, que assim materializam os seus objetivos daninhos. Aceleram-se os conflitos entre os homens, e as guerras se transformam em pavorosos matadouros científicos; desenrolam-se acontecimentos espantosos, registram-se crimes indescritíveis e criam-se taras perigosas. Afrouxam-se os próprios liames do sentimento, que ainda permitiam a mínima moral possível!

PERGUNTA: — Mas esses "fins de tempos" devem constituir-se, propositadamente, de guerras, corrupções, alucinações e desesperos?

RAMATÍS: — Os construtores siderais, que criam os mundos sob a direção técnica da Suprema Lei, conhecem e preveem, perfeitamente, as épocas psicológicas em que devem ocorrer os desregramentos periódicos de cada agrupamento espiritual reencarnado. Em consequência, as modificações físicas dos planetas se ajustam, hermeticamente, às purificações e retificações de suas humanidades, quando elas tendem para a insânia coletiva. Esse genial ajuste, previsto com incontável antecedência, tanto beneficia o orbe, que assim melhora o seu coeficiente físico e a sua posição planetária, como favorece aos seus moradores, que são então selecionados para uma existência mais harmônica. Lembra uma casa comercial às portas da falência, quando a lei jurídica intervém, para evitar maiores prejuízos ao patrimônio coletivo.

Não penseis que os "fins de tempos" devam chegar precedidos da "encomenda" de guerras, crimes, aviltamentos coletivos; esses acontecimentos apenas eclodem em momento psicológico, e habilmente controlados pelo comando superior! Os acontecimentos é que indicam o momento da eclosão, que se faz em sincronia com as modificações do mundo físico. A massa mental deletéria, que então se acumula — podendo chamar-se "cisco magnético" — sobre a crosta dos mundos físicos, tem que ser eliminada com certa urgência antes que se consolidem a desarmonia e a enfermidade psíquica coletiva.

PERGUNTA: — Que ideia podemos fazer dessa "enfermidade psíquica e coletiva" entre os reencarnados?

RAMATÍS: — Assim como o bacilo de Koch não é criação da tuberculose, mas resulta do clima psíquico doentio, que produz uma espécie de "húmus mental", capaz de densificar o campo nutritivo para o micróbio se materializar, na sua ansiedade de viver, o psiquismo coletivo e desregrado da humanidade também produz uma atmosfera "vital-deletéria", em torno do seu globo, que serve de excelente alimento psíquico para que as coletividades famélicas dos espíritos das trevas encontrem ponto de apoio para o intercâmbio das energias pervertidas.

O médico terrícola assinala, na técnica terrena, a proliferação dos bacilos de Koch, que encontraram a nutrição favorável para aumentar a sua progênie; os mentores siderais preveem, no cientificismo cósmico das trocas planetárias, a proliferação patológica dos espíritos daninhos que se desenvolvem no terreno mental desregrado da humanidade, em tempo profetizado. O astral dos mundos contaminados pelas impurezas mentais dos seus habitantes transforma-se em contínua fonte alimentícia das expressões inferiores, como as larvas, miasmas, elementais e formas horrendas, além de invisíveis colônias de bacilos psíquicos, que se angustiam para se materializar no meio físico. Essas forças microgênicas, deletérias, tornam-se um elo vivo, um traço-de-união entre o mundo imponderável, do astral, e o mundo objetivo da matéria. Com o auxílio dessas forças, as entidades nas sombras podem operar com êxito, ajustando-se e encontrando sintonia na mente dos reencarnados; apossam-se do pensamento humano, pouco a pouco, compelindo-o aos mais devassos misteres e às mais cruéis hostilidades.

O ambiente mefítico torna-se excelente veículo para eles; idealizam e concretizam diabólicos festins de dores e de sensações lúbricas; mesmo os espíritos mais fortes não resistem, por vezes, às exaustivas provocações e seduções que lhes endereçam os adversários desregrados do Além! Enfermam, até, nesse desequilíbrio coletivo, sob as forças tenazes e satânicas, que anulam os pedidos de socorro aos céus!

Assim como os quadros mórbidos da tuberculose vão afetando o organismo do doente, pela multiplicação dos bacilos, a grande quantidade de almas endurecidas, que se debruçam e se alimentam sobre o vosso mundo, também vos pode prejudicar coletivamente, criando um panorama de enfermidades perigosas para a integridade do organismo moral e espiritual da Terra.

PERGUNTA: — Se examinarmos o passado, verificaremos uma multiplicidade de fatos e de desregramentos humanos, tais como guerras, corrupções e aviltamentos, como ocorreram na própria Roma, que comandava a civilização do mundo, sem que isso indique terem sido consequentes de "fins de tempos". Que nos dizeis?

RAMATÍS: — É necessário notardes que esses acontecimentos desregrados comprovam que se processou naquela época a intervenção corretiva do Alto, espécie de "castigo para os pecadores", expressão muito familiar na linguagem sacerdotal humana. Roma resgatou os seus desregramentos sob as hostes dos bárbaros de Átila, lembrando a terapêutica das vacinas; os romanos sofreram o corretivo das mesmas paixões orgíacas que haviam feito desencadear nos seus desregramentos coletivos!

Sodoma e Gomorra, destruídas devido à impudicícia dos seus habitantes, dão provas de intervenção espiritual; Herculano e Pompeia, sufocadas pelo Vesúvio, desapareceram no auge da devassidão, que se tornava já perigosa à integridade dos povos vizinhos. Comumente os vossos jornais noticiam terríveis tragédias coletivas, em que se destroem aldeias e se mutilam regiões prósperas, fazendo sucumbir multidões indefesas. Muitas vezes trata-se de decisão formal dos mentores desses povos, que assim procedem para melhor salvá-los do franco desregramento. Mas seria ilógico que considerásseis esses fatos calamitosos e imprevistos, que vos citamos, como sendo os prólogos dos "fins de tempos" a que se referem as profecias, pois não passaram de acontecimentos locais e não de ordem planetária.

PERGUNTA: — Concordamos convosco, mas ficamos confusos ao pensar que fatos semelhantes, ocorrendo atualmente, devam indicar que "os tempos chegaram". Se não fizeram provas, no passado, de serem acontecimentos profetizados, devem porventura ser assim considerados agora?

RAMATÍS: — As catástrofes de Sodoma, Gomorra e Babilônia — como já vos dissemos — foram acontecimentos de ordem local, porque os seus conteúdos psíquicos, deletérios, já ameaçavam perturbar os povos vizinhos, que não mereciam a saturação perniciosa do seu ambiente. No entanto, como já afirmara o próprio Jesus, os sucessos de "fins de tempos", que vos citamos, seriam de caráter mundial; deverão atingir, portanto, todo o globo e toda a vossa humanidade. É certo que determinadas nações, embora participando ativamente dos acontecimentos profetizados e sofrendo prejuízos inerentes aos povos mais infelizes, não serão chamadas a provas tão acerbas.

Em um caso, é uma cidade (ou povo dissoluto) que fica impedida da continuidade nociva para com o resto do ambiente; em outro caso, é a humanidade terrícola que, desinteressada dos prejuízos futuros, deixa-se contaminar pelo magnetismo voluptuoso e agressivo, que já lhe satura toda a aura do orbe. A Terra terá de suportar, em condições ampliadas, as consequências já suportadas pelos agrupamentos licenciosos marcados pela direção divina. À medida que se sucederem os vossos anos, podereis verificar que os fatos trágicos, locais, irão se reproduzindo aos poucos em todas as latitudes terráqueas, na eclosão disciplinada da preliminar para o evento final dos "tempos chegados".

PERGUNTA: — *Por que motivo se descreve sempre essa "chegada dos tempos" profetizando-se um cortejo de dores, de desesperos e de calamidade? Os profetas primam em dar relevo, sempre, às situações dantescas, e isso parece criar certa morbidez em nossos espíritos já apreensivos. Que nos dizeis?*

RAMATÍS: — A vossa pergunta lembra a providência do médico que finge ignorar a existência da gangrena do paciente, apenas para não assustá-lo... A semeadura é livre, mas a colheita é obrigatória — são os conceitos sobejamente provados no decorrer das vossas múltiplas encarnações. Como quereríeis colher morangos provenientes de sementes de espinheiro que lançásseis alhures, na invigilância espiritual? E por que motivo temeis esses acontecimentos e os considerais dantescos, a ponto de os qualificardes como morbidez profética, se vos bastaria a integração incondicional com o Evangelho de Jesus, para que vos imunizásseis contra os corretivos determinados pela lei suprema? Jesus foi muitíssimo claro, quando disse que no "fim dos tempos" seriam separados os lobos das ovelhas e o trigo do joio. Cumpre-vos escolher, pois, na figura empregada pelo Mestre, a posição que vos aprouver, na aproximação da hora profética!

PERGUNTA: — *Supomos que muita gente poderá sofrer as consequências totais desses "fins de tempos", sem que haja semeado tanto espinheiro! Não é assim?*

RAMATÍS: — Não houve desleixo nem confusão na determinação das reencarnações a se realizarem no vosso orbe! Os espíritos que estão isentos da grande prova e livres da próxima seleção espiritual não foram mandados para a Terra, nem estão atuando em faixas vibratórias de baixa frequência planetária, como a em que ainda vos situais. Sucede, também, que muitos de vós vos libertareis, em tempo, das provas acerbas, e outros serão transferidos para locais de menor perigo. Acresce, ainda, que os acontecimentos se processarão lentamente, como ocorre agora, tanto que apenas alguns estudiosos estão observando as primeiras anormalidades.

PERGUNTA: — *Os profetas bíblicos terão indicado quais os espíritos que, pelo tipo psíquico, possam merecer o sofrimento predito para este século?*

RAMATÍS: — Os espíritos atingidos pelas medidas seletivas da lei do progresso espiritual são aqueles que João Evangelista indica claramente no livro do Apocalipse "os tímidos, os incrédulos, os abomináveis, os homicidas, os sensuais, os feiticeiros, os idólatras, os mentirosos, cuja parte será no tanque ardente de fogo e enxofre, que é a segunda morte". (Apocalipse, 21:8). Deveis ter notado que as lendas infernais sempre designam o inferno como um local onde o enxofre sufoca e traz o odor característico de Satã. O profeta alude simbolicamente às condições angustiosas nos charcos repugnantes do Além, onde irão debater-se todos os que forem candidatos ao "ranger de dentes". O apóstolo Paulo, em sua segunda epístola a Timóteo, põe em relevo a angústia desses dias finais, quando adverte:(II Timóteo, 3:1) "... nos últimos dias sobrevirão tempos perigosos" e, na segunda epístola aos Tessalonicenses, diz: "para que sejam condenados todos os que não deram crédito à verdade, mas assentiram à iniquidade" (II Tessalonicences, 2:12).

PERGUNTA: — *O nosso globo desaparecerá do Cosmo, nesse fim de mundo?*

RAMATÍS: — Oh! Por favor, não subestimeis tanto a obra do Pai! A Terra ainda é um planeta jovem, que mal se prepara para os admiráveis eventos do futuro, quando oferecerá as mesmas alegrias de Marte, de Júpiter e de Saturno, que atualmente são júbilos para suas humanidades! O "fim de mundo" profetizado refere-se tão-somente ao fim da humanidade anticristã; será uma seleção em que se destaquem os da "direita" e os da "esquerda" do Cristo. Trata-se de promoção da Terra e de sua humanidade; lembra um severo exame que, para os alunos relapsos e ociosos, representa terrível calamidade! Mas de modo algum a vossa morada planetária sairá do rodopio em torno do Sol, onde também constitui importante âncora do sistema. Após a operação cósmica, que lhe será de excelente benefício para a estrutura geofísica, deverá possuir maior equilíbrio, melhor circulação vital-energética na distribuição harmônica das correntes magnéticas, além de oferecer um ambiente psíquico já higienizado.

Mesmo depois que o vosso orbe já estiver desabitado e houver cumprido a sua missão educativa no Cosmo, ainda circulará em torno do Sol, qual nave cansada à espera do derradeiro piloto para conduzi-la ao porto final! Na figura de um esplêndido viveiro de "consciências espirituais", que em sua massa planetária se espalharam, vindas da consciência cósmica, a Terra vos doará as túnicas resplandecentes de futuros prepostos do Pai, destinados a cooperar na obra divina! Assim nos diz a pedagogia sideral, que há muito conhecemos. Os vossos destinos angélicos já estão sendo determinados no seio bondoso do orbe terráqueo!

PERGUNTA: — *Afirmam certos estudiosos do assunto que, por diversas vezes, o povo se afligiu na suposição do "fim do mundo", ante trágicos acontecimentos que pareciam combinar com as conhecidas profecias; no entanto, tratava-se sempre de rebate falso!... Será que, agora, estamos realmente beirando esse acontecimento tantas vezes ilusório?*

RAMATÍS: — É Jesus quem responde à vossa pergunta pelo Evangelho de São Mateus: — "Porque ouvireis falar de guerras e de rumores de guerras; olhai; não vos perturbeis, porque importa que estas coisas aconteçam, mas **não é ainda** o fim". Alhures, o Mestre acrescenta: — "Levantar-se-á nação contra nação e reino contra reino, e haverá pestilências, fome, terremotos em todos os lugares. E todas estas coisas serão **princípio** das dores".[2]

Consequentemente, os acontecimentos alarmantes devem ser dignos de muita atenção porque, embora incompreendidos, por não terem constituído os próprios eventos trágicos do "fim do mundo" anticristão, vos advertiram de que se trata do "princípio das dores".

PERGUNTA: — *Podemos supor que Jesus tenha predito que o "fim do mundo" seria realmente na época que atravessamos?*

RAMATÍS: — Jesus foi claríssimo ao predizer o caráter do ambiente psicológico que identificaria a hora dos "tempos chegados", e nos deu verdadeiras senhas que nos permitem localizar a sua época. E ainda reforçou as suas afirmativas quando nos assegurou: — "... passarão o céu e a terra, mas as minhas palavras não passarão". Referindo-se aos sucessos cósmicos, os quais não se regem pelo calendário humano, pois que estão fora do "espaço" e do "tempo" da concepção humana, ele acrescentou: — "Quanto ao dia e à hora, ninguém sabe, mas unicamente o Pai". Prevendo a tradicional desconfiança do habitante terrá-

---

2 Mateus, 24:6,7,8.

queo, o Divino Cordeiro predisse: — "E aquele que tiver olhos de ver que veja pois muitos homens têm olhos mas são piores que os cegos!" Como corolário às suas exortações, para que melhor pudéssemos notar um sinal geral em todo o globo, nas proximidades desses tempos trágicos, aduziu: "E será pregado este Evangelho do reino por todo o mundo, em testemunho a todas as gentes, e então chegará o fim". Indubitavelmente, nunca se registrou em vosso mundo tanta febre de evangelização como agora, embora grasse a corrupção e as paixões façam a sua eclosão assustadora. Sentindo que a hora se aproxima, o homem religioso — temeroso dos acontecimentos — apressa--se na distribuição, a mão-cheia, de bíblias de todos os tipos e em todas as línguas, que surgem como cogumelos em dias de chuva! O biblismo — até por aqueles que faziam restrições à leitura da Bíblia por parte do povo — é um fenômeno psicológico na vossa época, e revela perfeitamente que o Evangelho está sendo pregado em todo o mundo e a todas as gentes, como profetizou o meigo nazareno.

Atualmente, o vosso mundo é um viveiro de profetas e de criadores de novos credos, doutrinas e movimentos fraternistas; há verdadeira aflição para se consolidarem campanhas de aproximação entre os seres e as religiões. Todos os que se sentem tocados pelo "pressentimento" de que estão no limiar dos "grandes acontecimentos" deixam-se tomar por estranho misticismo e ansiedade de "salvação" do próximo! Há, nesse sentido, uma tendência eclética no ar e, como reais sinais dos tempos, misturam-se falsos e verdadeiros profetas, lobos e ovelhas, trigo e joio!... Fermentam-se ideias velhas com ideias novas; digladiam-se velhos pensadores com os novos missionários que surgem de todos os quadrantes do planeta. Os conceitos de "universalismo", dos novos, entram em conflito com o "divisionismo" professado pelos tradicionalistas das revelações conservadoras!

Podeis notar que se afrouxam as barreiras entre as minorias religiosas, que se estão ligando pouco a pouco aos movimentos ecléticos mais ousados, no campo do espiritualismo absorvente dos simpáticos à lei da reencarnação. A iminência de uma catástrofe, latente, no âmago do espírito reencarnado, vai unindo e afinizando os homens, assim como a perspectiva de um naufrágio irmana todos os componentes da mesma embarcação. Enquanto os fracos de espírito mais se entregam à volúpia do gozo insano, os que são tocados pela voz interior se buscam e se adivinham, unindo-se como que para o derradeiro sustentáculo fraterno, no limiar da hora profética. O "faro" espiritual da vossa humanidade já assinala a proximidade dos acontecimentos que estão eclodindo na penumbra do vosso orbe! Poucos hão de perceber que nas palavras de Jesus "E o Evangelho será pregado a todas as gentes"[3] manifesta-se a magnânima bondade do Pai, que ainda possibilitará a todos a oportunidade de rápida regeneração sob o evento da hecatombe planetária e na seleção do joio e do trigo.

PERGUNTA: — Podeis dizer-nos, ainda, algo que lembre a coincidência entre a época dos "tempos são chegados" e os acontecimentos atuais?

RAMATÍS: — Dizem as profecias (em ligeiro resumo): Quando os pássaros de aço deitarem ovos de fogo; quando os homens dominarem os ares e cruzarem o fundo dos mares; quando os mortos ressuscitarem; quando descer fogo dos céus e os homens do campo não puderem alcançar a cidade e os das cidades não puderem fugir para os campos; quando estranhos sinais se fizerem no céu e coisas extravagantes forem vistas da Terra; quando crianças, moços e velhos tiverem visões, premonições, e fizerem profecias; quando os homens se dividirem em nome do Cristo; quando a fome, a sede, a miséria, a doença e as ossadas substituírem as populações das cidades; quando irmãos de sangue se matarem e as criaturas adorarem a "besta", então os tempos estarão chegados.

É evidente que tudo isso já se está realizando no vosso mundo e na época em que viveis; se não, em rápida síntese poderemos vos comprovar a realidade de nossa afirmação: — os pássaros de aço são os aviões, que despejam bombas incendiárias nos campos dos adversários e nas cidades inimigas; os homens dominam os ares até à estratosfera, e os submarinos cruzam o fundo dos mares; os mortos ressuscitam todos os dias, na figura de espíritos, materializando-se em labores espíritas ou comunicando-se através de médiuns especializados; nós mesmos somos desses que vos visitam do túmulo! O "fogo" já tem descido dos céus, na forma de gigantescos cogumelos produzidos pelas bombas atômicas e, quando experimentadas essas bombas nas cidades asiáticas, os habitantes dessas cidades não puderam fugir para os campos e os dos campos não consegui-

---
3 Mateus, 24:14

ram alcançar as cidades, ante a violência mortífera do terrível engenho! Isso esclareceu o simbolismo do "desespero", narrado no Apocalipse de João Evangelista. Em determinados períodos aparecem-vos no céu estranhos sinais que se movem em todos os sentidos, a que chamais "discos voadores". As crianças, jovens e velhos, sob a ação das faculdades mediúnicas, tornam-se reveladores de visões: ouvem, veem ou sentem os espíritos e predizem acontecimentos cotidianos. As seitas religiosas surgem com a prodigalidade dos fungos e, paradoxalmente, baseadas nas mesmas fontes bíblicas, cada vez mais se separam e se distanciam, no conflito humano das interpretações pessoais! A desordem, a fome, o medo, a angústia, a miséria avolumam-se em vosso mundo. Trucidam-se esposos e esposas; agridem-se filhos e pais; matam-se entre si irmãos consanguíneos; estranhas criaturas praticam crimes abomináveis, revelando a existência da "besta" em seu coração! As ossadas, nos campos de concentração da última guerra, substituíram cidades desertas, cujos habitantes foram assassinados pela fúria da "besta humana". A vossa medicina esgota-se para debelar a multiplicidade de doenças inexplicáveis, de terminologia brilhante, mas incuráveis; estranhas epidemias eclodem bruscamente, e vírus desconhecidos teimam em semear novos surtos patológicos, substituindo continuamente as enfermidades que são vencidas!

Eis um panorama resumido do que foi profetizado, com exclusão de múltiplos outros aspectos que a exiguidade destas comunicações não permite apresentar. O próprio fenômeno da mediunidade, que se apresenta, com espanto geral, em todos os lares, agremiações religiosas ou agrupamentos doutrinários, despertando seres que se põem a falar ou transmitir mensagens de espíritos desencarnados, é mais uma prova insofismável da veracidade da profecia de Joel, citada no livro de Atos dos Apóstolos, "E quando os tempos chegarem, vossos filhos e filhas profetizarão" (Atos, 2:17).

PERGUNTA: — *Achamos que esse "fim de mundo" é demasiado aterrorizador e algo incompatível com a proverbial bondade de Deus. Talvez os apóstolos ou os compiladores e tradutores dos Evangelhos hajam exagerado a dramaticidade desses acontecimentos. Que podeis dizer-nos a respeito?*

RAMATÍS: — Para responder-vos, novamente recorremos a Jesus, de quem não podemos duvidar, pois assim como profetizou o que acontecerá na era que se aproxima, previu também o arrasamento do templo de Jerusalém, a traição de Judas, a negação de Pedro, a sua própria ressurreição e a confusão que os homens fariam com os seus ensinos, no futuro, o que se realizou integralmente.

Esses acontecimentos trágicos não serão produto de uma súbita intervenção de Deus, mas uma consequência natural da transgressão das leis imutáveis que disciplinam o movimento dos orbes e as suas integrações em ritmos siderais mais evolutivos. Resulta então, daí — como vos ditamos há pouco — perfeita sincronização entre o evento "físico-planetário" e a sua humanidade, que faz jus à aplicação da lei de que "quem com ferro fere com ferro será ferido". Esse fim de mundo é um insignificante acontecimento no ínfimo grão de areia que é o vosso globo, nada tendo de incompatível com a bondade de Deus, que criou o Cosmo para o efeito de perfeita harmonia e beleza planetária! Assim como o acontecimento com Sodoma significa, para o vosso orbe, um fato local, o "fim de tempo" da Terra é, também, um fugaz acontecimento "local" no Cosmo, determinado pela lei suprema da harmonia moral do Todo. É justo que, infringindo as leis que incessantemente são lembradas pelos profetas e instrutores espirituais, tenhais que sofrer as sanções que elas especificam para os infratores. As leis do tráfego, no vosso mundo, estão resumidas nas tabuletas que marginam as estradas e que advertem os condutores de veículos quanto às suas responsabilidades; acaso considerais injustiça o fato de serem as vossas infrações a essas leis punidas pelas autoridades constituídas? Deus também estabeleceu e anunciou princípios imutáveis, que disciplinam o ritmo ascensional da vida em todas as latitudes cósmicas. Esses princípios, quando transgredidos pelo homem, criam-lhe sanções naturais, assim como a lei de causticidade do fogo faz queimar a mão imprudente, e o princípio corrosivo do ácido corrói o estômago do leviano que o ingere. Entretanto, o fogo, em si, não é um mal, porque de sua natureza comburente podeis aproveitar o que é útil para vossa existência atribulada, assim como do ácido colheis apreciável benefício para a química do vosso mundo!

Nessa conformidade, a dramaticidade do "fim de mundo" há de ser correspondente à soma total das infrações cometidas pela vossa humanidade no tráfego ascensional do espírito para a perfeição. Nesse caso não está em foco a bondade nem tão pouco uma suposta perversidade do Pai, porém a infração à lei.

PERGUNTA: — Mesmo os que se arrependerem ou regenerarem à última hora sofrerão os efeitos dolorosos dos próximos acontecimentos? Ou serão imediatamente afastados do teatro de operações?

RAMATÍS: — A massa passível de provação não poderá ser premiada "ex-abrupto", em consequência de adesão de última hora aos postulados do Evangelho. Cada alma tem que ser a tecelã de sua própria libertação espiritual. As condições energéticas que ela cria em si mesma, despertando-lhe os valores mais altos, é que realmente a conduzem para a "direita" ou para a "esquerda" do Cristo. Que adiantaria conceder autorização ao pássaro, para voar, se as suas asas ainda não houvessem crescido? Essa regeneração de última hora, a que aludis, já vos indica que o espírito se regenerou subitamente devido ao medo, à angústia, ou porque comprovou a realidade do "fim do mundo"... Pouco mérito terá, pois, para que seja afastado dos acontecimentos catastróficos. Se realmente estiver arrependido e regenerado, há que provar, à luz dos acontecimentos acerbos, a sua nova fé e a sua nova disposição espiritual. Uma renovação nessas condições mereceria a resposta que Jesus deu a Tomé: "Tu creste, Tomé, porque me viste; bem-aventurados os que não viram e creram". Bem-aventurados também — diremos nós — aqueles que se evangelizarem antes de precisarem colocar os dedos nas brasas dos acontecimentos profetizados para o fim dos tempos!

PERGUNTA: — E não poderá acontecer que se encontrem na Terra almas santificadas, ou missionárias, que venham a sofrer indevidamente, nesses acontecimentos trágicos, visto não merecerem essas provas?

RAMATÍS: — Inúmeros espíritos, isentos realmente da necessidade de sofrimento, hão de sofrer em sua delicada sensibilidade psíquica as consequências das catástrofes ou do desespero dos demais seres humanos. Muitos deles, que ainda são jovens ou crianças, e outros que se aprestam para a descida à carne, deverão sofrer muito, no turbilhão de angústias futuras, sem que nada tenham a ver com elas.

PERGUNTA: — E não será isso uma injustiça dos mentores da Terra?

RAMATÍS: — Considerais injustiça a voluntária descida de Jesus ao vosso mundo, a fim de salvar o homem terreno das

Mensagens do Astral 43

algemas do instinto inferior? Esses espíritos eleitos, superiores às provas purificadoras do vosso mundo — muitos dos quais já operam em vossas instituições espiritualistas e se destacam como devotados servidores do próximo — pertencem à falange do Cordeiro e aceitaram, em sã consciência, a tarefa dolorosa de socorrerem o terrícola desesperado, na hora grave do seu doloroso exame espiritual. Eles estarão convosco nos instantes acerbos; estender-vos-ão os braços amigos e mitigarão a vossa angústia de esperança e de alívio. Esquecerão as suas próprias dores, como imperativo do meio a que se sacrificam, para apenas se preocuparem com as vossas aflições. No Espaço conhecemo-los comumente, sob a designação genérica de "Peregrinos do Sacrifício". São almas que ainda evocam na sua retina espiritual as terríveis angústias que também sofreram, alhures, em situações similares ao próximo julgamento final.

PERGUNTA: — *Há quem assegure a inutilidade de vossas comunicações proféticas sobre o "fim do mundo" ou o "Juízo Final", considerando-as como repetições das antigas exprobrações dos profetas, tão repletas de ameaças celestes. Outros há que são de parecer que o homem evolui por processo gradual até à maturidade espiritual, sem necessidade dos vulgares recursos indicados nas vossas mensagens sobre "tempos chegados". Qual a vossa opinião a respeito?*

RAMATÍS: — Examinando o que tem acontecido durante dois milênios após o advento sacrificial de Jesus, concluímos, pesarosamente, que, afora os esforços heroicos de alguns de seus fiéis discípulos e o holocausto dos cristãos nos circos romanos, essa "gradual maturidade espiritual" tem deixado muito a desejar, e o fenômeno de tal maturidade inverteu-se, até, em verdadeira **imaturidade**, ante a grande soma de iniquidades que a vossa humanidade tem praticado, mesmo à sombra amiga do Evangelho! Os cruzados cravavam as suas espadas nos corações dos infiéis, ao mesmo tempo em que em seus peitos ostentavam rutilantes crucifixos; os católicos franceses matavam os huguenotes, na sangrenta Noite de São Bartolomeu, aos gritos de "viva Jesus!"; os inquisidores entoavam hosanas ao Cristo, enquanto assavam nas fogueiras impiedosas os corpos já torturados dos seus adversários religiosos; os protestantes, intransigentes e fanáticos, matavam nas terras do Novo Mundo os companheiros liberais que divergiam no sistema de culto a Jesus! E apesar da atual "maturidade espiritual", que já deveria ter modificado o âmago dos vossos corações, ainda continua a separação religiosa e a hostilização pública entre cristãos: os católicos pelos púlpitos das igrejas, os protestantes pelas tribunas dos templos, os espíritas pelos jornais ou pelas tribunas dos centros; os umbandistas pelos seus terreiros e os fraternistas em suas lojas!

A automática "maturidade espiritual" não vos livra das "cartas abertas", dos apodos públicos, dos "pontos de vista" antifraternos, das censuras sob mil aspectos aristocráticos ou sofismas doutrinários. Procura-se chegar, a todo custo, aos "fins" evangélicos através dos contundentes "meios" humanos!

Indubitavelmente, se a Divindade vos deixar entregues às vossas próprias direções "internas", embora já estejais de posse do roteiro de Jesus, terminareis enclausurados nos vossos próprios ambientes sectaristas, usufruindo a deliciosa angelitude daquilo que só a vós é exclusivamente simpático. Na impossibilidade de estabelecerdes entre vós a concórdia, a tolerância fraterna, ainda que apenas entre os próprios cultores do mesmo credo ou doutrina religiosa, confiemos em que essa maturidade espiritual seja alcançada, realmente, nos próximos acontecimentos pungentes de "fim de mundo" ou de "Juízo Final", quando a dor coletiva, em todas as latitudes geográficas, há de juntar as ovelhas dispersas e reuni-las sob o cajado sublime do Pastor Jesus!

PERGUNTA: — *Há quem atribua às vossas mensagens a revelação da existência de um Deus de pouca autoridade, que precisa lançar mão de recursos violentos a fim de poder disciplinar os seus filhos mal-educados, ressaltando que assim se enfraquece a disciplina do carma, que se transforma em ajuste individual ou determinismo imposto bruscamente pelo Criador. Que podeis dizer a respeito?*

RAMATÍS: — Se examinásseis o vosso passado, todas as vossas imprudências e rebeldia para com os princípios estabelecidos pelo Cristo, cremos que consideraríeis ainda demasiadamente benignas as medidas compulsórias que o Pai estabeleceu para promover a vossa recuperação ascensional. Deus não cria situações penosas, nem determina acontecimentos funestos para conseguir a educação dos seus filhos transviados, como se lhe faltasse para isso o senso pedagógico. A vossa ascensão espiritual é um detalhe mínimo na execução do "Grande Plano Sideral", que compreende uma "respiração divina" completa, designada pelos orientais como a "Noite de Brama" e o "Dia de

Brama", ou "Manvantara". Sob a disciplina da "lei única", que rege todo o desenvolvimento desse "Grande Plano", agem todas as leis menores, que chegam a atuar mesmo no seio da "probabilidade de onda", que se manifesta no circuito de um elétron! Na vossa pequenez espiritual, considerais as vossas desarmonias e imperfeições individuais como desequilíbrios provenientes de insuficiência do poder de Deus e consequente mobilização de recursos lúgubres, de sua parte. O determinismo imposto pelo Criador consiste nesse "Grande Plano", que abrange, em cada fase, toda a criação do Cosmo. Nesse determinismo divino, o vosso orbe significa menos que um grão de areia do dorso do Himalaia, a se mover ao impulso do vento das paixões humanas! É exatamente o carma que citais que vos conduz implacavelmente aos próximos acontecimentos de amargurado "fim de mundo". Se o não fosse, estaríeis habitando Marte, Júpiter ou Saturno!... E isto deveis, não à insuficiência da sabedoria de Deus, mas à vossa própria insuficiência espiritual, filha da vossa incúria e negligência.

PERGUNTA: — Podeis dar-nos uma ideia aproximada da sucessão dos acontecimentos profetizados, dentro de uma linha científica e racional?

RAMATÍS: — Para isso tereis, primeiramente, que aceitar a ideia da existência de plêiades de espíritos prepostos de Deus, que desempenham funções similares às que por vezes executais na Terra, e dos quais sois apenas meros plagiadores.

Há um grupo de entidades superplanetárias, às quais melhor se ajusta a designação de Engenheiros Siderais, que traçam com antecedência de bilhões, trilhões ou sextilhões de anos — se assim quiserdes formar uma ideia de "tempo" na vossa mente — o esquema das rotas e órbitas dos astros, planetas, asteróides, corpos ou poeiras cósmicas, que formarão as futuras galáxias distribuídas na abóbada celeste.

A concretização dessa edificação sideral se faz dentro dos princípios disciplinados e eternos que derivam da mente divina, que abrange a execução completa do "Grande Plano" em desenvolvimento. Em virtude de essas órbitas ou planos de tráfego sideral consumirem, também, bilhões, sextilhões etc., de anos-Terra, para se completarem, as criaturas humanas não podem avaliar ou sequer ter uma ideia do seu desenvolvimento total, que escapa a qualquer exame dentro da exiguidade de cada existência terrícola.

A média de duração da vida humana — digamos de 60 ou de 80 anos — é infinitamente pequena para permitir que se aprecie aquilo que só se completa em vários bilhões de anos terrestres. Lembrar-vos-íamos o símile aproximado de um micróbio que, vivendo um dia no vosso fígado, resolvesse estudar e descrever todo o ciclo completo de vossa existência física... Por isso, esses movimentos siderais se manifestam para vós na configuração de "leis imutáveis", dentro da disciplina do Todo, pois sempre os vedes fixos, certos, seguros e exatos em cada reencarnação. Para abrangê-los em sua totalidade, teríeis que sair da órbita terrena, postar-vos a distância do fenômeno e analisá-lo no espaço-tempo desses bilhões ou sextilhões de anos terrenos.

PERGUNTA: — Só um tipo de entidades técnicas do tráfego sideral coopera nesse sentido?

RAMATÍS: — É um labor que, humanizando-o — para o vosso melhor entendimento espiritual tão reduzido — denominaríamos de "labor de equipe". Há um perfeito entrosamento de funções separadas, em que várias entidades cooperam para o êxito do mesmo objetivo, mas visando sempre à sua especialidade dentro do setor que melhor se afinize com o seu entendimento. Quando os Engenheiros Siderais planejam órbitas, ocasião em que estudam e examinam todas as atrações, repulsões, influências astrológicas e astronômicas dos corpos e partículas siderais futuras, os planos respectivos são alvo da atenção de inúmeras outras entidades. Estas entidades são espíritos angélicos, cujas auras impregnam globos e mesmo constelações celestes. Podeis ter uma apagada concepção do que sejam eles na figura dos matemáticos, anatomistas, geólogos, botânicos, zoologistas, sociólogos, legisladores, químicos ou físicos do vosso mundo, lembrando-vos, porém, de que estão absolutamente além da concepção humana.

Os cientistas do vosso mundo, tomados há pouco para comparação, não saem de experiências em torno do planeta Terra, esquadrinhando os valores miúdos do solo e do meio, mas os que mencionamos como cooperadores siderais estendem o seu labor a sistemas de sóis e de mundos milhares de vezes mais adiantados do que o vosso sistema e a vossa acanhada morada. Eles operam, com os seus conhecimentos, na organização de planos siderais que abrangem toda a cúpula da área cósmica a ser estudada. Empregam cálculos de matemática sidérea, em que os calculadores siderais preveem para incontável número de anos-Terra todos os detalhes, movimentos e progressos dos mundos porvindouros, demarcando as exigências de aproximação e distanciamento recíproco dos astros, as suas influências sobre coordenadas magnéticas dos sistemas, a coesão e a reação dos satélites e de seus núcleos, inclusive todas as alterações e progressos das humanidades existentes de futuro nesses conjuntos planetários.

Esses planos desdobrativos, sob um ritmo ascensional e inteligente, reproduções herméticas de outros planos já sucedidos, é que permitem a pulsação implacável, desde o microcosmo das probabilidades de ondas eletrônicas até o macrocosmo das constelações rodopiando em torno de um núcleo, que pode ser o acúmulo sideral de bilhões de galáxias! Dentro desse ritmo, dessa pulsação continuamente ascensional, o progresso é um fator constante e a angelitude humana um evento consumado, porque são estes os objetivos fundamentais que sustentam os planos traçados pelos Engenheiros Siderais.

PERGUNTA: — *Como poderíamos ter uma ideia aproximada dos objetivos dessas entidades técnicas, por vós mencionadas?*

RAMATÍS: — É óbvio que esse processo de formação dos mundos não pode obedecer rigorosamente aos dados que vos transmitimos. Não deveis aceitá-los *ipsis litteris*, mas apenas para dardes à vossa imaginação uma figura da responsabilidade que é atribuída a cada tipo de entidade criadora, no Cosmo.

Não é o "modo" pelo qual essas entidades operam que deveis compreender como vos revelamos, mas sim a objetividade que elas alcançam. Há certa ordem gradativa de trabalho, que pede a intervenção, no "tempo" justo, de cada cooperador. Nem poderia ser de outro modo, porque é justamente nos planos mais altos que a disciplina e a Lei são mais exatas.

Um geólogo sideral é aquele que orça toda a carga do planeta em edificação, e seus satélites, prevendo as correspondências que se processarão dentro do sistema solar que for chamado a se mover; um químico sideral examina o "quantum" magnético-físico que se manifestará no futuro, dentro das indescritíveis operações químicas ocorridas no laboratório do Cosmo; um anatomista sideral estabelece as linhas fundamentais das figuras humanas que deverão surgir no orbe, em conformidade com os recursos do meio, as condições físicas e necessidades da massa espiritual operante; um sociólogo sideral prevê as migrações de almas entre os globos habitáveis do mesmo sistema, no contínuo intercâmbio que acelera a angelitude nas seleções espirituais e retifica os rebeldes com a disciplina corretiva; um legislador sideral prescreve as leis básicas da ascensão espiritual, manifestando-as, gradativamente, às humanidades, na forma de "revelações periódicas" e na conformidade da apreensão mental dos seres. Inúmeros outros cooperadores siderais devem estudar as fases psicológicas, prever os períodos que se enquadrem no "calendário humano", a fim de que se reencarnem nos orbes espíritos superiores e instrutores do quilate de um Antúlio, Numu, Krishna, Moisés, Hermes, Buda, Confúcio, Rama, que estabelecem as preliminares para as mensagens de maior importância. Estes mensageiros sublimes, que vos citamos, entre os quais uns puderam cumprir com maior êxito do que outros a respectiva missão, foram sempre bafejados pela luz refulgente do Cristo e prepararam a abóbada espiritual protetora para o advento de Jesus — o mais perfeito e inconfundível doador da luz crística no vosso orbe!

Quando se trata da encarnação de altos espíritos, verdadeiros anjos planetários, como no caso de Jesus, é preciso que no momento apropriado para as suas manifestações haja um campo magnético astrológico favorável, produzido pelas situações e constelações de astros. Podereis melhor compreender o fato admitindo a pálida ideia de que empoeirada esfera de cristal devesse ser rigorosamente limpa, para que os raios do Sol a envolvessem em todo o seu conteúdo. A majestosa aura dessas entidades, de cuja vibração sutilíssima não vos podemos dar noções satisfatórias, escapa ao campo comum vibratório, no qual devem "emergir" para poder atingir o plano físico. Simbolicamente, dir-vos-íamos que se faz necessária uma "abertura", uma faixa vibratória, adequada à descida do Sublime Mensageiro.

PERGUNTA: — Consequentemente, os tempos que chegam, anunciados pelas profecias, já foram determinados de há muito?

RAMATÍS: — É claro que as profecias só podem ser baseadas em fatos que já estão previstos e determinados infalivelmente; os profetas não criam acontecimentos sob a sua imaginação, num determinismo todo pessoal; eles apenas os preveem na sua rota infalível e nos seus objetivos implacáveis. A Terra, como já vos descrevemos, é o produto de um plano que foi elaborado há bilhões ou sextilhões de anos do vosso calendário e constitui mero detalhe, aliás insignificante, na execução do sistema de sóis e planetas que compõem as galáxias assinaladas pelos vossos cientistas. Os Engenheiros Siderais previram-lhe todos os desvios e modificações de eixo e de órbita e os seus necessários ajustes a cada movimento na pulsação do sistema solar. Outros cooperadores siderais anotaram-lhe as transformações geológicas e climáticas, as épocas de repouso e de atividades da matéria planetária.

A vida sempre se reorganiza novamente, após as grandes comoções do orbe, a fim de se apresentarem novas oportunidades, mais eficazes, para o adiantamento das almas, que também pressentem a proximidade dos eventos importantes.

Todas as excitações magnéticas e influências astronômicas e astrológicas, inclusive a carga humana que o vosso orbe deverá transportar como comboio evolucionário, em torno do Sol, já foram objeto de estudos e estão habilmente previstas no plano dos instrutores siderais, cujo conhecimento ultrapassa o mais genial pensamento humano. Nenhuma surpresa será verificada nesse mecanismo de rigorosa exatidão. Mesmo os espíritos refratários, que deverão emigrar para outros mundos, já se encontram arrolados na massa "psíquica" que apresentará insuficiência para a reencarnação no terceiro milênio.

A época exata em que se concretizam os "tempos chegados", para a Terra, é apenas um detalhe ínfimo, adstrito ao "Grande Plano", que é harmônico em toda a sua execução; apenas se ajustam, nessa época, em perfeita sincronia, a necessidade de nova estabilidade terráquea no sistema e a urgente necessidade de seleção da sua humanidade para fazer jus ao novo "habitat". As modificações da morada hão de produzir, também, modificações na estesia física dos seus habitantes, e, consequentemente, melhor possibilidade de manifestação psíquica.

PERGUNTA: — *A par desse plano geral e indesviável na sua realização, deverá, então, atuar um determinismo que tolhe o livre arbítrio do homem! Porventura não será isso puro fatalismo?*

RAMATÍS: — O equilíbrio do conjunto, já determinado para ter execução fixa, inalterável em toda a sua consecução planificada, não rouba a oportunidade de os seres usarem de seu "livre-arbítrio". Quando edificais um "arranha-céu", também estabeleceis um determinismo nas linhas arquitetônicas gerais do prédio, na solidez, na estrutura e na forma adequada ao estilo da época. O arquiteto traça um plano definitivo que, aparentemente, deve oprimir o livre-arbítrio dos que cooperarão na obra; no entanto, é a absoluta segurança do conjunto que exige a disciplina férrea dos detalhes. Para êxito e harmonia da obra, é preciso que o livre-arbítrio do servente, do pedreiro, do carpinteiro, do pintor, do vidraceiro, fique submetido exclusivamente à determinação fundamental da construção, para que não se registrem imprudências de ordem funcional ou surjam incoerências estéticas. O ilógico, na verdade, seria que o servente, usando de seu livre-arbítrio, teimasse em reduzir a profundidade das valas, ou dos alicerces, pondo em perigo a vida de centenas de criaturas ou, então, se o pintor, obedecendo ao seu pobre gosto estético, levasse a efeito a decoração de um palácio pelo sistema de pintura dos casebres.

Quanto aos adquirentes dos apartamentos do edifício, embora submetidos draconianamente ao determinismo arquitetônico do prédio, podem gozar do seu livre-arbítrio, decorando ou ornamentando os seus aposentos e compondo, de modo que lhes convenha, o ambiente que lhes atenda ao gosto e à estética pessoal! O "todo", como um edifício, um condomínio, é um determinismo, na implacabilidade das leis que lhe regularam a execução; no entanto, nos "detalhes-aposentos", os seus moradores exercem o seu livre-arbítrio, embora mantendo-se sujeitos à lei geral que assegura o equilíbrio comum de todo o conjunto.

Há um determinismo, pois, para todos os fenômenos e transmutações terrestres, mas que só se concretiza em bilhões ou sextilhões de anos e que escapa totalmente à capacidade de compreensão de quem vive apenas os poucos anos da existência humana. E se viveis apenas os detalhes de 60 ou mesmo 100 anos de vida humana, em que vos poderá afetar o determinismo desse plano? Se é verdade que em cada existência terrena tendes a liberdade de realizações e objetivações pessoais, criando ideais e compondo destinos à parte, que se concretizam sob vossas próprias emoções particulares, não é menos verdade que nunca chegais a pressentir sequer uma pulsação da causalidade sideral do vosso sistema planetário!

No determinismo de uns 80 anos de vida, do vosso corpo, os micróbios que viveram o detalhe de apenas um dia, no vosso sangue, não foram violados no seu fugaz livre-arbítrio, pois viveram exatamente o "quantum" de sua força emocional ou instintiva.

Mesmo na esfera moral e econômica do vosso orbe, embora tenhais que sujeitar-vos à lei da harmonia em comum, sois responsáveis pelos vossos atos e podeis mover-vos tão livremente quanto seja a capacidade de poderdes assumir a responsabilidade dos vossos atos.

PERGUNTA: — *Dissestes, há pouco, que as almas pressentem a hora dos "tempos chegados". Poderíeis dar-nos uma ideia da forma desse pressentimento, ou indicar os motivos que o despertam?*

RAMATÍS: — Conforme detalhes que vos daremos depois, as almas trazem impressas em sua retina espiritual as recordações dos acontecimentos dolorosos que já viveram de modo catastrófico e, além disso, recebem instruções, no Espaço, sobre aquilo que está para acontecer. Todos vós estais devidamente avisados dos próximos eventos dos "tempos chegados"; conheceis, no subjetivismo de vossas almas, a sequência dos fatos que se desenrolarão sobre a crosta do vosso orbe. Embora reconheçais que sempre houve terremotos, vulcões, inundações, epidemias, furacões ou catástrofes gigantescas na Terra, sempre que tendes notícias a esse respeito domina-vos um estranho pressentimento de que "algo" já sabíeis no vosso psiquismo! Um fatalismo se desenha no horizonte e sempre vos adverte fortemente quanto à indiscutível instabilidade das formas e dos valores comuns do mundo. E, então, não tendes mais dúvidas no subconsciente, e pensais: os tempos chegaram!... Os menores acontecimentos trágicos parecem repetir aos vossos ouvidos a advertência de Jesus: "E todas estas coisas são o princípio das dores".

E quanto maior é a sensibilidade psíquica da criatura, mais intenso é o seu pressentimento. Muitos subestimam ou descrêem do fenômeno profetizado, mas estão apenas confundindo a insuficiência de sua memória etérica com a suposição da posse de um intelecto desenvolvido!

Um dos mais evidentes sinais de que os tempos são chegados, podereis encontrar nas duas correntes de forças ocultas que se digladiam na vossa alma: uma impera vigorosa, agressiva, à superfície dos vossos sentidos comuns e vos seduz como o cântico das sereias; é a energia da "Besta", fremindo para vos levar ao fundo do oceano da iniquidade; a outra é suave, amorosa, endereçando-vos sucessivos convites para o mais alto, embora pedindo-vos sacrifícios e renúncias; é a mensagem do Evangelho, no silêncio do vosso coração! Até no interior dos próprios templos e dos ambientes espiritualistas há estranhos convites da "Besta", pois "ela seria solta juntamente com Satanás". No entanto, paradoxalmente, surgem apelos do Cristo no seio das paixões mais vis! É porque os "tempos são chegados"! A "Besta" veio para perverter e o Cristo para renovar!

PERGUNTA: — *Considerando que os acontecimentos catastróficos do "fim dos tempos" não devem ocorrer de forma espontânea, qual será o agente ou a condição capaz de provocá-los na época profetizada?*

RAMATÍS: — A eclosão desses acontecimentos dar-se-á pela presença de um planeta que se move em direção à Terra e cuja aproximação já foi prevista remotamente pelos Engenheiros Siderais. A sua órbita é oblíqua sobre o eixo imaginário do vosso orbe e o seu conteúdo magnético, poderosíssimo, atuará tão fortemente que obrigará, progressivamente, a elevação do eixo terráqueo. Se imaginardes uma haste oblíqua, no espaço, e atuardes na ponta superior da mesma, atraindo-a para vós e conservando a ponta inferior no mesmo local, obrigá-la-eis a tomar a posição vertical. É o que acontecerá com o planeta que habitais.

Trata-se de um planeta impregnado de magnetismo primário, muitíssimo vigoroso, cuja aura radiativa, devido à estrutura mineral do seu núcleo, ultrapassa de 3.200 vezes o potencial da aura astroetérea do vosso globo! Ele trafega numa órbita que exige 6.666 anos para completar o seu circuito e, mediante o seu próprio magnetismo e as coordenadas de forças que se cruzam no vosso sistema solar, tange a órbita terrestre, formando um ângulo de poderosa atração magnética, capaz de elevar, gradativamente, o eixo da Terra.

Obediente ao cientificismo sideral dos planos determinados pelos construtores de mundos, a influência magnética desse astro far-se-á sentir até que se complete a verticalização da posição da Terra. Quando o eixo terráqueo estiver totalmente verticalizado, o planeta intruso já se terá distanciado do vosso orbe.

PERGUNTA: — *Poderíeis nos esclarecer melhor sobre como operará o mecanismo dessa influência e dessa verticalização?*

RAMATÍS: — Quando tratarmos detalhadamente da configuração desse astro visitante, dar-vos-emos os esclarecimentos solicitados.

PERGUNTA: — *Essa verticalização do eixo terráqueo é*

que constitui a condição principal para a eclosão dos "tempos chegados"?

RAMATÍS: — Embora a elevação do eixo da Terra tenha de se processar gradativamente, de modo tal que, a princípio, não despertará a curiosidade científica ou a apreensão humana, ser--vos-á fácil avaliar as consequências decorrentes do fenômeno. Certamente, os cientistas hão de explicar o acontecimento dentro das leis consagradas pelo academismo oficial e situá-lo no campo das modificações climáticas e previstas no "tempo geológico". A verticalização, quando for percebida, será incondicionalmente atribuída à periodicidade espontânea dos movimentos naturais do orbe. Dificilmente a vossa ciência haverá de aceitar a "absurda" notícia da aproximação de um planeta desconhecido nas cartas astronômicas. O atrito magnético, que provocará gradativamente o aquecimento no vosso orbe, será levado à conta de fenômeno comum e inerente às alterações da massa planetária. Mas, apesar de todas as explicações cientificamente muito "bonitas", dos vossos cientistas, os acontecimentos se efetivarão de acordo com os planos elaborados pelos construtores siderais e não conforme as opiniões acadêmicas! Convém noteis, entretanto, que, apesar de serem muito naturais as conclusões sensatas do "aquecimento natural" e das "modificações geofísicas" do globo terrestre, merece cuidadosa reflexão o fato surpreendente de que esses acontecimentos, embora comuns e naturais, venham a coincidir exatamente com o momento profético dos "tempos chegados".

PERGUNTA: — Já se está iniciando, porventura, essa verticalização do eixo do nosso globo?

RAMATÍS: — A partir do próximo ano de 1950,[4] manifestar-se-á junto à aura da Terra a primeira vibração sensível desse astro intruso, mas ainda de natureza profundamente magnética; será uma expansão endógena, isto é, de dentro para fora; uma ação astroetérea, pois, na realidade, o fenômeno terá início na esfera interior do vosso orbe. A princípio, dar-se-á um verdadeiro acasalamento de forças íntimas da Terra com as energias agressivas e primárias do planeta visitante, motivo por que os cientistas — que estão na dependência de instrumentos materiais — só poderão assinalar o fenômeno quando ele aflorar à superfície dos cinco sentidos humanos.

---

4 As comunicações de Ramatís vieram a público entre 1948 e 1949, tendo sido divulgado inicialmente sob forma de um folheto intitulado *Conexões de Profecias*.

A fase mais intensa da modificação física situar-se-á entre os anos de 1982 e 1992, e os efeitos mais catastróficos se farão sentir até o ano de 1999, pois o advento do terceiro milênio será sob os escombros que, em todas as latitudes geográficas, revelarão o maior ou menor efeito dos eventos dos "fins dos tempos". Daqui a mais alguns anos, os vossos geofísicos anunciarão, apreensivos, a verdade insofismável: — "O eixo da Terra está se verticalizando"!

PERGUNTA: — Isso quer dizer que só a atual juventude terrena é que viverá a fase mais angustiosa, que se situará além de 1982. Estamos certos?

RAMATÍS: — Essa será a fase de maior eclosão do fenômeno, no sentido geral de sua disseminação pelo orbe terráqueo, na sua máxima intensidade geofísica; no entanto, as forças internas do vosso planeta farão o seu desenvolvimento progressivo sob a ação atrativa do astro intruso, qual um rugir da "alma-vital" da Terra, irritada pela subversão que o homem lhe tem feito de todas as suas potências criadoras! O abuso excessivo que a criatura terrícola fez dessas forças, nos milênios findos, regando campinas verdejantes e canteiros de flores com o sangue humano; o desmando na aplicação fisioquímica para o fabrico das metralhas, das bombas fratricidas; a energia atômica derretendo milhares de seres com destinos determinados, encontrarão nos próximos eventos trágicos a compensação exata dos distúrbios provocados! E não chameis a isso de injustiça, pois a vossa humanidade contemporânea é o mesmo punhado de almas que vem mourejando pelos séculos findos, e só difere quanto aos novos vestuários da carne e quanto aos atuais cenários do século XX, lisonjeiramente mais estéticos e científicos!

O imenso cortejo de criaturas que hão violentado a lei do progresso e do amor já pode pressentir, no horizonte da vida humana, os primeiros sinais da retificação compulsória correspondente aos equívocos cometidos alhures, sob os desmandos da consciência ainda infantilizada! Não se trata de punição, nem de desforra divina, mas apenas de retificação espiritual; um obrigatório abandono dos atalhos prejudiciais à alma, e o regresso feliz ao velho caminho da compostura cristã, a fim de que se consolide a vossa mais breve ventura!

Enquanto as energias íntimas do vosso globo fremirem sob o convite assustador do astro indesejável, a sua massa agitar-

-se-á como o gigante que desperta, irritado, pela irreverência humana, mas as vossas almas sentir-se-ão rompidas em seu egocentrismo milenário e de personalidade isolada, para se buscarem entre si, nas dores coletivas. Os vossos corações sentir-se-ão irmanados pelo sofrimento, e as vibrações de angústia coletiva repercutirão como uma só alma sedenta de paz e de amor! Mesmo os últimos "são tomés", os pseudo-sábios, cuja indiferença se protege com os postulados científicos, reconhecerão, também, o momento sacrificial e, de joelhos, rogarão a sua integração nas hostes pacíficas do Cordeiro!

Será um trágico convite — não resta dúvida — a ser olhado com rancor pelo intelectualismo intoxicado, do vosso século, mas, para vós, apenas um modesto resgate, em face das inexcedíveis venturas que vos esperam nas esferas da Luz, onde o Cristo reina eternamente e distribui o seu imperecível Amor às almas cristificadas!

Não serão acontecimentos alcançáveis apenas pela vossa atual juventude; gradativamente hão de todos participar deles — cada um conforme a sua necessidade de retificação espiritual e de acordo com a sua dívida cármica acumulada no decorrer dos séculos.

Muitos que já partiram do vosso mundo, e outros que ainda hão de partir, hão de retornar em breve, premidos pela Lei da Reencarnação, a fim de se submeterem ao exame profetizado para a promoção espiritual coletiva. A recrudescência dos acontecimentos no próprio Espaço adjacente à Terra criará o clima necessário para a retificação espiritual dos desencarnados, pois todo o invólucro astrofísico da Terra sofrerá sob o impacto renovador. Não serão encontrados lugares melhores ou piores; zonas de salvação ou de fuga; nem se saberá o momento exato dos acontecimentos, conforme o próprio Jesus afirmou, quando disse: "E a hora exata só meu Pai é quem sabe".

Cada um será provado onde estiver, malgrado a crença de muita gente, que buscará apressadamente os lugares de "salvação", no mundo físico, ante o pavor dos acontecimentos trágicos. Reza a profecia: — "Os da cidade não alcançarão os campos e os dos campos não alcançarão as cidades"!

O carma inflexível, como Lei invulnerável, imutável, é que ditará o "quantum" de responsabilidade de cada habitante da Terra, destruindo toda possibilidade de fuga ilusória na precariedade da carne.

Não vos impressioneis, portanto, e aguardai, na rotina comum de vossas vidas, o dia em que o Alto vos pedirá provas de amor, de bondade e de perdão! Só existe realmente uma senda que vos poderá salvar; uma única esperança capaz de livrar-vos definitivamente do mal, da dor e da ilusão! Em qualquer "fim do mundo" que ocorrer durante vossas existências espirituais, a vossa libertação só será encontrada na vossa absoluta integração nos postulados do Evangelho do Cristo!

2. O Juízo Final

PERGUNTA: — Qual o principal objetivo do "Juízo Final", no evento profético dos "tempos chegados"?

RAMATÍS: — É o de selecionar os espíritos em duas ordens distintas, a fim de ser ativada a ascensão espiritual das duas ordens selecionadas.

PERGUNTA: — Quais serão essas duas ordens distintas?

RAMATÍS: — Compreenderão os dois grupos distintos que Jesus profetizou para a hora final, quando afirmou que viria julgar os vivos e os mortos, separando os lobos das ovelhas, o trigo do joio, ocasião em que os bons sentar-se-iam à sua direita e os maus à sua esquerda. Um desses grupos — o que tomará lugar à direita do Cristo — será constituído das criaturas cuja vida houver representado um esforço à procura da bondade, do amor, da honestidade, da renúncia em favor do próximo, no cumprimento dos preceitos renovadores do Evangelho; o outro grupo — que tomará lugar à esquerda do Cristo — será representado pelos maus, compondo a triste caravana dos que emigrarão para um orbe inferior, em relação com o seu padrão anticrístico. É o dos que planejam os arrasamentos das cidades pacíficas; os técnicos impassíveis que movem botões eletrônicos para destruição à distância; os cientistas satânicos que operam nos desvãos dos laboratórios, na preparação dos engenhos de morte; os que exaurem fosfatos na busca de meios mais eficientes para assassinatos coletivos nos matadouros ou nas matas verdejantes; os que criam indústrias para o fabrico de instrumentos criminosos; os autores de engenhos malignos, que transformam os aviões da fraternidade em monstros vomitadores de bombas infernais. E a triste caravana será ainda engrossada com outros contingentes humanos provindos das corrupções administrativas: os que se locupletam com os bens públicos e dificultam o leite para a criança, o asilo para o velho, o agasalho para o desnudo e o hospital para o indigente; as almas venais, que transformam a consciência em balcão; os exploradores sensacionalistas das desgraças alheias; os jornalistas, escritores, tribunos e políticos que instigam ou defendem as forças do ódio, indiferentes à edificação superior da consciência das massas e à educação essencial da criança. Este o séquito a caminho da implacável retificação no "habitat" sombrio de outro mundo tão agressivo e impiedoso quanto as suas próprias consciências, e que se tornará o regaço materno não só dos que obrigam as mãos que lavram o solo pacífico a tomar armas para o extermínio fratricida, como daqueles que insuflam o ódio racial e contribuem para o desaparecimento da paz; dos que industrializam as graças divinas a troco da moeda profana; dos que pregam a fraternidade promovendo a separação e empregam os recursos da violência para a conversão dos infiéis. Como egoístas, impiedosos, avaros, fariseus e salteadores de "traje a rigor", terão que se sujeitar aos pródromos de outra civilização humana, no exílio provisório à "esquerda" do Cristo.

PERGUNTA: — Supondo que esses seres se convertam na hora derradeira de seu afastamento da Terra, porventura Deus não os perdoará?

RAMATÍS: — Não alimenteis as falsas ilusões que as religiões criaram a esse respeito. O perdão exige uma premissa, que é a ofensa. Ninguém pode perdoar sem ter aceito ou considerado a ofensa correspondente. Portanto, para que Deus perdoe, é necessário conceber-se que, antes disso, se sentisse ofendido! Uma vez que Deus não se ofende — pois é o Absoluto Criador Incriado — não precisa perdoar. Ele é a Lei Suprema, cujo objetivo se revela na consecução da felicidade do espírito. Demais, o perdão à última hora — como já explicamos — não modifica o conteúdo íntimo da alma, a qual necessita reeducar--se para se harmonizar com as esferas de vibração mais pura.

PERGUNTA: — *Afirmou-nos o irmão que a separação, na hora do "Juízo Final", ativará a ascensão espiritual dos dois grupos. Como se dará essa ascensão entre os que forem afastados para as regiões infernais?*

RAMATÍS: — Jesus afirmou que os da sua esquerda seriam degradados para regiões onde só há o ranger dos dentes. Isto significa que se trata de planos rudes, primitivos, opressivos locais de desespero, de ódios, de desforras e de animalidade. Os afastados para regiões inferiores em relação ao vosso orbe, constituindo-se de almas esclerosadas no mal e na preguiça espiritual, daninhas às coletividades pacíficas, também progredirão até mais rapidamente, ante a agressividade do meio em que forem habitar. Tratando-se de espíritos já sensíveis, conhecedores dos bens terráqueos, sofrerão mais intensamente os impactos purificadores, pela maior consciência dos seus estados íntimos. A saudade da vida no seu planeta original ativará intensamente as suas inteligências, condensando-lhes no subjetivismo da alma desejos e ideais para uma breve libertação do orbe inferior. Ambos os grupos estabelecidos no "Juízo Final", o do "trigo" e o do "joio", conseguirão acentuado progresso espiritual, de acordo com os valores afins ao seu psiquismo coletivo.

Os da direita do Cristo serão favorecidos com nova reencarnação na Terra já higienizada no seu clima e magnetismo, que lhes permitirá uma ascensão mais rápida, devido à pulsação uníssona dos sentimentos crísticos de todos.

PERGUNTA: — *É essa a finalidade única dessas épocas proféticas classificadas como "Juízo Final"?*

RAMATÍS: — As épocas de "Juízo Final" têm também por função ajustar a substância planetária para se tornar melhor "habitat" e, consequentemente, requerem seleção de almas com melhor padrão, necessário para as sucessivas reencarnações em moradia aperfeiçoada. É um mecanismo previsto pela Suprema Lei e rigorosamente coordenado e dirigido pelos que são designados para criar em nome de Deus; ultrapassa o entendimento humano e a matemática das leis científicas. Conforme já vos explicamos, trata-se de planos elaborados pelos Construtores Siderais, em sintonia com o "Grande Plano" mentalizado pelo Criador. Como os planetas são corpos poderosos, ou seja, campos de energia concentrada que toma a forma material, obedecem tacitamente às leis de progresso energético, que lhes aprimora a substância, ajustando-os, paulatinamente, à evolução harmônica do sistema a que pertencem. As humanidades que lhes estão conjugadas — como gozam do livre arbítrio de realizar a sua felicidade quando bem lhes aprouver — é que raramente atingem a sua perfeita renovação dentro da perfeita conexão "espírito-matéria". Essa negligência da alma requer, então, dos Mentores do orbe, periódicas separações entre o "joio" e o "trigo", os bons e os maus, as "ovelhas e os lobos" ou, ainda, os da "direita" e os da "esquerda" do Cristo.

Jesus, quando predisse, há dois milênios, os fatos a ocorrerem nos "tempos chegados", bem sabia da necessidade selecionadora de que vos aproximais, em consequência do mau uso do vosso livre-arbítrio. O "livre-arbítrio" é um direito que o Pai concede ao espírito mas, quando ele abusa dessa faculdade, retarda-se na ascese espiritual e se desajusta, causando prejuízos ao progresso da sua própria morada. Iludido pelos prazeres transitórios da vida física, seduzido pelas gloríolas efêmeras e pelos tesouros enganadores, trabalha em prejuízo de sua felicidade; depois, assusta-se, temeroso da aproximação do "Juízo Final".

É que nota, surpreso, que vivia entre as ilusões do mundo provisório, fazendo ouvidos moucos à Voz Augusta do Mestre, que advertia da hora improrrogável do ajuste "psicofísico". A Lei, imutável, severa, mas justa na lógica do aprimoramento por seleção, afasta para mundos inferiores os que reclamam recursos mais drásticos para a escalada da perfeição. E, assim como se acelera o progresso dos degredados para mundos mais atrasados à força de um sofrimento compulsório mais doloroso, do novo "habitat", também se desenvolve o psiquismo dos nativos desses orbes primitivos, ante o auxílio que lhes trazem os descidos dos mundos mais adiantados. É a perfeita equidade da Lei Suprema, que atua para o bem e para a felicidade de todos os filhos de Deus!

PERGUNTA: — *Isso quer dizer que estamos sob um perfeito controle administrativo do Espaço. É isso mesmo?*

RAMATÍS: — Não deveis estranhar a existência dessa administração, salvo se vos esquecestes do que Jesus disse: "O que ligardes na Terra será ligado nos céus, e o que desligardes na Terra também será desligado nos céus". Nada ocorre no vosso mundo, que não tenha aqui as suas raízes fundamentais; seja o fato mais insignificante, seja a consequência mais ampla. Os Mestres Espirituais vos acompanham, desde os primeiros bruxuleios da consciência individual, por meio de "fichas cármicas" de vossas existências. A desordem e a indisciplina podem causar confusões em vossos meios materiais, mas nos organismos diretores de vossas existências espirituais a ordem e a harmonia são elementos permanentes. Na hora nevrálgica dos eventos selecionadores, "a cada um será dado conforme as suas obras" e, também, "muitos serão os chamados, mas poucos os escolhidos". O terrícola assemelha-se comumente a um menino irresponsável; procura ignorar a sua urgente necessidade de integração no Evangelho, guardando a ilusão de que haverá contemporizações se porventura sobrevier uma "hora dolorosa", em que se façam ajustes das falências espirituais! A persistência em permanecer nas trevas da iniquidade não pode favorecer a ninguém perante a justiça divina.

PERGUNTA: — Os "juízos finais" são elaborados prévia e definitivamente para o estado psicológico dos habitantes de um orbe, ou obedecem a modificações eventuais?

RAMATÍS: — Obedecem a modificações periódicas e se sucedem em perfeita correspondência com as mudanças de "raças raízes", que estabelecem padrões mentais e científicos nos planetas. São acontecimentos que os registros iniciáticos, do Oriente, denominam de "Pralayas", cujos eventos se sucedem dentro da "Ronda" de cada orbe. É por isso que, embora a ciência oficial queira afirmar a inalterabilidade do ângulo de obliquidade do eixo da Terra, podereis verificar naqueles registros orientais que esse eixo se modifica, em algumas épocas, produzindo consequências cientificamente imprevistas. São as variações decorrentes da inclinação do eixo terrestre que produzem os períodos chamados "Pralayas", que se registram sob o determinismo científico da Lei Cármica do orbe e dos seus moradores.

PERGUNTA: — É violenta essa variação do eixo terrestre?

RAMATÍS: — Manifesta-se de duas formas distintas; umas vezes com certa violência, produzindo rápida modificação e acarretando um cataclismo geológico, como ocorreu na submersão da Atlântida, e outras vezes não.

Além do que consta nos registros iniciáticos do Oriente, podeis encontrar notícias da última influenciação sofrida pelo eixo da Terra se percorrerdes os textos da Bíblia, do Talmude, de inúmeros papiros egípcios, das tábuas astronômicas da Babilônia, da Pérsia, da Índia, e até os calendários astecas e os dos maias. Há notáveis e exatas referências a esse fenômeno nas lendas folclóricas do México, da China, da Arábia, do Tibete, da Finlândia; nos relatos verbais ou tradições conhecidas entre os aborígines da América Central e os remanescentes dos peles-vermelhas americanos. Os *Livros de Bambu*, dos chineses, as *Crônicas do Talmude* e o *Livro dos Reis*, entre os assírios, revelam perfeita concordância conosco nas suas citações simbólicas do fenômeno de que se trata. Os mamutes, que os vossos cientistas lobrigam sob os gelos do Polo Norte, ainda com o ventre repleto de ervas ingeridas, que cresciam a mais de 1.800 quilômetros de distância do local, são testemunhos indiscutíveis de que houve um acontecimento violento no passado. Na realidade, a espécie mamute foi aniquilada de súbito — asfixiada pelo gás que se desprendeu na convulsão — e soterrada sob o gelo que se formou em consequência da modificação rápida do eixo da Terra. A nova modificação no eixo terráqueo, que se inicia atualmente, processa-se lenta e gradativamente. No primeiro caso houve inversão e, no segundo, registra-se elevação do eixo.

PERGUNTA: — *Temos procurado enquadrar essas vossas revelações nos cânones científicos atuais, mas não encontramos maneira lógica de o fazer. Tais fenômenos devem, porventura, contradizer as leis científicas humanas?*

RAMATÍS: — Aparentemente, parecer-vos-á que contradizem: em primeiro lugar, porque não estamos autorizados a vos dar integral e indiscutivelmente soluções que, em grande parte, cabe a vós mesmos descobrirdes dentro da lei do esforço próprio; em segundo lugar porque, em se tratando de eventos futuros, para além de vossos dias, é necessário velar, de certo modo, o desenrolar completo dos acontecimentos e do fenômeno particular do "planeta higienizador". Pouco a pouco, no entrechoque da crítica oficial com as oposições experimentais, toda a realidade se fará visível. No momento, a ciência há de se apegar à letra do espírito mas, no futuro, os acontecimentos vos revelarão o espírito da letra!

Sabemos que muitos iniciados ocultistas, do vosso mundo, já levantaram uma pontinha do "véu de Ísis" que encobre o fundo dos nossos relatos. O julgamento daquilo que constitui vaticínio, predição ou conjetura do que há de acontecer no futuro torna-se dificultoso se feito "a priori", por meio das leis conhecidas em vosso mundo. Apesar do positivismo de vossa ciência oficial, não chegou ela, ainda, a um acordo ou identificação de pensamento quanto à catástrofe da Atlântida! E o fato é de estranhar, de vez que existem marcas, sulcos e indicações perfeitas, no vosso mundo, que servem de elementos acessíveis e positivos para as precisas verificações do ocorrido. Cremos que, ante a dificuldade de encontrardes elementos exatos para julgamento do que já sucedeu à flor da vossa crosta terráquea, e a impraticabilidade de julgardes o que já aconteceu no passado, é visível incoerência tentardes julgar acontecimentos futuros!

PERGUNTA: — No entanto, têm-se levado a efeito certas pesquisas de indiscutível resultado, que poderão servir de base lógica para certas dúvidas acerca do que dizeis sobre o futuro. Conhecidas certas leis, facilmente se poderá avaliar da marcha de eventos conjeturados.

RAMATÍS: — Os cientistas da Atlântida também esposavam dúvidas sobre o que iria acontecer, até aos últimos momentos dos acontecimentos, embora as "pitonisas" e as "vestais" dos "Templos do Vaticínio" advertissem de uma próxima catástrofe, e o próprio rei Noé, decididamente, fizesse navegar o seu palácio flutuante até as fímbrias do Himalaia, a fim de preservar os documentos iniciáticos em seu poder. O conhecimento científico daquela época — embora adiantado no campo astronômico e astrológico, em relação às leis positivas — desmentia a possibilidade de acontecimentos inesperados e incomuns. Conforme reza a tradição bíblica, enquanto Noé predizia o dilúvio, o povo dançava e se divertia, zombando da ingenuidade do seu bom rei e confiado nos seus conhecimentos fragmentários.

Os cientistas ignoram que os profetas costumam lançar um véu sobre o fundo de suas predições, porque encerram também vaticínios referentes a futuros remotos. A ignorância dessa circunstância fez que o povo atlante fosse colhido por uma inundação espantosa, sem poder alcançar as altas cordilheiras, que os sacerdotes assinalavam como locais de segurança.

PERGUNTA: — Estamos essencialmente acostumados a esse positivismo científico porque, apesar de tudo, os nossos cientistas costumam prever, com bastante antecedência, aquilo que realmente sucede conforme suas previsões matemáticas. Não é verdade?

RAMATÍS: — Indubitavelmente, consagrados líderes da ciência do vosso mundo hão alcançado indiscutíveis ilações no campo científico, e genial precisão na esfera astronômica. Mas, apesar dessa exatidão científica, desse positivismo indiscutível em suas bases experimentais, as correções, as substituições e as novas descobertas exigem contínuos acertos. O sistema de Cláudio Ptolomeu, decalcado de inúmeras outras investigações da época e que afirmava ser a Terra o centro do Universo, cedeu lugar à teoria do sistema heliocêntrico, de Copérnico, em que o Sol passou a figurar como sendo esse centro. Até aos princípios do século IX, os astrônomos asseguravam, com positividade experimental, que apenas sete planetas giravam em torno do Sol. Mas isso não impediu que Le Verrier, em 1846, descobrisse Netuno e, graças aos cálculos de Percival Lowell, fosse assinalado Plutão em 1930. E não podereis afirmar que sejam esses orbes os últimos a serem descobertos, porquanto a função prosaica do homem é a de apenas descobrir e calcular aquilo que a Lei Suprema criou sem consultar a presunção dos compêndios humanos! Recorrei aos vossos anais científicos e neles encontrareis inúmeras teorias sobre a constituição intrínseca do Sol, sem que formem ainda um acordo perfeito de ideias. A teoria dos raios cósmicos não tardará em pôr por terra a consagrada lei de Newton; a curvatura da luz, na teoria einsteiniana, após o exame dos posteriores eclipses totais, demonstrar-vos-á um erro de mais ou menos 30% nos vossos cálculos teóricos! Marte — planeta acessível aos vossos exames astronômicos — tem servido de base para inundar de teorias os vossos compêndios, nos quais a variabilidade de considerações científicas é bem acentuada! Os satélites de Júpiter serviram para inúmeras discussões, quando descobertos e, ainda hoje, apesar da imensa capacidade técnica da instrumentação ótica do Monte Palomar, não sabeis qual a estrutura exata dos anéis de Saturno, nem tendes a visão polimorfa do que chamais os "canais marcianos". Ser-nos-ia extemporâneo enumerar as teorias e descobertas retificadoras da ciência do vosso mundo, desde os tempos imemoriais, demonstrando também a sua vulnerabilidade constante. Os vossos astrônomos desdenham ainda da possibilidade de modificação do eixo terráqueo, neste século, e, no entanto, desde o "Livro de Enoch" — nos consagrados diálogos de Noah e Enoch, o avô — já os iniciados conheciam perfeitamente o assunto e ainda o acompanham gradativamente, através dos tempos.

PERGUNTA: — Quais os resultados para a massa planetária, em virtude de tais variações periódicas do eixo da Terra?

RAMATÍS: — Através das modificações que resultam, estabelecem-se os repousos e as revitalizações do solo, com os quais certas regiões desnutridas e radiativamente esgotadas haurem novas forças de que precisam para servir aos seus moradores. Há nova redistribuição de águas e de terras, bem como substituições de climas, que então favorecem a composição do material destinado ao espírito na experimentação da forma. Já podeis observar, no momento que passa, as inquietantes variações de clima e de pressão atmosférica que se estão sucedendo, inesperadamente, em vosso globo. Determinadas epidemias esquisitas, que já tendes assinalado nas regiões asiáticas, são provenientes de emanações gasosas, que se fazem sentir na gradual modificação do eixo da Terra, embora não ocorra um impacto gasoso violento, que se aniquilou sob o gelo do Polo Norte. O deslocamento das florestas canadenses e suecas, a migração constante dos pinguins e das focas, as áreas siberianas que se estão tornando agrícolas, as comprovações últimas de que os mares árticos estão esquentando e a navegação que se prolonga continuamente no estreito de Bhering, devem merecer de vós cuidadosa observação, pois o fenômeno da elevação do eixo está em prosseguimento, embora ainda imperceptivelmente.

A vossa ciência oficial pode teimar em querer ignorar o assunto, mas o certo é que a ciência oculta — que está preservada dos olhos profanos e das discussões estéreis — possui o roteiro dessas modificações periódicas. Na história dos "Grandes Ciclos Secretos" consta tudo isso e mesmo a profecia da submersão da Atlântida, extensiva para além do Período Terciário, no qual aquela extraordinária civilização foi desaparecendo sucessivamente da face do orbe. A Atlântida encontrava-se bastante civilizada, quando o "eixo da roda" se inclinou e ocorreu o "pralaya" das raças, surgindo a neve, a geada e o gelo nas regiões tropicais. Os estudiosos do assunto poderiam obter esclarecimentos a respeito nos "registros orientais", dos santuários iniciáticos, à vista dos quais reconheceriam que a frase pitoresca "eixo da roda" refere-se ao eixo da Terra!

PERGUNTA: — Ocorreram ainda outras modificações na posição do eixo da Terra?

RAMATÍS: — As modificações previstas pela Engenharia Sideral são concomitantes aos eventos de cada "raça-mãe", ou "raça-raiz", predispondo-as para certo desenvolvimento específico, conforme a região que habitam. A raça lemuriana manifestava fortemente a vontade de viver, formando a cabeça das várias raças precedentes, semi-animais. Assim que desempenhou a sua função de formar a substância consciencial da mente no plano das formas, para o desenvolvimento mais nítido do raciocínio, foi substituída pela raça atlante, cujos vestígios de vida podeis encontrar na perfeita correspondência dos símbolos astecas, que se afinizam aos tipos humanos do Egito.

Há em torno do Oceano Atlântico (para os espíritos observadores) uma série de fatos que, à sua margem, comprovam a identidade de um povo desaparecido. Ao mesmo tempo que os lemurianos manifestavam — como já dissemos — vontade ardente de viver, os atlantes revelavam a paixão, o apetite sensual, isto é, os desejos desordenados de uma natureza toda passional. Estudos cuidadosos sobre as civilizações asteca e egípcia identificariam os fundamentos básicos dos tipos humanos atlantes que, mais avessos às exigências do intelecto, eram profundamente passionais. Os lemurianos, que haviam desenvolvido no organismo físico as primeiras cintilações da vontade dirigida, não sabiam, entretanto, usar a mente, que poderia ter-se consolidado em sua pujança, o que somente os atlantes, no final do seu ciclo evolutivo, puderam conseguir com êxito.

Cada modificação do eixo da Terra influi profundamente na conformação geológica e na estrutura da raça em efusão. Já podeis verificar, no momento, os profundos sinais reveladores dessa mudança na evolução humana. Há no vosso mundo um novo tipo de consciência, em formação, que difere do tipo tradicional, embora só a possais encontrar entre os verdadeiros "eleitos", no seio da massa comum. Após a modificação do eixo e a consequente higienização do vosso "habitat", essa consciência — que revela as credenciais do espírito da nova raça — é que terá de comandar a civilização do terceiro milênio.

PERGUNTA: — *Qual o conteúdo básico dessa consciência futura?*

RAMATÍS: — É o ideal da Fraternidade, que alguns povos já revelam em acentuado esforço de realização. Ela está se formando, principalmente, entre os povos americanos, cujos braços se estendem, presentemente, para os combalidos das coletividades de além-mar. Na "Ronda" formativa das sub-raças e sete "raças- -raízes", do vosso globo, os Mentores Siderais previram sete modificações essenciais; já ocorreram quatro modificações, e a quinta está beirando os vossos lustros terráqueos, em concomitância com a quinta raça-raiz. E já sabem eles, de antemão, quais as nações e as raças que estão mais aptas para continuar a civilização, no cumprimento dos planos desenvolvidos na Mente Divina.

PERGUNTA: — Poderíamos saber quais as nações sobreviventes dessa catástrofe proveniente da modificação do eixo da Terra?

RAMATÍS: — Não nos cumpre indicar nominalmente quais os conjuntos sobreviventes, mas conhecê-los-eis pela sua maior afinidade com os ensinos do Cristo, pelo seu maior afastamento do mercantilismo e da corrupção moral. É a característica "fraternismo", o que principalmente os distinguirá na sobrevivência. Serão os povos que revelam a preocupação constante de auxiliar o próximo e que se dedicam imensamente em "servir", bem como em anular fronteiras raciais. São os que, embora sob múltiplos aspectos ou formas devocionais — na variedade polimorfa de intercâmbio com o Alto — procuram o Cristo Interno, num autocompromisso assumido no Espaço. São os que realizam movimentos espirituais tendo à frente líderes que revelam a força coesa no trabalho e a segurança completa nos seus ideais. São aqueles cujos exemplos contaminam e atraem os forasteiros e imigrantes que sentem a decadência das velhas fórmulas dos seus países. São nações que constituem atrações contínuas para o afluxo de artistas, filósofos, cientistas e religiosos de todos os matizes, que as "sentem" como preservadas do perigo na hora trágica do "Juízo Final". Mas, advertimos-vos (e procurai distinguir!): o essencial para sobreviver é a procura do Cristo Interno!

PERGUNTA: — *Os nossos cientistas encontrarão provas, em breve, de que já houve modificação anterior na posição da Terra?*

RAMATÍS: — Com o fenômeno do degelo na Groenlândia, encontrarão vegetações aniquiladas, como o álamo, o carvalho, o pinheiro, os cedros, árvores frutíferas como as das nozes, das castanhas, das amêndoas, próprias de climas contrários. Inúmeras outras plantas dar-lhes-ão a confirmação de que o Polo Norte já foi região aquecida e está retornando à sua primitiva forma.

PERGUNTA: — *Cremos que a notícia da aproximação do "astro higienizador", a que anteriormente vos referistes, e que influirá na elevação do eixo terráqueo, não há de encontrar apoio nas nossas atuais "leis astronômicas". Através dos seus conhecimentos astronômicos, se bem que rudimentares, os nossos astrônomos ou astrólogos ainda não puderam pressentir a aproximação desse astro. Que devemos pensar?*

RAMATÍS: — Comumente, a ciência oficial acaba encontrando a solução científica para inúmeros fenômenos que anteriormente eram considerados impossíveis ou inconcebíveis. Como não há milagres no Cosmo, um fato, por mais exótico que pareça, ou o evento por mais inimaginável que tenha sido, termina sendo enquadrado num princípio científico. Há sempre uma lei que se liga a uma série de outras leis e, consequentemente, se conjuga à Lei Suprema da Criação. Antigamente eram consideradas milagres as estranhas chuvas de blocos de pedras, que caíam dos céus; mas, assim que os cientistas franceses descobriram a existência dos meteoritos, não tardaram em expor as "leis científicas" que governavam o fenômeno. Entretanto, Copérnico, Galileu, o meticuloso Kepler e o genial Newton eram profundamente céticos quanto aos relatos idênticos constantes da Bíblia! As leis conhecidas naquela época desmentiam, profunda e terminantemente, a possibilidade de caírem pedras do céu! Mas as pedras, os meteoritos — que ignoravam, talvez, essa decisão da ciência da Terra — teimaram em cair, no século dezenove, para espanto dos cientistas. É justo que duvideis, no momento, daquilo que só após certo tempo poderá realizar-se, mas é certo também que não podereis impedir aquilo que tem de acontecer, embora sejais cultores de leis e ciências positivas. Ainda que não possais ver a "espiga" no grão de milho, plantai esse grão e o "tempo" dar-vos-á a espiga completa! Os cientistas da Atlântida ainda se empenhavam em discussões acadêmicas, quando as torrentes oceânicas invadiram seus laboratórios de pesquisas, e a submersão se fez, apesar da crença na impraticabilidade do fenômeno profetizado! Posteriormente, os sobreviventes descobriram as leis que haviam determinado a grande catástrofe. E a profecia, naquela época, assim rezava, para só mais tarde ser compreendida: — "Haverá mudança do eixo da roda; o quente ficará frio e o frio será quente, lançando o de baixo para cima e o de cima para baixo". Se Galileu houvesse consultado os apontamentos atlântidas, ter-se-ia surpreendido com a antecipação do pensamento daqueles cientistas, que já afirmavam que "a Terra se movia em torno do Sol", conforme se poderá verificar nos *Registros Orientais dos Ciclos Cármicos*, onde se diz que "a roda tem eixo e gira em redor de Ra (o Sol)".

PERGUNTA: — *Alguns filósofos espiritualistas afirmam-nos que não se dará um evento como o "Juízo Final", motivado pela modificação do eixo terráqueo. Acreditam eles que*

Mensagens do Astral 69

O *"Juízo Final"* é uma época simbolizada por Jesus naquela expressão, mas referente apenas ao amadurecimento interior do homem, isto é, ao desaparecimento do mundo anticristão, mas sem essas consequências bruscas, materializadas nas profecias que, por isso, não são absolutamente exatas. *Qual o vosso parecer?*

RAMATÍS: — Duvidar das profecias consagradas nas tradições bíblicas seria atribuir a Jesus o título de embusteiro, pois ele ratificou as predições dos profetas e sempre as acatou e repetiu. João Evangelista, na ilha de Patmos, aos 96 anos de idade, quando do seu desterro determinado por Domiciano, ouvindo a voz que vinha da esfera do Cristo, registrou suas impressões e descreveu a "Besta do Apocalipse". Isso vos demonstra a fonte divina de suas profecias. Ainda mais: Isaías, Jeremias, Ezequiel, Daniel, Marcos e João Evangelista anotaram, com ricos detalhes, os eventos em questão. Mais tarde, ainda outros trouxeram novo cabedal e reforço para que a alma terrícola, descrente, se compenetrasse da realidade espiritual e retificasse o seu caminho tortuoso. Podeis destacar, entre eles, o monge Malaquias, Santa Odila, o Cura d' Ars, Catarina de Emmerick, o campônio Maximino, o profeta de Maiença, Frau Silbiger, Paracelsus, Mãe Shipton, bem assim lembrar-vos das profecias cientificamente comprováveis pelas medidas padronadas das pirâmides do Egito e nas ruínas dos templos astecas.

Mas é ainda Nostradamus, o famoso vidente e ocultista do século dezesseis, que oferece matéria mais aproximada dos eventos dos vossos próximos dias. Michel de Nostradamus, conceituado médico, em uma de suas existências anteriores, foi um dos mais célebres profetas bíblicos. Embora variem as interpretações acerca das suas "centúrias", realizaram-se até o momento todas as suas predições, com acentuada exatidão. Há, na língua de vossa pátria, excelente obra de interpretação das profecias de Nostradamus, inspirada, daqui, ao seu intérprete, pelo próprio vidente francês. Essa obra, sob os nossos olhos espirituais, guarda a maior fidelidade com os próximos acontecimentos. As modificações e os acontecimentos previstos estão enquadrados dentro das próprias leis estabelecidos pelos Organizadores do Orbe. A função dos profetas tem sido apenas a de noticiar o que há de suceder, sem intervenção de ideias próprias.

PERGUNTA: — *Em face de acontecimentos científicos e de movimentos confraternistas, como os que se realizam na Terra atualmente, não poderíamos alcançar elevação espiritual, independentemente de sucessos catastróficos?*

RAMATÍS: — Em virtude da tradicional versatilidade humana, que se deixa seduzir pelo mundo das formas, dificilmente poderíeis conseguir a sanidade espiritual coletiva, sem os recursos purificadores das seleções proféticas. Materializa-se pouco a pouco o vaticínio tenebroso quanto à "Besta do Apocalipse", cujo corpo e alma estão sendo alimentados pelos crimes, aberrações, guerras, ciúmes, impiedades, avareza e apego à idolatria sedutora da forma! A fermentação vigorosa das paixões inferiores, aliada à ingestão de vísceras sangrentas da nutrição zoofágica, não favorece a escultura do cidadão crístico do milênio futuro! A aura do vosso orbe está saturada de magnetismo coercitivo, sensual e estimulante das inferioridades do instinto animal. O "reinado da Besta" se estabelece lenta mas inexoravelmente, aprisionando incautos nas suas redes sedutoras; a hipnose à matéria se processa vigorosamente e os valores tradicionais se invertem, eliminando as linhas demarcativas da moral humana! A Sublime Luz do Cristo que, no sacrifício do Gólgota, iluminou amorosamente o vosso mundo, encontra imensa dificuldade para banhar as almas impermeabilizadas pela "casca" das paixões desregradas. Recorda o esforço exaustivo que fazem os raios do Sol para atravessar as vidraças empoeiradas! Mas esse pó, que se incrusta no vosso espírito e impede o acesso íntimo às vibrações altíssimas do Cristo, será varrido sob o impacto doloroso dos "tempos chegados" e do "Juízo Final", quando o Anjo Planetário julgará os vivos e os mortos e separará o "joio" do "trigo".

A nova transfusão do amor crístico ser-vos-á dada pelo imperativo da justiça e da dor!

PERGUNTA: — *Uma vez que as sementes extraídas dos frutos podres podem gerar árvores sadias, não poderíamos alcançar nossa promoção espiritual sob novos planos de reconstrução moral, com o aproveitamento de todos os espíritos sadios?*

RAMATÍS: — Alguns séculos antes do Cristo, já se vos ofereceu um maravilhoso padrão de vida superior, quando a civilização grega, sob a direção de mentores como Platão, Sócrates, Pitágoras, Aristóteles, Apolônio de Tiana e outros, cultuava devocionalmente o lema: "alma sã em corpo são". Entretanto, que evolução espiritual conseguistes desde os gregos até os vossos dias? Quando sois entregues aos ditames da vossa própria razão, seguis, porventura, o curso ascensional para a angelização tão desejada? E mais necessária se vos tornou, ainda, a imposição de resgates violentos e dolorosos, porque recebestes, como divino acréscimo aos bens doados pelos gregos, a visita do Sublime Cordeiro de Deus, que inundou vosso mundo de Luz e de Amor! Se, partindo da civilização grega e atravessando a época de Jesus, vos encontrais ainda no caos atual, qual será a vossa conduta no terceiro milênio, se vos deixarem entregues novamente aos sistemas educativos da vossa ciência tão convencida?... Realmente, só a modificação draconiana, que se aproxima, verticalizando orbe e humanidade, é que vos poderá erguer e colocar-vos nos caminhos seguros da angelitude!

PERGUNTA: — *Visto que os primeiros sinais do "princípio das dores" podem confundir-se com acontecimentos trágicos, que se sucedem comumente neste mundo, qual o acontecimento que mais identificará a verdadeira chegada do "fim dos tempos"?*

RAMATÍS: — Já que desejais fixar o momento em que começarão a ter lugar esses acontecimentos, dir-vos-emos que, exatamente às 24 horas do dia 1º de janeiro, do próximo ano de 1950, terá início o ciclo de distúrbios climáticos e geológicos preditos há tantos séculos. Lenta, mas inexoravelmente, os fatos se reproduzirão em gradativa intensidade; inúmeros terremotos suceder-se-ão em lugares situados fora do cinturão de abalos sísmicos; grandes e temerosas inundações fluviais hão de ultrapassar níveis de rios nunca atingidos por elas; algumas ilhas vulcânicas desaparecerão rapidamente e ilhotas desconhecidas farão a sua eclosão no seio dos oceanos; chuvas torrenciais desabarão em zonas de contínuas secas, e regiões tropicais sofrerão os efeitos de geadas inesperadas; rios nutridos perderão o seu conteúdo líquido e leitos secos ficarão pejados de água; tufões e furacões visitarão continuamente as zonas ribeirinhas, estendendo-se a áreas muito distantes e eclodindo em ritmo cada vez mais acelerado. Algumas praias ficarão reduzidas, ao mesmo tempo que outras terão as suas faixas arenosas aumentadas; aldeias situadas em áreas de inundações sumir-se-ão do vosso mapa terráqueo, deixando milhões de pessoas sem teto; os animais, as aves e mesmo os peixes e crustáceos emigrarão continuamente para zonas imprevistas; o frio se fará fortemente manifesto nos lugares tradicionalmente calorosos, enquanto, para surpresa dos seus habitantes, a temperatura subirá continuamente em regiões frígidas. O movimento gradual da verticalização do eixo da Terra irá descobrindo rochas com restos petrificados de animais e vegetais, principalmente os fósseis mais importantes, que se situam na região do Irã, do Egito, do México e na China.

Muitas teorias serão aventadas pelos cientistas, para explicar o fenômeno; alguns responsabilizarão por isso os experimentos atômicos ou as devastações florestais; outros apenas afirmarão que se trata de "aquecimento natural" do orbe.

Decorridos mais alguns anos, a vossa ciência não terá mais dúvidas de que algo estranho se processa na Terra; mas, também, o homem comum` já não duvidará de que soou a hora profética da sua redenção espiritual!

3. As influências astrológicas

PERGUNTA: — Ser-vos-ia possível citar-nos qualquer fato, próximo de nossos dias, com que se pudesse comprovar a existência de uma influência astrológica em algum acontecimento científico, econômico ou social, em nosso mundo?

RAMATÍS: — Embora a astrologia não seja levada a sério, pelo academismo do vosso mundo, inúmeras descobertas e acontecimentos, tanto nas esferas científicas e econômicas quanto no terreno social, provocando excitações bélicas na coletividade, podem ser influenciados pelos astros. Quando de sua regência vigorosa no século XIX, Saturno — considerado astrologicamente um planeta que favorece as ciências positivas — influiu para um extraordinário recrudescimento de conquistas no campo da Química e da Mecânica, quando se desenvolveram acentuadamente os mercados de produtos químicos, de instrumentos agrários e de maquinaria, de toda espécie. É certo que, posteriormente, continuaram a progredir e aumentar tais mercados, embora Saturno se tivesse afastado em sua influência astrológica. No entanto, é indiscutível que em sua ascendência astrológica sobre o vosso orbe é que ocorreu o grande desenvolvimento das ciências que ele protege e desenvolve. Os astrólogos criteriosos, que quiserem dar-se a um pouco de trabalho, poderão provar-vos que as pesquisas e os êxitos no campo atômico, com a utilização do urânio e da composição do plutônio, realizaram-se justamente na época de influência dos planetas Urano e Plutão, mesmo que por "coincidência"...

Embora não sejam ainda perfeitamente exatas as correlações astrológicas da "aura astral" de Plutão, descoberto há pouco tempo, nós, espíritos desencarnados, temos constatado que o plutônio, na realidade, é elemento basicamente vibratório na astralidade do planeta que lhe deu o nome.

PERGUNTA: — *Somos inclinados a dar mais crédito à Astronomia, porque é uma ciência experimental, enquanto que a Astrologia nos parece firmada sobre bases empíricas. Qual o vosso parecer?*

RAMATÍS: — Examinai a tradição astrológica e verificareis que a Astrologia sempre foi considerada uma ciência. Só depois da Idade Média transformou-se num postulado de crendices, quando o clero se apoderou de suas bases científicas e deixou-as misturarem-se com as lendas miraculosas que impregnavam as fórmulas das religiões em crescimento. Muitos astrônomos, cujos nomes ainda consagrais nos vossos compêndios científicos, devem seus grandes conhecimentos aos estudos astrológicos que efetuaram nos restos das civilizações extintas dos caldeus, astecas, incas e, principalmente, da velha Atlântida. O próprio Kepler, que estabeleceu respeitáveis princípios na Astronomia, era particularmente devotado à astrologia.

Como a evolução humana é cíclica e em forma de espiral, fazendo a humanidade retornar sempre aos mesmos pontos já percorridos, embora abrangendo-os de planos cada vez mais altos, aproxima-se o momento do retorno cíclico em que os cientistas verificarão a lógica e a sensatez da astrologia. As suas leis, desconhecidas ou ridicularizadas, descobrirão em breve a beleza que se oculta nessa manifestação do pensamento criador de Deus, através do magnetismo cósmico que existe entre os astros! A astrologia pode ser considerada, sem receios, o espírito da astronomia; é o excesso de materialidade do homem do século XX que o distancia das leis espirituais cármicas que se situam na esfera astrológica. Assim como há ritmos zodiacais que disciplinam os elétrons em suas órbitas no seio do átomo, também existem os seus equivalentes que orientam os cursos dos astros no seio do Cosmo. Os sábios da antiguidade eram profundamente conhecedores destas assertivas, apesar de não possuírem instrumentação necessária para os conduzir às ilações científicas dos modernos aparelhos de laboratórios. E já naquele tempo afirmavam que, "como é o microcosmo, assim é o macrocosmo", ou, então: "aquilo que está em cima também está embaixo".

No futuro, só a astrologia, respeitosamente estudada pelos astrólogos científicos, poderá explicar, positivamente, o que se dá desde o carma de um elétron em torno do núcleo atômico até o de uma constelação estelar; desde o impulso progressivamente contínuo, que há no seio de um simples mineral, até à coordenação "psicofísica" que conduz uma nação a constituir a humanidade angélica. O astrólogo, mesmo que não o considereis como um cientista, na acepção do termo oficial do academismo do vosso mundo, é um hipersensível, que capta o fenômeno em sua feição original e sabe quando se modifica o ritmo comum das sequências familiares. Assemelha-se ao maestro, cujo ouvido afinadíssimo é capaz de perceber se um músico desafina numa semifusa da partitura musical! Qualquer acontecimento no vosso mundo, mesmo a materialização de um elétron na órbita atômica, deve primeiramente ser pensado na Mente Divina! A astronomia pode catalogar o fenômeno quando já se projeta no campo consciencial da esfera científica, mas só a astrologia é capaz de vislumbrar o acontecimento na fase de sua ideação. Os astrônomos terrícolas podem prever os caminhos e o tempo percorrido pelos orbes na abóbada celeste, mas a astrologia assinala o espírito de vida que traça e determina esses objetivos. Não tarda o dia em que os velhos astrólogos do passado, chamados de ingênuos visionários e de ledores de estrelas, serão recolocados na justa consideração que para nós sempre lhes foi devida; não apenas como profetas da ciência, que veem e reveem o fenômeno, porém como o sábio que, além disso, sabe de onde ele provém.

PERGUNTA: — Por que será que a nossa ciência não pôde comprovar, até agora, com lógica científica, um só fenômeno que nos despertasse confiança decisiva nas influências astrológicas?

RAMATÍS: — A costumeira e tradicional negação da ciência positiva em relação a postulados desconhecidos ou a revelações ainda prematuras é que tem impedido chegardes ao conhecimento científico que já podíeis ter da astrologia. Essa sistemática negação constitui uma verdadeira "pré-anulação" do desejo de acertar, e cria a própria decepção científica; é uma procura "indesejada", uma pesquisa dirigida pela ideia fixa de se negar o resultado a que se pode chegar. Os sábios terrenos, que se tornam eufóricos com a descoberta das emanações odicas, ou com a aferição das ondas ultramicrocurtas cerebrais, esquecem de que Mesmer, embora considerado charlatão, já havia descoberto essas energias muito antes deles, e sem possuir aparelhamento científico. O genial sábio "sentiu", em suas percepções supranormais, muito antes que vós, aquilo que a vossa ciência, chamada positiva e lógica, só conseguiu descobrir com o auxílio de instrumentação aperfeiçoada! Os astrólogos também "sentem", intuitivamente, os fenômenos astrológicos, ao passo que a ciência só os pode apreciar tardiamente, com aparelhamento apropriado.

Não vemos possibilidade de comprovardes afirmações astrológicas, aferindo-as pela instrumentação científica da Terra, enquanto os vossos cientistas, paradoxalmente, agirem anticientificamente, isto é, pretendendo a solução perfeita antes da pesquisa.

PERGUNTA: — No entanto, temos tido inúmeras decepções quanto aos prognósticos astrológicos, pois muitas vezes são até contraditórios, embora referindo-se a um mesmo signo de nascimento de várias pessoas. Como pode ser isso?

RAMATÍS: — Não nos estamos referindo à indústria de horóscopos ou à *buena dicha* com indicação dos dias felizes para os bons negócios, em que a posição conjuncional ou estratégica dos astros possa desenvolver, no psiquismo do ocioso ou do utilitarista, as forças para que possa competir com a manha da raposa... Isso não é da esfera da astrologia! Não nos estamos referindo a atuações astrológicas que possam penetrar nos escaninhos complicados da alma e levar-lhe recursos inesperados que devam anular o esforço próprio! Aludimos, sim, ao imenso sopro de energias astrais que se escoam dos orbes, na forma de poderosas correntes de vida-magnética e se intercambiam na pulsação de suas almas vitais. É óbvio que, se quiserdes resolver os vossos destinos regulando-os conforme a posição dos astros nos dias do vosso nascimento, sereis candidatos a inúmeras decepções na jornada humana. Embora as coletividades humanas se situem carmicamente sob vigorosas influências astrológicas, há que não esquecer o conceito sensato da astrologia: — "os astros dispõem, mas não impõem". Apesar disso, não podeis extinguir a poderosa corrente de forças vitais, que flui de orbe para orbe, que incorpora ou se adelgaça, expandindo-se ou reduzindo-se conforme a influência de outros planetas, aquém ou além de vossa morada planetária. Se pudésseis vislumbrar no "éter-cósmico" o panorama de um sistema de planetas em torno de um sol, ficaríeis surpreendidos ante a reciprocidade assombrosa dos poderosos rios de energias que se formam e se despejam, de astro para astro, na forma de canais fulgurantes de magnetismo cósmico, e que são registrados pela Astrologia. A ciência astronômica anota-lhes a existência no tipo de "energia gravitacional", mas a astrologia "sente" a sua força na forma de energismo "astroetéreo". Na sua modesta peregrinação em torno do Sol, a Terra tanto pode beneficiar-se com um banho de fluidos benéficos que a envolverão de bom magnetismo astrológico, como pode receber rajadas de forças opressivas, que lhe invadam os reinos da crosta, excitem coletividades, despertem instintos e alimentem vontades destruidoras. Quando tal se dá, o reino mineral trepida, enérgico, num protesto radiativo; os vegetais concentram-se, alertas, como a sensitiva sob o toque humano; os animais se inquietam, as aves adejam, auscultando em torno; os seres não escondem a sua irritação ou desassossego. Indubitavelmente, podeis notar esses acontecimentos e atribuí-los a fatores de ordem puramente científica, desprezando estas noções astrológicas; mas, na realidade, é que conheceis o efeito apenas, e não a causa! Nos mundos mais evoluídos que a Terra, a astrologia é ciência benquista e respeitada e, nos milênios vindouros, ser-vos-á de grande valia.

Assim como a existência do ladrão e do criminoso não invalida a existência de caráter no resto da humanidade, também a existência de maus astrólogos não invalida os fundamentos sensatos da astrologia. O deparardes com o monturo que fertiliza o roseiral não vos induz à destruição da rosa que perfuma o jardim, e o tijolo deformado não vos leva a exigir a demolição do edifício!

PERGUNTA: — As nossas decepções têm por causa o fato de estarmos acostumados à positividade indiscutível dos fenômenos científicos, que podem ser comprovados experimentalmente em qualquer latitude do orbe. O cloro e o sódio, por exemplo, em qualquer latitude geográfica, combinados nas mesmas proporções químicas da fórmula respectiva, terminam sempre compondo o sal de cozinha. No entanto, quanto aos fenômenos astrológicos, não os podemos encarar sob a mesma garantia científica. Não temos razão em pensar assim?

RAMATÍS: — As leis que regulam os intercâmbios astrológicos também são eternamente as mesmas; resta, no entanto, que as descubrais no positivismo do vosso aparelhamento científico, assim como já tendes descoberto as leis de vossas combinações químicas. Palissy fatigou-se tremendamente para encontrar a fórmula que lhe desse porcelana; Ptolomeu construiu o seu sistema geocêntrico sobre bases consideradas científicas, mas isso não impediu que Copérnico, sobre as mesmas bases, formulasse o sistema heliocêntrico. É natural que o encontro das leis que regem cada descoberta ou invento exija pesquisas exaustivas, cálculos e experimentações contínuas. A astrologia, como ciência de alto valor, requer também que os vossos cientistas a estudem com critério e ânimo. Há que relevar-lhes as primeiras decepções na pesquisa dos seus princípios científicos disciplinadores das relações delicadíssimas entre os campos imponderáveis dos astros, no seio do Cosmo. A dificuldade nas experimentações tanto é evidente na astrologia quanto o foi em qualquer outro setor da ciência cujas leis foram depois comprovadas ou compreendidas. A velha Alquimia, tão ridicularizada, escondia também respeitáveis fundamentos científicos, apesar do seu exagerado ritual e simbolismo do passado. Desde que a ciência oficial encare cientificamente os fenômenos astrológicos, procurando-lhes as causas verdadeiras — não opomos dúvida! — havereis de comprovar em breve, em qualquer latitude ou longitude do vosso orbe, as mesmas experimentações ou suposições astrológicas!

PERGUNTA: — Não seria possível captarmos as influências astrológicas, de modo a nos imporem confiança, sem as confundirmos com as forças da esfera astronômica? Gostaríamos que nos désseis um exemplo acessível ao nosso entendimento.

RAMATÍS: — Lembramos-vos a influência da Lua sobre a Terra, com o seu magnetismo que vos envolve todos os dias. A ciência oficial só reconhece tal influência quando se trata da ação exclusiva e fenomênica do magnetismo gravitacional, e isso mesmo quando atestada pela instrumentação astrofísica. No entanto, a Lua exerce com intensa profundidade, na Terra, uma poderosa ação "astroetérea", que só é conhecida dos astrólogos. A ciência médica, por exemplo, ignora que inúmeros diagnósticos clínicos são enganosos devido à ação inoportuna da astralidade lunar do momento, sobre os famigerados "humores", de que falava a medicina antiga. O desprezo a essa influência é grandemente responsável pelo mau resultado da colheita de material destinado aos exames bacteriológicos, parasitológicos, ou de pesquisas luéticas, que dependam, essencialmente, de positivação ou negação da existência dos germes patogênicos. As coletividades microbianas aumentam ou se nulificam sob a ação "astroetérea" da Lua, no corpo humano. É prova disso a enorme contradição entre iguais exames de laboratório que, em poucas horas, ora se apresentam "positivos", ora "negativos", sem que esta anomalia possa ser perfeitamente explicada. Como a vida microbiana constitui uma fauna invisível aos sentidos comuns, com vida mais intensa na região "astroetérea", que é o seu clima eletivo, é justamente esse campo microgênico o que mais sofre influência sob as variações "astroetéreas" da Lua. Reparai que inúmeras crises de enfermidades, tais como o tifo, repetem-se de sete em sete dias, e isso porque estão debaixo da influência setenária das fases lunares. A brucelose pode ser conhecida, em suas duvidosas manifestações mórbidas, através da perícia astrológica do "clímax" lunar, que se registra no espaço de determinadas horas. As superexcitações dos lunáticos obedecem às influências periódicas da Lua; os vermífugos tóxicos, quando administrados em discordância com o "minguante", podem produzir terríveis efeitos no quimismo hormonal e nos vermes exacerbados pelo "crescente". O resultado de inúmeras operações cirúrgicas que podem produzir hemorragias graves ou choques operatórios gravíssimos, assim como certos casos de septicemia aguda, que exijam o bisturi, podem depender, grandemente, da excitação ou da letargia defensiva dos microrganismos, sob a influência da Lua. Quantas vezes o cirurgião exímio, dolorosamente surpreso, vê o seu paciente sucumbir ante inofensiva amigdalite, ao passo que dias antes havia resolvido satisfatoriamente terrível oclusão intestinal! O "eterismo-vital", que ampara o sistema nervoso e disciplina o metabolismo endócrino do paciente, pode oprimir ou dilatar os seus vasos sanguíneos além da expectativa, se ele for operado sob péssimas condições lunares; pode, outrossim, anular o efeito dos hemostáticos e dos antibióticos preventivos ou perturbar a distribuição correta da linfa, assim como acelerar a força dos agentes alérgenos, conduzindo o fígado à anemia insolúvel. Os velhos cirurgiões costumam afirmar que há dias "favoráveis", nos hospitais, durante os quais tudo sucede bem: as operações se realizam sem acidentes e os enfermos manifestam reações benéficas; no entanto — dizem eles — nos chamados dias "azarados" o hospital se transforma em ambiente aflitivo, em que até insignificantes intervenções acarretam crises perigosas. O cientista do século XX ainda trabalha sobrecarregado de energias adversas, que atuam no seu campo "neuropsíquico", dando lugar a que a sua dedicação, experiência e talento possam falhar sob imprevistos inimagináveis. A natureza humana é um organismo basicamente relacionado com as energias lunares, as quais se vieram disciplinando, milênio por milênio, até se ajustarem hermeticamente ao biologismo terráqueo. No íntimo do corpo físico, acomodam-se ou exacerbam-se essas forças, atendendo à atração ou repulsão que a aura da Lua exerce sobre o vosso mundo.

Assim como as manchas solares são responsáveis por inúmeros fenômenos magnéticos, que alteram os campos eletrônicos da instrumentação sensível, de precisão, o psiquismo sofre também, intensamente, os efeitos produzidos pelo astral da Lua. Se cientistas ousados tivessem afirmado, há dois séculos, que as bombas poderiam produzir efeitos meses depois de suas explosões, seriam naturalmente tachados de loucos, porque as leis conhecidas, de explosão pela pólvora, não autorizavam que se pensasse em descobertas do emprego mortífero da energia atômica; no entanto, a ciência terrícola pôde comprovar atualmente o efeito retardado das radiações atômicas, que ainda se estendem como lençóis agressivos, alguns anos após a detonação de bombas. Na época de sua predição, esse assunto seria considerado insensato.

PERGUNTA: — *A ciência humana nunca considerou de tanta importância a influência lunar e, embora reconheça certos efeitos da mesma, atribui o restante a excesso de fantasia que lhe criaram os leigos. Não é verdade?*

RAMATÍS: — A Lua, em sua essência extrafísica, influi no vosso mundo, tanto na gestação humana como na poda das árvores, na postura de ovos, no período catamenial da mulher, no desenvolvimento das sementes no seio da terra, nas comoções subterrâneas das águas, na formação dos ninhos, nas migrações dos pássaros, na reprodução e acasalamento das espécies, no enxerto das árvores, nos períodos de letargia ou de dinamismo magnético da Terra! Comanda tanto as vagas e as marés dos oceanos como, também, o fluxo sanguíneo ou linfático, os estímulos nervosos ou o metabolismo endócrino. A sua força dirige a energia da planta para o alto, no "crescente", e desenvolve as suas folhas ou ramos; mas oprime-a no "minguante", para que a terra desenvolva os legumes nutritivos, pela condensação da seiva nas raízes. Atua fortemente nos "moldes etéricos" de todas as coisas, fortificando-os ou debilitando-os conforme as necessidades do metabolismo das energias físicas. Os lunáticos se sentem mal na lua cheia e os parasitas se acomodam no minguante; as luas de setembro, com suas trovoadas, dão causa a longos períodos chuvosos, que enervam os seres humanos; as secas terríveis são prenunciadas pelos halos afogueados que circundam a lua! No futuro, havereis de perceber que é em obediência à hora astrológica favorável da Lua, que os peixes desovam e o débil filhote de ave se lança para fora do ninho!

PERGUNTA: — *Cremos que nesses casos se faz sentir uma influência mais positiva, mais física, porém astronômica e não astrológica. Que dizeis?*

RAMATÍS: — Se colocardes em um extremo a influência astronômica e no outro a astrológica, ser-vos-á dificílimo distinguir qual das duas forças age com mais vigor, na hora de sua atuação. Embora fugindo à cartomancia e aos horóscopos dos "dias felizes", há perfeita identificação entre as coisas e os seres que nascem sob absoluta influência astrológica da Lua. Ambos podem assemelhar-se, tanto no psiquismo, nas características físicas, como nas conjeturas astrais do satélite da Terra. As criaturas "astrologicamente lunares" são de cútis branca, pálida, carne flácida, vivendo imersas em sonhos e visões; são místicas e proféticas, conhecidas como indivíduos que "vivem no mundo da lua". Os seus estados psíquicos e psicológicos coincidem, perfeitamente, com a natureza poética, física, magnética e fundamentalmente astrológica da Lua. As plantas lunares são de aparência bizarra, predominando nelas a cor branca; são pouco atrativas, isentas de cheiro, lembrando o exotismo de um "sabor de luar". Predominam entre elas as leitosas, frias, antiafrodisíacas, de folhas grandes, ovaladas ou redondas, como a couve, a alface, o repolho, e algumas recordam o suave hipnotismo das noites enluaradas; são narcóticas e produzem o sono letárgico, como a papoula-branca — que fornece o ópio ou a heroína — a alface, que é aconselhada como medicamento contra a insônia, o sândalo-branco, docemente hipnótico, ou o heléboro-branco, que causa a melancolia. Há as que lembram as características e a cor da própria face da Lua voltada para a Terra, como o lírio, a açucena, as pétalas da margarida e a rosa-branca. Os frutos mesmos, nascidos sob influência da Lua, revelam aqueles característicos de insipidez de que tratamos há pouco, como o pepino e a abóbora.

No terreno patológico, é ainda mais intensa a ação do astral lunar. Os astrólogos estudiosos poderão anotar a recrudescência das crises das tuberculoses e dos tifos, ou de moléstias tropicais, que se registram justamente nos chamados horários astrológicos descendentes. A epilepsia, enfermidade que ainda desafia a terapêutica médica, era curada pelos caldeus, na antiguidade, com o emprego do trevo e suas flores, planta lunar que era colhida em hora favorável porque, sujeita à influência da Lua, atendia com êxito à maioria dos casos de "epilepsia lunática". Até os "médiuns" de fenômenos físicos — que, na fase de eclosão da mediunidade, oferecem por vezes quadros mórbidos exatamente ao nível dos ataques de epilepsia — são fortemente atuados pelo fluido lunar, que é um dos responsáveis pela integridade astral da substância ectoplásmica exsudada pelo sistema nervoso do ser humano!

A asma, enfermidade pronunciadamente de origem astral, proveniente de excessiva intoxicação psíquica acumulada em várias reencarnações, agrava-se conforme a influência boa ou má do astral da Lua que, neste último caso, oprime fortemente o calibre dos brônquios do asmático. Os magos antigos curavam essa moléstia servindo-se da semente da beldroega, pilada com mel, porque era planta lunar astrológica capaz de dilatar os alvéolos bronquiais. Os germes lácticos, formadores do leite materno, deixam a mãezinha sem leite, quando se tornam letárgicos devido à influência coercitiva da Lua; no entanto, os antigos conseguiam despertar esses germes para as suas funções dinâmicas fazendo uso da alface colhida antes do nascimento do Sol e em boa atuação lunar. Evitava-se, assim, que o magnetismo da Lua, depositado nas folhas da alface e dosado na intimidade da planta, fosse dissolvido pela força solar.

As sementes da couve, planta lunar, recolhidas astrologicamente, produziam ação vermífuga nos parasitas agitados pelo "crescente"; as folhas (ou o suco extraído das mesmas) aliviavam a furunculose periódica e agravada pelo astral da Lua. Há um tipo de febre que muito se confunde com a brucelose, conhecida na Índia como "doença prateada" — cuja irregularidade termogênica produz crises em perfeita sincronia com as atuações do vosso satélite.

Antigamente, os sábios resolviam a desobstrução da vesícula e eliminavam a estase biliar com a ação mais "fisiorradiativa" do sal da planta margarida, que deveria ser colhida, especificamente, em "bom aspecto lunar". A violeta-amarela, cuja decocção é rica de "seiva-lunatizada", quando colhida de madrugada, curava instantaneamente os perigosos acessos de "aploplexia-lunática". Associando a ideia comum de "fluxos magnéticos", peculiares à claridade da Lua, com a sua ação nos fluxos e refluxos das marés, todos os fluxos leucorréicos, blenorrágicos ou catameniais, entre os atlantes, eram curados com a planta denominada "nenúfar", conhecida entre vós, cientificamente, como fazendo parte da família das Ninfeáceas ou, popularmente, "bandeja-d'água", vegetal este que é um dos mais poderosos catalisadores de fluxo lunar no plano astral da Terra.

PERGUNTA: — *A fim de melhor compreendermos vossas explicações sobre a influência da Lua, pedimos que nos digais o porquê dessa recomendação de se colherem as plantas pela madrugada, antes de o Sol nascer.*

RAMATÍS: — Bem sabeis que as plantas são poderosos condensadores vegetais, que sugam e absorvem as mais variadas energias do meio ambiente, desde as radiações do Sol até o magnetismo da Lua, ou seja, dia e noite. Assim como as plantas solarianas devem ser colhidas, de preferência, nas horas em que elas se encontram mais impregnadas de magnetismo do Sol, as plantas lunares pedem providência contrária, ou seja, a colheita quando estão fundamentalmente fartas do magnetismo lunar. A colheita antes de o Sol nascer tem sua razão no fato de que o astro-rei é um poderoso dissolvente do magnetismo e das influências noturnas, o que deve ser evitado por aqueles que desejam servir-se da maior quantidade de magnetismo da Lua, depositado na planta durante a noite. As plantas conhecidas como lunares são vigorosos condensadores ou transformadores, porque dão melhor agasalho ao fluido que captam e absorvem. Quando devem ser empregadas na cura de enfermidades que se casam com as más influências da Lua, essas plantas precisam ser portadoras de um poder dissolvente, atômico, no campo magnético, capaz de dispersar o "quantum" maléfico projetado pelo próprio astro. Esta terapêutica recorda perfeitamente o processo da homeopatia, em que "os semelhantes curam os semelhantes". Do mesmo modo devem ser colhidas e utilizadas as demais plantas planetárias, sejam as de Vênus, de Marte, de Júpiter ou de Saturno, isto é, no momento em que estejam mais sobrecarregadas do magnetismo do astro com que se relacionam.

PERGUNTA: — E que significa o bom ou mau aspecto lunar?

RAMATÍS: — Há um fluxo e um refluxo da "pulsação magnético-astral" da Lua, que banha o "duplo planetário" terrestre, ou seja o "corpo etérico-astral" da Terra, num mútuo intercâmbio que é benéfico, balsâmico e curativo, em certas horas, e que em outras horas se torna maléfico, coercitivo e patogênico às plantas ou aos seres cuja sensibilidade psiconervosa os torna verdadeiros condensadores. Em consequência, as plantas lunares, eletivas, simpáticas à Lua, também são as que mais sofrem essa outra ação patogênica, motivo pelo qual os que manuseiam a terapêutica vegetal, em concomitância com as influências astrológicas, precisam saber colher as plantas nas horas de bom aspecto lunar, isto é, na ocasião em que a sua projeção astral seja balsâmica ou curativa. Em certos casos, as plantas podem tornar-se completamente inócuas na aplicação terapêutica, por terem sido colhidas no momento exato da neutralidade astral, ou seja, quando coincide a colheita com o momento em que não há carga benéfica ou maléfica.

PERGUNTA: — Poderíeis dar-nos um exemplo mais objetivo, por meio de uma comparação mais acessível ao nosso entendimento físico?

RAMATÍS: — Servir-nos-emos do próprio crescente ou minguante da Lua, para dar-vos explicações mais objetivas. Sabeis que certos vegetais podem apresentar dupla qualidade terapêutica: as folhas servem para determinados furúnculos, eczemas ou erisipelas, enquanto que as raízes são utilizadas para certos banhos terapêuticos, indicados para moléstias do reto ou surtos hemorroidais. Neste caso — exemplificando-os fisicamente — o que tem importância na utilização do vegetal é a maior quantidade de seiva que exista nas folhas ou nas raízes, na hora de sua aplicação. Assim, desde que se queiram utilizar as folhas, devem elas ser colhidas no "máximo crescente lunar", em que a força poderosa da Lua esteja sustentando toda a seiva à superfície do vegetal; entretanto, quando se trata de raízes para utilização em banhos terapêuticos, devem ser elas arrancadas no "máximo minguante lunar", quando essa mesma seiva desce completamente para as raízes.

O magnetismo da Lua, na ação de força gravitacional, regula o crescimento da vegetação no vosso mundo; há períodos em que toda a seiva está no "alto" dos arvoredos ou das hortaliças e outros, ou seja, nas épocas hibernais, em que as folhas caem, porque a seiva está repousando nas raízes, que assim se tornam fertilíssimas. As cenouras, quando semeadas contra a estação lunar, reproduzem-se na forma de buquês de folhas e ramos, enquanto que os tubérculos destinados à alimentação nascem mirrados e estéreis para replantação. As árvores cortadas no "crescente" bicham facilmente, porque os carunchos que estavam na seiva, em subida, perfuram o lenho para sair ao ar livre, visto que a seiva seca e então lhes falta alimento; no entanto, as madeiras cortadas no inverno tornam-se de melhor aproveitamento, porque a seiva desce para as raízes, conduzindo todo o cortejo de carunchos que buscam sua nutrição. Os sertanejos do vosso país costumam dizer que os melhores meses para o corte da madeira são os que não têm "r", isto é, em que, por coincidência, os meses não possuem em sua grafia a letra em questão, como não a possuem maio, junho, julho e agosto, ou seja, o período do "grande minguante". A colheita de vegetais ricos de magnetismo astral da Lua deve ser feita em bom aspecto lunar, ou seja, na hora do fluxo benéfico, assim como a própria colheita puramente física exige o respeito ao minguante ou crescente, como se dá no uso das folhas ou das raízes.

O desconhecimento destas coisas é um dos motivos do fracasso farmacológico de vossa ciência médica, cujos laboratórios fabricam diariamente centenas de preparados com base na fitoterapia, mas cujo êxito é fugaz, porque se destilam inúteis cadáveres vegetais, compondo-se xaropes, tisanas, comprimidos ou fórmulas com nomes brilhantes, mas na profunda ignorância de que estão sendo utilizadas folhas e raízes destituídas de energia magnética astral ou de seiva vitalizante, que só pode ser obtida sob a tão ironizada disciplina científica do horário astrológico!

O divino químico, que é Deus, quando formulou os planos para a criação dos mundos, fixou as matrizes definitivas de todas as coisas e seres, absolutamente distanciado da versatilidade humana, que tanto se equivoca no manuseio das energias da vida! Existem, pois, em a natureza do vosso mundo, plantas e outros vegetais especificamente terapêuticos para cada surto patogênico ou sequência mórbida no metabolismo humano; são vegetais que se destinam especialmente à cura de certas enfermidades, embora se deva acomodar o "quadro psíquico" do enfermo ao tipo astrológico da planta. O que importa, pois, é colher o vegetal em toda a sua plenitude energética, para que se possa processar a cura desejada.

Infelizmente, a predominante atitude científica dos vossos magos de laboratório não só os impede de perceber estas coisas, como ainda os leva a maior decepção e descrença em seus próprios produtos, pois as contínuas novidades farmacêuticas que vos apresentam comumente não passam de reprodução de experiências já tantas vezes repetidas. Em consequência, as substâncias medicamentosas passam a imitar as modas femininas: retornam, periodicamente, com as mesmas fórmulas e indicações terapêuticas, com ligeiras diferenças no equilíbrio "quimiofísico", ou entusiasticamente combinadas com outros elementos de experiências já frustradas. Felizmente, porém, quando a vossa ciência alcançar o desiderato espiritual da verdadeira vida do vosso orbe, saberá buscar a "alma" do vegetal, assim como já o fazem os que manuseiam, com dignidade, a ciência da homeopatia.

PERGUNTA: — *Quais os fundamentos da realidade astrológica?*

RAMATÍS: — A Terra é um gigantesco corpo vital, com vida própria, espécie de poderoso magneto condensador, que recepciona não só as correntes vitais do Sol como as que se refletem no campo etéreo da Lua. Os fluxos de energias solares são positivos; passam pelo Norte, em direção ao Oriente-Ocidente; as correntes lunares são negativas e seguem do Ocidente para o Oriente, fazendo a sua passagem pelo Sul. Neste gigantesco intercâmbio de forças cósmicas, o vosso planeta fica no turbilhão, no vórtice desse cruzamento vital, e os seus reinos e seres sofrem as ações radiativas e astrais, que interpenetram e influenciam especificamente cada tipo de mineral, planta, flor, animal, ave ou ser humano. O papel do astrólogo estudioso e íntegro deve ser o de encontrar a relação entre as forças que provêm do Sol e da Lua, como, também, de outros astros, constituindo uma espécie de coquetel astrológico. Todos os acontecimentos que se reproduzem no campo material representam apenas os efeitos das causas internas e dos impulsos fundamentais, que primeiramente se reproduzem na "alma-vital" dos astros, das coisas e dos seres. Os fenômenos concretos que a ciência pode estudar e catalogar nos seus compêndios científicos não passam de efeitos daquilo que primeiramente se processou na intimidade imponderável. As leis e as forças ocultas, embora ainda desconhecidas para os cientistas comuns, é que fazem eclodir os fenômenos perceptíveis à instrumentação científica e só então considerados positivos. Tudo se move das regiões etéricas interiores, para depois se configurar em aspectos materiais e fluxos de energias perceptíveis à experimentação do raciocínio humano. Nas regiões etéricas — denominadas de "registros akhásicos" — gravam-se desde a singela memória do homem, os moldes de todos os reinos da Natureza, até os gigantescos arquétipos dos sistemas de mundos. Todas as auras radiativas, etéricas ou astrais, dos orbes circunvizinhos à Terra, entram em relação contínua, interferem e se influenciam reciprocamente. Poderosas correntes de energias desconhecidas, cuja ação e origem ignorais, manifestam-se através do "éter-cósmico" e situam-se no vosso mundo. Então, tudo vive, agita-se, liberta-se ou se expande e, operando quais milagres, escapa à análise e à positivação comum.

Esse maravilhoso potencial transforma a bolota em carvalho ou o pinhão em gigantesca árvore; mas opera também no seio dos planetas e dos sóis, a fim de conduzi-los a configurações ainda inconcebíveis para o raciocínio humano.

Isto posto, podeis avaliar o indescritível trabalho que precedeu interiormente a manifestação do Cristo no manto suave do magnetismo doado pelo signo de Pisces, formando uma abóbada protetora para o evento do Cristianismo e o vibrante estímulo para o psiquismo humano ascensionar às vibrações menores do princípio crístico do AMOR CÓSMICO!

4. O signo de Pisces

PERGUNTA: — *Ao finalizardes as vossas explicações sobre as influências astrológicas, fizestes referência ao magnetismo doado pelo signo de Pisces para a manifestação do Cristo em nosso planeta. Podeis dizer-nos quais as virtudes desse signo?*

RAMATÍS: — A poética linguagem astrológica diz que Pisces dá aos seus protegidos as seguintes características: — são profundamente emotivos, irradiando simpatia, mesmo quando rudes ou fracos; investigam com inquietude a origem psíquica da vida; são receptivos às mensagens elevadas e hospitaleiros desinteressados; são românticos, sonhadores e médiuns; sofrem e se amarguram quando ofendem ou prejudicam alguém; podem falhar na primeira investida ao ideal superior, mas corrigem a indecisão, às vezes com sacrifício da própria vida. Afora outros detalhes, que não enumeraremos devido à natureza restrita deste trabalho, já tereis compreendido que foram exatamente essas as virtudes que se revelaram, cada vez mais intensas e enérgicas, nos discípulos ardorosos de Jesus e em todos os seus sinceros seguidores. A efervescência crística, ateada pelo Divino Cordeiro de Deus, sob a vigorosa influência de Pisces, continua ainda a se manifestar em vossos dias, pois, à medida que a humanidade terrícola se desajusta, no limiar do "fim dos tempos", os realmente devotados ao Cristo revelam mais fortemente a sua vivacidade e a ansiedade de servir e salvar o irmão desesperado! Os servos de Jesus, inquietos, contemplativos, ingênuos perante o mundo utilitarista do lucro provisório, afinam-se, também, em vigorosa conexão às próprias influências astrológicas derradeiras, do signo de Pisces, que fez a cobertura astrológica de todo o evento cristão, afirmando-se como uma insígnia zodiacal repleta da mais agradável tessitura magnética para a libertação do espírito do mundo material.

Ao contrário do povo hebreu que, sob a férrea direção de Moisés, ainda não estava amadurecido para compreender a missão sacrificial do Cristo, sob a simbólica "arremetida" do signo de Áries — que inspirava todos os povos antigos a se espalharem pelos territórios desconhecidos — os cristãos, dominados pelo simbolismo sacrificial do peixe (que perece apenas o tirem do seu "habitat"), deixaram-se torturar e morrer pelo advento do Messias! A era do Cristo encerrou a da contradição pagã; sob a mensagem admirável do Suave Jesus, a ideia de um Deus Magnânimo descia à Terra, atenuando a discordância em torno de tantos deuses, que geravam os seus conflitos primeiramente nas regiões celestes, para depois se divertirem destruindo os seres com a inspiração para as guerras fratricidas!

O Sol, pela precessão dos equinócios, derramava-se em fulgente claridade na constelação pisciana, enquanto Jesus, refulgindo também junto às orlas dos lagos da Galileia, punha-se em divino contato com os futuros "pescadores de homens".

PERGUNTA: — Certa vez, fizestes alusão a umas "núpcias" planetárias de Júpiter, Saturno e Marte, que se realizaram sob o signo de Pisces. Poderíeis dizer-nos se esse signo também estava previsto nos planos da Engenharia Sideral, para o advento de Jesus?

RAMATÍS: — Sim. O signo de Pisces estava previsto nos planos da Engenharia Sideral e também inspirou a suave denominação dada a Jesus, de "Pescador de Almas", constituindo, outrossim, a influência eletiva sobre os pescadores que se tornaram apóstolos do Senhor.

PERGUNTA: — Compreendemos o simbolismo do título dado a Jesus, por ser ele, de fato, um Pescador de Almas, mas não atribuímos a sua vinda à Terra a uma influência do signo de Pisces. Consideramos os temas astrológicos como muito duvidosos, porque escapam às pesquisas seguras e lógicas da ciência experimental. Qual a vossa opinião a respeito?

RAMATÍS: — Os astros, como já vos dissemos, predispõem, mas não dispõem. Os conceitos básicos da Astrologia devem ser considerados com melhor critério por todas as pessoas sensatas e dignas. Os astros apenas estabelecem campos magnéticos favoráveis ou desfavoráveis, que podem estimular ou reprimir as paixões humanas. A contínua expansão do espírito para maior área de consciência espiritual liberta-o, gradativamente, das influências magnéticas nefastas, porque extingue no homem o cortejo das paixões inferiores, que fazem dele verdadeiro "condensador" de vibrações astrológicas prejudiciais. As almas decididas, de vontade poderosa, realizam destinos superiores, mesmo sob a má influência dos astros, assim como o lírio, embora sob o influxo deletério do charco, se transforma em flor imaculada.

PERGUNTA: — Quer nos parecer, então, que Jesus, sendo Espírito Angélico, deveria logicamente dispensar quaisquer conjunções astrológicas favoráveis para descer à Terra. Não entendeis assim?

RAMATÍS: — O Sol, embora se baste por si mesmo e seja imune às influências exteriores, refulge mais no lago sereno e cristalino do que no pântano nauseante. Jesus, embora resplandecente Ser Angélico, descido à forma humana, era justamente quem mais exigia campo vibratório favorável para o êxito integral de sua gloriosa missão. Cumpria-lhe aproveitar o melhor magnetismo terráqueo, porque a sua tarefa era a de fazer aflorar à superfície triste do vosso orbe um mais intenso e expansivo conteúdo de luz crística. Embora impermeável, por si mesmo, às influências astrológicas inferiores, o maior êxito de sua presença em vosso ambiente dependeria também de melhores emanações procedentes de astros benéficos e sob inspirada conjunção entre eles. Há que notar, também, que Jesus era um Missionário e não uma alma em aprendizado; sob tais condições, carecia ficar livre de qualquer influência coercitiva de sua missão, não se justificando que ficassem agravados os seus objetivos, que eram os da consolidação do Evangelho, através de uma vida sacrificial.

PERGUNTA: — Não vos parece paradoxal que o sublime estado angélico de Jesus, que por si só tinha toda a garantia espiritual, carecesse de influências astrológicas favoráveis, para desempenho de sua missão?

RAMATÍS: — Embora Francisco de Assis e Teresinha de

Jesus fossem portadores de "auras angélicas", cremos que ambos seriam bem melhor sucedidos atuando messianicamente no ambiente sedativo de um templo religioso do que na atmosfera de um matadouro ou de sufocante presídio, cujo ambiente astral é confrangedor e repugnante! O campo magnético do vosso orbe, na efervescência das paixões humanas desregradas e onde ainda impera a desumanidade para com os animais, lembra aos sublimes mensageiros crísticos as atmosferas nauseantes das charqueadas, matadouros ou necrotérios!

Quando tendes de receber a visita de vossos condutores espirituais ou de vossos superiores hierárquicos, providenciais o maior asseamento possível e a ornamentação apressada dos locais onde devem eles apresentar-se; no entanto, estranhais a profilaxia do magnetismo terráqueo para a visita de sublime anjo do Senhor dos Mundos!

PERGUNTA: — *Teria sido realmente o signo de Pisces o que melhor convinha para o desempenho da missão de Jesus na Terra? Cumpria a esse signo, fatalmente — em vista de sua disposição astrológica — legar ao Cristo a denominação de "Pescador de Almas"?*

RAMATÍS: — Lembramos, mais uma vez, que tais eventos obedecem a uma rigorosa sucessão de providências já previstas no "Grande Plano Cósmico", elaborado pelos Engenheiros Siderais, em tempo e circunstâncias inacessíveis aos vossos entendimentos. O campo magnético que compunha a tela astronômica do vosso orbe, sob a dosagem benéfica das auras de Saturno, Marte e Júpiter, acomodava-se vibratoriamente à natureza angélica de Jesus, em sintonia dinâmica com os eventos superiores que se ajustavam à sua gloriosa missão na Terra.

Servindo-nos de exemplos rotineiros do vosso mundo, lembrar-vos-emos que os dias ensolarados vos predispõem para as realizações eufóricas, poéticas, e para os êxtases espirituais, enquanto que nos dias nublados, úmidos e tristes, a pena do poeta só produz composições melancólicas e de compungidas saudades. Na região glacial europeia não medra o santo iogue com a singela tanga de algodão, pois ele pede o sol ardente da Índia, a fim de inspirar-se nos mistérios da vida! No mundo da matéria, em que o Cristo planetário se manifestava em Jesus, só os estímulos sublimes favoreceriam maior afloração de luz interna à superfície do vosso orbe. A maravilhosa e raríssima conjunção de astros, que se produziu no regaço de suave magnetismo do signo de Pisces, transformou-se num incessante convite de inspiração à sublime contextura vibratória do Cristo, que se transfundia em Luz para a vossa salvação espiritual.

O signo de Pisces, no plano sideral, foi apenas uma sequência natural do ano astrológico, o "Grande Ano", que é dividido em doze ciclos, cada um de 2.160 anos[1], perfazendo o total de 25.920 anos do vosso calendário, em que se realiza o trajeto total do Sol em todas as casas zodiacais. Esse ano astrológico, de 25.920 anos-terráqueos, era conhecido, desde tempos imemoriais, de todos os cientistas e sacerdotes lemurianos, atlantes, astecas, incas, sumerianos, babilônios, caldeus, persas, egípcios e hindus, cujos estudos e tradições têm chegado até os vossos dias. O nascimento de Jesus, como o sintetizador crístico de todos os seus precursores espirituais, que haviam atuado em vosso orbe, em obediência aos planos definitivos dos "Engenheiros Siderais", deveria ocorrer, exatamente, como de fato ocorreu, quando o mês astrológico de Pisces comandava o magnetismo cósmico da abóbada da Terra. O inconfundível Instrutor Crístico, realizando a conexão do trabalho esparso e edificante de todos os seus antecessores disseminados por todas as latitudes geográficas do orbe, manifestou-se no momento exato e previsto nos planos remotos dos Legisladores Siderais do sistema. O signo de Pisces, portanto, era realmente o que melhor lhe favorecia a missão, em virtude de oferecer um campo magnético e astrológico mais apropriado à tradicional inquietação espiritual que favorecia o Cristianismo.

PERGUNTA: — Como poderemos conceber que os Engenheiros Siderais tenham podido prever, hermeticamente, com inconcebível antecedência, o feliz ajuste de Saturno, Júpiter e Marte, no signo de Pisces, para perfeita conexão com a necessidade absoluta de a nossa humanidade receber o Cristo?

RAMATÍS: — O indescritível conhecimento cósmico dos Engenheiros Siderais é fruto de suas próprias experimentações já realizadas em outros planetas extintos, que faziam parte da infinita escadaria da evolução humana. Eles se orientam, segura e logicamente, para a confecção dos projetos edificativos dos novos mundos, assim como o tirocínio comprovado do professor escolar esclarece-o quanto às futuras lições que deverá expor aos novos alunos. A sabedoria ilimitada — inconcebível no vosso

---

1 Cada um desses ciclos configura uma Era – a Era de Peixes, a Era de Aquário, em que estamos ingressando agora etc. (N.E.)

entendimento — permite aos Construtores Siderais prever com exatidão a figura de cada cortejo solar que se balouça no Espaço e ajustá-los todos, astronomicamente, aos eventos sociais e às necessidades espirituais das humanidades. Enquanto assinalais nos vossos compêndios científicos os centros fixos, os eixos imaginários ou os necessários pontos de apoio, que atribuís aos sistemas solares e aos seus satélites, os mentores siderais fixam essas sustentações em "pontos cósmicos", intermediários, que se produzem pelo cruzamento de forças magnéticas turbilhonantes. Nesses cruzamentos, em que se chocam poderosos campos magnéticos "altos" e "baixos", formando "centros" ou "rodas" exuberantes de energias provindas de todas as regiões estelares e denominados "chacras cósmicos", estabelecem-se as bases das sustentações constelares ou planetárias.

Se vos fosse possível ter uma visão global do Cosmo, verificaríeis a existência de indescritível "rede de coordenadas", em cujas malhas ou pontos de intercessões palpitam orbes e sóis, planetas e mundículos, semelhantes a incontáveis punhados de lentejoulas refulgentes ou opacas, a comporem um fascinante e exótico bordado estendido na abóbada do Infinito! Assemelhando-se, outrossim, a maravilhoso tapete em que se desenham à superfície os mais soberbos matizes de cores radiativas, lembrar-vos-ia imensurável teia de aranha, cintilante de gotas gigantescas, que são os sóis policrômicos, no casamento de fluidos ondulantes! Ouviríeis excêntricas sinfonias à menor ondulação, como se invisível mão de fada as executasse, para beleza e encanto da vida sideral!

A vossa ciência sabe que o vórtice magnético do vosso Sol, o seu "chacra constelar", ou centro de forças de sustentação no turbilhonante cruzamento de correntes cósmicas, encontra-se suavemente deslocado do centro físico conhecido![2] Na realidade, cada astro ou sistema oscila suavemente em torno do seu "ponto magnético", produzindo a mais indescritível pulsação sinfônica em todo o Universo!

A transitoriedade dos sistemas de mundos físicos, que são criados e dissolvidos em espaços de tempo fora do vosso alcance, é um assunto corriqueiro para os seus edificadores, os quais, devido à disciplina das leis imutáveis, podem prever, corretamente, todas as modificações e decorrências astrológicas no inter-

---

2 Na primeira edição o médium interpretou o pensamento de Ramatís, nesse tópico, como um acontecimento a ocorrer no futuro, quando, na verdade, trata-se de assunto já conhecido da nossa ciência astronômica.

câmbio de todos os astros, em relação aos seus sistemas solares.

PERGUNTA: — Mas cumpria, especificamente, ao signo de Pisces cunhar a denominação simbólica de "Pescador de Almas", para o insigne Jesus?

RAMATÍS: — Apesar de vossas dúvidas a respeito, o cristianismo é uma sequência, que se veio desenvolvendo progressivamente sob o signo de Pisces, que foi realmente o inspirador do título de "Pescador de Almas", atribuído a Jesus.

Atualmente, o Sol ainda se encontra dentro do signo de Pisces, completando quase 2.160 anos, em vésperas de passar para Aquário, signo de extrema significação para os dois próximos milênios; um verdadeiro consolidador das fermentações espirituais que se forjaram como essência fundamental do Cristianismo nascente no vosso orbe. Na pitoresca linguagem astrológica, Aquário, na técnica dos astros, preside aos seus tutelados e lhes desenvolve o senso para as artes, a elevação espiritual constante, a firmeza em suas sublimes afeições e a perseverança no amor altruísta, por excelência; desenvolve, outrossim, o caráter decidido, persistente e sumamente paciente; o gosto pronunciado pelo conhecimento extrafísico e grande capacidade de apreensão mental do conjunto. Essas qualidades inspiradas por Aquário, e que já se revelam fortemente em criaturas em vias de completa cristificação, serão as características do governo filósofo, científico, religioso e social do terceiro milênio, como remates e complementos que são das admiráveis virtudes desenvolvidas pelo signo de Pisces — o grande inspirador do Cristianismo.

PERGUNTA: — Os religiosos de hoje aceitarão ou compreenderão esse ajuste do signo de Pisces ao evento do cristianismo ou ao nascimento de Jesus? Admitirão que o peixe encerra profundo simbolismo cristão?

RAMATÍS: — A Igreja ainda conserva nas mitras dos seus bispos a forma exata de uma cabeça de peixe; o Papa ostenta o sagrado e tradicional anel que simboliza o "Grande Pescador de Almas". O costume, simpático à Igreja, de se comer carne de peixe na quaresma, em lugar de carne de vaca (relação com o signo de Taurus), também comprova a influência do signo de Pisces no terreno religioso. O próprio Jesus aconselhou aos apóstolos que lançassem as redes ao mar, para colheita de peixes; mas nunca soubemos que ele houvesse partido nacos de carne e os distribuísse aos apóstolos, em sua última ceia...

Enquanto o paganismo hebraico, egípcio e oriental adorava fanaticamente o Bezerro de Ouro, o Boi Ápis ou a Serpente Sagrada, sob signos violentos, os cristãos consideravam a figura do peixe como símbolo da pureza genética, do trabalho incessante e ativo, movendo-se dentro do oceano — o reino da água — fonte principal da vida e da qual "o homem terá que renascer", na linguagem de Jesus! É por isso que a Igreja, ainda no vosso tempo, serve-se da **água** e do **sal** — símbolos do oceano — no cerimonial do batismo.

PERGUNTA: — *A denominação de "Pescador de Almas", atribuída a Jesus, não teria sido apenas um símbolo de sua preferência pelos pescadores, e de suas prédicas junto ao mar e aos lagos, que eram viveiros de peixes?*

RAMATÍS: — A lei de correspondência vibratória, da qual ainda não podeis ajuizar, cria o mesmo estilo vibratório e estabelece a mesma correlação tanto nas manifestações da vida física como nas da vida espiritual. Há sempre perfeita correlação entre a influência astrológica de uma época e as modificações físicas, morais, sociais ou econômicas, que se sincronizam, também, por ocasião da presença excepcional de instrutores siderais e da composição de novas doutrinas. A natureza da missão de Jesus, com seu colégio apostólico composto de pescadores, ajusta-se perfeitamente, quer espiritual, quer fisicamente, à índole mística, inquieta e dinâmica que a linguagem astrológica atribui ao signo de Pisces. As características atuantes no movimento do cristianismo, quer quanto aos esforços apostólicos, quer quanto à sua natureza doutrinária mística, sempre se relacionaram admiravelmente com o modo de vida dos peixes. O peixe não é um símbolo relacionado com o advento cristão através de coincidências discutíveis ou de fortuitos ajustes aos ascendentes astrológicos do signo de Pisces. Esse signo imprimiu o seu cunho psicológico em todos os valores decisivos do Cristianismo e marcou, com a sua figura dinâmica e excêntrica, todos os instantes de suma importância na movimentação nazarena. Os discípulos de Jesus, em geral, foram pescadores, e a sua senha secreta, nas horas difíceis, constituía-se de um peixe, ou de dois peixes entrelaçados, conforme podereis ainda observar nos sinais gravados nas enegrecidas paredes das catacumbas de Roma. O peixe está continuamente relacionado com os atos de Jesus. Nos relatos bíblicos do Novo Testamento, multiplicam-se as provas da particular preferência do Mestre por esse símbolo:

— Aproximando-se de Pedro, Jesus mandou-o lançar ao mar as redes, que voltaram repletas de peixes; um dos seus simbólicos milagres foi o da multiplicação de peixes; o seu divino convite para o trabalho evangélico se fez primeiramente entre os pescadores, nas zonas ribeirinhas dos lagos, ou junto aos mares, sempre fartos de peixes. Pousando o manso olhar sobre Pedro, Jesus lhe disse textualmente: "Pedro; de agora em diante, serás um **pescador** de homens". De outra feita, aludindo a André e Pedro, disse-lhes: "Eu vos farei **pescadores** de homens". A tradição conta que o Divino Rabi enriquecia os seus ensinos e demonstrava o gosto pelo "reino dos peixes", caminhando sobre as águas e acalmando a fúria dos mares. Francisco de Assis — talvez por ser um íntegro seguidor do Mestre — como que reverenciando a insígnia de Pisces, tinha por hábito fazer longas palestras para os peixes que, no dizer da lenda religiosa, ouviam-no com enlevo.

PERGUNTA: — Mas devemos crer que o peixe simboliza, na realidade, o fundamento da libertação espiritual, que é a característica do cristianismo? Há, porventura, na configuração material do peixe, algo de ligação com a natureza do signo de Pisces ou de identidade com os ensinos de Jesus? Tudo isso não passará, talvez, de um louvável ajuste simbólico?

RAMATÍS: — Tornar-se-ia extenso dar-vos minuciosas explicações sobre aquilo que se ajusta hermeticamente à figura material do peixe, em relação ao seu signo astrológico e à sua comprovada influência no evento cristão. Podereis notar, na configuração "psicofísica" do peixe, admiráveis simbolismos herméticos, de mística profundeza espiritual, que se identificam com a maioria dos propósitos crísticos. Notai: O seu modo de procriar, independente de contacto direto entre macho e fêmea, lembra o esforço dos primeiros cristãos, inclusive Paulo, no sentido de pouparem as forças sexuais para melhor alcançar a Aura do Cristo. A atividade contínua e a insistência com que o peixe busca maior amplidão para os seus movimentos assemelha-se à ansiedade e à excitação psíquica que os primeiros cristãos revelavam no seu misticismo, à procura da Verdade, no Infinito Oceano de Deus. Igualmente, o magnetismo dinâmico do signo de Pisces, interpenetrando os veículos "extracorpóreos" dos convertidos a Jesus, movimentava-os incessantemente e os impelia para esse Oceano Divino, onde há fartura da "água da vida", de que falou Jesus! Os movimentos lépidos dos peixes, no seu mundo aquático, lembram as atividades do homem submetido às contingências da vida na **matéria** que, no dizer de Jesus e dos escritores bíblicos, é a **água**, da qual o espírito renasce para novas encarnações. Essas contingências da vida, influenciadas pelos ascendentes astrológicos de seus signos, conduzem o homem à conquista espiritual no meio em que vive, despertando-lhe o desejo de aperfeiçoamento e a disposição para a escolha de um ideal mais alevantado. A capacidade de sacrifício pelo ideal escolhido, que é um dos mais fortes ascendentes dos piscianos, foi demonstrada pelos adeptos de Jesus, por ocasião das torturas nos circos romanos e nas execuções isoladas, como a de Pedro, a de Paulo e a de Tiago. Os cristãos remanescentes não deixaram que se extinguisse aquela sua proverbial movimentação espiritual, preferindo um contínuo estado militante, dinâmico, perigoso à integridade física que faz parte das virtudes de Pisces — a abjurarem a doutrina, em troca de uma sobrevivência inglória. Tocados por estranho magnetismo que se fundia na sublimidade da Aura do Cristo, aquelas criaturas simples materializaram, na Terra, as indiscutíveis características astrológicas do signo de Pisces!

5. Os reis magos

PERGUNTA: — Poderíeis citar algum acontecimento da época de Jesus, pelo qual pudéssemos avaliar melhor a influência dos astros em relação à encarnação do Mestre em nosso planeta?

RAMATÍS: — Entre os fatos que conheceis através da tradição bíblica, há o dos "reis magos" que, vislumbrando uma estrela no Oriente, e acompanhando-a, puderam descobrir o local em que nascera Jesus. Como não existe comprovação histórica, positiva, desse fato, nem a ciência astronômica conseguiu, tão pouco, registrar naquela época a presença de qualquer cometa ou astro que houvesse "caminhado nos céus", à frente dos três reis magos, difícil se vos torna compreender o ocorrido. A versão real do acontecido só pode ser encontrada nos domínios da astrologia. Precisais saber, primeiramente, que os reis magos eram avançados astrólogos, testamenteiros da sabedoria dos sacerdotes lemurianos, atlantes, sumerianos, babilônicos, caldeus, egípcios e outros. Muitos documentos comprobativos do que acima ficou dito — que virão à luz no momento oportuno e que provam a sabedoria dos reis magos, foram salvos pelos profetas brancos, após o grande dilúvio atlante, e levados por eles para as regiões próximas da atual Arábia, da Judeia e do Egito. Certa parte desses documentos foi depois encaminhada aos santuários secretos do Himalaia. Devido à sua longa experiência e ao conhecimento da tradição na esfera astrológica, os reis magos sabiam que a poderosa conjunção de Saturno, Júpiter e Marte, no campo astronômico da Terra, facilitaria a manifestação, em vosso mundo, de Alta Entidade, vinda dos planos excelsos. Compulsando os livros sagrados de todos os povos, verificaram, emocionados, que a época por que passavam coincidia, perfeitamente, com a do advento do esperado Messias, o Sublime Príncipe da Paz, aguardado pela fé dos homens aflitos. Sabiam que angélica entidade, cuja aura envolvia o orbe terráqueo, deixar-se-ia oprimir, em angustiosa descida, para se submeter ao "sacrifício cósmico", e sua refulgência íntima poder aflorar com êxito à superfície da crosta onde atuava o homem-carne. E a soberba conjunção, a mais poderosa e eficaz de todos os tempos, forneceria o "quantum" magnético desejado, para que o Sublime Anjo, através de fluidos astrais já balsamizados, pudesse atravessar com êxito a aura da Terra, obscurecida pela densa cortina das paixões inferiores.

Melchior, Gaspar e Baltazar — como se chamavam — sábios e poderosos magos brancos, cujos conhecimentos já os notabilizara em reencarnações anteriores na Atlântida, previram com exatidão a chegada do Avatar Divino, cuja Luz Salvadora se transfundiria, através da carne, na pessoa de Jesus de Nazaré, filho de José e de Maria. A humanidade terrícola, escrava ainda das forças primárias animalizadas, que estruturam o corpo físico, poderia — graças ao sublime esponsalício do Cristo Planetário com a humanidade terrena — receber o tão esperado socorro divino e apressar a sua libertação por meio desse elo mais eletivo do Criador. Impelidos pela força de sua convicção iniciática, alicerçada na ciência astrológica, os três reis magos se puseram a caminho, decididamente, para o local em que a divina criança desabrochara para o holocausto salvador do homem!

Eis o que diz o Evangelho de Mateus: — "Tendo pois nascido Jesus em Belém de Judá, em tempo do rei Herodes, eis que vieram do Oriente uns magos a Jerusalém, dizendo: "Onde está aquele que é nascido rei dos judeus? Viemos adorá-lo, pois vimos a sua estrela no Oriente" (Mateus, 2:1,2).

PERGUNTA: — *Por que motivo os denominam "reis magos"?*

RAMATÍS: — Porque conheciam o lado oculto das coisas, ainda desconhecido do homem comum. Eram magos no sentido real da palavra, pois dominavam com facilidade os quatro elementos da natureza. Mas a significação do vocábulo "mago" era ainda mais extensa, pois abrangia aquele que conhecia a fundo os segredos da Astrologia.

PERGUNTA: — *Esses reis magos chegaram, porventura, simultaneamente, à mesma deliberação de encontrar Jesus, sem se comunicarem entre si?*

RAMATÍS: — Sim, graças ao conhecimento que possuíam nos vários setores da pesquisa esotérica e nos domínios da Astrologia. Embora residindo em localidades opostas, e desconhecendo-se entre si, puderam assinalar, concomitantemente, o momento da portentosa mensagem sideral. Sabiam ser aquela memorável conjunção astrológica de Saturno, Júpiter e Marte a mais sublime oportunidade para descer um Messias à Terra, sob a mais requintada dosagem de magnetismo de que já se tivera conhecimento em toda a tradição astrológica. Assim como os astrônomos terrestres, através de exaustivas observações e de cálculos complexos, prevêem a aproximação de astros ou determinam os minutos exatos de cada eclipse no céu, os três reis magos, como astrólogos consumados, também sabiam que, por detrás daquela conjunção inigualável, preparava-se a mais sublime revelação ao homem! Oriundos de países diferentes — Arábia, Pérsia e Índia — o seu encontro pessoal coincidiu nas adjacências de Jerusalém, quando repousavam nas tendas de mercadores. E, como se harmonizassem dentro de outro admirável símbolo, reproduziram, nesse encontro inesperado, realizado na superfície terráquea, a miniatura da mesma conjunção majestosa dos três astros que purificavam o magnetismo do ambiente para que o Avatar Divino se ajustasse ao mecanismo biológico do homem-carne.

PERGUNTA: — *O fato de os reis magos haverem descoberto a época do nascimento de Jesus é que justifica a importância tradicional que lhes dá a história sagrada, ou vai nisso muita coisa do exagero da imaginação humana?*

RAMATÍS: — Eles tomavam parte em um plano que escapa ao vosso entendimento, pois ainda não podeis compreender as inconcebíveis operações siderais que preparavam o advento glorioso em que a luz do Cristo Planetário devia se manifestar na carne humana. A técnica do Cosmo exige providências as mais complexas nas descidas sacrificiais, como no caso de Jesus, que foi o Divino Eleito para isso. Embora se tratasse de acontecimento de maior profundidade no campo divino, enquadrava-se ele no determinismo de outras leis superiores. Por isso, muito antes da higienização do magnetismo ambiental da Terra, candidata à visita do elevado Anjo do Senhor, foi preciso preparar a esfera de pensamentos simpáticos à índole do Enviado, a fim de que pudesse ele encontrar a receptividade necessária para o êxito de sua missão. No seio de uma humanidade escravizada às mais repulsivas paixões da índole animal, a mensagem que o Messias deveria trazer exigia um campo mental eletivo para sua rápida propagação e evolução dos humanos. Quando, se dá a descida de um Instrutor Espiritual, elaboram-se planos, antecipadamente, a fim de que se estabeleçam nos mundos físicos as antenas vivas que devam operar em sintonia com o pensamento progressista do mesmo. Para a descida de Jesus, tomaram-se providências com muita antecedência, visto que inúmeros espíritos o deviam preceder, para formação da abóbada espiritual protetora do divino Ideal projetado.

PERGUNTA: — *Nós sabemos que as forças das trevas prejudicaram muito a missão de Jesus. Como pôde acontecer isso, à vista do que acabais de nos revelar?*

RAMATÍS: — Não subestimeis a intervenção tenaz e desagregadora das forças das trevas, que sempre procuram prejudicar todas as providências siderais que possam modificar o ambiente vibratório favorável aos seus perversos propósitos. A tradição bíblica nos dá conta das várias vezes em que Jesus foi assediado pelos mentores diabólicos, das sombras, bem assim das contínuas intervenções que os mesmos levavam a efeito junto aos poderes constituídos e às seduções humanas, para atrapalhar ou comprometer o trabalho sublime do Mestre. Só a coesão e a garantia daquelas antenas vivas, a que já nos referimos, que se disseminavam por todos os setores de expressão humana, no sacerdócio, no povo, na direção do país e mesmo entre os adversários da raça hebréia, é que puderam manter em equilíbrio o serviço messiânico de Jesus. Assim, quando o Messias manifestou-se à Terra, já estavam devidamente agrupadas, no plano material, todas as almas afins, que se congregariam para o bom êxito da missão crística. Embora vivendo sob os vários aspectos humanos, de raças, de crenças, de costumes, de posições sociais ou capacidades intelectuais, esses eletivos sentiam, em espírito, a aproximação do Divino Senhor. Desde a simplicidade dos futuros apóstolos, em suas vidas de pobreza, nas barcas de pescadores, até às inteligências poderosas dos reis magos, dos iniciados essênicos e de filósofos do quilate de Filon, a palavra de Jesus se fortaleceria, apoiada pelas correntes afetivas, unidas para um mesmo ideal! Qual santificado exército, espadas em riste, para a sagrada batalha da Luz contra as Trevas, os devotados ao Messias apenas aguardavam o divino sinal para se moverem nas sombras do mundo e sucumbirem no sacrifício doloroso a favor da ideia crística. Conjugados aos grandes iniciados essênicos, que nos seus templos já haviam recebido, por via mediúnica, a notícia da chegada do Messias, os reis magos representavam o potencial exigido no mundo exterior, para as transfusões de energias "psico-físicas" ao "menino-Luz"! Magos poderosos, afeitos absolutamente ao bem, comandando no astral poderosas falanges a serviço da causa, significavam potentes recursos que o Alto mobilizara para o maior êxito crístico na Terra!

No simbolismo da mirra, do incenso e do ouro ofertados ao menino Jesus, oculta-se uma das maiores revelações espirituais, só compreensível aos já iniciados no quarto plano da escadaria ascensional setenária. É divino mistério que, entretanto, já está esclarecido no âmago do espírito emancipado nas lides terráqueas.

PERGUNTA: — Os reis magos eram, então, uma espécie de anacoretas, afeitos tão somente aos estudos esotéricos e aos das ciências antigas? Suas missões na Terra consistiam apenas em visitar o menino Jesus, embora cooperassem invisivelmente no plano astral, como nos dissestes?

RAMATÍS: — Eles foram os criadores, na Terra, de uma extensa "aura mental" favorável ao advento de Jesus, assim como as escolas dos Vedas, na Índia, ampliaram o campo mental para o êxito de Buda. Inúmeros discípulos que, no futuro, multiplicaram os conceitos crísticos, já haviam recebido desses excelsos reis magos, antes da vinda do Cristo, as noções precisas para a cooperação no campo evangélico do Mestre.

Melchior descendia de linhagem principesca, de velhos reis árabes, que dominavam faustosos agrupamentos na Arábia e, em sua mocidade, fizera profundo voto de renúncia ao mundo profano. Fundou magnífica instituição iniciática de conhecimentos do Cosmo, situada no monte Horeb, espécie de templo e escola ao mesmo tempo, sob cujo teto algumas dezenas de discípulos elevaram as suas vibrações mentais até às esferas eletivas de Jesus. Junto ao rio Indo, nos montes Zuleiman, o mago Gaspar, conhecido como o príncipe de Bombay, dirigia outra avançada instituição de aprimoramento espiritual, ensinando como desenvolver esforços heróicos para se vencer o "Maya", a ilusão da matéria, em troca do conhecimento da Verdade Eterna. Os ensinamentos ministrados por Gaspar também entravam em sintonia com as vibrações do Avatar Jesus. Os adeptos cultuavam a meditação contemplativa e a busca do "Eu Sou", enquanto perpassavam as suaves brisas impregnadas do misterioso perfume do "lotus" imaculado, que desabrochava nos pequeninos lagos incrustados nos tapetes de vegetação aveludada da região que habitavam. Finalmente, Baltazar, o mais velho dos reis magos, era o guia experimentado de um punhado de homens solitários, habitantes da Pérsia, estudiosos dos mistérios iniciáticos das tradições de Zoroastro e do culto firmado no Zend Avesta. Junto ao golfo Pérsico, ante o quadro poético dos regatos que desciam das colinas de Sagros, eles criavam poderosas fontes de energias espirituais, que em divina sublimação se casavam com a vibração do campo magnético em que o Cristo haveria de descer, para o grande momento sacrificial! Disseminados pelos templos habilmente disfarçados nos montes tradicionais, só conhecidos de adeptos da "iniciação interna", os Essênios também vibravam, alimentando as correntes energéticas que favoreceriam a manifestação do Cristo à aura externa do orbe terráqueo.

Estudando as tradições esotéricas dos Profetas, os ensinamentos de Krishna, na Índia, de Pitágoras, na Grécia, dos sacerdotes de Osíris, no Egito, e dos remanescentes das Fraternidades organizadas por Samuel, os Essênios "internos" viviam a vida contemplativa, em sintonia mental com o templo-escola de Gaspar, obedecendo a disciplinas muito parecidas com a dos Pitagóricos. Apenas os Terapeutas, da Ordem Exterior Essênica, é que operavam diretamente entre os povos, desempenhando as obrigações comuns de agricultores, carpinteiros, cientistas ou artistas, exceto a mercancia ou os ofícios de magarefe, caçador ou agiota.

6. O valor da profecia

PERGUNTA: — *Diante das inúmeras contradições que se observam entre as diversas profecias que o nosso mundo conhece, não seria preferível que as considerássemos como de pouca importância?*

RAMATÍS: — Exatidão absoluta só encontrareis na eterna manifestação global de Deus! Uma vez que na própria esfera científica e positiva, do vosso mundo, retificais continuamente brilhantes teorias já consagradas e as substituís por novos princípios mais lógicos, por que motivo exigis a ausência de contradições nas profecias que ultrapassam o entendimento comum do presente? Se há equívocos na vossa ciência acadêmica, que é firmada em experimentações concretas, quanto mais na arte de profetizar, que só diz respeito ao futuro!

PERGUNTA: — *Mas os equívocos encontrados nas profecias já consumadas não resultam em descrédito para as predições posteriores?*

RAMATÍS: — Os erros ou os equívocos da vossa ciência oficial não invalidam as futuras pesquisas, nem afastam os cientistas dos seus labores comuns! O antigo equívoco científico de que a Terra era o centro do vosso sistema solar foi posteriormente desfeito por Copérnico, autor do sistema heliocêntrico. No entanto, os vossos sábios não desanimaram com essa e outras contradições anteriores e, modernamente, já aventam a possibilidade de o Sol não ser hermeticamente o centro do sistema planetário em que viveis! As recentes teorias de que os corpos perdem peso, no espaço, porque sofrem o assédio de raios cósmicos, em pressão igual sobre todos os lados, põem em choque a lei de Newton mas, provavelmente, não extinguirão o gosto por novas pesquisas e posteriores correções científicas. Os equívocos diminuem à medida que o espírito alarga a sua área de consciência espiritual, pois o erro é consequência do fato de a alma habitar o **relativo** e não poder abranger o conhecimento do Todo que é Deus. A semente estará em equívoco, se tentar descrever a árvore antes de germinar, pois o "todo" vegetal só se completa gradativamente, nos diversos ajustes que a própria semente efetua no seu contínuo crescimento para o mais alto. É de senso comum que a parte tanto mais se engana quanto mais distante se encontra do Todo! Assim como o homem se ajusta melhor à ideia de Deus, procurando antes "senti-lo" que descrevê-lo, a profecia, que é concebida fora do tempo e do espaço, também exige primeiro o "sentir" e depois o "saber".

PERGUNTA: — Não seria melhor dispensar-se a profecia, ante a convicção de que os seus equívocos podem ser mais numerosos que os da ciência comum?

RAMATÍS: — Vós também vos equivocais bastante ao quererdes provar a imortalidade da alma, sem que por isso considereis mais sensato o abandono das pesquisas porvindouras. A promiscuidade que notais entre as comunicações espíritas sensatas e as ridículas e zombeteiras não vos impele a desistir de novas permutas de ideias com o mundo invisível. Os médiuns continuam a intervir nas comunicações, com a sua personalidade anímica e as suas concepções demasiadamente "terra-a-terra", obscurecendo relatos genuínos e truncando conceitos elevados; no entanto, prosseguis nesse intercâmbio, desprezando os equívocos numerosos que se registram. Os enganos nas profecias serão eliminados pela procura bem-intencionada da realidade da predição e não pela antecipada negação, consequente de falta de afinidade eletiva.

Devido à disposição inquebrantável dos discípulos antigos, que não se deixaram abater pelos primeiros equívocos cometidos, é que a Astrologia pôde consolidar as bases de que se serve hoje o cientificismo dos astrônomos. Embora a Astronomia se encontre agora revestida de brilhante terminologia da ciência acadêmica, deve a sua descoberta aos empíricos astrólogos do passado e, principalmente, aos visionários profetas da Bíblia!

PERGUNTA: — No entanto, a própria Bíblia nos aconselha a que desconfiemos dos "falsos profetas". Como distingui-los dentre os reais profetas, se todos vaticinam só para o futuro?

RAMATÍS: — Realmente há falsos profetas, mas Paulo de Tarso, em sua epístola aos Tessalonicenses, recomenda o seguinte: "Não deveis desprezar as profecias e sim examinar tudo e abraçar o que é bom" (I Tessalonicenses, 5:20,21). Reconhecemos que se vos torna dificílimo distinguir o bom do mau profeta, antes de se realizarem as suas predições, mas Paulo vos indica o caminho para isso conseguirdes, acatando apenas as sugestões superiores, pois os bons profetas, embora apregoem dores e eventos trágicos, sempre indicam roteiros dignos ao espírito! O mau profeta pode ser identificado no cartomante de feira, na cigana da "buena-dicha", no astrólogo comerciante que vende horóscopos feitos em massa, nas pitonisas lúgubres e nos maus videntes, conselheiros de intrigas políticas. São maus profetas os que semeiam desconfianças e abatem o ânimo humano, na terapêutica indigna, visando o lucro fácil; os que semeiam o pessimismo, a descrença, ou alimentam a incompatibilidade entre a parentela do mundo; os que apontam adversários, os que inspiram ódios e conflitos, os que sugerem antipatias e aconselham desforras humanas. O bom profeta, mesmo quando assinala ciclos trágicos para a humanidade, convida os seres a se converterem à ética divina e faz apelos crísticos nos quais se acentua a beleza da mensagem do Evangelho e se valoriza a conduta superior do espírito.

PERGUNTA: — Nesse caso, devem ser considerados como falsos profetas todos os cartomantes, os ledores de mãos ou as pitonisas que profetizam sob remuneração?

RAMATÍS: — É necessário que não tomeis as nossas afirmativas por conceitos restritivos, de sentido exclusivista, com relação ao profetismo. Referimo-nos aos maus profetas, isto é, àqueles que, a troco de recompensas, disseminam a perturbação entre os seres, inspiram incompatibilidades no mundo e se servem da intuição ou da vidência como seus auxiliares para a falsa profecia. Incluímos nesse número muitas criaturas que profetizam a maledicência e levam o desânimo ao próximo, embora o façam sem remuneração, às quais também se ajusta muito bem o título de maus profetas. Destacamos, no entanto, os que se devotam sinceramente ao serviço do Cristo e auxiliam o seu consulente, oferecendo-lhe o conselho evangélico, os estímulos para a vida, o conforto para a alma debilitada e a inspiração ao perdão. Esse é trabalho digno da esfera da profecia, embora executado tanto por criaturas humildes como por grandes intelectos! O vosso mundo está povoado de seres nascidos na pobreza e na ignorância, que são benzedeiras, rezadores de responsos, exorcistas e curandeiros pitorescos, mas que deixam um rasto de bondade num labor sacrificial para com seus irmãos em dificuldades. Aqui, a velhinha de boa-vontade deixa a sua faina singela para acalmar o "ataque de bichas" do pequenino desacordado; ali, a preta luzidia, bonacheirona, compenetradíssima, com o seu braseiro onde fumegam as "ervas salvadoras", limpa a aura do irritado, do invigilante e desanimado de espírito; acolá, a missionária cristã, diante do triste e do desesperado, consegue por vezes eliminar-lhe a ideia do suicídio, na predição esperançosa de um futuro muito afortunado no céu! Deus, que faz brotar o lírio nos pântanos e as flores ao redor das taperas arruinadas, também vos envia o conselho e a direção espiritual pelos lábios dos pobres, dos ignorantes e até dos impuros!

Não vos deixeis impressionar pelos rótulos acadêmicos nem pelas posições sociais do mundo; o Criador lança mão de certos recursos, para que o intelectual e o rico compreendam que nem sempre a sua sabedoria e a sua riqueza podem assegurar-lhes os dotes do espírito. Quantas vezes a negra velha deixa os seus afazeres domésticos para atender ao intelectual carregado de fluidos maus, ou socorrer a família rica, que a procura em custoso automóvel, para o benzimento do filhinho! Esse exército de apagadas criaturas, que mourejam diariamente nas tarefas agressivas das "descargas fluídicas", intercalam em suas vidas de pobres, já atribuladas, o trabalho das orações, dos benzimentos e das "limpezas astrais" para com os mais cultos, ricos e também munidos do diploma acadêmico! Assim procedendo, representam a mensagem da cooperação e da harmonia fraterna lembrada por Jesus! Inúmeras vezes o orgulho científico, a vaidade tola que mora nos palacetes luxuosamente atapetados, e o cérebro genial carecem de reconhecer humildemente que o Bem e o Amor são bênçãos divinas que o Pai oferece também por intermédio dos corações deserdados da sorte! Nesse labor singelo se evidencia a divina máxima de que "os humildes serão exaltados e os exaltados serão humilhados".

Mensagens do Astral

Criaturas que desdenham de tudo, confiantes apenas no preciosismo técnico da ciência humana, após efetuarem a sua *via crucis* pelos consultórios médicos e hospitais famosos, terminam aceitando o socorro da mulher pobre, que as expurga das complicações do enfeitiçamento comum "feito" nos travesseiros, colchões ou roupas íntimas! Que importa discutir sobre se esse enfeitiçamento é merecido, discutível ou injusto, real ou fictício, quando o seu verdadeiro objetivo é de redenção, a fim de abater o excesso de orgulho ou de vaidade, que pode estar matando a beleza da alma daqueles que julgam bastarem-se por si próprios!

PERGUNTA: — O que dizeis encerra uma grande verdade, pois nós mesmos já fomos beneficiados por esses bondosos seres humildes, que nos dispensaram, também, favores cristãos com a lisura espiritual do serviço gratuito! Mas censuramos aqueles que exercem esses misteres e aceitam pagamento pelo auxílio que prestam aos outros. Aprendemos com Jesus que se deve "dar de graça o que de graça se recebe"! Estamos equivocados?

RAMATÍS: — Não nos cumpre julgar o labor dos seres humanos; apenas desejamos destacar o "quantum" de renúncia e de trabalho que os humildes oferecem para o bem alheio. É óbvio que terá mais merecimento perante Deus a preta velha que, mesmo prejudicada no seu labor doméstico, ainda presta serviços de amor ao próximo, no benzimento ou no "desmancho" gratuito, que a mulher que só o faz a troco de boa remuneração dos seus consulentes. Mas não exagereis demasiadamente esse conceito do "dai de graça", quando o aplicais exclusivamente no julgamento alheio, pois que recebidos "de graça" são todos os dons que recebeis de Deus, visto que ele é o verdadeiro doador da vida. Todos vós estais cheios desses dons: os olhos, as mãos, os ouvidos, o paladar, o olfato e o tato são dádivas que o Pai vos concedeu para o crescimento espiritual. No entanto, esses bens sublimes muitos os transformam em instrumento para prognosticar a queda moral da irmã desavisada, o fracasso do amigo ou a decadência do cidadão íntegro. A língua generosa é usada para a palavra acusadora, fescenina, blasfema e insultuosa; os ouvidos se aguçam na colheita da maledicência, da intriga e da notícia exagerada para as fontes de escândalo; as mãos, criadas para instrumento das bênçãos do trabalho, da carícia e do serviço ao bem, esbofeteiam, apontam defeitos, produzem o roubo, constroem canhões, punhais, revólveres e aparelhamento de morte de todo gênero! Os dons do olfato se pervertem na busca dos perfumes voluptuosos das alcovas do vício, ou das emanações do éter, ou da nicotina deprimente; o paladar deixa-se desregrar com os alcoólicos das tabernas ou com os corrosivos elegantes de etiquetas douradas!

Depois do mau emprego desses dons magníficos, que de graça o Pai vos oferece, cremos que é bem desculpável o ato da preta velha que aceita a moeda para o leite do filho ou o vestido para a filhinha, oferecendo, em troca, orações, bênçãos, simpatias, acompanhadas do indefectível "louvado seja nosso sinhô Zezuis-Cristo"!

A indústria da Fé, que é preferida pelos doutos do vosso mundo, aufere vultoso rendimento no mecanismo das rezas e dos louvores, sem que isso provoque censuras de vossa parte. A ciência, sob o aparato impressionante da terminologia clássica, também exerce, por vezes, o seu mister através do inglório comércio deliberadamente explorador da dor humana!

PERGUNTA: — Não serão, porventura, maus profetas aqueles que também profetizam acontecimentos ruins ou trágicos?

RAMATÍS: — Desde que os maus acontecimentos profetizados se realizem, não devem eles ser considerados maus profetas, visto que os fatos que previram, embora fossem trágicos, estavam nos desígnios de Deus, e os exaltam, portanto, como profetas de real capacidade. Quando o profeta não acertar em sua má predição, deveis apenas considerá-lo como um incapaz, classificado entre os prognosticadores inofensivos, fanfarrões ou intrometidos, aos quais falta até o dom para o mau agouro! Em face da proverbial desconfiança da vossa humanidade, são bem diminutos os prejuízos que possam ser causados pela profecia, pois geralmente os profetas perdem o seu precioso tempo na tentativa de impressionar-vos para o futuro, não logrando o êxito desejado. Há dois mil anos, Jesus, o mais sublime de todos os profetas, advertiu-vos de que seriam julgados os vivos e os mortos; os bons sentar-se-iam à sua direita e os maus à sua esquerda; as ovelhas seriam separadas dos lobos e o trigo do joio. A vossa humanidade tem porventura demonstrado confiança nessa predição de Jesus, revelando-se preocupadíssima diante da gravidade do "Juízo Final" ou da possibilidade de ser exilada para mundos infernais, onde só há o "ranger de dentes"? Se após tanto tempo ainda olvidais o Evangelho, que vos levaria para a direita do Cristo, é óbvio que menor importância dareis ainda às profecias que sejam de ordem secundária!

Mensagens do Astral 111

PERGUNTA: — *Supondo-se que uma predição possa causar pânico antecipado entre os seres atemorizados, como no caso da aproximação do astro "intruso", não poderá ser considerada como má a profecia?*

RAMATÍS: — Não são as profecias as culpadas pelo pânico entre criaturas humanas atemorizadas, mas sim as condições psicológicas dessas mesmas criaturas. O descontrole emotivo e o desequilíbrio psicológico é que avolumam perigosamente a visão dos acontecimentos na mente humana. É suficiente um simples brado de "fogo!" no interior de um cinema, para que ocorra uma tragédia, consequente da feroz ansiedade de cada um salvar a sua pele! O pânico, ou seja o desespero causado pelo medo, tem por causa fundamental o demasiado apego à vida humana; é comum às criaturas egoístas, que, para sobreviverem a qualquer preço, não se importam de sacrificar muitas vidas alheias! É o instinto vigoroso de sobreviver a todo custo, que ateia o pânico. Diante de um naufrágio ou catástrofe iminente, as criaturas humanas tratam logo de ferir, de trucidar impiedosamente, a fim de continuarem a subsistir no plano carnal, visto que o terror, estando latente em suas almas, as faz tripudiarem sobre os mais sublimes valores do espírito, em lugar de se sacrificarem pelo próximo! O pânico é o medo recalcado e supervisionado pelo egoísmo humano; manifesta-se, também, em todos os atos onde se veem ameaçados os interesses individuais dos seres. Surge geralmente em quase todos os atos da vossa vida; aqui, em épocas de racionamento, desponta naqueles que se manifestam aflitos para galgar os primeiros lugares nas filas de abastecimento; ali, ataca vigoroso e daninho as mulheres descontroladas, que se insultam, furiosas, nas liquidações comerciais de última hora; acolá, agressivo e insano, atua nos ônibus superlotados e impõe-se pela força bruta. Quando o ser humano se integrar conscientemente na divina mensagem do Evangelho de Jesus, abdicando de certas situações do mundo provisório da carne e cedendo em favor dos mais necessitados, nenhum profeta, por mais aterrador que seja, será capaz de produzir o pânico.

Sócrates, Paulo de Tarso, Estêvão, Giordano Bruno, Savonarola, João Huss, Joana d'Arc e outros seres integrados no ideal superior do espírito, quando submetidos às atrozes torturas de que foram vítimas, morreram serenamente, em lugar de serem tomados pelo pânico próprio das almas desesperadas e de excessivo amor à vida material. Os cristãos devorados nos circos romanos, pelas feras famintas, não sucumbiram pelo terror! As profecias, por si sós, não criam o pânico; é a cruel ideia de se perder a vida física e os tesouros do mundo provisório que provoca o desvario e, então, o instinto animal sufoca o reflexo superior do espírito. Evangelizai-vos realmente, como o Cristo, que é o amor e renúncia, e desaparecerá o perigo do pânico ou o medo das profecias mirabolantes! Cada flor, como cada acontecimento, só germina no seu clima favorito. A mais dantesca profecia será sempre inofensiva ante a serenidade de Jesus e a sua absoluta renúncia aos tesouros da Terra! Quando dentro de vossas almas se extinguir a cobiça, a avareza, o egoísmo, o orgulho, a vaidade e a luxúria, considerareis os profetas como inofensivos noticiaristas de acontecimentos futuros, cujo aspecto trágico se desvanecerá ante os vossos objetivos mais altos.

PERGUNTA — Mas não podemos fugir dessa atmosfera trágica, que nos cria a sequência profética do "fim do mundo", e nos traz atemorizantes preocupações! Que dizeis?

RAMATÍS: — A extensão dessa tragédia está na medida exata do modo de pensar e de interpretar de cada ser. Já vos dissemos que os que consideram o cortejo de prazeres medíocres e as fugazes gloríolas da Terra como objetivos importantíssimos e definitivos a serem alcançados, pressupõem no fim do mundo um plano terrível e até injusto. Mas os que compreendem a dor como purificação e aceitam a morte como libertação do mundo ilusório, não sofrem perturbações no seu equilíbrio interior. A água pura não se aflige com a poeira que se apegue ao exterior do frasco!

PERGUNTA: — Ante o fatalismo desse estado psicológico nos seres, é então indiferente que se divulguem as profecias ruins ou perigosas?

RAMATÍS: — Consideramos que é improdutiva a extinção de uma semente daninha, se continuardes cultivando o clima favorável para ela existir. Desde que modifiqueis a psicologia do espírito, que é ferozmente apegado aos tesouros da Terra, para cultuar só os bens apregoados pelo Cristo, também desaparecerá o sentido ruim ou perigoso das profecias. O profeta ruim será sempre um eco perdido no seio da humanidade que se integra com os ensinos de Jesus.

Torna-se improfícuo ao médico incoerente expulsar o bacilo de Koch do tuberculoso, antes de higienizar o meio em que se nutre esse micróbio patogênico. A confiança na vida futura e a certeza de que os acontecimentos, por piores que sejam, são recursos benéficos com que a ciência cósmica disciplina o instinto animal, para a feitura do anjo refulgente, terminam dissipando as rugas do sofrimento humano e o pânico brutal ante o medo de morrer.

PERGUNTA: — Temos a impressão de que, se as profecias oferecem detalhes tão convincentes, a ponto de despertarem o pânico, poderão, de outro lado, estimular a dissolução de costumes, pois que a certeza absoluta de que o "fim do mundo" está às portas apressará o desregramento, para que se aproveite o tempo que resta. Temos notado que nos períodos de guerras, revoluções ou misérias, a disciplina costumeira enfraquece e as paixões dominam perigosamente. Que nos dizeis a esse respeito?

RAMATÍS: — A profecia não provoca o clima psicológico desregrado, mas apenas revela objetivamente as tendências à devassidão, já existentes em potencial nas criaturas. O profeta anuncia o acontecimento trágico e o seu prazo irrevogável, como advertência espiritual; é lógico, porém, que cada um recebe a advertência conforme as suas próprias disposições idiossincrásicas. Sabeis que, enquanto as paixões inferiores eclodem em alguns homens negligentes e os escravizam aos mais repugnantes delitos da carne, noutros as suas energias despertam a tenacidade ou a coragem, sustentando-os como almas franciscanas no socorro aos desesperados. Esqueceis que as paixões inferiores já tomaram conta dos prostíbulos, das alcovas secretas e dos desvãos lúbricos, independentemente de qualquer predição de "fim de mundo". A censura moral é que lhes impede, de algum modo, a evasão para o ambiente exterior. O profeta não pode ser responsabilizado pela eclosão de paixões humanas que se descontrolem devido à sua profecia, assim como João Batista ou Pedro, o Eremita, não devem ser responsabilizados pelo desregramento que confirmou as suas profecias. Roma, em louca orgia, degradou-se e nivelou-se à esfera energética do animal, mesmo sem as profecias do "Juízo Final" ou do "fim de mundo". Entretanto, temos certeza de que o mais atemorizante vaticínio não seria capaz de inspirar a devassidão às almas purificados de um Francisco de Assis ou de Teresinha de Jesus, porque já se haviam libertado definitivamente dos impulsos inferiores.

PERGUNTA: — E como poderíamos conhecer os bons profetas, a fim de acatar as suas predições?

RAMATÍS: — A competência de cada profeta só poderá ser conhecida pela exatidão com que se tenham realizado as suas predições anteriores. No caso de se tratar de primeira profecia, a sua fidelidade só será avaliada após realizar-se o acontecimento predito. Não podereis conhecer o valor do profeta, enquanto a sua predição estiver em vias de realização, pois, devido a essa circunstância, ainda se confundem os bons com os maus profetas. O que ocorre assemelha-se à pintura moderna, do vosso mundo, que tem algo de profético, porque parte de um amálgama de artistas e charlatões e, assim, dificilmente podereis distingui-los em suas verdadeiras habilidades, dado que o senso dessa pintura ainda pede mais tempo para sua definitiva exaltação artística. Os bons profetas, que revelaram maior capacidade e inspiraram confiança em suas predições, sempre descenderam dos israelitas, que tinham o dom congênito de profetizar, graças ao sentido oculto espiritual que já haviam desenvolvido em planetas de Capela, de onde emigraram para formar a raça hebraica na Terra. Entre os hebreus, foi a tribo de Issacar — constituída de espíritos muito afins — a que produziu a melhor linhagem de profetas. Eram videntes que expunham com firmeza e segurança as suas visões, e os relatos bíblicos são unânimes em afirmar que eles eram "destros na ciência dos tempos, para ordenarem o que Israel devia fazer". É por isso que ainda hoje os melhores profetas da Terra têm os seus ascendentes biológicos na tribo de Issacar!

PERGUNTA: — Por que motivo há tanta dificuldade na interpretação das profecias? Uma vez que se trata de um dom superior e de utilidade, pois que serve para advertir os povos desorientados dos perigos que os esperam, não poderia o profeta prescindir do exaustivo simbolismo, que geralmente confunde e por vezes contradiz as suas predições?

RAMATÍS: — O desconhecimento do mecanismo iniciático, principalmente entre os cientistas acadêmicos, é que desperta a desconfiança e acarreta descrédito quanto ao conteúdo real que se esconde no simbolismo da profecia. Embora o empirismo aparente produza certa desconfiança, a profecia é ciência de profundidade na esfera da intuição, e exige imenso esforço do profeta para adaptá-la ao mundo das formas. É ciência disciplinada por leis muito mais delicadas que as que regem a vossa ciência oficial; possui uma linguagem diferente e uma técnica especial que escapam ao vosso senso objetivo, e que só são entendíveis por alguns iniciados. Os equívocos proféticos não dependem tão-somente dos profetizadores, mas quase sempre dos interpretadores das profecias, que, submetendo-as a exames puramente objetivos, confundem a ideia com a sua vestidura e querem enquadrar esta, a viva força, nas leis experimentáveis em laboratórios!

A configuração exterior de um acontecimento profético é sempre alegórica; lembra a ideia de se representar a saudade na figura de vaporosa ninfa que baila em nostálgica paisagem, ou então a de invocar a figura do irrequieto Cupido para simbolizar o amor!

Quando Jesus afirma que os bons sentar-se-ão à sua direita e os maus à sua esquerda, isso não autoriza a que se imagine numerosa plateia de almas estáticas, embevecidas, ladeando o Mestre para toda a eternidade! Na realidade, o divino Rabi referia-se tão-somente aos estados íntimos de paz ou de desespero das almas, em conformidade com o meio que irão habitar na continuidade do seu aprendizado espiritual.

PERGUNTA: — *Devemos considerar os profetas como missionários, ou apenas como simples criaturas dotadas de faculdades incomuns?*

RAMATÍS: — Não há privilégio entre os filhos de Deus; todos eles hão de conquistar a glória e o poder através de seus próprios esforços. Apenas variam os ideais e os caminhos, conforme a preferência da índole psicológica de cada alma. Os profetas são aqueles que se sentiram mais inclinados para o trabalho da predição, em cujo desempenho progridem cada vez mais, até alcançar o verdadeiro entendimento criador, do futuro.

PERGUNTA: — *Os profetas têm visões próprias, ou apenas percebem as que lhes transmitem os espíritos superiores?*

RAMATÍS: — Mesmo nos eventos proféticos, não há regra sem exceção. Para vossa melhor compreensão, distinguiremos duas ordens de profetas que se diferenciam no modo de operar: alguns, em transe, têm visões do futuro, porque penetram mais intimamente nos bastidores espirituais, onde os Mentores dos Orbes planejam a configuração dos mundos para o intercâmbio humano; outros percebem em si próprios os "clichês" ou as matrizes em que se delineiam os fenômenos futuros; parece--lhes que a consciência se desprende das fronteiras comuns do mundo material, perdendo a noção de espaço e tempo e sentindo os acontecimentos futuros no próprio presente. Os videntes de maior expansão consciencial vibram em frequência mais alta e captam os chamados "arquétipos" dos acontecimentos em sucessão. Assim como, na linguagem de Jesus, "o reino de Deus está dentro do homem", a consciência do profeta, qual gota do oceano espiritual, em que mergulha, amplia-se em todos os sentidos e abrange maior porção do próprio oceano, ou seja, das obras de Deus.

PERGUNTA: — *Temos observado que os homens, quando dotados de grande senso crítico, não creem nas profecias. Por que será?*

RAMATÍS: — Embora num mundo favorável a equívocos, os homens que "sentem" a Deus muito antes de o quererem explicar confiam nas profecias, porque as consideram como um apelo de suma importância para que as criaturas se integrem definitivamente na realidade espiritual. A profecia, como dizia Paulo de Tarso, é o convite antecipado para que "o homem-espírito se liberte da escravidão do homem-carne", e das sensações provisórias. Continuamente Deus vos envia grandes "missionários do futuro", que descem dos céus para vos comprovar que as aparentes contradições dos vaticínios encobrem importantes mensagens das realizações futuras.

Aqueles que só admitem a realidade dos acontecimentos sob o exclusivismo das experimentações científicas e condenam os profetas como inúteis, não atingiram ainda o limiar hipersensível do sexto sentido, que será uma faculdade normal para o fim do terceiro milênio. Confundem a ausência de um sentido que lhes faria perceber a mensagem profética, com o puro intelectualismo do mundo de formas, que os torna apenas repetidores incessantes do dito por outros repetidores. Para aferir o valor profético, acumulam provas, continuamente, através da precariedade dos cinco sentidos, ao mesmo tempo que as descobertas se repetem e as leis em uso se modificam a cada passo. Invocam altos conhecimentos para a fiscalização dos acontecimentos profetizados, traçados nos céus e, paradoxalmente, fracassam na sua edificação espiritual na Terra!

PERGUNTA: — *Não confiais, então, no caráter e no esforço progressista e positivo da ciência deste mundo?*

RAMATÍS: — Reconhecemos a necessidade das experimentações científicas, baseadas no conceito de primeiro saber, para depois crer; referimo-nos apenas ao milenário ceticismo dos vossos cientistas, os quais, como homens de inteligência positiva, subestimam as novas mensagens e, assim, depreciam também a sua própria ciência acadêmica. Comumente, a sensacional descoberta ou solução científica, que acende entusiasmos acadêmicos, já era conhecida do profeta ou do místico, que a "sentia" no recôndito da alma, antes de sua eclosão científica sob complexo aparelhamento de laboratório!

O ironizado magnetismo de Mesmer foi mais tarde "redescoberto" pela ciência oficial, que lhe deu a aristocrática denominação de "eflúvios ódicos", fotografáveis nas chapas sensíveis. A telepatia que, antigamente, era tida como infantil sugestão, é naturalmente respeitada sob o batismo científico de "ondas microcurtas" cerebrais, familiares aos aparelhamentos detectores de mentiras e eletroencefalógrafos! A alquimia dos antigos buscadores de ouro foi considerada charlatanismo e bruxaria; no entanto, a ciência terrena, que também substitui as suas teorias e modifica os seus cálculos "definitivos", fabrica atualmente pérolas sintéticas, ouro artificial, e ensaia a composição de pedras preciosas em concorrência às verdadeiras!

Inúmeras vezes o cientificismo se torna até anticientífico, pois não raro os cientistas fogem deliberadamente do estudo dos fatos, quando é certo que muitos deles exigem a boa-fé inicial até dos sábios! O ceticismo científico é, na realidade, o responsável pela longa série de derrotas da vossa ciência, paradoxalmente considerada "a mais bem-informada". Idéias, propostas, invenções simples e teorias singelas têm sido condenadas "a priori" pelo próprio academismo oficial, como representando coisas aberrativas ou infantis, para depois serem consagradas por outros cientistas mais estudiosos dos fenômenos da vida!

PERGUNTA: — Em face da celeuma que, certamente, irão provocar as vossas afirmações, poderíeis dar-nos algumas provas concretas desse procedimento anticientífico de alguns cientistas do nosso mundo?

RAMATÍS: — O famoso Magendie negou a possibilidade da anestesia cirúrgica; todos os membros das academias, da época de Pasteur, negavam a ação dos micróbios na patogenia; Bouillaud declarou que a telefonia não passava de ventriloquia; Lavoisier, o químico por excelência e cientista consagrado, negou que caíssem pedras do céu, como relatava a Bíblia, o que a ciência depois reconheceu como sendo queda de meteoros. A própria Academia de Ciências de França, em 1875, proibiu que se tratasse de assunto tão ridículo. A ideia de que a água pudesse ser impelida, por meio de tubos, para lugares altos, foi considerada verdadeira loucura pelo famoso P. S. Girard, que não suspeitava da descoberta das atuais bombas hidrelétricas ou mesmo manuais, que elevam a água a grandes alturas. A ciência divertiu-se muitíssimo, quando o doutor Dunlop aventou a ideia de encher de ar as rodas de borracha, o que, para vergonha da sabedoria positiva daquele tempo, consagrou o seu autor na indústria dos pneus modernos! J. Muller, de indiscutível cultura científica, negou que se pudesse medir a velocidade da corrente nervosa; os mais abalizados médicos do mundo ficaram indignados quando Herwey assegurou ter descoberto a circulação sanguínea; quando Semmelweis diagnosticou que a febre puerperal era de origem infecciosa, médicos e estudantes, para caçoar dele, lavavam demasiadamente as mãos, antes de lidar com as parturientes!

Já desapareceu, porventura, esse costume anticientífico entre os vossos cientistas, que continuam a sorrir, com ares de superioridade, ante a evidência dos fenômenos espíritas, da comunicação entre os mortos, das obsessões, e que não conseguem assimilar o sensato processo da reencarnação?

Poucas afirmações, no vosso mundo, têm sido tão tolas quanto as que os vossos cientistas fazem diante de um caso de xenoglossia, declarando que se trata de mera associação de ideias. A verdade, entretanto, é que essa disposição dos cientistas para se agarrarem aos princípios denominados científicos não passa de uma ingênua beatice do ceticismo acadêmico, incapaz de "sentir" aquilo que, depois de percebido, se torna comum e assimilável por qualquer mentalidade reduzida!

PERGUNTA: — Muitos cientistas menosprezam a profecia, afirmando que a exatidão dos acontecimentos profetizados é apenas uma coincidência tardia com as leis naturais. Que nos dizeis a respeito?

RAMATÍS: — Será impossível julgardes acontecimentos que escapam à noção de espaço e tempo, se vos valerdes de princípios comuns que regem o mecanismo provisório do mundo material. O profeta, ante a dificuldade de descrever, na morfologia humana, os acontecimentos que prevê noutras dimensões desconhecidas para vós, vê-se obrigado a servir-se de símbolos, que passam a ser considerados e interpretados "ao pé da letra", pelos cientistas leigos no assunto, e que os tomam como se fossem os próprios acontecimentos. No século findo, quem afirmasse ter visto barcos ou carruagens voando por entre as nuvens, seria considerado um louco; no entanto, no vosso século, os barcos realmente voam, na figura de hidroaviões, e as carruagens sulcam os ares na forma de gigantescas aeronaves, confirmando as profecias do passado! O barco voador, que não deveria ser olhado "ao pé da letra", fora apenas a imagem que o profeta achara mais apropriada, na época, para explicar a sua profecia. Devia ser procurado o espírito da palavra do profeta e não a palavra do espírito do profeta.

No dom de profetizar há também uma terminologia característica, verdadeira linguagem iniciática, como há na ciência terrena, que também se serve de nomenclatura clássica, para o mais rápido entendimento entre os estudantes e a mesma ciência. A simbologia da química, a terminologia médica ou a linguagem maçônica, que são entendíveis perfeitamente entre os seus cultores, inspira às vezes desconfiança aos homens profanos, assim como a inspira a certos cientistas que, por isso, zombam da profecia. O julgamento que subestima a profecia provém, portanto, das interpretações prematuras ou exóticas, em que se consideram rótulos como sendo o conteúdo. A etiqueta, pelo fato de ser brilhante, não afiança a existência do vinho puro no frasco, nem o rótulo esfarrapado e ilegível indica impureza no líquido. Aqueles que sabem realmente interpretar o simbolismo das predições de valor também se riem da ingenuidade da vossa ciência, quando ela pretende tirar ilações ridículas dos invólucros transitórios da profecia.

PERGUNTA: — Não será provável que as profecias bíblicas, como as de Isaías, e outras, como a de Nostradamus, sejam apenas simbolismos cabalísticos da esfera espiritual, sem ligação com os acontecimentos trágicos e materiais de "fim de mundo", que parecem desmentir a regularidade das leis astronômicas conhecidas?

RAMATÍS: — Ante a prova, que já tendes, de que não existe o "milagre", como derrogação das leis de Deus, é óbvio que os princípios regentes dos fenômenos da vida já existiam muito antes de a ciência humana consagrá-los ou classificá-los academicamente. Fatos os mais insólitos e aberrativos para o vosso entendimento podem ser acontecimentos reais, submetidos a princípios lógicos que derivam da Lei Maior. Quando os antigos cientistas defendiam a teoria da Terra semelhante a um plano nivelado, assentado sobre colunas que deviam perder-se em profundidade sob os pés da humanidade, é óbvio que seria considerado louco aquele que ousasse afirmar que a Terra é um globo girando em torno do Sol e em torno de si mesmo! Se as leis conhecidas criavam suportes sidéreos, para sustentar o mundo plano, como poderia ser compreendida a lei que sustenta a gigantesca bola rodando no espaço? Quantos cientistas não aconselharam Colombo a desistir de sua ideia aberrativa, advertindo-o de que terminaria caindo com os seus navios do outro lado dos mares, onde as águas se despejavam como gigantescas cascatas barulhentas!

Os fenômenos incomuns terão que surgir antes de se classificarem as suas leis; isto é indubitável, mas o mérito não cabe ao "visto" acadêmico, pelo fato de haver descoberto as leis, mas aos que antes "sentiram" o fenômeno ainda no seu campo imponderável, revelando tacitamente um sentido mais alto, uma hipersensibilidade além da receptibilidade comum, humana. Colombo descobriu a América porque a "sentiu" antes; Édison foi tenaz e logrou estabelecer o cientificismo da luz, porque o percebeu primeiramente no seu campo psíquico; Palissy queimou os móveis e o assoalho do seu lar, sob a pecha de louco, porque "sentia" em si mesmo que a porcelana era uma realidade que entrevira na alma.

As nossas mensagens, baseadas nos profetas bíblicos ou nos modernos profetas, podem provocar a dúvida ou o sarcasmo, porque a ciência terrena ainda não pôde vislumbrar as leis que regem os fenômenos entrevistos; quando for erguido o "Véu de Ísis", que em parte dificulta a identificação plena dos fatos, os cientistas darão o seu beneplácito aos nossos relatos! Extinguir-se-á a desconfiança para com essas chamadas aberrações astronômicas, enquanto os cientistas tratarão de invocar "direitos reservados" pelas descobertas surpreendentes! ...

PERGUNTA: — Por que motivo só depois de realizados os acontecimentos profetizados é que os estudiosos do assunto os identificam sensatamente? Temos notado que, à medida que a ciência oficial confirma as descobertas científicas, é que os interpretadores de profecias ajustam provas materiais e vão explicando a lógica das profecias. Essa acomodação de profecias a fatos já consumados parece desvalorizar as predições, pois que são ajustadas aos fatos, de modo a não perderem o valor.

RAMATÍS: — A profecia é relato de acontecimentos que ultrapassam os séculos e que se concretizam sob aspectos materiais diferentes daqueles que eram comumente conhecidos na época da predição. O profeta apreende o espírito das coisas porvindouras, mas ignora as imagens reais com que hão de apresentar-se no futuro, quando de sua materialização à luz do mundo físico. As predições, sendo extemporâneas, apresentam-se deformadas, porque o seu invólucro exterior é provisório e comparativo. À medida que o tempo decorre, os estudiosos vão interpretando melhor a profecia e aproximando-a cada vez mais da sua verdadeira expressão, através desses "ajustes" discutíveis, a que vos referis, mas que são degraus colocados pela própria ciência na escadaria profética.

No exemplo que citamos, de o profeta afirmar que o "barco voaria", por não saber descrever a imagem de um hidroavião, em época tão remota, vereis que a profecia começou a despertar interesse, assim que os homens conseguiram comprovar a possibilidade de voar o mais pesado que o ar. As descobertas progressivas, da própria ciência oficial, apenas materializaram gradativamente o espírito genial e exato que garantia a veracidade profética. Se há indiscutível mérito nas descobertas científicas, que explicam as profecias pelas leis naturais, é preciso, entretanto, não esquecer de que os profetas de fato preveem, genialmente, esses fatos, embora sob figuras incompreensíveis na época de suas predições. Esses "ajustes" científicos não invalidam o espírito da profecia, mas o realçam sensatamente para o mundo exterior. Quando aludimos, em nossas mensagens, à presença de um astro "intruso", que fará a "sucção" dos esquerdistas do Cristo, a ciência subestimou as nossas asserções, configurando na mente um monstruoso globo magnético, nas proximidades da Terra, a sugar, avidamente, em gigantescos chupões, os infelizes homens desregrados! No entanto, apenas fotografamos, no tempo e no espaço do vosso orbe, a figura dinâmica do fenômeno, que aguarda a sua acomodação a leis e energias que ainda são desconhecidas para vós. À medida que se sucederem os dias, no calendário terrícola, a própria ciência vos oferecerá provas e "ajustes" que revelarão satisfatoriamente o "espírito" do astro "intruso". E a nossa profecia será então compreendida pela própria ciência acadêmica, assim como reconheceu o hidroavião com os seus flutuadores para amerissagem nas tranquilas baías, revelando a configuração do inconcebível e profético barco voador".[1]

PERGUNTA: — Qual seria um exemplo mais concreto, do momento, para melhor entendermos essa dificuldade na compreensão das profecias?

RAMATÍS: — Imaginai, lançado na confusão da vossa metrópole, um homem primitivo, habitante de imunda choupana, cujo cântico e senso musical não vão além de estridentes gritos acompanhando o monótono "tantã" das noites enluaradas. Quais os recursos com que esse selvagem poderia contar a fim de descrever à sua tribo os aspectos do conforto, da arte e da ciência dos civilizados? Qual seria o seu recurso para descrever aos seus companheiros a sinfonia ensurdecedora de sons e ruídos das artérias movimentadas; a multiplicidade exótica das vestes coloridas do povo, elegantes e recortadas sob modas excêntricas; ou então os edifícios esguios, de mármore ou de cerâmica multicor? Como poderia ele reproduzir na mente dos outros as vitrines luxuosas, os luminosos fosforescentes, o encanto da cinematografia e da televisão; a música encantadora de Bach ou o turbilhão sinfônico de Wagner; as pinturas edênicas de Rafael ou as aquarelas dos paisagistas; os tipos femininos, morenos ou alourados, esguios e belos, em oposição às mulheres rotundas e malcheirosas das cabanas fétidas? Como descrever os vistosos e rapidíssimos automóveis, senão comparando-os à figura das pirogas sobre rodas e gritantes de ruídos? Os "arranha-céus" seriam explicados, certamente, como dezenas de choupanas empilhadas umas sobre as outras, enquanto as luzes policrômicas, de reflexos movediços no asfalto úmido, teriam suas comparações no piscar dos vaga-lumes ou nos archotes de resinas fumarentas! O atordoado selvagem não conseguiria transmitir aos seus conterrâneos a sensação esquisita dos perfumes fragrantes das mulheres formosas, se os comparasse aos suores de odor desagradável das mulheres primitivos! A pureza espiritual da música de Mozart e a agudeza triste de Chopin não teriam imitações nos sons inexpressivos do tambor de couro cru!

Mas, mesmo assim, esse homem primitivo ainda teria mais

---

1 A figura exata do "astro intruso" predito por Ramatís possui dois aspectos distintos: a sua forma física, que será ajustada pouco a pouco à engrenagem astronômica, e o conteúdo cabalístico, já conhecido dos iniciados.

êxito nos seus relatos porque, ao fazer referência a coisas inéditas, à sua tribo, contaria com imagens do seu próprio planeta, enquanto que o profeta, além de anunciar para o futuro, deve traduzir para o mundo material aquilo que escapa aos sentidos comuns do homem no tempo e no espaço conceptual!

PERGUNTA: — Parece-nos que esse simbolismo desconhecido só serve para dificultar a interpretação científica das profecias, lançando, outrossim, a desconfiança quanto aos relatos proféticos ainda não realizados. Não é assim?

RAMATÍS: — Lembrai-vos da meteorologia terráquea, ciência positiva que se baseia nos fenômenos comuns da umidade e da pressão atmosférica. Ela também é vezeira em predições contraditórias. Inúmeras vezes anuncia "tempo seco e bom" ou "suaves brisas do setentrião", na sua linguagem peculiar e pitoresca e, para espanto de seus admiradores, que confiam na sua predição científica, o céu deságua em chuvas torrenciais e as brisas suaves se transformam em "ásperos ventos soprados do oeste"... No entanto, apesar de tais diatribes ocorridas num dos campos de mais fácil comprovação científica, o povo continua a confiar nas predições sobre o futuro estado da atmosfera.

A profecia ainda pertence a uma esfera muito delicada e ininteligível à maioria dos seus interpretadores, assim como a meteorologia não é tida em alta consideração por aqueles que não lhe conhecem o verdadeiro valor.

PERGUNTA: — É possível que alguns homens de ciência tenham sido ou sejam profetas?

RAMATÍS: — Muitos cientistas que detestariam a classificação de profetas realizaram seus trabalhos sob verdadeiras inspirações proféticas. Embora se considerassem dotados de um sexto sentido ou de uma superconsciência, tratava-se de faculdade marcadamente profética, que lhes orientava as soluções científicas e os fazia prever as descobertas para o bem humano. Colombo foi um verdadeiro profeta ao prever a existência do "Novo Mundo"; Santos Dumont teria fracassado na procura do mais-leve-que-o-ar, se não fosse dotado de uma teimosia realmente profética. Na realidade, sábios como Lake, Mesmer, Da Vinci, Marconi, Bacon, Pasteur, Einstein, Edison e outros, concretizaram no campo objetivo do vosso mundo aquilo que já previam, incontestavelmente, na esfera pura da intuição profética.

PERGUNTA: — Quais os exemplos que poderíeis dar-nos, para ilustrar as vossas considerações, comprovando que o simbolismo, na profecia, envolve acontecimentos lógicos e científicos?

RAMATÍS: — Quando João Evangelista profetizou que, no fim dos tempos, pássaros de ferro poriam ovos de fogo, foi vítima, também, da ironia científica da época, e tachado de profeta louco. A sua profecia era considerada uma aberração, e incompatível com o senso lógico, ante a ideia absurda de pássaros de ferro voarem e ainda porem ovos de fogo! No entanto, hoje, no cenário dos vossos céus, como bem predisse o profeta, os pássaros profetizados estão voando mesmo, na figura de aviões de aço, que despejam bombas incendiárias quais verdadeiros ovos de fogo! Ezequiel, à beira do rio Chebar, antes de Cristo, profetizou em síntese que animais resplandecentes, cor de âmbar e de turquesa, voariam no seio de nuvens de fogo; príncipes de paz marchariam pelos caminhos dos céus, a fim de ajudar o homem da Terra. Essas predições, devido ao seu exotismo, deveriam ter provocado grande celeuma e protestos por parte da ciência acadêmica da época; entretanto, as aeronaves interplanetárias, com os seus campos radioativos e resplandecedores, tripuladas por príncipes de paz que habitam outros planetas nos "caminhos do céu", não tardarão em vos provar que o visionário Ezequiel tinha grande razão quando, há dois mil anos, profetizava esses acontecimentos para o vosso século! A terrível besta vestida de púrpura (os poderes desregrados), que João Evangelista anteviu no Apocalipse, já realiza os seus prodígios e sugestiona a massa ignorante, infiltra-se nos governos corruptos, escravizando o sacerdócio invigilante e promovendo a caça incessante ao ouro e a aliança com o poder do mundo de César! As chamas que desceriam dos céus, à vista dos homens, já as conheceis na figura dos gigantescos cogumelos de fogo e de radiações mortíferas, que surgem na explosão da bomba atômica.

No século XVII, o monge Johannes profetizou que "a águia negra atacaria o galo e lhe arrancaria muitas penas, mas seria vencida pela águia branca, que viria pelo mar, e pelo urso vindo pela terra; que o leopardo, com suas patas, e o próprio galo com o seu esporão, iriam até à sua toca e lá a liquidariam". Era natural que essa profecia não tivesse satisfeito aos exegetas e zoólogos da época, que não deviam ter visto com bons olhos a discordância insensata desses animais e aves monstruosas, que viriam de várias regiões diferentes, para se engalfinharem em gigantescos combates intercontinentais. Mas o profeta se referia simbolicamente às tradições nacionais e etnológicas dos povos digladiantes na última guerra. E a profecia realizou-se integralmente: a águia negra, que é a insígnia pitoresca do povo alemão, na verdade atacou o galo, ou seja, a Gália (França), "arrancando-lhe muitas penas", representadas pelos despojos saqueados, mas depois foi invadida até à sua toca pelo leopardo (símbolo da Inglaterra), pela águia branca (que representa os Estados Unidos) vinda por mar, e pelo urso das estepes, vindo por terra (figura da Rússia)! O monge Johannes, apesar de ironizado na ocasião de sua profecia, revelou-se genial e lógico quanto ao simbolismo empregado, o que confirmou mais uma vez que a voz da profecia é também a voz de Deus!

Esta profecia também encontra o seu equivalente na metade do século XV, quando Mãe Shipton, em Yorkshire, predisse em certa estrofe: "E Estado contra Estado, em combate furioso, procurará um tomar a vida do outro; mas, quando o Norte dividir o Sul, uma águia construirá na boca do leão". Considerando, mais uma vez, a águia branca como simbolizando os Estados Unidos, ser-vos-á fácil perceber que ela iria até à boca do leão, como realmente o foi na última invasão da Alemanha.

A esquisitice dos símbolos encobre grandes verdades. A Esfinge, por exemplo, apresentando-se com cabeça de mulher, corpo de touro, garras de leão e asas de águia, o que dá ideia de uma monstruosidade, é uma representação perfeita mas simbólica das paixões humanas, análogas aos instintos desses animais.

PERGUNTA: — A evolução espiritual nos mundos materiais reclama a necessidade absoluta de profetas para relatarem os acontecimentos futuros? Parece-nos que a profecia é algo dispensável, pois não vemos nela um sentido utilitário ou doutrinário, capaz de operar reformas concretas à sua simples enunciação. Que nos dizeis a esse respeito?

RAMATÍS: — Essas vossas conclusões são precipitadas, porque analisais, na precariedade de uma existência humana, eventos que só se concretizam no decorrer de séculos. As profecias representam, iniciaticamente, no cenário humano, os marcos fundamentais dos acontecimentos futuros, que são previamente determinados pelos Construtores dos Mundos, no Plano Geral. Os povos que constituem as humanidades repetem em rodízio contínuo e sob novas roupagens históricas, mais evoluídas, as mesmas características que já viveram os seus predecessores. Os grandes movimentos litúrgicos e os ritos solares, cultuados pelos atlantes, astecas e incas; o culto dos mortos, que os egípcios realizavam no colosso das pirâmides, perpetua-se modernamente nos mausoléus suntuosos com que os milionários terrícolas atenuam o seu remorso para com os parentes já desencarnados. O fausto, o poderio e a floração da Babilônia, de Alexandria e das civilizações assírias e caldaicas tiveram na Roma Imperial a sua reprodução aproximada; as maravilhas do passado, como os jardins suspensos da Babilônia, o farol de Alexandria ou o colosso de Rodes, encontram os seus similares nas gigantescas represas, pontes e canais da vossa civilização moderna. Os canudos de cimento e aço, denominados "arranha-céus", que abrigam milhares de criaturas separadas pela diversidade de idiomas, costumes e raças, são na realidade as novas Torres de Babel do século XX. As hostes sanguinárias sob o comando de Hitler, que arrasaram civilizações pacíficas, para a glória efêmera da conquista humana, tiveram os seus precursores no barbarismo de Átila à frente dos Hunos. Cada civilização, sob vestuário diferente, pseudamente moderno, continua a repetir, em aspectos mais sadios ou mais conscientes, mais estéticos ou mais científicos, os mesmos vandalismos dos povos já extintos!

As célebres colônias nudistas, para as quais se invocam altas razões de higiene e de estética corpórea, apenas sublimam, em recalque atávico, o gosto antiestético da nudez das tribos primitivas. Os magníficos ginetes de pura raça, oriundos da Arábia, ajaezados de ouro e prata, que faziam as delícias dos fidalgos do passado, exaltam-se, atualmente, na figura ostensiva dos automóveis caríssimos e luxuosos, que transportam "bugres civilizados"... O fumo e as ervas que o pachorrento cacique ou pajé mascava de cócoras transformaram-se em vistosos charutos-havana, que se incineram sob o babar e a respiração ofegante dos felizardos do livro de cheques!

PERGUNTA: — Entretanto, verifica-se acentuado progresso naquilo que a humanidade repete sob as formas modernas; não é assim?

RAMATÍS: — Sim; mas o progresso espiritual fica atrofiado, em virtude da viciosa e epicurística sublimação dos velhos costumes e desregramentos do passado. Os sangrentos festins de carne humana, que se seguiam à ruidosa festa primitiva dos bugres embriagados pelo milho fermentado, exaltam-se modernamente nos banquetes pantagruélicos de suínos, bois, carneiros e faisões adornados, com que os políticos felizardos provocam emoções gastronômicas, de mistura com o alcoolismo disfarçado no champanha caríssimo e nos rótulos fascinantes do uísque embriagador! Enquanto os bugres suavam por todos os poros, entre gritos e uivos histéricos, os convivas modernos transpiram sob o traje a rigor, estrugindo palmas e vivas na prodigalidade de elogios aos seus anfitriões bafejados pela sorte. Os antigos circos romanos, dos gladiadores ferozes, ou dos cristãos ensanguentados, ainda encontram hoje, no ringue brutal ou nos campos de futebol indisciplinado, a sua similitude e a sua sublimação compensadora do cruel recalque interior. Os templos modernos, luxuosos, repletos de ídolos fabricados sob encomenda, superam o próprio fausto e a suntuosidade do paganismo antigo, permanecendo como remanescentes do culto a Júpiter, a Diana, a Minerva e a Vênus ou aos deuses ferozes do politeísmo de antanho, onde Moloch imperava faminto de sangue! As melodramáticas filas de noivado, que marcavam os costumes tradicionais de certos povos às vésperas do casamento festivo, repetem-se, modernamente, na comprida fila de veículos luxuosos que acompanham velozmente o risonho casal de nubentes. Algumas monarquias pomposas, ainda existentes na Terra, copiam rigorosamente o gosto infantil que os antigos silvícolas revelavam pelas cores berrantes, pelos berloques e os vestuários burlescos de suas cerimônias primitivas. Os debruns dourados, os paramentos agaloados e os vistosos mantos crivados de insígnias principescas, que os seres vestem melodramaticamente, ainda são a sublimação do fausto dos últimos faraós ou dos reis assírios, onde o botão mal polido, no casaco senhoril, era crime passível de morte para o infeliz escravo negligente!

PERGUNTA: — Como pode o profeta saber que as contínuas repetições de emoções e caprichos de outras épocas, implicam em mudança radical do nosso mundo? Os desregramentos de apenas alguns povos, no passado, autorizam a que se pense na possibilidade de um desregramento em toda a Terra?

RAMATÍS: — O profeta sagaz, com o auxílio do Alto e a confirmação astrológica dos fatos já decorridos, prevê com êxito quais as mutações prováveis na psicologia da humanidade futura. Verifica, então, que são apenas os cenários físicos que oferecem modificações importantes, porquanto os agrupamentos humanos vivem semelhanças do antanho. Meditando sobre as catástrofes da Babilônia, de Sodoma, de Gomorra ou Pompeia, como verdadeiros fins de mundo locais, os profetas verificaram que todos os povos são portadores de certa dose de desregramento, que se pode desenvolver perigosamente, principalmente com a facilidade de comunicações, que se acentua século por século! O intercâmbio humano, cada vez maior, termina entrelaçando e super-excitando mais facilmente os povos entre si, favorecendo as fases de saturação perniciosa coletiva, global, como a que ora se estende na vossa humanidade.

PERGUNTA: — *Quase todos os sacerdotes e instrutores religiosos estão afirmando que "os tempos chegaram", como se estivessem ligados à mesma fonte de informações siderais! Protestantes, católicos, espíritas, teosofistas, e mesmo iniciados em estudos complexos, lembram constantemente essa advertência profética! Qual o motivo dessa unidade de vistas?*

RAMATÍS: — É porque a fonte em que todos se baseiam é a mesma, pois a própria alma humana é a portadora da revelação. A profecia apenas exterioriza para o campo da consciência comum aquilo que palpita com profunda veemência na intimidade do espírito, o qual sabe o que está prefixado na modificação gradual dos mundos físicos.

Além de advertência importante, a profecia é, acima de tudo, um apelo evocativo no plano físico, para aqueles que, na esfera dos desencarnados, assumiram severos compromissos de trabalhar com a administração sideral, e que devem situar-se entre "os poucos escolhidos dos muitos chamados". Como espíritos imortais, conhecem subjetivamente todos os acontecimentos importantes que hão de suceder no vosso orbe. Esse é um dos motivos por que, atualmente, se congregam almas decididas, corajosas e ligadas ao mesmo ideal crístico, na ansiedade de auxílio e socorro ao próximo combalido pelas paixões inferiores.

Enquanto isso ocorre, os de "ouvidos moucos" dançam e riem, subjugados pelas seduções deprimentes do mundo, e subestimam a profecia e o ajuste espiritual que se aproxima rapidamente!

Cumpre também aos profetas despertar os próprios responsáveis pelos futuros roteiros espirituais da civilização sobrevivente, providenciando locais de segurança para que sejam preservados os registros históricos da vida humana já transcorrida.

Mensagens do Astral

Graças à confiança que foi depositada nos profetas, pelos antigos instrutores lemurianos, atlantes, sumerianos, incas e astecas, puderam-se preservar nos altos picos os principais documentos iniciáticos de suas consolidações espirituais. Principalmente os sacerdotes atlantes, obedientes à voz da profecia, guardaram os seus relatos espirituais, milenários, nos montes que emergiam no oceano adjacente, como nas cordilheiras do Himalaia e dos Andes, que surgiram por ocasião da submersão do "Grande Continente". Nos santuários e ruínas dessas cordilheiras, uma grande parte da velha documentação histórica atlante ainda será oportunamente conhecida pela humanidade profana. Nos templos das regiões inacessíveis ao profano, resguardam-se os *Relatórios do Ciclo de Ouro* e o *Livro de Rá*, do culto ao Sol, dos atlantes, os *Apontamentos da Roda* e as pitorescas *Narrativas de Planuh*, o lemuriano, e as *Palavras Sábias de Schi-Râ-Mat*, o peregrino das colinas douradas, enquanto que nas fímbrias dos Andes se conservam os relatos dos maias, onde se destacam *A Revelação da Lei da Cabala, A Fome das Vibrações Dévicas* e, principalmente, *A Visão do Grande Mundo Mental.*

PERGUNTA: — *Como podem os profetas predizer o futuro?*

RAMATÍS: — Valendo-se de sua natureza psicofísica, mais apurada, que lhes permite maior alcance extracorpóreo, inclusive excelente percepção cerebral na esfera do éter-refletor, em cujo plano se processa o registro da memória da Natureza.

Em alguns casos, como nos de João Evangelista, Daniel e Ezequiel, os Mentores Siderais resumem os acontecimentos futuros e os sintetizam no campo etereoastral dos profetas que, então, vivem em si mesmos esses fatos. Como não os podem descrever sob a linguagem exigida pela ciência acadêmica, os envolvem com figuras alegóricas que melhor recordem o espírito da predição. É por isso que João Evangelista menciona o sangue como símbolo do instinto animal; a púrpura como os poderes aristocráticos do mundo; o dragão como a violência e a brutalidade da matéria; a serpente configurando a astúcia, a perfídia, a tentação humana, e a besta como o desregramento sem conta.

O profeta é criatura normalmente dotada de um sistema admirável de "chacras" bem-desenvolvidos e fartamente luminosos, na figura de centros de forças distribuídos à periferia do corpo etérico, que é o intermediário entre o plano invisível e o físico. Uma vez que nos registros "akhásicos" do éter-cósmico se grava desde a queda de uma folha de árvore até o nascimento e a extinção de uma galáxia, inclusive os detalhes dos planos futuros elaborados pelos Arquitetos do Cosmo, os profetas se colocam em contacto com essas matrizes etéricas e trazem para o estado de vigília, graças aos seus "chacras" apuradíssimos, os eventos que ainda estão fora do conceito de espaço e tempo.

PERGUNTA: — Podeis dar-nos um exemplo mais objetivo, mesmo rudimentar, para que melhor compreendamos as vossas elucidações anteriores?

RAMATÍS: — Se estivésseis colocados no alto de uma torre, sobre uma colina, e observásseis dali dois veículos que subissem velozmente as encostas, em sentido oposto, poderíeis profetizar, com segurança, um inevitável choque entre ambos, no topo da colina. Entretanto, os condutores dos veículos, que só perceberiam o acidente na hora exata de sua ocorrência, haveriam de ficar extremamente surpresos ante a vossa afirmação de que já sabíeis do choque antes que ele tivesse lugar! Mas seria apenas a posição estratégica, ao vos encontrardes no alto da torre e abrangerdes maior área do que vinha acontecendo, que realmente vos permitiria saber de um choque que ainda estava no futuro!

Os profetas emergem para além da esfera comum da rotina humana e observam, na sequência matemática dos planos siderais, as causas exatas dos acontecimentos que se estão desdobrando para o porvir.

PERGUNTA: — A fim de melhor entendermos esse assunto, poderíeis dar-nos alguns esclarecimentos sobre o que vêm a ser os "chacras"?

RAMATÍS: — Os chacras — que se distribuem à distância de alguns milímetros acima do corpo etérico — são centros que canalizam energias do Cosmo, de várias espécies, que diferem em vibrações, cores e ondulações, segundo o modo de se comportarem em cada região de intercâmbio astroetéreo humano. São forças que fluem pelos corpos vivos, a fim de os manter em atividade e contínuo progresso. Derivam-se de todos os pontos: do Sol, da Terra, dos astros circunvizinhos ou das infinitas combinações que se processam no éter-cósmico.

O vocábulo "chacra" provém da língua sânscrita e se traduz como "roda" ou "disco giratório", espécie de pires que se move lenta ou velozmente, emitindo fulgores rutilantes e ampliando-se de 5 até 15 centímetros em seus diâmetros. Assemelham-se, por vezes, a pequeninos sóis, que cintilam sob o influxo de energias provindas das mais desconhecidas regiões da vida cósmica. Como as faculdades psíquicas dependem muitíssimo do funcionamento dos chacras, para se manifestarem a contento no mundo físico, é óbvio que o desenvolvimento de cada chacra está em perfeita relação com a evolução da própria faculdade psíquica que lhe seja correspondente.

Eis, pois, o motivo por que os profetas penetram com mais êxito no mundo invisível e se sobrepõem ao conceito de tempo e espaço, pois eles possuem centros de forças de vórtices tão luminosos e de movimentos tão turbilhonantes, que transferem rapidamente para a tela da memória cerebral aquilo que só é visto e sentido na esfera astral.

Os chacras, quando completamente desenvolvidos, permitem que o cérebro recorde integralmente as ocorrências percebidas nos mundos extraterrenos. Eles são em número de sete, situados à altura dos "plexus": o chacra fundamental, na base da coluna vertebral; o umbilical ou genésico, sob o baixo-ventre; o esplênico, à altura do baço; o solar, ao nível do estômago, à altura do "plexus" solar; o cardíaco, na região precordial; o laríngeo, à superfície da garganta; o frontal, entre os supercílios, no campo de ação da glândula pineal e, finalmente, o principal centro ou chacra coronário, que domina o alto da cabeça, conhecido na literatura hindu corno o "lótus de mil pétalas" e no antigo sânscrito como Bramarandhra.[2]

Enquanto os plexos que se distribuem pelo corpo físico, na conjunção de nervos e gânglios do sistema nervoso, disciplinam a vida vegetativa do metabolismo organogênico, os chacras são apenas os centros dinâmicos que regulam a força do espírito na distribuição de energias no corpo etérico, em concomitância com a ação do plano astral.

PERGUNTA: — Visto que as profecias se baseiam em acontecimentos implacáveis, não constitui isso irremediável fatalismo nos nossos destinos?

RAMATÍS: — O fatalismo, nesse caso, será apenas a sequência disciplinada na consecução dos planos traçados pelos Mentores, que temos graciosamente denominado de Engenheiros Siderais, e que operam sob a égide do pensamento augusto do Criador!

O Grande Plano de Deus, que se desdobra continuamente

---

2 Nota do Médium: Vide *Os Chacras*, de C. W. Leadbeater, obra da **EDITORA DO CONHECIMENTO**.

na formação de consciências individuais no seio da Consciência Cósmica, cria os orbes físicos como instituições de educação, para que as almas aprendam o alfabeto espiritual. O livre-arbítrio humano continua operante nesse fatalismo educativo, podendo apressar ou retardar o vosso aperfeiçoamento que, entretanto, está implacavelmente determinado no curso do Grande Plano Cósmico, assim como o de certas crianças escolares, obrigadas a repetir inúmeras vezes as mesmas lições negligenciadas.

A indesviável felicidade do porvir pode significar para vós um irremediável fatalismo, mas também possuís a liberdade e o livre-arbítrio para vos demorardes mais ou reduzirdes os ciclos tristes, nas reencarnações retificadoras nos mundos físicos! Embora movidos por fios invisíveis e implacáveis, vos encontrais no seio de um sistema benéfico, cujo único fim é a completa ventura espiritual! À medida que evoluirdes, reduzir-se-ão as algemas dos mundos materiais e o vosso livre-arbítrio dilatar-se--á tanto quanto crescerdes em consciência angélica e em sabedoria espiritual. A angelitude compreende a outorga de novos e maiores poderes para a alma criar e agir em nome do Pai!

PERGUNTA: — Uma vez que os profetas são tradicionalmente a voz de Deus, qual o motivo por que as suas profecias provocam tanta polêmica e criam tanta contradição?

RAMATÍS: — As profecias não se degradam pelo fato de despertarem a crítica ou estabelecerem opiniões contraditórias e juízos opostos, pois a sua finalidade precípua não é a de oferecer narrativas, com argumentos irrefutáveis. A profecia não é uma notícia jornalística ou assunto para fatigantes discussões acadêmicas; é acontecimento projetado num plano dimensional incomum, e realizável sob condições humanas e morfológicas muito além do momento de sua predição. Assim como seria insensato pedir-se a Nero que descrevesse um aparelho radiofônico moderno, à simples visão de um megafone das legiões romanas, também se torna injustificável exigir-se de um profeta uma descrição "lúcidos ordo",[3] antecipada, de qualquer profecia!

Acontece, também, que a principal efervescência evolutiva da consciência espiritual se processa muito mais através do modo como o homem pensa, do que realmente através daquilo que ele pensa. O exercício mental, o dinamismo inquieto, instável, e a reação contínua e interior do espírito têm para o homem mais importância do que mesmo a precisão daquilo que lhe

3 Método, ordem, clareza por parte do escritor. (N. R.)

Mensagens do Astral

serve de objetivo. A Sabedoria Sideral cria muitas vezes exóticos ensejos no vosso mundo, com a finalidade de desenvolver a vontade e prazer de pensar. A Terra, como escola de educação espiritual, que atende a objetivos mais altos, representando um meio e não um fim para a romagem do espírito, oferece múltiplos problemas que, no decorrer do tempo, apenas visam o aceleramento mental humano. O homem dotado de razão há de ser um raciocinador por excelência e não um colecionador de conceitos científicos estratificados no tempo; o puro intelectualismo não passa de relógio de repetição, enquanto que o esforço para "sentir", mesmo dentro do ilógico e aberrativo, amplia a área fotográfica mental!

A profecia oferece esse aspecto dinâmico, que exige fundamentalmente a sensibilidade intuitiva para o futuro, aliada ao conhecimento do presente e à experiência do passado. Situa-se num espaço consciencial mais vasto que os acontecimentos passíveis de crítica comum; é um precioso "teste" para o homem identificar a sua própria capacidade psíquica e a sua concepção do que está fora do tempo e do espaço. Entre o lógico e o ilógico, o sensato e o aberrativo, surge a oportunidade de o próprio crítico avaliar o seu poder de vaticínio e de receptividade espiritual!

Aquele que pressente e prediz, sob um raciocínio aquecido pela sensibilidade intuitiva, legando ao futuro vaticínios que se comprovam pela própria ciência, leva a palma da vitória sobre os cérebros mais argutos do puro academismo do mundo! Há mais genialidade em se predizer a figura do carvalho, pela simples visão da bolota, do que em fotografá-lo depois de crescido! No primeiro caso, a alma revela a consciência dinâmica que conceitua antes da negativa; no segundo, acorda do seu torpor sistemático e apenas redescobre oficialmente aquilo que já havia sido descoberto sob o empirismo mental daqueles que abrangem o porvir!

Os profetas, no modesto simbolismo humano de serem a "voz de Deus", relatam fora do tempo e do espaço e, assim como o Criador, que se situa fora desses conceitos terrícolas, também se servem da alegoria das formas provisórias para desenvolverem a dinâmica da alma.

PERGUNTA: — *Os profetas sabem, antecipadamente, que os cientistas hão de duvidar de suas profecias, e deixam entrever alguma advertência a esse respeito?*

RAMATÍS: — Para provar-vos que os profetas e os videntes

preveem as dúvidas da Ciência, assim como advertem, em seus relatos proféticos, de que serão contestados antes de suas completas conclusões, reportamo-nos a Nostradamus que, na "Carta a Henrique II", centúria 56-57, assim se expressa: "Então, tendo o Grande Deus Eterno cumprido todos os seus desejos, as coisas não se sucederão de outro modo, apesar das equívocas opiniões contrárias, que excedem sempre a todas as razões naturais dos sonhos proféticos". Alhures, ele ratifica o seu pensamento, quando na centúria 3-34 diz o seguinte: — "Quando o Sol ficar completamente eclipsado, passará em nosso céu um novo corpo celeste colossal, que será visto em pleno dia; mas os astrônomos interpretarão os efeitos desse corpo de outro modo; por isso, ninguém terá provisões em face da penúria".

Não há dúvida de que Nostradamus vos está advertindo da tradicional desconfiança do homem demasiadamente apegado aos postulados científicos. Ele prevê, indubitavelmente, que os cientistas repetirão outra vez a mesma descrença que já manifestaram na Lemúria e na Atlântida; hão de desconfiar da predição do astro "intruso", que se aproxima da Terra, dúvida da qual resultará a imprudente falta de reservas alimentícias à humanidade! Na realidade, a aura magnética desse planeta, em conjunção com a Terra, o Sol, a Lua, e outras influências astrais adjacentes, será igual a gigantesco refletor de magnetismo aquecido, resultando lamentável aridez na parte do vosso globo que ficar mais exposta às consequências catastróficas do "fim dos tempos".

Já tivemos ocasião de dizer-vos que, quando Noé anunciava o dilúvio, os cientistas também riam e o povo dançava, demonstrando a sua ligação completa com a futilidade e o prazer provisório, apesar das advertências sérias do momento. No entanto, a Atlântida submergiu-se rapidamente, sob o clamor humano daqueles que antes riam e zombavam, impossibilitados de substituir em tempo o riso tolo pelas lágrimas ardentes!

PERGUNTA: — Desde que as próximas catástrofes e inundações, decorrentes da verticalização do eixo da Terra, estarão ligadas ao carma implacável da nossa humanidade, essa falta de alimentação não representará, também, um fatalismo já previsto no mecanismo dessa expiação? Que adiantariam providências para reservas alimentícias, ante a impossibilidade de se lutar contra esse destino fatal?

RAMATÍS: — À medida que a consciência humana se desenvolve e adquire noções de alta espiritualidade, diminui a necessidade dos recursos dolorosos que deve motivar-lhe a purificação do espírito. A compreensão e a boa disposição para se auscultar a voz profética dos enviados do Alto revela um sentido psíquico superior, contrário à gelidez da negativa científica. O homem sempre resgata a sua imprudência em qualquer setor da vida espiritual. Seja na Terra ou no Espaço, a imprudência e a invigilância geram frutos idênticos. Ante a sistemática reação cética da Ciência para com aquilo que foge aos seus postulados conhecidos, os Mestres Espirituais servem-se dos profetas para advertir e aconselhar quanto às providências mais sensatas, que a humanidade deve tomar no mundo das formas. Desde que os homens subestimem os avisos e negligenciem quanto às providências alvitradas, cumpre-lhes sofrer as consequências. Que culpa têm esses Mestres de que, após advertências de quase dois mil anos, quanto aos acontecimentos trágicos que se aproximam, ainda duvideis de sua concretização? Resta-vos, então, um só caminho: sofrerdes as consequências das equívocas opiniões científicas, como bem vos lembra o sibilino Nostradamus!

PERGUNTA: — Poderíeis dar-nos um exemplo de qualquer acontecimento semelhante, em que houvesse sido aliviada a tragédia, devido a providências tomadas em tempo, sob advertência da profecia?

RAMATÍS: — Lembrai-vos do que aconteceu no Egito, quando José, filho de Jacó e Raquel, decifrou a contento a alegoria profética das sete vacas e sete espigas gordas e das sete vacas e sete espigas magras, entrevistas no sonho do Faraó. Confiando na voz da profecia, interpretada por José, o Faraó ordenou as mais severas providências para que os sete anos de miséria, previstos em seu sonho, ficassem a coberto de surpresas, pelas provisões reservadas. Sabeis do êxito alcançado e que, em virtude disso, José foi nomeado chanceler do Egito, sendo considerado o salvador do povo. Essas providências que foram coroadas de sucesso e tomadas por um povo já condenado carmicamente à prova da fome e à miséria, demonstram-vos que Deus não exige draconianamente o sacrifício e a expiação, mas apenas o entendimento para com as coisas elevadas.

Deus é Amor; só a teimosia e a imprudência do homem é que criam o seu próprio sofrimento. O vosso mundo está farto de avisos de espíritos que, em sessões ou em sonhos, vos advertem de certos perigos e crimes contra a vossa integridade física; no entanto, a maioria repete esses avisos displicentemente e continua a caminhar indiferente ao encontro da tragédia anunciada! Pela sua própria vontade ou pelo seu livre arbítrio, o homem segue em direção ao perigo de que já foi advertido, para depois afirmar, compungido, que isso era o seu destino fatal!

PERGUNTA: — Não mais haverá possibilidade de se modificar o desenrolar dos acontecimentos depuradores profetizados, se desaparecerem as condições básicas para a ocorrência trágica?

RAMATÍS: — É óbvio que, depois que Deus criou o Cosmo, seria subestimar-lhe a onipotência o agasalhar a ideia de que ele não possa modificar as suas próprias deliberações, mediante a cessação dos motivos que as determinaram. A Suprema Lei é imutável e dela se derivam as leis e os princípios menores, que regem todos os eventos do porvir; mas é Lei criada por Deus, passível, portanto, de sua própria intervenção quando assim julgue conveniente. Há que notar, porém, que os acontecimentos profetizados são detalhes de um "Grande Plano" elaborado há considerável número de milênios, e que se desenvolve através de um mecanismo que não admite surpresas ou modificações de última hora. Acresce que os Mentores dos Orbes são Psicólogos Siderais, experimentados no contacto com as buliçosas humanidades de todos os sistemas, em incontável soma de milênios antes do calendário humano. Eles conhecem perfeitamente o conteúdo idiossincrásico dos mundos habitados e sabem quando chega o tempo de maturidade espiritual dos homens. O jardineiro experimentado não ignora o prazo de crescimento de cada espécie, conforme o terreno e a nutrição vital que dá ao vegetal; os Mestres Siderais, por sua vez, possuem estatísticas exatas do prazo evolutivo das cargas humanas planetárias e as ajustam hermeticamente aos eventos físicos de suas moradas.

Todas as fases de maior ou menor irregularidade na conduta dessas humanidades estão devidamente previstas nesse Grande Plano, que dura exatamente um "tempo de aspiração" e outro de "expiração" do Criador, no conhecido "Manvantara" da terminologia oriental. Em consequência, não há antecipação de maturidade nas humanidades, nem desaparecem, por isso, as condições básicas para a concretização profética; o binômio homem-natureza só atinge os ciclos preditos de "Juízo Final" exatamente no seu "fim de tempo".

PERGUNTA: — Mas não poderia haver algum apressamento na evolução humana, proveniente de sofrimento ou de uma conversão, que justificasse a dispensa da profecia trágica?

RAMATÍS: — Sim; mas seria um acontecimento de ordem fragmentária e local; algo que não exigisse modificações no ritmo sideral do Grande Plano, e que se situasse à parte dos movimentos planetários e das rotas siderais.

PERGUNTA: — *Poderíeis relatar-nos algum fato dessa natureza?*

RAMATÍS: — Ocorreu em Nínive, a cidade corrupta dos assírios que, apesar de predito pelos profetas abalizados da época o seu completo aniquilamento, deixou de ser completamente destruída graças à conversão sincera e imediata de sua população, que se entregou completamente aos bens morais do espírito, repudiou o vício e fez penitência. Mas tratava-se de profecia local e de um grupo de criaturas de costumes afins e à parte da humanidade; um povo condenado a duras provas e já situado carmicamente na convergência de previsto abalo sísmico, que a Engenharia Sideral sustou a tempo.

PERGUNTA: — *Nesse caso, houve derrogação das leis costumeiras, que a tradição espiritual afirma que são imutáveis?*

RAMATÍS: — Imutáveis, são também as leis que regem o vosso psiquismo em relação ao corpo físico. Quando vos desregrais mentalmente, a lei imutável dessa relação psicofísica costuma criar-vos a enfermidade orgânica; no entanto, essa mesma lei proporcionava harmoniosa saúde a Jesus! As leis imutáveis não são alteradas, mas diversamente aplicadas, pois o desregramento de Nínive estava pedindo a reação da Lei predita pela profecia, assim como as criaturas cruéis fazem jus às predições da maldição alheia, e as amorosas aos vaticínios das bênçãos do próximo. A mesma lei de eletricidade, que transforma o fogão elétrico em produtor de calor, quando diversamente aplicada produz o gelo no refrigerador. Nínive era apenas um órgão da vossa humanidade terráquea que, por ter-se ajustado ao ritmo normal do Grande Plano, dispensou o sofrimento para a drenação das toxinas mentais perigosas ao conjunto espiritual. Enquanto Nínive pôde ser atendida em curto prazo, qualquer outra modificação no corpo total do vosso globo exigiria mais tempo para um novo ajuste no Grande Plano. As formas materiais e a crosta dos mundos, como produtos do Pensamento e da Vontade do Criador, significam-lhe as vestes exteriores do seu Espírito Eterno; elas podem sofrer modificações em suas rugas, sem que por isso haja derrogação das leis imutáveis.

PERGUNTA: — Quando, há dois mil anos, Jesus previu que o "fim dos tempos" seria de dores e sofrimentos, não poderia ter-se equivocado se a humanidade terrícola se convertesse antecipadamente, como se deu com o povo de Nínive? E isso não implicaria em urgentes modificações nos planos siderais, para sustar-se o "Juízo Final" já desnecessário à Terra?

RAMATÍS: — Quando Jesus profetizou que "a colheita é o fim do mundo", já sabia, na qualidade de genial Psicólogo Sideral, da impossibilidade psíquica de uma apressada conversão da humanidade terrena, a qual não se modificaria ao simples toque de apelos proféticos! O povo de Nínive achava-se no limiar da renovação; era um grupo de almas reunidas por afinidade eletiva e em vias de ultimar a sua derradeira prova de reajuste espiritual. Jesus não ignorava que as vossas mazelas e precariedades espirituais não apresentariam qualquer metamorfose imprevista no mecanismo sideral. O jardineiro exímio conhece o ciclo exato da maturidade floral de cada espécie; por isso, não receia surpresas extemporâneas nesse crescimento, o que desmentiria a sua própria experiência tantas vezes comprovada.

Assim ocorre com as humanidades planetárias. Submetidas às condições normais de ascensão, elas também obedecem aos mesmos ciclos de maturidade espiritual já conhecidos dos Psicólogos Siderais, em cujo seio Jesus é um dos mais experimentados e exímios! Desconheceis, naturalmente, o longo curso da renovação humana e as premissas básicas que permitem as conclusões exatas dos Mentores Siderais. Apenas um terço da vossa humanidade, nesse "Juízo Final", conseguirá desenvolver as condições espirituais desejadas para o terceiro milênio.

PERGUNTA: — As tradições espirituais, do passado, asseguram que a ascensão entre os povos reclama sempre a necessidade da profecia?

RAMATÍS: — O apóstolo Paulo, em sua epístola aos Tessalonicenses, adverte-vos do seguinte: — "Não desprezeis as profecias, examinai porém tudo e abraçai o que é bom"(I Tessalonicenses, 5:20,21) e aos Coríntios explica: "Porque a um, pelo espírito, é dada a palavra da sabedoria; e a outro, pelo mesmo espírito, a palavra da ciência; e a outro, a fé; e a outro, os dons de curar; e a outro, a operação de maravilhas; e a outro a profecia" (I Coríntios, 12:8,9,10). Nos Provérbios de Salomão lereis o seguinte: "Quando faltar a profecia, dissipar-se-á o povo; aquele porém, que guarda a lei (ou respeito à profecia), é bem-aventurado" (Provérbios, 29:18).

Os avisos proféticos destinados a alertar os espíritos reencarnados no mundo físico obedecem a planos deliberados, que o vosso raciocínio ainda não pode compreender. É ainda Paulo de Tarso, em sua epístola aos Coríntios, que nos comprova esta asserção, quando conclama aos seus discípulos: "Segui a caridade; anelai os dons espirituais e, sobre todos, ao da profecia. Mas o que profetiza edifica a igreja de Deus. Quero pois que todos vós tenhais o dom de línguas, porém muito mais que profetizeis. De que vos aproveitarei eu se vos não falar, ou por revelação, ou por ciência, ou por profecia?" (I Corínitios, 14:1-6).

Todos os povos têm os seus profetas, porque estes são, na tradição, a "Voz de Deus", que anuncia e previne para que o homem tenha tempo de arrepender-se e modificar a sua conduta desregrada. O Criador, magnânimo e justo, além de conceder longos prazos para que seus filhos negligentes se convertam à realidade superior do espírito, ainda os adverte, pela profecia, dos acontecimentos trágicos já determinados e que pedem a renúncia às paixões perigosas para a felicidade espiritual.

João Evangelista, no Apocalipse, adverte: "E o tempo de serem julgados os mortos e de dar galardão aos profetas teus servos" (Apocalipse, 11:18), comprovando que, no fim dos tempos, os homens reconhecerão o valor dos profetas!

Daniel, profeta sensato, em seu livro constante da Bíblia, afirma o que o Senhor lhe dissera: "Daniel, fecha estas palavras e sela este livro (profético) até o fim dos tempos, pois muitos passarão, embora lendo-o, e a ciência se multiplicará" (Daniel, 12:4). A ordem de fechar o livro até o fim do tempo é uma advertência quanto à inutilidade de se procurar entender a profecia ali escrita colocando-se à sua frente a costumeira desconfiança do homem, que então lerá o livro profético sem compreendê-lo, por não confiar no seu conteúdo sibilino!

PERGUNTA: — Pensamos que o fato de se constituírem populações sobre terrenos vulcânicos as torna, por coincidência, candidatas a acontecimentos trágicos, sem que estes sejam consequência de se haverem essas populações tornado desregradas. Qual o vosso parecer?

RAMATÍS: — A peculiar disposição humana de atribuir os acontecimentos proféticos a coincidências fortuitas não pode ter lugar nesses casos. Basta um simples raciocínio e um pouco de observação para verificardes que há sempre perfeita correlação psicofísica nesses fatos. Realmente, os agrupamentos que se constituem nas crostas vulcânicas são candidatos fatais às tragédias que, mais tarde ou mais cedo, hão de irromper, caso não estejam extintos os vulcões. No entanto, é mister meditardes no exagero das "coincidências" que se têm verificado nos eventos trágicos do passado, advertidos pelas profecias, em que o fenômeno da catástrofe física sempre se ajustou hermeticamente ao próprio fenômeno do desregramento e da catástrofe moral.

Sodoma, Gomorra, Pompéia ou Herculano foram destruídas pelas comoções violentas da natureza vulcânica; mas, com surpresa, também houve a "coincidência" de se tratar de povos completamente dissolutos e indisciplinados. Lemúria e Atlântida submergiram exatamente no tempo em que se entregavam ao auge da impiedade, da violência e do deboche! Inúmeras cidades assírias, persas, sumerianas, Cartago e Roma, foram destruídas pelas hordas de vândalos, mas coincidindo psicologicamente com o seu desregramento psíquico! Comprovaram, portanto, a perfeita ação disciplinadora espiritual sobre o vosso orbe, que sempre evita o perigo de danos à ordem coletiva das almas bem-intencionadas.

O vosso século, ameaçado de catástrofes do "fim dos tempos", também apresenta por coincidência um padrão desregrado, na contínua inversão de valores, e que se ajusta perfeitamente aos sinais marcados pela velha profecia.

A Técnica Sideral, quando distribui etnograficamente os espíritos desregrados, na Terra, também sabe situá-los, devidamente, na confluência de recursos drásticos, para restringir-lhes os movimentos demasiadamente daninhos às outras coletividades. É por isso que ocorrem casos surpreendentes em que famílias inteiras se sentem intuitivamente avisadas de determinadas catástrofes e abandonam o local aparentemente inofensivo, livrando-se dos acontecimentos trágicos que ocorrem em seguida. É a intervenção justa do Alto que as afasta do local em que não lhes cabe a prova dolorosa nem a morte trágica!

PERGUNTA: — Mas no caso de Nínive que, apesar das profecias abalizadas, não foi destruída, os profetas não ficaram porventura desmoralizados?

RAMATÍS: — Não, porque os profetas prediziam que Nínive seria destruída caso não se penitenciasse imediatamente.

E, como os seus habitantes comprovaram publicamente, em tempo, a sua renovação, foi-lhes dispensado o corretivo doloroso. E assim não houve desmentido aos profetas.

PERGUNTA: — Não pode haver injustiça do Alto uma vez que, na hora dos eventos trágicos, podem ser envolvidos inocentes e pecadores, já que os agrupamentos humanos são constituídos de espíritos bons e maus, em mistura heterogênea?

RAMATÍS: — Afora os missionários, que descem voluntariamente para missões sacrificiais, a fim de auxiliarem os desesperados de última hora, todos os outros seres que estão no vosso mundo correspondem exatamente às suas necessidades evolutivas e purificadoras. Os "inocentes" não descem à Terra nessas ocasiões e se situam em esferas de padrão vibratório muito além do que imaginais! Sob as mesmas dores variam os caracteres, sem que haja injustiça. É o cumprimento da Lei Cármica que ajusta a criatura às provas decorrentes de sua própria incúria passada. No vosso mundo, o câncer tanto ataca o bandido como o sacerdote; a criança inocente como o velho pecador; o mestre hindu como o analfabeto espiritual; a mulher santa como a meretriz! O carma, como lei inflexível mas justa, sabe conduzir ou afastar das provas dolorosas e imerecidas aqueles que a isso fazem jus. Esqueceis de que a forma carnal é apenas o prolongamento do comando psíquico daqui, o qual age pelo mundo interno e logra sempre êxito, apesar de o reencarnado ignorar comumente o seu destino.

PERGUNTA: — Poderíeis citar os nomes de alguns profetas tradicionais, do passado, que foram portadores de credenciais favoráveis?

RAMATÍS: — Entre os profetas longínquos, alguns que previram os pródromos do que ocorreu na Lemúria, na Atlântida e nos primórdios da raça atual, distinguimos a generalidade dos que na Terra ficaram tradicionalmente conjugados à casta dos "profetas brancos", que abrange todos os profetizadores do Velho e do Novo Testamento. Há que recordar os Flamíneos, herdeiros iniciáticos dos videntes da "Colina Dourada", mas, acima de tudo, o inigualável Antúlio de Maha-Ethel, o sublime instrutor atlante, consagrado filósofo e vidente das "Portas do Céu!"

Antúlio foi o primeiro depositário, na Terra, da revelação do Cosmo, precedendo a Moisés em milhares de anos. Sob a inspiração das Cortes Celestiais, criadoras dos mundos, ele deixou magnífico tratado de "Cosmogênesis", no qual descreve a criação da nebulosa originária da vossa Sistema Solar. Cabe-lhe a primazia de haver descrito a maravilhosa tessitura dos Arcanjos e dos Devas, com suas roupagens planetárias policrômicas, onde o iniciado distingue perfeitamente os campos resplandecentes dos reinos etereoastrais dos mundos físicos!

Antes do trabalho esforçado de Moisés, no Monte Sinai, Antúlio já pregava na Atlântida a ideia unitária de Deus, mas, em lugar do Jeová feroz e vingativo, ensinava que o Onipotente era uma Fonte Eterna de Luz e Amor! Também é de sua autoria a primeira enunciação setenária na Terra, quando se refere à cromosofia das sete Legiões dos Guardiães, cada uma se movendo numa aura correspondente a cada cor do arco-íris.

Comprovando os seus dons maravilhosos, Antúlio previu, com milênios de antecipação, a submersão da Atlântida e a inversão rápida do eixo da Terra, ocorrida há mais de 27.000 anos do vosso calendário!

Desde as tradições bíblicas até os vossos dias, muitos outros eventos proféticos foram registrados e comprovados pela documentação que ainda se guarda nas fímbrias do Himalaia, nas regiões inacessíveis ao homem comum. A Bíblia vos notifica de que os bons profetas existiram desde o rei Davi, principalmente entre as tribos de Israel, das quais se destaca a tribo dos "Filhos de Issacar", berço dos mais notáveis profetas, cujos descendentes, mesmo em vossos dias, revelam ainda notável dom de profecia, tais como Schneider e, principalmente, Nostradamus, o vidente francês.

Moisés, Samuel, Elias, Eliseu, Isaías, Ezequiel, Daniel, Joel, Jeremias, Amós, Zacarias, Malaquias e muitos outros, foram profetas de sucessos comprovados nos livros sagrados, onde se diz que eram profundamente tocados pela graça do Senhor dos Mundos! Posteriormente, os apóstolos Pedro, Mateus, João Evangelista e outros discípulos de Jesus, que ouviram o Mestre predizer as dores dos vossos dias, também foram tocados pela graça de profetizar. Finalmente, Jesus, o Sublime Enviado, ao considerar o "fim dos tempos" e o "Juízo Final", também usou a linguagem sagrada da profecia (Mateus, 24).

PERGUNTA: — Depois dos apóstolos, existiram outros videntes que poderíamos considerar como sendo bons profetas?

RAMATÍS: — O vidente não é criatura esdrúxula à parte; muitas vezes pode ser vosso contemporâneo, sem que lhe liguem importância, que só o futuro lhe consagrará, porquanto no presente as suas predições podem ser levadas à conta de incongruências mentais. É óbvio que a qualidade exata e o sucesso do profeta só podereis conhecer, substancialmente, após o sucesso dos acontecimentos que ele profetiza. Pedro, o apóstolo, repetiu em parte a profecia de Joel, do Antigo Testamento, feita 610 anos antes de Cristo, e confirmou a mesma no Novo Testamento quando diz: "E acontecerá nos últimos dias, diz o Senhor, que eu derramarei do meu Espírito sobre toda a carne e profetizarão vossos filhos e vossas filhas, e os vossos mancebos terão visões, e os vossos anciãos sonharão sonhos".

"E certamente naquele dia derramarei do meu Espírito sobre os meus servos e sobre as minhas servas, e profetizarão. E farei ver prodígios em cima no céu, e sinais embaixo, na terra, sangue e fogo, e vapor de fumo. O sol se converterá em trevas, e a lua em sangue, antes que venha o grande e ilustre dia do Senhor" (Atos, 2:17-20).

Essa repetição da profecia de Joel, reforçada pela palavra de Pedro, vos ensina que os videntes posteriores à Bíblia e ao advento de Jesus também devem ser considerados com respeito e atenção, para que, devido à desconfiança do homem, não seja negligenciada a absoluta necessidade de reajuste espiritual para a nova moral do terceiro milênio.

PERGUNTA: — *E quais foram os profetas posteriores aos apóstolos, que podem ser dignos de confiança?*

RAMATÍS: — Podemos indicar os seguintes: São Malaquias, Monge Johannes, Cura D'Ars, Catarina de Emmerick, o Poeta Bávaro, Santa Odila, Mãe Shipton e outros de menor importância.

Alguns, como Júlio Verne, desdobraram sua genial faculdade na tessitura de livros romanceados e de predições científicas, artísticas e filosóficas. Finalmente, destacamos Michel de Nostradamus[4] que já foi um dos profetas do Velho Testamento e cujas profecias em trânsito, apesar de algumas falsas interpretações demasiadamente objetivas, serão concretizadas no seu exato conteúdo até o fim do vosso século.

Nostradamus, vidente poderoso, abalizada voz profética do Espaço, deve a sua extraordinária sensibilidade ao fato de ser espírito avançado e também descender, pela segunda vez,

---
4 Michel de Nostradamus foi a encarnação de Isaías, um dos mais consagrados profetas do Velho Testamento.

da mesma tribo de Issacar, que foi o maior viveiro de profetas assinalados pela Bíblia.

PERGUNTA: — *No século em que vivemos existe, porventura, algum profeta cuja profecia seja digna de confiança?*

RAMATÍS: — Na corte de trabalhadores proféticos, entre vós, verificamos que Karl Schneider, também descendente da linhagem dos célebres profetizadores das tribos de Israel, destaca-se como portador de notáveis predições, que deverão concretizar-se também no vosso orbe. Ele se fez paladino da ideia de um mundo melhor entre vós, e sabemos que tem usado o pseudônimo de Ernest Izgur.

PERGUNTA: — *Para encerrarmos este capítulo sobre a profecia, desejaríamos saber qual o mais insigne profeta que já conhecestes sob a tradição da arte de predizer. Poderíeis indicar seu nome?*

RAMATÍS: — É Jesus, o Sublime Amigo, o Salvador da humanidade, que fez a transfusão da Luz Crística sobre a superfície anêmica do vosso orbe! É ele a voz profética em que podeis e deveis confiar incondicionalmente, pois o Ungido de Deus também profetizou e o fez com sabedoria e fidelidade. Além disso, cumpriu primeiramente em si mesmo aquilo que ensinava, e depois disse ao homem debilitado pelas paixões terrícolas que fizesse o mesmo, afirmando: "Eu sou o caminho, a verdade e a vida!" Legando-vos junto ao seu Evangelho a profecia trágica do "fim dos tempos" e do "juízo Final" (Mateus,24) deixou-vos instruções e lições imorredouras para que possais sobreviver espiritualmente aos eventos cruciantes que se aproximam. E, dirigindo-se à humanidade, nessa predição angustiosa e trágica, sabendo-a paralítica e cega pelas paixões insofreáveis do instinto animalizado, oferece-lhe a cura através do seu Divino Evangelho e do seu Amor, que redime para a eternidade!

7. A Bíblia e sua significação

PERGUNTA: — *Que podeis dizer sobre as múltiplas opiniões contraditórias quanto à inspiração da Bíblia e a fidelidade dos seus relatos?*

RAMATÍS: — A Bíblia é um conjunto de antigos livros do mundo, mas não deve ser considerada como portadora de relatos de comprovação científica, pois o seu valor está na revelação religiosa que encerra, e que vem se fazendo à medida que cresce a compreensão humana. Os espiritualistas creem, naturalmente, na influenciação da hierarquia espiritual sobre a Terra; em consequência, não podem nem devem desprezar a Bíblia porquanto, apesar de apresentar incongruências e contradições com a moral do vosso século, representa um esforço máximo feito pelos espíritos, no passado, no sentido de se comprovar a glória, o poder e as intenções de Deus.

É óbvio que não se pode atribuir ao seu texto o caráter de "Palavra de Deus", porquanto as entidades espirituais que naquela época produziram as mensagens bíblicas tiveram que apresentar a revelação como diretamente provinda da "voz de Jeová", o que não quer dizer que proviesse da voz de Deus. A mentalidade dos povos daquela época e o seu modo de vida exigiam que as revelações não ultrapassassem a sua capacidade de entendimento, para não surgir a deformidade psicológica.

Quanto à versatilidade de doutrinas, seitas e postulados religiosos, derivados todos da Bíblia, a culpa não é do seu texto deficiente, apropriado àquela época, mas da própria ignorância dos homens, que se dividem e subdividem continuamente em nome do, próprio Deus, que é Unidade. E, se assim é, quanto mais se subdividirão em nome dos versículos bíblicos! Trata-se de um livro cuja noções básicas de sua revelação já vos condicionaram psicologicamente através dos milênios decorridos. Entre o cipoal das afirmações confusas da Bíblia, os espíritos argutos poderão encontrar os fundamentos reais da criação do mundo, desde que os despojem das alegorias que encerram.

PERGUNTA: — Estamos vendo, no entanto, que, à medida que a ciência evolui, mais descrê da fidelidade dos relatos bíblicos, a que a história de Adão e Eva e do mundo feito em seis dias já se situa entre as figuras das lendas infantis.

RAMATÍS: — Deus sempre se manifestou ao homem através de seus prepostos e anjos, mas de um modo gradativo e compatível com a formação mental das consciências humanas. É por isso que as revelações são feitas de períodos em períodos, por instrutores que cada vez mais se aproximam da realidade divina. Desde Numu, Juno, Anfion, Antúlio, Krishna, Zoroastro, Rama, Moisés, Buda, Jesus, Maomé e Kardec até aos reveladores mais modernos, como Helena Blavatsky, Ramacrisna, Maharishi, Krisnamurti e outros, a Verdade vos tem sido revelada gradativamente, sem violentar o entendimento humano, ainda imaturo. Quando um revelador está findando a sua missão e prestes a partir do vosso mundo, outro já se agita no berço da vida física, para que a revelação prossiga sem interrupção e seja compreensível ao homem. Aproxima-se o terceiro milênio, considerado o milênio do Mentalismo, no qual o compungimento sentimentalista do homem deverá dar lugar a uma poderosa atitude positiva e criadora; menos carma e mais criação; menos fatalismo e mais vontade; menos compungimento e mais Otimismo! Há muito tempo os novos reveladores já estão operando no vosso orbe, distribuídos em várias latitudes geográficas, a fim de que se firmem as bases desse mentalismo futuro.

A Bíblia é ainda de grande proveito, sob todos os pontos de vista, porque, escoimada de suas figuras alegóricas e das incongruências naturais da moral daquela época, ser-vos--á possível distinguir no seu todo as duas ordens distintas que disciplinam as revelações posteriores: primeiramente a hierarquia espiritual, que edifica sob a égide do pensamento original e propulsor da vida cósmica e, secundariamente, o mundo material, do Gênesis de Moisés, que se forma em períodos, ciclos, fases de milhões de séculos, e não durante singelos dias do calendário humano. O grande legislador Moisés não poderia fazer compreender, à mentalidade reduzida do seu povo, a verdade de que o Verbo de Deus desencadeia a ação criadora em ciclos completos, conforme a ciência atual já assinala em seus compêndios. O símbolo da cegonha, para contemporizar as curiosas indagações das crianças sobre o seu nascimento, compreendido mais tarde por elas mesmas, ao perceberem a natureza real do mecanismo da reprodução, é um exemplo do meio que Moisés empregava para ensinar ao povo a origem do mundo. A Bíblia, como repositório que é de comunicações espirituais mescladas com acontecimentos da vida profana dos judeus, torna-se obra muito incoerente quando examinada por outras raças, como a vossa. O Velho Testamento, entretanto, desvencilhado do simbolismo exigível para a época em que foi escrito, é ainda a matriz tradicional da revelação divina; em seus fundamentos assentam-se todos os esforços posteriores e o êxito no sentido de haver sido compreendida a unidade de Deus, que Moisés consolidou no Monte Sinai!

PERGUNTA: — Sem poder fugir a certo constrangimento devemos dizer que há na Bíblia relatos escabrosos, que pecam contra a boa leitura. Que nos dizeis?

RAMATÍS: — Desnecessário seria vos dizer que a Moral também evolui e, por isso, o que era moral no pretérito pode ser imoral no presente. Por esse motivo, não podeis julgar a vida de um povo de há mais de dois mil anos, aferindo-lhe os valores morais comuns pelos do vosso século. Já temos explicado que, entre os antropófagos, é de boa moral devorar o guerreiro valente, enquanto que para vós isso é imoral e repugnante; no entanto, a moral moderna, que vos permite devorar o suíno, o boi ou o carneiro, é profundamente imoral para a humanidade superior, dos marcianos, que ficaria escandalizada se lhe oferecessem um rim no espeto ou uma costela de porco assada! Em certos povos do Oriente, a poligamia é de boa moral, porque equilibra o nascimento de mulheres e ajusta o orçamento das famílias numerosas; entretanto, no vosso país, tal prática seria punida com a prisão! Algumas tribos asiáticas, menos evoluídas do que vós, tachariam de imoralidade o fato de os ocidentais, após o falecimento de um dos cônjuges, permitirem que o sobrevivente se case outra vez! A moral cristã que Jesus pregou há dois mil anos, e que hoje considerais de ordem superior, foi o que o levou a ser crucificado, porque essa moral era considerada subversiva, estúpida e aniquilante, pois que pedia a renúncia e a, submissão, ao contrário da moral sã da época, que era a de abocanhar tudo e não renunciar a nada!

A Bíblia historia a vida do povo judeu, com os seus costumes e sistemas, que diferem profundamente da ética ocidental moderna; no entanto, nenhuma outra nação do mundo foi tão pura em sua fé para com Deus e tão preocupada com o reinado espiritual da alma! Abrão, quando decide matar seu próprio filho, apenas porque Deus assim ordenara, representa alegoricamente a submissão incondicional que a raça hebreia manifestava ao seu Criador. Embora sejam submissões absurdas e até condenáveis pelo espírito liberal e científico da vossa época, atestam elas a inigualável fidelidade e o sentimento daquela gente para com os poderes superiores. Nenhum povo poderia produzir aqueles pescadores iletrados e camponeses rudes que saíram pelo mundo a pregar uma nova ética contrária à sua própria moral racista e tradicional quando, paradoxalmente, a vossa atual humanidade, tão evoluída, não conseguiu ainda assimilar tão alto padrão nem o Evangelho que eles pregavam. A raça que caldeou um Isaías, um Jesus de Nazareth, um Pedro, um Paulo de Tarso, um Timóteo ou Maria de Magdala e a plêiade do mártires trucidados depois nos circos de Roma, embora tenha misturado a sua vida profana com a divina e atribuído suas insanidades à própria "palavra de Deus", pode ter pregado estranha moral e até aberrativa, na Bíblia, mas doou a maior contribuição à humanidade, como o foi o berço do Salvador do Mundo!

PERGUNTA: — *Então, devemos ignorar propositadamente esse aspecto bíblico, que para nós é moralmente deformante?*

RAMATÍS: — Não endossamos textos bíblicos que possam deformar a "melhor" moral do vosso tempo, mas lembramos que o aspecto imoral da Bíblia, que foi atribuído às presunções divinas, ficou sinceramente revelado à luz do dia, e assim conhecida a vulnerabilidade moral do próprio povo israelita. A sua imprudência infantil, ao expor em público as suas mazelas íntimas e detalhar a violência fanática dos seus líderes religiosos, à conta de vontade imperiosa de Deus, estigmatizou-lhe a tradição; no entanto, a diferença entre a imoralidade judaica, exposta na Bíblia, e a do vosso século, é bem pequena! O judeu a expôs em público, ao passo que a humanidade atual a esconde habilmente. A civilização moderna pratica as mais abjetas e vis torpezas e, apesar disso, continua dentro dos templos religiosos, embevecida com a vontade de Deus!... A corrupção crescente, o luxo nababesco, as uniões conjugais modernas, que disfarçam cálculos astuciosos, o desregramento precoce e as intrigas internacionais para o comércio diabólico da morte sob a pseudo-inspiração de Deus, não deveriam merecer, também, a urgente atenção de todos os moralistas modernos?

Jeová protegia as tribos de Israel contra outros povos e se deliciava com o "cheiro de sangue dos holocaustos", mas hoje a religião abençoa canhões, cruzadores e aeronaves de guerra, misturando o Deus de Amor, de Jesus, com carnificinas piores que as descritas pela Bíblia. Há dois ou três milênios, era razoável que um povo desprovido da cultura científica do vosso século, desconhecendo a eletricidade, o rádio, a cinematografia e o intercâmbio aéreo, ainda confundisse o seu instinto belicoso e a sua moral censurável com os preceitos divinos, mas, atualmente, é demasiada cegueira o matar-se invocando o nome de Deus para proteger exércitos simpáticos ou para abençoar armas criminosas, destinadas a guerras fratricidas! O povo judeu, quando compôs o seu livro sagrado — o Velho Testamento — como fundamento religioso de sua vida, mesclou-o de fatos condenáveis, mas assim o fez por excesso de fé e de submissão ao Criador; no entanto, o homem do século XX pratica os mesmos desatinos e alardeia emancipação espiritual, com a agravante de já haver conhecido a Jesus!

Apesar da promiscuidade de Deus, na Bíblia, com a censurável moral judaica, tudo foi uma revelação honesta, sincera e até ingênua, sem os artifícios comuns dos povos astutos, modernos, que costumam cultuar duas morais maquiavélicas: uma para uso interno e outra para o público. Se a vossa civilização pretendesse escrever a sua Bíblia, através da simplicidade com que o povo israelita escreveu a sua, redigiria o mais imoral e bárbaro tratado de história humana, pois relataria mazelas muito maiores, de sua vida interior, e ignomínias religiosas, praticadas em nome de Deus, de fazerem arrepiar os cabelos! E também compreenderia, atemorizada, por que motivo já soou a hora do seu "Juízo Final"!

PERGUNTA: — Temos notado o fato de os grandes profetas sempre se originarem dentre o povo judeu. Não haveria, porventura, outras raças capacitadas para germinarem em seu seio outros bons profetas?

RAMATÍS: — Desde que o Onipotente reconhecesse em outro povo qualidades superiores às dos judeus, é óbvio que o próprio Jesus não se encarnaria em Israel; se o Mestre assim preferiu, é justamente por ter encontrado entre os judeus o poderoso alicerce espiritual de uma fé pura e absoluta em Deus, sobre o qual pôde edificar o seu Divino Evangelho. Moisés, no Monte Sinai, lançou as bases do cristianismo, unificando a revelação espiritual sob a égide de um Deus — Jeová. Agindo assim, aplainou o caminho para o Mestre Jesus consolidar a sua obra, dispensando-o do trabalho preliminar de fundir os velhos deuses pagãos, para que se fizesse a unidade necessária ao bom êxito na implantação do Evangelho.

Imaginai Jesus dependendo da versatilidade dos deuses pagãos da Grécia, a fim de cimentar a sua unidade deísta; ou então escolhendo Roma para a sua pregação iniciática! Onde iria ele buscar aqueles fiéis discípulos coletados às margens dos lagos de pesca ou no seio dos campônios rudes. de Israel, cuja fé absoluta os fez abandonar as redes e os comezinhos interesses humanos, para aceitar o convite de um desconhecido, que apenas lhes falava de um reino hipotético de amor e de bondade? Seria crível situar a humilde lição do grão de mostarda entre os sanguinários gladiadores dos circos ululantes de Roma, a lição da mulher adúltera entre os costumes dissolutos das matronas romanas, expor a mensagem de amor e de libertação entre as ferozes legiões conquistadoras, conceituar como normas definitivas os conceitos de "sede perfeitos como vosso Pai Celestial é perfeito" e "não ameis aos banquetes", aos desregrados do estômago e escravizados ao álcool? Só o povo de Israel, cujo tributo a ele devido a vossa humanidade ainda não conseguiu pagar, poderia confeccionar a moldura viva que, no tempo e no espaço, haveria de realçar a figura angélica de Jesus!

A Bíblia, repleta de incongruências atribuídas a desígnios de Deus, mas sincera, estoica e ingênua, é o livro que revela as condições espirituais de um povo profético e tenaz em sua fé. Entretanto, maior pânico vos causaria se fosse escrita por qualquer outro povo da época, que não fosse o judeu, cuja moral mais comum se alicerçava na rapinagem, na escravidão e nas orgias sem limites! Eram nações onde os deuses pululavam para todos os gostos, mesmo para as práticas fesceninas, e que sancionavam todas as bestialidades, humanas, inclusive a queima de tenras crianças para o sacrifício pagão! A simples descida de Jesus ao povo israelita, para servir de sede à sua missão, ratifica-o como o mais credenciado espiritualmente para a glória do Messias. E a sua própria Bíblia merece, portanto, um pouco de afeição dos outros povos, porque é o rude alicerce do edifício eterno do cristianismo!

8. O simbolismo do "Apocalipse"

PERGUNTA: — *O último livro da Bíblia, denominado "Apocalipse", contém profecias relativas aos nossos dias que devam merecer absoluta confiança?*

RAMATÍS — Esse livro é realmente um apocalipse, palavra derivada do grego, que significa "revelação". É um relato profético, feito há quase dois mil anos, de acontecimentos que deverão concretizar-se fielmente em vossos dias, embora dada a distância com que foram preditos. Apesar de encoberto por símbolos e alegorias, que parecem tornar extravagante a mensagem interior, os espíritos argutos saberão compreendê-lo em suas mais importantes revelações, que se referem, especificamente, aos acontecimentos dos "fins dos tempos". E, à medida que forem transcorrendo os anos do vosso calendário, mais facilmente se evidenciarão a lógica e a sensatez das predições do evangelista João, escritas na ilha de Patmos e precedidas da seguinte afirmativa: — "O Apocalipse de Jesus Cristo, que Deus lhe deu (a João), para descobrir aos seus servos as coisas que cedo devem acontecer e que ele manifestou, enviando-as por meio de seu anjo a seu servo João" (Apocalipse, 1:1).

PERGUNTA: — *O apóstolo João teria sido, então, uma espécie de psicógrafo, que recebeu os relatos sob o mecanismo da mediunidade. Foi isso mesmo?*

RAMATÍS: — A revelação feita a João Evangelista exigia que ele tomasse parte, diretamente, no fenômeno, para que os seus relatos se impregnassem de suas emoções altamente superexcitadas, de modo a impressionarem as massas e os futuros exegetas da mensagem. Se ele apenas psicografasse as comunicações recebidas dos espíritos mentores do orbe, estes é que teriam de adaptar as suas mensagens à força emotiva e compreensiva do terrícola. Deveis saber que, à medida que as almas assumem posições hierárquicas de mais alta responsabilidade, vão-se libertando grandemente do sentimentalismo e da emotividade versátil do ser humano. A linguagem dos seus comunicados espirituais endereçados à Terra já não pode rebaixar-se à altura do melodrama terreno, a que já se sobrepuseram por efeito de sua emancipação espiritual; exigir-lhes isso seria quase uma impossibilidade! Por esse motivo, os Técnicos Siderais, sob a inspiração divina de Jesus, evocaram o espírito de João Evangelista, quando no seu exílio na ilha de Patmos, e o auxiliaram a contemplar no Além, no plano astral, os sucessos mais importantes do porvir, impressionando-o com a sua excessiva dramaticidade. O espírito do profeta foi submetido, deliberadamente, a uma visão ideoplástica atemorizante, diante do panorama global dos acontecimentos, e daí ter sido ferido em sua visão pelo espetáculo das "chuvas de fogo", dos "mares de sangue", dos "montes em chamas", dos "poços de abismos", ou dos "oceanos de mortos". Os quadros que descortinou, as cidades, os mares, os homens e os animais que descreveu, têm significação cósmica; por isso, tudo deve ser encarado em caráter global, em relação ao todo, às massas e continentes, mas não em relação, apenas, às criaturas terrenas, aos credos ou quaisquer grupos isolados. Os Técnicos Espirituais projetaram e repetiram, propositadamente, na indescritível tela cinematográfica do mundo astral, as imagens que melhor representassem os terríveis sucessos gerais do "fim dos tempos", os quais constituem o conteúdo mais importante do Apocalipse.

O Evangelista João, em visão extraterrena, desprendido do corpo físico, pôde ver e gravar em sua memória etérica todos os acontecimentos futuros, transferindo os respectivos quadros, depois, para a sua consciência física. Rememorando, então, o que vira em transe, e dominado ainda pelas emoções tremendas que o haviam empolgado no instante da visão, impregnou os relatos apocalípticos de misteriosa energia oculta mas que, apesar de sua aparência fantasmagórica, não deixa dúvidas quanto à veracidade dos acontecimentos. Essa força emotiva, estranha e latente, que lhe caldeia a revelação, é que tem mantido o fogo sagrado do interesse pelo Apocalipse, embora a sabedoria da ciência acadêmica queira situá-lo como improdutiva história de fadas! Coalhado de símbolos estranhos, e incoerente para com a lógica da realidade material, o Apocalipse é bem um relato assombroso de energia espiritual, onde a linguagem, ainda que quase infantil, representa um poema heroico a realizar-se no futuro!

PERGUNTA: — Que dificuldades teria o profeta encontrado para relatar esses acontecimentos com imagens aplicáveis aos nossos dias?

RAMATÍS: — É indiscutível a grande modificação que se operou nos setores da ciência, da filosofia, da arte, da religião e na própria sociedade humana, depois que João escreveu o Apocalipse. Compreendereis facilmente que o apóstolo não poderia descrever, naquela época, a imagem graciosa de um automóvel moderno, de lindas cores, a deslizar velozmente em estradas asfaltadas, quando só conhecia a figura de grosseiros carros puxados por animais, em ruas esburacadas; não se poderia exigir dele que pintasse em cores vivas o luxuoso transatlântico a vapor, ante a simples visão de um precário barco de vela! Nem mesmo o mais abalizado cientista de antanho poderia descrever, com rigor, o que fosse a bomba atômica, conhecendo apenas a pólvora e as leis que lhe regulam a explosão! Isso já vos esclarecemos, com múltiplos detalhes, em outros comunicados em que temos mostrado as grandes barreiras que o profeta tem de atravessar quando em missão antecipada no tempo e no espaço. João Evangelista, como qualquer outro vidente, era um homem portador de deficiências comuns a vossa humanidade; diferia dela, apenas, pelo seu misticismo avançado e por ter chegado à presença de Jesus. Apesar disso, o seu Apocalipse não pôde livrar-se de algumas insuficiências de caráter humano e de defeitos naturais de quem o escreveu. Mas é uma obra inspirada pelo Governo Oculto do mundo, que foi transmitida sob orientação da técnica cósmica, mas apropriada à mentalidade humana do momento. O próprio Jesus deixou-nos, antecipadamente, no Apocalipse, verdadeiras senhas para que penetrássemos no mistério dessa revelação, quando se referiu aos "fins dos tempos" e às dores que adviriam à humanidade nesse evento tão próximo de vós.

PERGUNTA: — *Por que motivo o simbolismo empregado pelo apóstolo, conhecido como João Evangelista, é mais ou menos igual ao de outras revelações antigas ou de outros setores iniciáticos, que não herdaram tradições do povo hebreu?*

RAMATÍS: — O Apocalipse de João, o apóstolo, é quase uma confirmação dos mistérios religiosos dos orientais, no que toca ao seu invólucro alegórico. Assemelha-se, em parte, a outros apocalipses de menor alcance, de raças até extintas; serve-se de certo simbolismo partícipe da cosmogonia dos persas, dos sírios, dos egípcios, dos árabes e dos caldeus, principalmente quanto às hierarquias celestes e aos movimentos do sistema planetário e do zodíaco. É preciso, entretanto, que não vos deixeis impressionar exclusivamente pela simbologia própria da tradição iniciática de outras raças; em sua intimidade, a predição contida no Apocalipse é irrevogável e matemática em tudo quanto vai acontecer no tormentoso "fim dos tempos" do vosso século! Confrontando o Apocalipse de João com as antigas profecias, notareis naquele livro, incontestavelmente, inúmeros pontos de concordância com as referidas profecias, de caráter local, assim como o emprego de símbolos usados por Ezequiel, Isaías e Daniel. João Evangelista, o apóstolo de Jesus, que foi a reencarnação do profeta Samuel, socorreu-se muitas vezes de sua memória etérica, do passado distante, aplicando aos acontecimentos do seu Apocalipse vários símbolos de que já se utilizara em vida pretérita, quando profetizava.

PERGUNTA: — *É fora de dúvida que os acontecimentos trágicos do Apocalipse se referem ao século atual?*

RAMATÍS: — A visão foi colhida fora do tempo e do espaço, desaparecendo, portanto, para o profeta, a noção de calendário, restando-lhe apenas a visão do "momento" ou "instante" em que os fatos trágicos deveriam ocorrer. Diz ele: — "Bem-aventurado aquele que lê e ouve as palavras desta profecia e guarda as coisas que nela estão escritas, porque o tempo está próximo" (apocalipse, 1:3). E o apóstolo dá a entender, claramente, que esse "tempo" é aquele do qual já profetizara Jesus, como podereis verificar no mesmo capítulo: — "O qual deu testemunho à palavra de Deus e testemunho de Jesus Cristo em todas as coisas que viu" (Apocalipse, 1:2). É óbvio que o evangelista João só poderia dar testemunho de Jesus Cristo depois que o próprio Jesus se houvesse referido a essas mesmas coisas, sem o que isso não seria testemunho. O profeta do Apocalipse endossou, pois, e confirmou tudo aquilo a que o Cristo já havia feito alusão em suas predicações, as quais, em síntese, dizem que o "fim dos tempos" seria acompanhado de dores e de catástrofes, mas que ele voltaria para julgar os vivos e os mortos, separar o joio do trigo, o lobo dos cabritos; que os bons sentar-se-iam à sua direita e os maus à sua esquerda. Indubitavelmente, Jesus previu essa época de "choro e ranger de dentes" exatamente para o fim deste século, visto que os sinais proféticos já se notabilizam no vosso mundo conturbado. É por isso que a voz popular afirma que "o mundo a mil anos chegará, mas de dois mil não passará".

PERGUNTA: — *Há quem considere o Apocalipse como um amontoado de simbolismos, alegorias e lendas, excessivamente dramatizadas pela mente superexcitada do apóstolo João, devido a se encontrar bastante abatido em seu exílio, na ilha de Patmos. Não haverá certa razão para tal julgamento?*

RAMATÍS: — Várias vezes o próprio apóstolo João chama intencionalmente a nossa atenção para a importância de sua mensagem, quando repete: — "aqui há sentido que tem sabedoria" ou, então, "aqui há ciência"! Como toda mensagem profética — que antecede de muito à época de sua completa realização — o Apocalipse também prevê ajustes proféticos que se realizarão, gradativa e oportunamente, à medida que os fatos os reclamarem, explicando-se, então, as primeiras predições. Quando esses fatos vão clareando o sentido oculto dos símbolos e se ajustando perfeitamente a eles, o restante das profecias se torna mais compreensível.

PERGUNTA: — *Gostaríamos que nos désseis um exemplo objetivo dessa compreensão adiantada do restante das profecias. Podeis fazê-lo?*

RAMATÍS: — O fato de já saberdes que a alusão de João à "nova Jerusalém" é um simbolismo da futura civilização do terceiro milênio, nada tendo que ver com a edificação de uma cidade em lugar escolhido, na Terra ou mesmo no Espaço, para morada do "povo de Deus", já vos facilita entenderdes outros símbolos, quando se referirem à "cidade santa", de vez que já sabeis que eles se referem, também, à próxima humanidade terrena. Consequentemente, a afirmação apocalíptica de que "não entrará na cidade santa coisa alguma contaminada, nem quem cometa abominação ou mentira, mas somente aqueles que estão inscritos no livro do Cordeiro" (Apocalipse, 21:27) levar-vos-á à

Mensagens do Astral 157

compreensão de que no mundo da futura civilização do terceiro milênio, cristianizado, não poderão reencarnar-se espíritos inclinados à falsidade ou a coisas abomináveis, pois que agasalhará uma humanidade selecionada entre os que tiverem sido julgados no "fim dos tempos".

PERGUNTA: — *A finalidade do Apocalipse é apenas a de chamar a atenção para a seleção de espíritos a realizar-se no "Juízo Final"?*

RAMATÍS: — O Apocalipse tem em mira, acima de tudo, descrever a tremenda fermentação de ordem psíquica e física, que há de preceder ao estabelecimento da civilização cristã que deverá imperar no terceiro milênio; mas é revelação de ordem geral, endereçada ao campo objetivo da Arte, da Ciência, da Filosofia, da Religião e da Moral humana. O estudioso que se mantiver acima das formas materiais da alegoria poderá distinguir nela uma alusão às várias esferas do trabalho humano, que sofrerão modificações relativas aos seus misteres.

PERGUNTA: — *Ser-nos-ia possível, porventura, encontrar alusões claras ao terceiro milênio, no Apocalipse de João Evangelista?*

RAMATÍS: — Confirmando todas as revelações anteriores de outros videntes e profetas e, depois de aludir, em termos trágicos à peste, à fome, à morte e à destruição, João aprega que o epílogo disso tudo será a existência de um mundo de completa paz! Na descrição simbólica da nova Jerusalém, a cidade santa, ele identifica a humanidade do terceiro milênio, em vias de completa cristificação, após a seleção do "joio e do trigo" e a emigração dos "esquerdistas" do Cristo para outros mundos inferiores, dizendo: "E vi um céu novo e uma terra nova, porque o primeiro céu e a primeira terra se foram, e o mar já não é" (Apocalipse, 21:1). Nessa visão descreve exatamente os continentes novos, que hão de formar-se após o deslocamento dos oceanos, em consequência da próxima elevação do eixo da Terra. Na expressão "o mar já não é", está claramente indicado que o mar desaparecerá, em certos pontos, sendo substituído por terras emergidas.

O caráter e a posição espiritual superior, da humanidade do terceiro milênio, estão implicitamente descritos, quando João prediz: "E as nações caminharão à sua luz (a luz do Cristo) e os reis da terra lhe trarão a sua glória e a sua honra" (Apocalipse, 21:24), porquanto o espírito cristão da futura humanidade dar-lhe-á o caráter de nações caminhando sob a inspiração do Cristo e, consequentemente, pacíficas, laboriosas, fraternas, evangelizadas e distanciadas de extremismos separativistas. "E os reis da terra lhe trarão a sua glória e a sua honra", isto é, os poderosos, os privilegiados, os sábios e todos os que possuírem a realeza da sabedoria, da ciência e do poder público, quais reis em suas esferas de ação, não mais viverão para sua própria glória, dentro de exclusivismos interesseiros e egoístas, mas para glória e honra do Cristo, como prepostos abençoados, ao serviço de Deus, para o bem do mundo!

Os "esquerdistas" não inscritos no "Livro do Cordeiro" não mais se reencarnarão no vosso mundo, no terceiro milênio. "Não entrarão na cidade santa, porque cometeriam abominações (Apocalipse, 21:27)". O espírito messiânico do Cristo, representado pela luz do dia, impedirá a presença da "noite", significado das trevas da iniquidade, conforme afirma o apóstolo: "E as suas portas (da cidade) não se fecharão de dia, porque noite não haverá ali" (Apocalipse, 21:23,25).

Diz mais o profeta: "No meio da sua praça, e de uma e de outra parte do rio, estava a árvore da vida, que dá doze frutos, produzindo cada mês o seu fruto, e as folhas das árvores servem para a saúde das gentes" (Apocalipse, 22:2). Nesse conceito situa-se o progresso, o verdadeiro aproveitamento do trabalho e o labor espiritual da humanidade do terceiro milênio. O apóstolo serve-se da comparação com uma praça — comumente o local principal de uma cidade, o ponto de convergência de seus habitantes, o centro da coletividade — para explicar que esse labor constitui o seio, o coração da atividade humana da cidade santa, ou seja, da civilização escolhida, do próximo milênio. No meio dessa praça está a árvore da vida, que significa o alimento, a energia, o recurso e o ensejo para que as almas se elevem aos planos superiores; é a oportunidade certa e fecunda, que libertará dos ciclos reencarnatórios e consolidará a consciência para a felicidade eterna! Essa árvore da vida é a faina criadora, para o contínuo crescimento espiritual, produzindo em cada mês o seu fruto — seja um total de doze frutos, seja um total de doze meses de trabalho fecundo e de aproveitamento completo, nessa cidade entre cuja humanidade já não se conhece mais o desperdício de tempo, a ociosidade e a inconsciência da responsabilidade pessoal, porque todos trabalham e produzem para a verdadeira vida do espírito! Essa nova Jerusalém situa-se bem distante da negligência atual do vosso século, em que as criaturas caminham um passo adiante, em direção ao Cristo, e mil passos para trás, sob o convite de Satã! Nos mundos físicos, as folhas da árvore da vida, ou seja, as aflições, as decepções e outros sofrimentos próprios do aprendizado espiritual, sempre terminam purificando, retificando e curando as enfermidades da alma. Servindo-se das alegorias em trânsito na época, evocando o simbolismo do "Aqueronte" ou do "Letes" — o rio do esquecimento — o apóstolo João situa a árvore da vida também de uma e de outra parte do rio, ou seja, na outra margem do Além, nos planos invisíveis em torno da Terra, em que ela também está plantada. Essa sua comparação é de profunda significação porquanto, feito o julgamento dos "vivos e dos mortos" e a seleção dos da "direita" e da "esquerda" do Cristo, aquele labor fecundo, da árvore da vida espiritual, se estenderá, também, ao próprio plano astral que circunda o vosso orbe!

Confirmando, ainda, que a profecia é alusiva à humanidade do terceiro milênio, o profeta reforça as suas palavras, dizendo: "Bem-aventurados aqueles que lavam as vestiduras no sangue do Cordeiro, para terem parte na árvore da vida, e para entrarem na cidade pelas portas" (Apocalipse, 22:14). Está claro o pensamento do apóstolo quanto ao valor excepcional do sacrifício, do martírio e da renúncia que os trabalhadores do Senhor, os "poucos escolhidos", hão de demonstrar com a lavagem de suas vestiduras no sangue do Cordeiro, em holocausto ao amor para com as criaturas desesperadas no "fim dos tempos". Essa abdicação sacrificial, representativa de absoluto amor ao próximo, distinguirá os da "direita do Cristo" — aqueles que se reencarnarão, futuramente, no mundo melhor da civilização do terceiro milênio, "para terem parte na árvore da vida", que dá a seiva necessária para o crescimento angélico da alma. Como se trata de espíritos já selecionados no "Juízo Final" que se aproxima, predestinados, portanto, para a direita do Cristo, deverão eles entrar na cidade pelas portas, isto é, pela reencarnação "oficial", determinada especialmente pelo Alto. Os novos cidadãos penetrarão, portanto, através dos recursos normais à humanidade do próximo milênio, porque serão portadores de passaportes correspondentes a alta espiritualidade, por terem sido reconhecidos em sua compostura crística de "direitistas", oficialmente integrados na "árvore" da vida superior. Quanto aos esquerdistas, aos impuros e exilados, clandestinos, portanto, ficarão impedidos de penetrar na cidade santa, da nova civilização, pelas portas naturais da vida física.

PERGUNTA: — Através do Apocalipse poderíamos também prever que, no "fim dos tempos", surgirá na Terra um clima de voluptuosidades, tão excitante, que acentuará e estimulará o desregramento e a inversão dos valores morais. Não é o que se depreende de vossas mensagens?

RAMATÍS: — O Apocalipse não só assinala, como ainda põe em destaque o impulso lúbrico, animalizado, a sugestão imperiosa para que as criaturas deem pasto aos seus desejos torpes e à sua volúpia deletéria, que atualmente já está recrudescendo entre vós! O evangelista diz-nos claramente o seguinte: — "Aquele que faz injustiça, faça-a ainda; e aquele que está sujo, suje-se ainda; e aquele que é justo, justifique-se ainda; e aquele que é santo, santifique-se ainda" (Apocalipse, 22:11). É o resultado exato do que já vos explicamos alhures, referindo-nos à presença do "astro intruso", que há de modificar o eixo da Terra, provocando também a saturação do meio com o seu magnetismo primitivo, inferior, e produzindo as condições propícias para que os desregrados em potencial se revelem definitivamente! E como entre os "muitos chamados poucos serão os escolhidos", subentende-se que esses poucos escolhidos serão as almas indomáveis pelo mal, de ânimo férreo, corajosas e evangelizadas, capazes de resistir aos impactos vigorosos do magnetismo sensual atuante e de se imunizarem contra a inversão moral. Em contraposição aos súditos da devassidão e do gosto pervertido pelo psiquismo invigilante, esses poucos demonstrarão absoluta renúncia e sacrifício, oferecendo poderosa reação crística aos estímulos inferiores. É por isso que o vidente de Patmos diz: — "e aquele que está sujo, suje-se ainda", enquanto também conceitua: — "e aquele que é santo, santifique-se ainda". É a perfeita identificação do "Juízo Final"; a derradeira oportunidade de satanização completa ou de cristificação definitiva; os quadros perfeitos dos da "direita e da esquerda" do Cristo; do "joio e do trigo", do "lobo e da ovelha"! Os que estiverem sujos, devido à fermentação deletéria em suas almas, que façam explodir à luz do dia essa corrupção e maldade, expondo-se logo e de uma vez ao julgamento comum da humanidade, para que se lhes conheçam as verdadeiras intenções ocultas; mas, também, na lisura de seus procedimentos, pautados pelo Evangelho de Jesus, os santos se farão reconhecer pelos seus atos meritórios, pelo seu sacrifício e pela sua renúncia em favor do bem da humanidade! A separação implacável, que se aproxima rapidamente da vossa humanidade, há de comprovar, indiscutivelmente, quais as almas que estão inscritas no "Livro do Cordeiro" e as que estão fora do "Livro da Vida" e não se alimentam do Cristo.

PERGUNTA: — *Meditando sobre o Apocalipse, estranhamos o fato de não se encontrarem nele explicações claras sobre o julgamento dos vivos e dos mortos, predito por Jesus. Podeis auxiliar-nos a compreender bem o pensamento de Jesus, em confronto com o de João Evangelista?*

RAMATÍS: — Reza o Apocalipse: — "E o mar deu os mortos que estavam nele; e a morte e o inferno deram os seus mortos que estavam neles, e se fez juízo de cada um deles, segundo as suas obras" (Apocalipse, 22:13). Os mortos também foram julgados, segundo afirma João, quando diz que "o mar deu os mortos que estavam nele", ou seja, os vivos que haviam **perecido** no mar e, pelas palavras seguintes, se vê que também foram julgados outros desencarnados: — "a morte e o inferno deram os seus mortos". Deveis compreender que a morte ou o inferno só poderiam dar **almas** dos mortos. "E se fez, então, o juízo de cada um deles", isto é, de cada um dos grupos de vivos e mortos, segundo as suas obras: — o dos vivos (ou encarnados) pelos seus atos finais no exame apocalíptico, e o dos mortos (ou espíritos já desencarnados, obsessores, vingativos, impiedosos, corruptos e diabólicos) que são os mortos dados pela morte ou pelo inferno.

PERGUNTA: — *Alguns afirmam que o Apocalipse encerra uma enorme confusão de símbolos, que se referem quase sempre aos mesmos acontecimentos, que são explicados sob figuras diferentes. Que nos dizeis a esse respeito?*

RAMATÍS: — O profeta envidou os mais ingentes esforços para ajustar, às pressas, às suas profecias, os símbolos de todos os matizes, que lhe acudiam à mente em transe, a fim de despertar contínuas associações de ideias nos futuros interpretadores do Apocalipse. Através de vários símbolos de naturezas diferentes, mas apropriados ao mesmo conteúdo íntimo, ele procurou avivar o espírito principal da profecia, que é exatamente o de chamar a atenção para o desregramento coletivo e os acontecimentos lastimosos do "fim dos tempos". Quando alude à "cidade santa", à nova Jerusalém ou à "cidade das doze portas", varia a expressão exterior dos símbolos, mas o conteúdo, para a interpretação deles, é sempre o mesmo, pois o profeta refere-se exclusivamente à civilização do terceiro milênio. Revelando os sinais da glória do espírito cristificado, ele sempre alude a lâmpadas, coroas de ouro, estrelas, sóis refulgentes, fachos luminosos e relâmpagos fulgurantes, empregando uma simbologia tendente a fixar na mente humana a impressão de que a alma angélica sempre se revela por sinais deslumbrantes. Na realidade, o que vos parece confusão de símbolos é riqueza sinonímica, que fazia parte da mistagogia dos orientais e de todos os povos antigos, cujas revelações exteriores, pródigas de imagens e símbolos, convergiam, no entanto, para a mesma revelação interior. Era um processo inteligente de avivar a memória, com insistência, através de evocações aparentemente variadas, mas sempre associadas ao mesmo conteúdo. Essa simbologia faz lembrar a taquigrafia, que é um conjunto de sinais que devem ser traduzidos com atenção, sem exorbitar da técnica e da ciência humana, porque falam uma linguagem única em seu todo. Assim como a taquigrafia oferece um conjunto de sinais que divergem da forma costumeira de se escrever, porque abrange mensagens mais longas, com menor quantidade de sinais ideográficos, o aspecto teatral, confuso e verborrágico, do Apocalipse, subordinou-se também a um tipo de simbologia da qual o apóstolo se utilizou como sendo a mais viável. Essa simbologia está repleta de imagens do céu e do mecanismo das constelações, correspondentes a sinais que realmente precedem as revoluções do tempo, as modificações dos povos e as probabilidades astrológicas de alterações siderais. Entretanto, o Apocalipse deve ser estudado à luz da razão comum dos tempos atuais, e seus símbolos ajustados aos acontecimentos naturais, que não discrepem das leis comuns.

    Os acidentes materiais, catastróficos, que ali se disfarçam sob o envoltório da alegoria, serão eventos implacáveis. João previu o que realmente já se acha estabelecido como detalhes do "Grande Plano Sideral", no tocante às modificações do vosso orbe, em concomitância com outras variações no sistema solar. Trata-se de acontecimento compulsório, submetido aos poderes mais altos, em perfeito ajuste de providências contra o desregramento moral para o qual já se encaminha, celeremente, a humanidade terrena! Em face da atual situação psicológica do vosso mundo, qualquer psicólogo, mesmo incompetente, poderá definir o rumo para o qual se dirige o homem! Superexcitado e afogado pelas paixões descontroladas, ele se fascina ante o prazer deletério e foge deliberadamente das suas responsabilidades espirituais. O desregramento atual é apenas a conclusão das premissas anteriores das corrupções locais, que constituíram as preliminares isoladas dos desvarios da Babilônia, Sodoma, Gomorra, Pompeia ou Herculano!

PERGUNTA: — *Por que motivo o Apocalipse relaciona continuamente suas profecias com os números sete e doze, em suas narrativas simbólicas? Notamos a prodigalidade com que se refere a sete anjos, a sete castiçais, sete selos, sete cornos, sete cabeças; doze fundamentos, doze portas, doze estádios, doze nomes, etc.! Trata-se de simples alegorias ou de disposições arquitetônicas na revelação?*

RAMATÍS: — Pitágoras já vos disse que sete é o número sagrado e perfeito. Sete é o número das ideias benéficas ou maléficas, tradição que se conceituou desde os povos árias. O setenário, presente em todas as manifestações principais, tanto no vosso mundo como no Cosmo, é o número perfeito que sela um remate supremo à perfeição criadora do Pai! Corresponde, também, ao número dos planetas astrológicos, que têm suas esferas "etereoastrais" em contínuo intercâmbio e influência com a aura astral da Terra, produzindo as combinações fluídicas do campo astronômico do vosso orbe e as disposições descritas na pitoresca linguagem da Astrologia. O número doze identifica um profundo Juízo entre os israelitas, e esteve sempre presente em todas as suas mais importantes renovações de ordem espiritual e consolidações de poderes no mundo. Doze eram as tribos de Israel, das quais a de Issacar forneceu a melhor e maior cota de profetas sagrados da Bíblia. Essas tribos descendiam, também, dos doze filhos de Jacó, conforme narra o "Gênesis". Doze é o número de meses do ano; doze o dos apóstolos; doze são os planetas em torno do Sol, nove dos quais já estão descobertos por vós.

Mas o Apocalipse ainda empresta maior importância à significação do número doze, porque se fundamenta nas doze constelações do Zodíaco, em cujos limites se opera a movimentação de todo o vosso sistema solar. É justamente na área dos sete planetas astrológicos e dos doze signos zodiacais que se firma basicamente a narrativa apocalíptica de João Evangelista porque, no estudo atencioso das cartas astrológicas e da posição dos astros, em seus signos periódicos, os astrólogos científicos sabem armar as equações que melhor traduzem as épocas e o tipo dos relatos do Apocalipse. O próprio sistema astrológico do vosso orbe está claramente subentendido na figura apocalíptica do "castiçal" e dos "sete braços" e, também, na dos "sete castiçais" e das "sete estrelas", perfeitamente alusivas ao Sol, Lua, Júpiter, Vênus, Mercúrio, Saturno e Marte. É pena que a exiguidade deste trabalho não nos permita alongarmo-nos em minudências comprobativas!

PERGUNTA: — *O Apocalipse adianta que os acontecimentos trágicos, do "fim dos tempos", hão de ter lugar exatamente na segunda metade deste século?*

RAMATÍS: — Repetimos-vos a advertência: — A compreensão normal de qualquer profecia só é conseguida quase às vésperas de sua integral realização, pois a interpretação exata da sua simbologia exige a descoberta de certas leis, costumes e sinais que os profetas dão por antecipação, em seus enunciados. Só depois que a ciência descobriu a bomba atômica foi que se tornou possível e sensato crer nas antigas profecias que afirmavam que "choveria fogo do céu, no fim dos tempos"! Os acontecimentos trágicos que as profecias, em geral, têm previsto para este século — em virtude de serem acontecimentos derradeiros, do "Juízo Final" — também se ocultam, no Apocalipse, sob uma névoa cabalística mais densa e uma alegoria mais complexa, que exigem outros sucessos científicos e técnicos, para que se tornem completamente entendíveis à luz hodierna. Presentemente, esses eventos podem ser subestimados pela ciência e considerados como acontecimentos ilógicos, para mentes infantis; mas, assim que surgirem novas soluções no campo da física, da Astronomia e da Arqueologia, as respectivas predições serão claramente interpretadas e libertas de sua feição fantasista. Malgrado as dificuldades de interpretações prematuras, dar-vos-emos alguns esclarecimentos básicos que revelam a natureza dos acontecimentos do "fim dos tempos", previstos por João Evangelista, no Apocalipse, e assinalados exatamente para a segunda metade deste século:

Diz o evangelista João: — "E quando ele (o anjo) abriu o sétimo selo, fez-se um silêncio no céu, quase por meia hora" (Apocalipse, 8:1), isto é, após terem sido abertos rapidamente os seis primeiros selos, aconteceu que, na abertura do último (do sétimo, ou do selo principal), fez-se esse silêncio de quase meia hora. Isso quer dizer que se trata do fim de um programa sideral; é a última providência a ser tomada pelos poderes angélicos, pois que se trata do sétimo selo, ou seja, do último a ser aberto! Na realidade, são os últimos acontecimentos purificadores do vosso orbe: o "Juízo Final", no "fim dos tempos". Quando o apóstolo João se refere aos acontecimentos gerais, tão distantes dele, naquela época, reunindo todos os detalhes numa só visão global — assim como em uma tela cinematográfico se projeta em algumas horas um panorama milenário — usava de uma linguagem extensa, elástica, aumentando os valores tradicionais dos vocábulos. Quando, no seu Apocalipse, se refere a dias, estes simbolizam milênios, e as horas simbolizam os séculos. Com a nossa visão espiritual, sabemos que o silêncio no céu, de quase meia hora, corresponde exatamente à metade do vosso século, desde quando a Engenharia Sideral fez o ajuste dos planos siderais, a fim de que tivessem execução os eventos próprios dos "tempos chegados", enquadrados no "Grande Plano Sideral".

Os clarividentes poderão comprovar-vos que, ao nascer um cravo, por exemplo, já se encontra tecido o seu molde, a sua matriz ou o seu corpo etéreo, que é o verdadeiro "plano floral" capaz de aglutinar as moléculas físicas que devem compor a flor, no campo material. O seu duplo etérico preexiste na esfera invisível aos olhos humanos, no seu "habitat" original, responsável pela configuração exterior da espécie material. Do mesmo modo, quando os Construtores dos Mundos planejaram a estrutura do atual "Grande Plano Cósmico" da criação exterior, no seio de Deus-Espírito, também configuraram, primeiramente, no plano invisível-etérico, os moldes ou detalhes a caminho de sua manifestação no mundo físico. Trata-se de eventos que se sucedem primeiramente na "esfera interior" da mente divina, fora do espaço e do tempo, sobre cujos detalhes não vos podemos elucidar, pois entraríamos em um terreno complexo, inacessível à inteligência do homem; plano indestrutível mas que revela, no entanto, a própria força que assegura a imutabilidade da Lei, na Criação.

O Apocalipse narra que, quando o anjo abriu o sétimo selo, "fez-se um silêncio de quase meia hora". Em verdade, alude ao trabalho silencioso, no mundo interior do "Éter-Cósmico", que durou quase cinquenta anos, ou seja, quase metade do vosso século atual, tempo durante o qual os Técnicos Siderais ajustaram os planos ou os moldes etéricos para a consecução do "fim dos tempos", que ocupará a outra "meia hora secular". Nessa visão apocalíptica está explícita a gravidade de um momento importantíssimo, que se assemelha à calmaria que precede a tempestade; é o momento de silenciosa expectativa, por parte do mundo invisível, entre as altas hierarquias espirituais, em vésperas do terrível desfecho do "Juízo Final" que se aproxima da Terra. O que dizemos com referência a esses planos organizados na primeira metade deste século, que denominamos como de grave expectativa, confirma-se integralmente quando, em seguida à meia hora de silêncio, segundo o Apocalipse, as potestades angélicas deflagram os acontecimentos trágicos previstos para o reajuste final da humanidade terrena. Diz o evangelista João: "E vi os sete anjos que estavam diante de Deus, e lhes foram dadas sete trombetas" (Apocalipse, 8:2,5). "E o anjo tomou o turíbulo, e o encheu de fogo do altar, e o lançou sobre a terra, e logo se fizeram trovões, e estrondos, e relâmpagos, e um grande terremoto". Este é o período decisivo, que já estais vivendo, ou seja, a materialização do plano ajustado na primeira metade do século e que, somado à segunda metade, compõe a terrível hora secular do "Juízo Final"!

Os acontecimentos são ainda narrados várias vezes, pelo evangelista, e associados a outras alegorias, comprovando a insistência com que os Mentores Siderais procuraram gravá-los na mente do profeta, sujeita a limitações inerentes ao mundo físico. Explica-se como foi previsto o plano, já em função agora, para o evento do "fim dos tempos": — "E tocou o primeiro anjo a trombeta, e formou-se uma chuva de pedra e de fogo, misturados com o sangue, que caiu sobre a terra; e a terra foi abrasada em sua terça parte e também queimada a terça parte das árvores e de toda a erva verde". "E se tornou em sangue a terça parte do mar" (Apocalipse, 8:7,8). Em todo o Apocalipse verifica-se que a técnica sideral serviu-se prodigamente dos símbolos, procurando criar uma linguagem inteligível para vós, pela comparação do que há de acontecer, com fatos ou acidentes conhecidos pelo ser humano. As potências superiores, as potestades angélicas, estão representadas nas figuras dos anjos que abrem os selos e dão execução aos planos já deliberados na Mente Divina; os elementos da natureza, em fúria, são revelados com clareza, e se percebe que estão como que envoltos com as próprias paixões humanas! O singelo turíbulo que o anjo enche de fogo do altar, aparentemente de pouca importância, é entretanto um símbolo de alto valor na profecia, pois o turíbulo é a peça da qual os sacerdotes se utilizam para purificação da atmosfera dos templos, simbolizando, no Apocalipse, o grande acontecimento da purificação do meio "psicofísico" da Terra!

PERGUNTA: — Há, no Apocalipse, alusão à presença de algum astro ou planeta, nas proximidades da Terra, que comprove as notificações proféticas feitas por vós quanto ao "astro intruso"?

RAMATÍS: — A presença do "astro intruso" (sob certo teor cabalístico), que deve elevar o eixo da Terra, está explícita na linguagem do profeta João, quando diz: — "E tocou o terceiro anjo sua trombeta e caiu do céu uma **grande estrela** ardente como um facho, e caiu sobre a terça parte dos rios, e sobre as fontes das águas" (Apocalipse, 8:10). Na sua visão extracorpórea, que a técnica sideral preparou num fabuloso resumo ideoplástico, que anulava a ideia de movimentos gradativos, o evangelista viu "uma estrela cair", mas essa queda, que lhe pareceu rapidíssima, abrange todo o espaço de tempo ocupado pelo astro intruso, na sua lenta aproximação da Terra. Em virtude de João apreciar, em poucos minutos, a sucessão de acontecimentos que ocupariam séculos, tudo lhe pareceu rápido, presente, com os seus movimentos aceleradíssimos, devido à ausência da noção gradual do tempo.

PERGUNTA: — Em vossas comunicações, tendes descrito o magnetismo desse astro intruso como primitivo, agressivo, superexcitante das paixões inferiores. Ser-nos-ia possível, porventura, perceber esse detalhe importante na profecia apocalíptica?

RAMATÍS: — O teor opressivo, adstringente — que lembraria o magnetismo de um fel eterizado — próprio do planeta purificador que se aproxima da Terra, também foi assinalado pelo profeta, e de modo satisfatório, quando diz: — "E o nome desta estrela era Absinto; e a terça parte das águas se converteu em absinto, e muitos homens morreram das águas, porque elas se tornaram amargosas" (Apocalipse, 8:11). É a identificação perfeita do magnetismo deletério, com o amargor da losna, interpretação que se estende, na alegoria apocalíptica, à própria ideia de horas de amargura por parte dos seres, por ocasião dos acontecimentos. O evangelista João acentua, ainda, o efeito sensual desse magnetismo que, embora indesejável, como o é o do próprio absinto, também vicia até as mais altas inteligências do mundo! Realmente o campo magnético do astro intruso é um profundo excitador das paixões animais porque, sendo seu magnetismo de natureza primária, oriundo de um orbe de energias superativadas, torna-se um multiplicador de frequência lasciva e egocêntrica nas criaturas invigilantes. Conforme temos explicado alhures, a presença do planeta produzirá, em determinadas latitudes geográficas, um clima excessivamente equatorial, avivando o flagelo das secas e perturbando o mecanismo da produção normal. João confirma esta asserção, quando prediz que "caiu do céu uma grande estrela ardente como um facho" (Apocalipse, 8:10) ou assegura que "foi abrasada a terça parte da terra". Repetindo sempre a mesma ideia, sob outras figuras alegóricas, a fim de despertar vigorosamente o campo mental dos seus interpretadores, diz mais: — "a terça parte das águas converteu-se em absinto" (Apocalipse, 8:11) ou seja, tornou-se imprestável, imprópria para mitigar a sede, evocando novamente o estado de aridez e de secura causado pela presença do planeta. Nostradamus (Centúria III — 34), alude aos efeitos perniciosos do astro intruso, ainda subestimado pela ciência quanto ao seu aparecimento. Diz Nostradamus: — "Quando o Sol se eclipsar completamente, passará em nosso céu um novo corpo celeste colossal, que será visto mesmo em pleno dia; mas os astrônomos **não darão** crédito aos seus efeitos, porque os interpretarão de outro modo; então não haverá provisões, devido à penúria, porque esse corpo é de efeito **abrasador**" (Centúria III, 34).

PERGUNTA: — Quais as predições de João Evangelista que, no Apocalipse, possam confirmar a verticalização breve do eixo da Terra?

RAMATÍS: — Essa indubitável modificação do eixo terráqueo está assinalada, principalmente, onde se diz: — "E foi ferida a terça parte do Sol, e a terça parte da Lua, e a terça parte das estrelas" (Apocalipse, 8:12). Como o Evangelista não podia precisar, naquela época, que a inclinação do eixo da Terra é de 23°, 30", do mesmo modo não poderia enunciar, na mesma base, todas as variações dos fenômenos resultantes da elevação! É óbvio que, ao se elevar o eixo terráqueo, o que há de acontecer até o fim deste século, também se modificarão, aparentemente, os quadros do céu astronômico com que estão acostumadas as nações, os povos e tribos, que hão de notar acentuadas diferenças nos tipos e situações das estrelas familiares. Algumas delas apresentarão mudança apenas em sua perspectiva comum; outras sumir-se-ão no horizonte, enquanto que, para surpresa de muita gente, novos corpos celestes passarão a ser vistos em ângulos astronômicos inesperados, devido à elevação do eixo da Terra! Essa elevação progressiva, para cobrir os 23°, 30" exatos, da atual inclinação do eixo, João, em sua visão apocalíptica, avaliou em um terço, ou seja, quase 34 graus. Daí a sua notificação das diferenças panorâmicas a serem visíveis, após a elevação terráquea, quando assegura que "foi ferida a terça parte do Sol, a terça parte da Lua e a terça parte das estrelas", o que, em meticulosa linguagem científica, ele deveria enunciar assim: — foi ferido o Sol em 23°, 30"; foi ferida a Lua em 23°, 30"; foram feridas as estrelas em 23°, 30". No fundo, ele procura identificar a porcentagem das modificações virtuais que hão de ocorrer no futuro, após a verticalização, partindo-se do ponto exato em que se situar cada observador, antes e depois do fenômeno. João confirma, novamente, o conteúdo da sua visão acima, acrescentando: — "De maneira que se obscureceu a terça parte das estrelas" (Apocalipse, 8:12) ou seja, desapareceu um terço do conjunto estelar da observação comum em cada local!

Tanto as emersões de terras, surgindo no seio dos oceanos, quanto a deslocação dos mares, dos rios, das fontes de água e dos lagos, provenientes da verticalização da Terra, ele as situou, na sua visão global rápida, de mistura com a queda da estrela: — "E caiu ela sobre a terça parte dos rios, e sobre as fontes de água" (Apocalipse, 8:10).

Nem se poderia exigir mais do extraordinário apóstolo e profeta que, em transe angustiado, teria forçosamente que confundir imagens e associá-las num bloco alegórico, impossibilitado, como estava, de distingui-las em cada ângulo de sua ocorrência.

PERGUNTA: — Achamos que é algo exagerada a desencarnação de dois terços da humanidade, nos acontecimentos finais deste século! Gostaríamos de saber, por isso, se no Apocalipse há qualquer referência a esse respeito. Podereis dar-nos esclarecimentos?

RAMATÍS: — João Evangelista assegura que "foi abrasada a terça parte da terra" (Apocalipse, 8:7), donde se conclui, logicamente, que pereceu a terça parte da humanidade: torna a dizer que "a terça parte das criaturas, que viviam no mar, morreu, e a terça parte das naus pereceu" (Apocalipse, 8:9). Obviamente, morreram **duas terças partes** da humanidade: uma terça parte pereceu em terra, quando esta foi abrasada totalmente, e a outra no mar, a que se encontrava em suas naus!

PERGUNTA: — *E o Apocalipse anuncia, para após esses acontecimentos, a era de paz e de harmonia do próximo milênio?*

RAMATÍS: — A sua afirmação é clara de que "não haveria mais **tempo** no mundo" (Apocalipse, 10:6), isto é, que os períodos proféticos de "fim de tempo", de "tempos chegados" ou de "juízos ou julgamentos finais" deixariam de ocorrer, por desnecessários, em face da renovação humana.

Eis o epílogo perfeito dos acontecimentos apocalípticos, descrito por João — "E o sétimo anjo tocou a trombeta e ouviram-se no céu grandes vozes que diziam: O reino deste mundo passou a ser de Nosso Senhor e do seu Cristo, e ele reinará por séculos de séculos. Amém" (Apocalipse, 11:15). Para os exegetas esotéricos e os espiritualistas estudiosos, está plenamente provada, nesse versículo do Apocalipse, a ideia do Cristo planetário, quando o profeta fala de modo claríssimo, destacando perfeitamente da figura do Espírito do Cristo a figura de Jesus de Nazaré, através da qual o divino Rabi foi o instrumento fiel do Cristo planetário, transfundindo para o vosso orbe a Luz Crística do Amor, que ultrapassa a configuração do vosso sistema solar! Eis o que o Evangelista afirma: — "O reino deste mundo passou a ser de Nosso Senhor e do seu Cristo!"

9. A "Besta" apocalíptica

PERGUNTA: — Qual o simbolismo que encerra a figura da "Besta", descrita no livro do Apocalipse, que faz parte da Bíblia?

RAMATÍS: — A figura da "Besta", descrita por João Evangelista no último livro que faz parte da Bíblia, intitulado "Apocalipse", é um simbolismo do desregramento que há de atingir o vosso mundo, conjugando-se a todas as paixões inferiores e formando uma só consciência coletiva, composta das criaturas invigilantes. Simboliza um comando pervertido, ou seja, a dominação por parte de um grupo que submeterá aos seus caprichos determinada quantidade de seres.

A "Besta" assemelha-se a um cardume de peixes, a um bando de gafanhotos ou a uma alcateia de lobos, espécies coletivas do reino animal, que agem sob um mesmo caráter instintivo, movendo-se pela ação diretora de um só psiquismo, com suas reações perfeitamente idênticas. É um agrupamento que difere dos conjuntos animais de mais adiantamento, como os do cão, do gato ou do cavalo, em que se pode verificar a fragmentação da "consciência de grupo", pois alguns componentes dessas espécies revelam reações, gostos e preferências nitidamente individuais. Há na espécie canina, por exemplo, certos tipos de animais que se distinguem do conjunto, revelando emoções à parte; há o cão destemido, que ataca de frente, e há o cão traiçoeiro, vingativo, que agride pela retaguarda. Enquanto o cão pacífico festeja o seu dono, esquecido da surra que levou, outro guarda rancor para com ele e nunca mais se esquece do seu algoz! O noticiário dos jornais assinala por vezes a conduta de cães heroicos, nos campos de batalha, ou os casos daqueles que salvam crianças em perigo de afogamento; outros, como o cão que pertencia a Mozart, morrem de saudade sobre o túmulo de seu dono!

A Besta apocalíptica representa, pois, a alma global e instintiva de todas as manifestações desregradas: ela age sorrateiramente sobre as criaturas negligentes e sempre lhes ajusta as emoções contraproducentes, a fim de as incentivar para a insanidade, a corrupção e a imoralidade geral. O reinado da Besta, como o de Satanás, implica na existência de súditos, que são os gozadores das bacanais lúbricas dos sentidos humanos e das paixões aviltantes, herdadas do animal.

PERGUNTA: — *Não existe perfeita semelhança entre o conjunto dos espíritos satanizados e esse reinado da Besta? Parece-nos que ambos abrangem um mesmo desregramento; não é verdade?*

RAMATÍS: — A distinção, no Apocalipse, é claríssima. O reinado de Satanás, embora compreenda o desregramento humano, corresponde mais diretamente à rebeldia do espírito às diretrizes superiores; é um estado de resistência fria, com um profundo sentimento de impiedade, de gelidez, e um feroz egocentrismo para o fim de sobrevivência pessoal. O reinado da Besta, alicerçado também sobre o desregramento coletivo da massa irresponsável, evidencia-se mais claramente pelo gozo dos sentidos; é uma sujeição espontânea à volúpia e à devassidão. No reinado satânico há mais personalismo, aliado a certa vigilância pessoal dos próprios indivíduos, que não se deixam apanhar em suas artimanhas e usam de toda astúcia para obter o melhor; o da Besta representa mais o desregramento geral, a perda de vontade própria, o abandono à lubricidade e a adesão espontânea dos indivíduos a um único estado de corrupção. O satanismo é individualmente excitante, ao passo que a devoção à Besta é a degradação do indivíduo, como acontece com o viciado em ópio, que se funde com o próprio vício. A massa satanizada difere da massa que adora a Besta, porque desperta um sentimento mau que estabelece contágio de indivíduo para indivíduo; é fortalecida pela simpatia à mesma índole perversa e rebelde, ao passo que a massa bestializada pouco se importa com a sobrevivência pessoal; o que lhe interessa é a sensação do momento e o desejo mórbido, que mata o raciocínio.

PERGUNTA: — Como poderíamos compreender melhor que a figura alegórica da Besta, no Apocalipse, tem relação apenas com o instinto animal, descontrolado, do homem, e não com certas instituições ou agrupamentos sociais ou religiosos?

RAMATÍS: — Já vos explicamos que a Técnica Sideral procurou repetir muitas vezes, através de símbolos diversos, as mesmas ideias, a fim de produzir na visão apocalíptica, projetada na mente de João Evangelista, uma associação alegórica mais ampla, e para que o profeta, no estado de vigília, alcançasse o maior êxito possível na descrição do que via. Por diversas vezes as visões de estrelas, castiçais ou diademas, embora diferentes, têm relação com a mesma ideia, ou seja, algo que projeta luz, que ilumina, que emite reflexos fulgurantes. Devido a isso, há no Apocalipse vários pontos diferentes de identificação do verdadeiro sentido que se deve atribuir à Besta. Esse o motivo por que o profeta ora se refere a um dragão com sete cabeças e dez cornos, ora a uma besta com os mesmos atavios e, às vezes, à serpente, como se vê das seguintes referências: "E eis que era um grande dragão vermelho, que tinha sete cabeças e dez cornos e nas suas cabeças sete diademas" (Apocalipse, 12:3). "E foi precipitado aquele dragão, aquela antiga serpente, que se chama o Diabo e Satanás, que seduz a todo mundo" (Apocalipse, 12:9). "E vi uma mulher assentada sobre uma besta de cor escarlate, cheia de nomes de blasfêmias, e que tinha sete cabeças e dez cornos" (Apocalipse, 17:3). "E o dragão irou-se contra a mulher" (Apocalipse, 12:4). "Vi levantar-se do mar uma besta que tinha sete cabeças e dez cornos, e sobre os seus cornos dez diademas e sobre suas cabeças nomes de blasfêmias" (Apocalipse, 13:1).

Essas diversas figuras, embora de aspectos diferentes na sua conformação exterior, abrangem a mesma ideia fundamental: o instinto animal!

PERGUNTA: — Gostaríamos que nos désseis melhores elementos para comprovarmos logicamente que se trata do instinto desregrado. Podeis fazê-lo?

RAMATÍS: — É um tanto estranhável a vossa pergunta, de vez que os vossos espíritos já se condicionaram de tal modo ao vocábulo "besta", como identificador do instinto animal, que

174   Ramatís

considerais as mais baixas paixões e taras hereditárias como sendo consequentes da bestialidade humana. A "besta humana" tem sido o qualificativo máximo que aplicais aos autores de crimes monstruosos ou aos que demonstram perversidade sem propósitos justificáveis! Assim que o homem sentiu os primeiros bruxuleios da angelitude, que demarcou as fronteiras entre o animal e o espírito, escolheu a palavra "besta" para sinônimo de brutalidade. O profeta utiliza-se ainda de outros vocábulos na sua revelação, empregando os de "dragão" ou de "serpente" como representativos das ações bestiais que se praticam no vosso mundo. A serpente — alusão ao espírito satanizado — quando no alegórico paraíso seduz Eva e a faz pecar, é o símbolo da sensualidade e dos indomáveis desejos do instinto inferior. Um dos importantes quadros alegóricos no hagiológio católico é o de São Jorge vencendo o dragão, ou seja, a alma destemida e inspirada pelas energias superiores, a enfrentar o dragão do instinto inferior, que lhe vomita o fogo do desejo, e a lava da luxúria. Entretanto, o símbolo mais perfeito, através do qual se possa identificar o instinto humano animalizado, com o seu cortejo de paixões sensuais e desejos imperiosos da carne, é o sangue. Por isso, João Evangelista emprega várias vezes figuras simbólicas em que predomina a cor sanguínea, sempre que alude diretamente ao instinto humano, que se caldeia sempre através da linfa da vida física, que é o sangue. Diz João: "Eis aqui um dragão vermelho" (Apocalipse, 12:3) ou, então: "E vi uma mulher assentada sobre uma besta de cor escarlate" (Apocalipse, 17:3). Refere-se também ao instinto inferior, numa alusão que parece um tanto confusa: "E o lagar foi pisado fora da cidade, e o sangue que saiu do lagar subiu até chegar aos freios dos cavalos, por espaço de mil e seiscentos estádios" (Apocalipse, 14:20). O apóstolo insiste no simbolismo do dragão vermelho ou da besta cor de escarlate, pondo em destaque essas duas figuras mais alegóricas do instinto humano. Sabeis que esses animais revelam a ferocidade, a ostensividade e o poderio do instinto, quando tomam conta da alma, e que só são vencidos por meio de esforço gigantesco, gerado por uma férrea vontade.

O vermelho, ou escarlate, corresponde à mesma cor psicológica com que no vosso mundo identificais o predomínio da violência animal. E João, no seu simbolismo sugestivo, diz que "o sangue que saiu do lagar subiu até chegar aos freios dos cavalos". Essa figura é facilmente compreensível pelos ocultistas.

Os magos antigos, quando ensinavam aos seus discípulos as relações do espírito com a matéria, empregavam o símbolo corriqueiro de uma viatura puxada por um cavalo sob a direção de um cocheiro. O cocheiro representava o espírito, a inteligência, o princípio diretor; a viatura, o corpo — o princípio movimentado — e o cavalo a força intermediária, o princípio motor, ou seja, o conjunto que hoje o espiritismo denomina de "perispírito". O cavalo, por ter de puxar a viatura e ser mais forte que o cocheiro, precisa de ser controlado por meio das rédeas, que lhe tolhem o desejo de disparar; a princípio, exige contínua atenção para com a sua indocilidade, mas, quando já completamente domesticado, dispensa excessivos cuidados nesse sentido. O cavalo desembestado faz tombar a sua viatura com os choques desordenados, enquanto que o animal dócil é garantia de longa vida para o seu veículo! O perispírito humano, como princípio motor, pode ser comparado, também, a um cavalo pleno de energias, que fica atrelado entre o princípio diretor do espírito e o princípio a ser movimentado nas ações individuais. É um molde preexistente ao corpo carnal e sobrevivente à desencarnação física; é a sede das forças combinadas do mundo material e do mundo astral. Nesse invólucro etereoastral casam-se as energias que ascendem do mundo inferior animal e as que descem do mundo angélico superior; é a fronteira exata do encontro dessas duas expressões energéticas, que ali se digladiam, em violenta efervescência e luta heroica para o domínio exclusivo! O ser humano assemelha-se, então, a uma coluna de mercúrio, pois que fica também colocado entre dois climas adversos, que se defrontam, para a glória do espírito ou para a vitória das paixões inferiores.

    O perispírito (ou o cavalo alegórico dos magos antigos), quando negligenciado o seu comando por parte do espírito, indisciplina-se ao contacto com as forças selvagens alimentadas pelo mundo inferior, e então o "sangue" sobe até chegar aos freios do animal! Portanto, aquele que perde o domínio psíquico e se deixa vencer pelas paixões bestiais, da cólera, da luxúria ou da devassidão, está implicitamente incluído na afirmação apocalíptica de que o sangue lhe subiu até chegar aos freios do cavalo!

    O reinado da Besta significa também a agressividade do instinto inferior bravio que, no fim dos tempos, chegará a "tomar o freio" — como dizeis quando o cocheiro ou o cavaleiro não pode dominar o animal — subvertendo, portanto, o comando do espírito e pondo em perigo a sua integridade psíquica às vésperas da grande seleção entre o "joio" e o "trigo".

PERGUNTA: — *Que dizeis sobre o fato de continuarmos a considerar como demasiadamente lúgubre e atemorizante o livro do Apocalipse?*

RAMATÍS: — À medida que as vossas consciências se forem angelizando e libertando dos ciclos reencarnatórios dos mundos físicos, desaparecerá o que atribuís a excentricidades e aberrações no curso da ascensão espiritual. As alegorias, as lendas e os tradicionais tabus atemorizam as mentes infantilizadas porque lhes dão a ideia de um mundo confuso e sobrenatural; mas isso são sequências provisórias da jornada comum. O homem examina a realidade cósmica através de uma lente deformada pela sua consciência reduzida, e por isso só vê um detalhe do Todo; ignora, em consequência, o maravilhoso processo que produz indivíduos-anjos entre a massa "cósmica-espírito", através de um cientificismo só compreensível ao seu Divino Autor!

O melodrama criado pela incapacidade do entendimento humano em relação à obra de Deus é, ao contrário, uma harmoniosa orquestra de Eterna Beleza, sob a batuta do Regente Criador dos Mundos! Reconhecemos que são atemorizantes para vós as ideias da existência de hordas satanizadas ou de espíritos bestializados, visto que ignorais os objetivos sadios dessas etapas transitórias; para nós, que as conceituamos fora do calendário humano, são apenas fases de fermentações angélicas. Embora tenhamos de entregar-nos a preleções exprobrativas, anatematizando os pecados do vosso mundo, censurando-vos pelo vosso retardamento evangélico e advertindo-vos sobre graves perigos espirituais ante a vossa negligência às vésperas do "Juízo Final", sabemos que, após alguns milênios, ostentareis as asas formosas do anjo ou o diadema fulgente do santo!

PERGUNTA: — *Como poderíamos localizar, no Apocalipse, a vitória do espírito sobre a Besta, ou seja, sobre o instinto inferior?*
RAMATÍS: — O profeta no-la explica: "E eles o venceram pelo sangue do Cordeiro e pela palavra do seu testemunho, e não amaram as suas vidas até à morte" (Apocalipse, 12:11).

Deveis saber que a renúncia à vida física implica em que se ame a vida para além da morte, ou seja, a vida eterna do espírito. Tanto a Besta quanto o satanismo, como já vos explicamos antes, serão vencidos pela abdicação completa dos bens do mundo material, em troca dos bens do reino do Cristo, que não é deste mundo. O sangue do Cordeiro é o sangue do sacrifício, e os que derem testemunho dele não hesitarão em derramá-lo, à semelhança dos que o fizeram na arena dos circos romanos, crucificados ou decapitados, mas repletos de fé e de amor! Conheceis as sublimes e heroicas atitudes dos primeiros cristãos, que "não amaram suas vidas até à morte", porque amavam a vida para lá da morte! A presença do Cordeiro à luz do vosso mundo, com a vossa integração em seu Evangelho e em contínuo testemunho de alta espiritualidade, é que realmente vos dará a vitória do espírito sobre o reinado da Besta ou de Satanás.

Assim como a presença de Jesus, na carne do vosso mundo, chegou — através do seu divino magnetismo — a serenar a ferocidade de Roma e a fazê-la preferir a paz com os outros povos, desenvolver as artes, as ciências e o trabalho pacífico, também a contínua evocação do seu espírito há de trazer completa modificação sobre o instinto humano.

PERGUNTA: — Que significa a mulher vestida de púrpura e de escarlate, adornada de ouro, de pedras preciosas e de pérolas, que tem uma taça na mão, cheia de abominação e imundície, descrita no capítulo 14, versículo 4 do Apocalipse?

RAMATÍS: — Notai que o apóstolo está aludindo mais uma vez à cor escarlate, que é o símbolo do instinto sanguinário, enquanto que a da púrpura evoca o poderio dos reis e dos sacerdotes, o que significa que o desregramento instintivo dominará e seduzirá todos os poderes e principais setores das atividades humanas, o que já podeis observar no seu crescimento gradual. A predileção pelas pedras preciosas, a vaidade tola adornada de ouro, a escravidão incontrolável ao jogo desregrado, a viciosidade crescente de homens e mulheres entregues ao alcoolismo elegante, os banquetes pantagruélicos, a libidinosidade, o desrespeito mútuo nas famílias de todas as classes sociais, estão bem representados na taça de ouro cheia de abominação e imundície, colocada na mão da mulher apocalíptica vestida de escarlate (índole bestial) e de púrpura (vestimenta tradicional dos poderosos)!

PERGUNTA: — Poderíamos conhecer qualquer afirmação do Apocalipse que nos possa induzir a maior certeza de que haverá uma prostituição de costumes entre os poderes máximos, e quais são esses poderes? A maioria das interpretações sobre a Besta apocalíptica varia conforme a religião ou a índole psicológica dos interpretadores. Os católicos coligiram dados para provar que a Besta é a Reforma do século XVI; os protestantes e diversos espiritualistas costumam relacioná-la com o clero Católico-Romano. Investigadores mais decididos, dando buscas na numerosofia, encontram o número da Besta nos títulos do papa! Que nos dizeis a esse respeito?

RAMATÍS: — Não vos esqueçais de que o simbolismo da Besta alicerça-se exclusivamente no instinto humano desregrado, que pode manifestar-se em qualquer latitude geográfica do mundo ou setor de trabalho religioso, filosófico, científico ou social.

Seria injustiça atribuir a relação desse simbolismo exclusivamente para com o clero Católico-Romano, que é um agrupamento isolado no vosso mundo, significando apenas um conjunto religioso, que não constitui uma maioria nem um predomínio no mundo terreno. A Besta que se fazia adorar representa a parte má de toda classe de sacerdotes, ministros, adeptos, mestres ou instrutores de todos os credos, doutrinas e religiões da vossa humanidade. Há, portanto, que incluir nessa parte má todos os maus clérigos da Igreja Católica, da Budista, da Muçulmânica, da Taoísta, da Israelita, da Hinduísta, da Reformada, mais os responsáveis por milhares de outras doutrinas, seitas e movimentos espiritualistas ou fraternistas, que hajam corrompido os seus ministérios elevados. Cumpre incluir também as instituições que são erigidas para o bem humano, mas que os homens dirigem de modo satanizado ou bestial. Atribuir a uma entidade religiosa, constituída para o serviço crístico, a responsabilidade total pelos atos de alguns de seus agentes desonestos, seria o mesmo que considerar a existência do vinho falso como crime cometido por todos os estabelecimentos que fabricam o vinho bom!

É preciso não olvidar as condições em que João Evangelista escreveu o Apocalipse. Ele não afirma ter visto ou presenciado pessoalmente as cenas descritas, mas declara que foi **arrebatado** em espírito para, quando voltasse a si, escrever em um livro a visão que tivera. Isto acarretou-lhe imensa dificuldade para relatar depois a visão, em estado de vigília, do que teriam decorrido certas confusões nos símbolos percebidos. No entanto, a despeito dessas dificuldades, ele deixou claro que a Besta sempre estende a sua ação às esferas diretoras das principais instituições responsáveis pelos destinos humanos, procurando conduzi-las à invigilância crística.

As alegorias apocalípticas devem ser encaradas sempre em relação aos movimentos de maior importância no vosso mundo, porque são revelação de ordem geral e coletiva, do que se deduz que o desregramento imperará com mais facilidade no meio dessas instituições ou esferas de comando da vida no vosso orbe. Cabe a vós descobrirdes inteligentemente aquilo que se ajuste aos conjuntos que o profeta não pôde individualizar com bastante clareza.

Para o vosso entendimento espiritual, a Política, a Ciência e a Religião estão claramente definidas onde se diz: "E eu vi saírem da boca do dragão, e da boca da besta, e da boca do falso profeta, **três** espíritos imundos semelhantes às rãs; estes são uns espíritos de demônios, que fazem prodígios, e que vão aos reis de toda a Terra, para os ajuntar à batalha no grande dia do Deus Todo-Poderoso" (Apocalipse, 16:13,14).

A Besta, representativa da astúcia, dá-nos ideia da **Política**; o dragão, em discordância com a mulher que tinha uma coroa de doze estrelas na cabeça, dá-nos ideia da **Ciência** em desacordo com a Religião, devido ao seu positivismo; o Falso Profeta, que assume a responsabilidade de anunciar a **Verdade**, usando ardilosamente a insígnia dos homens santos, dá-nos ideia da **Religião**, representada pela parte do clero desabusado, sensual e mistificador, de qualquer religião, quando industrializa e trai o pensamento básico de seus inspiradores, seja o de Jesus, seja o de Buda ou de Maomé! São os que colocam a Verdade, adornada de ouro e de pedrarias preciosas, nos templos gélidos, cercados de famintos e desnudos.

O Dragão, a Besta e o Falso Profeta soltam de suas bocas três espíritos imundos; espíritos de demônios, que fazem prodígios e que vão aos reis de toda a Terra. Aqui, para nós, o profeta reúne em seu enunciado **três** instituições de poderes e prestígio consideráveis, no vosso mundo: Política, Ciência e Religião que, desavisados, podem produzir em seu seio os agentes subvertidos da malignidade, da corrupção e da hipocrisia e que, para a humanidade ignara, operam prodígios! A **Política** consegue colocar nos postos administrativos do mundo um agrupamento de homens desregrados, especialistas no furto patrimonial e exclusivamente à cata da fortuna fácil; a **Ciência**, anticrística, desgasta os seus gênios para atender à corrida infernal em favor das guerras fratricidas, na fabricação da metralha assassina e das bombas desintegradoras; a **Religião**, através de uma parte de seus sacerdotes, ministros ou doutrinadores, transforma-se em mercado, negociando à semelhança dos fabricantes de panaceias curativas!

João Evangelista refere-se, também, às instituições de influência geral no mundo, que, para sobreviverem a contento de seus apaniguados, muitas vezes se rebaixam para servir aos poderosos, aos interesseiros e aos reis do mundo. O apóstolo diz textualmente: "Eles vão aos reis de toda a Terra, para os ajuntar à grande batalha do grande dia do Deus Todo-Poderoso", isto é, tornam-se servis e se comprometem a praticar ações menos dignas, desde que esses detentores do poder lhes garantam a existência confortável no comando das massas e dos tolos! Basta um punhado desses homens abomináveis em cada um desses conjuntos, para que fique tisnado o caráter digno de uma instituição organizada para o bem humano. Na política, buscam os votos do eleitorado e depois dilapidam o patrimônio público; na ciência, empregam a cerebração genial no desenvolvimento da indústria bélica para a destruição em massa; na religião, a esperança do céu é vendida a título de mercadoria imponderável!

No Apocalipse, os agentes nefastos da política, da ciência e da religião são apresentados sob a alegoria de três espíritos imundos **semelhantes às rãs**, porque esses homens abomináveis se parecem com os repteis asquerosos, do charco, visto que, devido à pele escorregadia que lhes dá a proteção desonesta, escorregam e escapam das mãos da Justiça!

PERGUNTA: — Gostaríamos que interpretásseis, ao vosso modo de ver, um trecho do Apocalipse, despido do seu envoltório dramático, e que se referisse mais diretamente aos acontecimentos do "Juízo Final". Estamos pensando no capítulo 16, versículos 18 e 21, que parecem conter revelação relacionada com a nossa pergunta. Vamos lê-lo: — "Logo sobrevieram relâmpagos, vozes e trovões, e houve um grande tremor de terra, tal e tão grande terremoto, qual nunca se sentiu desde que existiram homens sobre a terra. E caiu do céu sobre os homens uma grande chuva de pedra, como do peso de um talento; e os homens blasfemaram de Deus, por causa da praga de pedra, porque foi tão grande em extremo". Podereis fazê-lo?

RAMATÍS: — Consideramos dificílimo dar-vos uma interpretação plenamente satisfatória para o vosso entendimento "terra-a-terra", embora os textos indicados sejam claríssimos quando examinados à luz espiritual. Sob esse simbolismo anacrônico ocultam-se perfeitamente as consequências da verticalização do eixo da Terra, quando chegado o "Juízo Final", dando a entender perfeitamente que se trata de um acontecimento de ordem geral, no vosso globo.

A crescente evaporação do gelo, nos polos, em consequência do aquecimento da temperatura, que já se vai tornando cada vez mais tropical no planeta, cria impressionantes camadas de nuvens, pejadas de carga elétrica da água salina. Os relâmpagos, os trovões e as vozes humanas casar-se-ão nas horas temerosas. As profecias costumam dizer que "os brados de dores do homem serão ouvidos nos quatro cantos da Terra". Evidentemente, ante a existência do rádio, da televisão e do telégrafo, todos os acontecimentos dos fins dos tempos serão descritos, filmados, irradiados ou televisionados imediatamente, cumprindo-se essas profecias. A prova de que se trata, indubitavelmente, de uma catástrofe geral, atingindo portanto o globo todo, encontra-se nas seguintes palavras de João, que há pouco lestes: "E houve um grande tremor de terra, tal e tão grande terremoto, qual nunca se sentiu desde que existiram homens sobre a terra", ou seja, um geral movimento sísmico, decorrente da elevação do eixo terráqueo.

Ainda afirma o evangelista: "E a grande cidade (a Terra) foi dividida em três partes" (Apocalipse, 16:20), completando seu pensamento: "E toda a ilha fugiu, e os montes não foram achados" (Apocalipse, 22:13). Ele descreve as principais modificações que sofrerão os oceanos Pacífico e Atlântico, com as emersões da Lemúria e da Atlântida, que formarão então extensa área de terra, do que resultará a existência de apenas três continentes, para melhores condições de existência da humanidade futura. E a grande cidade, isto é, a superfície do vosso globo, ficará dividida em três partes.

Depois, o Evangelista prediz com perfeita exatidão o que acontecerá após o terremoto, quando as paisagens familiares e conhecidas não serão mais encontradas, naturalmente por terem sido substituídas por aspectos novos: "E toda a ilha fugiu e os montes não foram achados".

As estranhas mutações no clima costumeiro da Terra, provocadas pelo degelo contínuo e pela influência magnética do astro intruso, culminarão na produção de chuvas de pedras, "como do peso de um talento".

E diz mais o profeta: "E as cidades das nações caíram, e Babilônia, **a grande**, veio em memória diante de Deus, para lhe dar de beber o cálice do vinho da indignação e da ira". Quer isso dizer que as terras submergiram devido à elevação gradual do eixo, e Babilônia, **a grande** (a humanidade desregrada), veio em memória, isto é, apresentou-se para julgamento com a memória de seus atos, pecados e virtudes, desregramentos e sublimações, perante Deus, para a seleção à direita ou à esquerda do Cristo, na separação já prevista.

Os habitantes da Terra terão, portanto, de prestar contas de todos os seus atos e ser responsabilizados pela semeadura realizada nas reencarnações passadas; hão de submeter-se ao "Juízo Final", a fim de serem situados carmicamente nos mundos que lhes são afins com o grau espiritual de então. Na verdade, não serão propriamente a "indignação e a ira de Deus" que hão de cair sobre os faltosos, mas simplesmente o efeito, a consequência das infrações destes à Lei da Evolução. Não se trata de corretivo que possa ser levado à conta de injustiça ou vingança divina contra a ignorância humana, porquanto Jesus, o Sublime Legislador, já vos estabeleceu o roteiro certo para a vossa salvação. Só o deliberado desprezo para com esse Código Evangélico, que o Cordeiro exemplificou vivamente até ao seu sacrifício na cruz, é que exige os recursos dolorosos da retificação espiritual. Não é Deus que julga o homem submetendo-o a acessos de sua ira ou indignação; é a criatura humana que escolhe entre a Lei do Amor — pelo sacrifício e renúncia aos gozos provisórios da carne — e a Lei da Justiça, que o reajusta compulsoriamente para gozar da felicidade da qual se desviou!

PERGUNTA: — Não é razoável supormos que esse relato do Apocalipse se refira exclusivamente à própria cidade de Babilônia, desaparecida em condições semelhantes às que relata o profeta?

RAMATÍS: — Nos planos cósmicos traçados pelos Engenheiros Siderais, a precisão científica deve ajustar-se hermeticamente aos estados psicológicos dos espíritos reencarnados. Babilônia foi uma nação constituída de almas previamente escolhidas para povoá-la, tendo em vista a sua afinidade em matéria de desregramento incontrolável. A Direção Sideral agrupou ali, pouco a pouco, quer por meio da reencarnação, quer através da migração humana, espíritos da mesma índole psicológica, colocando-os assim na região geográfica em que pudessem ser depurados pelo sofrimento em comum. Quando a devassidão atingiu o auge e se tornou perigosa aos demais povos vizinhos, Babilônia foi condenada ao desaparecimento, tornando-se, daí para cá, símbolo da confusão e do desregramento, que até hoje é empregado no vosso linguajar.

Babilônia desapareceu antes de escrito o Apocalipse de João, nas condições previstas com êxito pelo inigualável profeta Isaías. É por isso que o Evangelista a destaca no relato apocalíptico, acentuando que os eventos se referem a Babilônia, **a grande**, isto é, não a uma cidade mas à humanidade da Terra toda. Ele poderia ter usado como alegoria o desregramento de Sodoma, mas não a usou, porquanto os costumes dissolutos, corrompidos, a desordem e a confusão babilônica, dos seus últimos tempos, condizem melhor com as mesmas características que se estão delineando no seio da vossa humanidade, para atingirem o seu "clímax" no "Juízo Final".

Há que considerar, também, que a designação Babilônia se refere especificadamente à vossa humanidade e não ao planeta Terra, que será higienizado para continuar na sua honesta função de escola de educação espiritual. João Evangelista faz essa distinção, com muita clareza, quando diz: "E a terra foi alumiada de sua glória. E exclamou o anjo fortemente, dizendo: Caiu, caiu a grande Babilônia!" (Apocalipse, 18:1, 2), isto é, caiu a humanidade anticristã, mas a Terra foi alumiada, continuando na sua rota.

Conforme já vos explicamos antes, a síntese do "Juízo Final" está no capítulo 20: "E o mar deu os mortos que estavam nele; e a morte e o inferno deram os seus mortos que estavam neles e se fez **juízo** de cada um deles, segundo as suas obras" (Apocalipse, 20:13).

PERGUNTA: — Quais são as características que revelam definitivamente a presença da Besta em nosso mundo?

RAMATÍS: — A sua presença no vosso mundo é indubitável, visto que se está cumprindo entre vós esta profecia: "O que está em cima ficará embaixo, e o que está embaixo ficará em cima".

É o momento em que os costumes, as convenções e as tradições comuns, que demarcam o pudor e a honestidade, se inverterão, sendo levados à conta de concepções obsoletas e de preconceitos tolos, diante da pseudo-emancipação do século. Sob rótulos pitorescos e terminologias brilhantes, as maiores discrepâncias de ordem moral são aceitas como libertação filosófica ou nova compreensão da vida!

Para os realistas do século atômico, emancipação significa libertação do instinto inferior, com o cortejo de sensações animais, que se disfarçam sob o fascínio do traje e dos cenários da civilização moderna. Multiplicam-se então os antros do prazer fescenino e do jogo aviltante; proliferam as indústrias alcoólicas; desbraga-se a carne moça recém-saída da escola primária; proliferam os costureiros especialistas em ressaltar os contornos anatômicos femininos; enriquecem-se os fotógrafos dos ângulos lascivos da mulher; rompem-se os laços íntimos da família no conflito dos bens herdados; os desgraçados sofrem fome na vizinhança dos banquetes aristocráticos do caviar ou do faisão importado; as mulheres pobres tremem de frio diante dos casacos de pele de elevadíssimo preço, ostentados por mulheres sobrecarregadas de joias raras! Pouco a pouco odeia-se o trabalho, pois a fortuna se consegue mais facilmente a golpes de desonestidade; desconfia-se da religião, porque os seus instrutores fazem do templo uma casa de negócio e o contacto com os ricos lhes rouba o tempo para atender ao pobre! O mundo se povoa de cassinos, boates, antros de tolerância que se instalam em promiscuidade com as residências de pessoas dignas; surgem os estádios faraônicos, mas apodrece o vigamento do hospital edificado à custa de esmolas; aumenta o comércio do livro obsceno e negocia-se a carne da mulher seduzida pela vida fácil! A verdadeira beleza do espírito perde o controle estético dos objetivos superiores; aumentam os frigoríficos, as charqueadas e os açougues-modelo, para matança organizada do irmão inferior, que é enlatado e servido sob os mais pitorescos cardápios; aumenta a carga dos prostíbulos e pede-se a construção de mais penitenciárias! Enquanto isso, os psicólogos e os filósofos sentenciosos ironizam a "ingênua" beleza da moral apregoada pelo Evangelho de Jesus e propalam, sob precioso tecnicismo de fascinação aos incautos, que estamos na época de emancipação do homem e de sua libertação dos preconceitos de antanho!

PERGUNTA: — Há quem proteste contra as vossas afirmações, alegando que essas coisas sempre existiram na Terra e que, em certas ocasiões, a degradação moral chegou ao extremo, sem que se considerasse essa degradação como cumprimento de profecias relativas ao fim do mundo. Perguntamos, então, por que motivo só a degradação moral atual é que deve revestir-se de aspecto profético, como preliminar do fim do mundo, ou do "Juízo Final".

RAMATÍS: — Como já explicamos, foram acontecimentos locais, mas atualmente convergem para um acontecimento geral, atingindo, portanto, toda a humanidade. É verdade que só a degeneração de Roma, no passado, ultrapassou a qualquer desregramento imaginado, mas a Besta apocalíptica, que representa um desregramento geral, continua a endereçar o seu convite voluptuoso à vossa humanidade e prevê com êxito a corrupção total dos costumes tradicionais. Um dos mais característicos sinais de que a Besta começa a agir com despudorado cinismo é a volúpia das criaturas em se desnudarem nos folguedos do mundo; iludidas pelo senso psicológico do século eletrônico, confundem a subjetiva ansiedade de desregramento psíquico com a nudez inocente do selvagem e a naturalidade da criança. Quando a nudez começou a imperar desbragadamente em Sodoma, Gomorra, Babilônia e Roma, a Técnica Sideral sabia que isso significava o fim de uma civilização; por isso, o fogo purificador procedeu à benéfica desinfecção do ambiente lúbrico, em que as hordas selvagens funcionaram como retificação dolorosa para com os espíritos também embrutecidos.

O afrouxamento de costumes não deve ser confundido com "falsos pudores", pois deforma a estesia do espírito, arrasa os conceitos evolutivos da moral e os substitui pela imoralidade disfarçada em burlesca filosofia. Mesmo as colônias de nudistas, apesar de glorificadas como profilaxia saudável e tendente à libertação de preconceitos tolos, é estética de mau-gosto! É tão difícil manter a ideia de pureza na naturalidade núdica, tão preconizada por alguns psicólogos terrícolas, quanto convencer alguém de que há beleza natural no contemplar criaturas que cumprem os seus deveres fisiológicos!

Sob o fascínio da Besta, os seres cultuam as maiores aberrações e as elevam à categoria de conceitos de emancipação superior! Infelizmente, as recordações do passado têm-nos provado que "a história sempre se repete" e, atualmente, com maior responsabilidade humana, porque a dissolução de costumes, dos vossos dias, está muitíssimo comprometida devido a já conhecerdes a figura de Jesus e os seus conceitos evangélicos, referentes à castidade e à pureza de sentimentos.

PERGUNTA: — Podeis dar-nos um exemplo mais acessível ao nosso entendimento, quanto à distorção de conceitos morais em nosso mundo?

RAMATÍS: — Antigamente, a desonestidade não encontrava, sob nenhum aspecto, justificativa moral entre os homens. Era considerada um pecado imperdoável, sempre repelido pelo senso comum. Entretanto, a influência continuada da Besta já vos fez localizar aspectos morais dentro da própria imoralidade, e a prova está em que, quando os administradores do patrimônio público são acusados de se locupletarem com os bens da nação, vós os defendeis de um modo extravagante, dizendo que eles "roubam mas produzem". Portanto, dentro da imoralidade que é o roubo, introduzis uma nova moral que justifica o próprio roubo, demonstrando qual a vossa mentalidade atual!

Esse é um dos clássicos exemplos da inversão de valores que identifica a sorrateira influência da Besta e a proximidade do profetizado "fim dos tempos". A Besta, em sua figura anticrística e com o seu cortejo de mazelas e impurezas, impõe-vos pouco a pouco o seu domínio, destorcendo a tradição dos conceitos de segurança e de equilíbrio da moral humana! João Evangelista, no Apocalipse, — predisse: — "E foi dada à Besta uma boca que se gloriava com insolência e pronunciava blasfêmias" (Apocalipse, 13:5). Com essas palavras, o Evangelista quer dizer que o ente humano, tornado cínico e insolente, será capaz de proferir blasfêmias à conta de moral superior!

PERGUNTA: — Poderíeis descrever-nos o ambiente moral das cidades que estiveram sob o domínio da Besta, como Babilônia, Sodoma, Gomorra e outras?

RAMATÍS: — Essas e outras cidades destruídas pelo fogo vulcânico, pelos terremotos, ou purificadas de outro modo em seus ambientes contaminados, foram miniaturas bestiais do que serão os próximos acontecimentos gerais a se desenrolarem na Terra. Suas populações já haviam perdido o mínimo senso possível de moral; pairava sobre elas, continuamente, um convite para o sensualismo e o gosto pervertido. A inquietação sexual era constante, e raros eram os que podiam controlar a imaginação superexcitada e dominar as forças inferiores do instinto do animal em cio! Só aqueles que viviam consagrados ao intercâmbio com os valores espirituais do Alto é que podiam escapar ao rompimento dos laços morais da época. As criaturas adivinhavam-se na busca das orgias demoníacas e perdiam o gosto pela vida laboriosa e honesta; as artes descambavam terrivelmente para o obsceno, e os seres repeliam todo e qualquer convite do sentimento de respeito, entregando-se completamente à promiscuidade sexual! Reproduziam, psiquicamente, a figura tenebrosa da Besta que, qual um espírito-grupo, atuava em corpos sem donos, assumia o seu comando neuropsíquico e instalava neles o veneno da perversão, quebrando os últimos elos de contacto com o Alto! Milhares de criaturas se atrofiavam como que num só corpo instintivo, retardando a sua ascensão espiritual, para se deixarem conduzir docilmente pelo "centro psíquico bestial" que, sediado no astral inferior, impunha a todos uma só vontade desregrada. Nos anais do Espaço ainda se encontram as matrizes etéricas das configurações bestiais que o psiquismo desgovernado imprimiu na atmosfera astral dessas cidades extintas pelos terremotos ou sob o fogo purificador dos vulcões, que dissolveu a substância deletéria, evitando o perigo da aglutinação mórbida definitiva, no mecanismo etéreo e vital humano!

PERGUNTA: — Qual o significado do que diz João Evangelista, no Apocalipse: "E vi uma de suas cabeças como ferida de morte; e foi curada a sua ferida mortal"?

RAMATÍS: — Considerando que as "cabeças" da Besta significam a força perigosa dos instintos animais, quer isso dizer que a Besta foi ferida justamente no seu potencial de ódio, quando o Cordeiro baixou à Terra para pregar o Amor. O sacrifício de Jesus, o martírio dos cristãos nos circos e o dos apóstolos em vários pontos do mundo, renunciando à vida da carne para exaltação do amor, significaram um ferimento mortal na cabeça odiosa da Besta, que promove a separação entre os seres, as raças e as doutrinas. Jesus viera reunir as ovelhas sob o cajado de um mesmo pastor, e por isso nenhuma delas se perderá!

No princípio do cristianismo a Besta começou, então, a ser tolhida num dos seus mais terríveis instintos animais, do que resultou diminuir o ódio entre os homens que, assim, corriam ao apelo do Evangelho. A força vigorosa que feriu a cabeça da Besta provinha daqueles primeiros seres que seguiam os ensinos do Cristo e que, mais tarde, foram sendo substituídos pelos frades trapistas, os capuchinhos, os bernardinos e eremitas de toda espécie, que percorriam o mundo pregando o amor e convidando o homem a reduzir a sua violência milenária. Era uma mensagem viva, de sacrifício e de pobreza honesta, de dignidade humana e renúncia em favor do próximo, que esses homens traziam sob a inspiração do Cristo! Os Mentores do Alto já se rejubilavam nessa ofensiva crística à Besta, aumentando o número de "direitistas" a se salvarem no futuro exame severo do "Juízo Final". O Cristo ferira de morte uma das cabeças da Besta, justamente a do ódio entre os homens; mas a Besta conhecia a debilidade humana, e tratou de explorá-la, mesmo ferida de morte e ainda exangue, pois encontrara o meio sorrateiro para ser curada em sua ferida mortal! E, em consequência, o Evangelho do Senhor começou a ser olvidado. E a Besta inspirou, então, as sangrentas campanhas das cruzadas e semeou a morte, a dor e o sangue nas campinas verdejantes do mundo, "glorificando-se na insolência e na blasfêmia" porque a solerte mensagem de ódio e de crimes fora justamente pregada em nome do Cristo! E foi curada a sua ferida mortal, pois aquele que a havia ferido de morte, a Besta o invocou perfidamente para acobertar o próprio ódio que semeou sob o disfarce de um falso amor! Graças aos homens invigilantes que inverteram a essência da mensagem amorosa de Jesus, no derrame de sangue supostamente infiel, o ódio disfarçado em amor foi o "unguento" capaz de curar a ferida mortal da Besta e recolocá-la no seu velho cinismo e abominação! A cilada tremenda, a pretexto de que os fins justificam os meios, criara novos estímulos cruéis para o futuro, em nome do Cristo, alimentando novos propósitos daninhos. Então a Besta, restabelecida, inspirou a Inquisição e cometeu os mais bárbaros crimes à sombra dos subterrâneos infectos; Catarina de Médicis matou a torto e a direito os huguenotes, na noite de São Bartolomeu; os protestantes liberais, escorraçados da velha Inglaterra, tornaram-se os "quakers" puritanos, mas também queimaram os novos crentes da Nova Inglaterra! Sob o dossel sublime do Evangelho, inumeráveis crimes têm sido praticados pelos sectaristas fanáticos e pelos instrutores e inspiradores de abominações, cujo ódio "bestial" ainda se disfarça, hoje, pelas tribunas, pelo rádio, pelos jornais, revistas e panfletos separatistas!

    Em nome do Cristo, os homens continuam a negá-lo nos templos suntuosos e no luxo nababesco do sacerdócio epicurista, detraindo-o nas mais estúpidas quizilas doutrinárias! As igrejas, os templos, as instituições, as lojas, os centros e agremiações espiritualistas combatem-se não só entre si como no seu próprio seio, preocupadíssimas em pregar um Evangelho exclusivista, a seu modo de ver, como se ele fosse mercadoria de competição na praça! Essas discordâncias, esses caprichos pessoais e blasfêmias religiosas transformam-se em contínuo unguento medicamentoso para curar a ferida da Besta "que tinha recebido um golpe de espada e ainda continuava viva" (Apocalipse, 13:14).

PERGUNTA: — *Qual o sentido da frase apocalíptica "Quem é semelhante à Besta e quem poderia pelejar contra ela"?*

RAMATÍS: — Nessa sibilina frase, João Evangelista lança uma indagação interessante para todos os que estão avisados do próximo fim dos tempos. Ele mostra a impossibilidade de se vencer a Besta, por não haver outra semelhante a ela, ou seja, uma outra Besta cínica, tenaz, solerte e astuciosa, mas capaz de agir no sentido do Bem. Como vencer a Besta, se não há na Terra "alguém semelhante a ela" e capaz de enfrentá-la com as mesmas armas? Só há um poder capaz de pelejar contra a Besta, e esse é o poder do mundo superior, a força do espírito governante do orbe: — o Cristo!

É por isso que a Besta é indicada, também, como sendo o Anticristo, o instinto feroz, desregrado, em antagonismo com a mansuetude do espírito crístico. Mas essa força espiritual, diáfana e modelada no Evangelho, não pode atuar com completo êxito, porque são poucos os que se deixarão influenciar pelo Cristo. João Evangelista é bem claro em sua afirmativa, quando diz: "E todos os habitantes da Terra a adoraram ("à Besta"); aqueles cujos nomes não estão escritos no livro da vida do Cordeiro" (Apocalipse, 13:8). Os súditos do Cordeiro, que estão com seus nomes escritos no livro da vida, são aqueles que vivem o Evangelho, mas que precisarão estar alertas, pois que nem por isso deixarão de fracassar, caso não lhes venha ao encontro o auxílio do Alto. Por isso, João acrescenta: — "E foi concedido à Besta que fizesse guerra aos santos e os vencesse. E foi-lhe dado poder sobre toda tribo e povo e língua e nação" (Apocalipse, 13:7) (a humanidade toda).

Está clara a predição! A vitória da Besta é inconteste e insofismável; encontrará vassalos incondicionais em todas as partes e em todos os povos do mundo, pois, como diz João, "todos os habitantes da Terra a adoraram, e foi dada à Besta uma boca que se gloriava com insolência e pronunciava blasfêmias contra Deus, para blasfemar o seu nome e o seu tabernáculo e os que habitam no céu" (Apocalipse, 13:4,5,6).

É perfeitamente perceptível a relação que tem essa linguagem com o que se passa em vossos dias, em que os homens de todos os quadrantes do mundo e de todas as religiões que se arvoram em agentes do Cristo, na Terra, blasfemam através da idolatria, da cupidez e do sofisma, tentando impor-se às massas sob o orgulho farisaico. Realmente, sob a inspiração maquiavélica da Besta, o vosso mundo se gloria com insolência e blasfema contra Deus, tisnando a beleza imaculada do Cristo Jesus, que desceu às trevas humanas para salvar o homem da animalidade e não para glorificar a suntuosidade dos templos, o ouro ou as pedras preciosas, que são valores do reinado transitório de César. O fascínio e a cobiça pelos bens do mundo, por parte daqueles que exalçam a pobreza de Jesus, identificam perfeitamente a insolência da Besta e não a glorificação do Cristo! O Verbo do Cristo nunca correrá o risco de se adulterar ou enfraquecer no seio da humanidade; é mensagem que dispensa os ouropéis do mundo ostensivo de César, por ser a realidade inconteste do mundo de Deus! Ele é como a luz do Sol, que refulge mais na gota de água cristalina do que no dorso de pedra do Himalaia!

PERGUNTA: — *Gostaríamos de conhecer fatos ou coisas que nos despertassem a ideia de quando estamos cooperando para alimentar essa Besta apocalíptica. Podereis indicá-los?*

RAMATÍS: — Uma das principais características da insanidade mental que precede ao advento desse reino bestialógico, é justamente a perda de proporção psicológica das criaturas ante a realidade da vida. A Besta exerce tal fascínio — como diz João Evangelista — que as coisas mais berrantes, os atos mais cruéis e as injustiças mais clamorosas são praticados como atos sensatos, valiosos e justos! Há profunda redução no senso lógico da análise comum; as forças inferiores buscam, sorrateiramente, a modificação interior do homem, mas sem golpeá-lo com violência; evitam que ele identifique, de súbito, a nova moral que lhe inculcam. Sob a doce hipnose dos sentidos, a criatura se considera sensata, incorruptível e magnânima, quando já está subvertida, tornando-se desonesta e cruel.

Os homens do vosso século ainda desconhecem o terrível comando psíquico e disciplinado que se esconde atrás de todos os seus atos desregrados, assim como ignoram a trama mefistofélica dos grandes gênios das sombras. Cerebrações maquiavélicas, de intelecto requintado e coração endurecido, que se retardam propositadamente na evolução, esperançados do domínio absoluto no mundo físico, elaboram os mais execráveis projetos de desregramento, para construírem o elo de ligação definitiva entre si. Não há exagero no fraseado do apóstolo

Paulo, quando afirma aos coríntios que "Satanás se veste de anjo para arrebanhar as almas incautas", pois esses infelizes agentes das trevas são vezeiros em subverter a aparência dos seus objetivos, lançando a confusão e operando a inversão dos valores no mundo da carne. A qualquer descuido na vida evangélica, se faz logo audível a voz melíflua desses mentores galvanizados no mal, para que o reinado da Besta se propague com êxito! Esses homens deformam o aspecto real das coisas e sabem justificar habilmente o desvio moral daqueles que se pervertem, contemporizando-lhes as consequências, para continuidade no mal. A Besta sabe fazer-se adorada no próprio ambiente santificado; mistifica sob os olhos dos fiéis e afirma-se a medianeira do Cristo, sob cujo nome realiza prodígios e se faz admirar pelos homens! À medida que se estende a hipnose coletiva, sob o magnetismo invisível dos espíritos das trevas, aumenta o número dos seres invigilantes, que então se tornam verdadeiros "marionetes" ou fantoches movidos grotescamente pelos fios comandados pelo cinismo do Além! Os conceitos salutares de uma vida nobre são enfraquecidos em sua moral tradicional, passando a ser considerados como princípios ridículos e ingênuos, próprios de um "misticismo injustificável" no século atômico. Então o psiquismo coletivo, escravo das sensações inferiores da Besta dominante, torna-se o meio satisfatório para que os comandos das sombras possam agir e dissimular-se hipocritamente como representantes do Bem.

PERGUNTA: — Como devemos entender a "perda de proporção psicológica", a que aludistes, em que os atos e as coisas triviais, injustas e pervertidas, são consideradas como coisas sensatas e lógicas?

RAMATÍS: — A perda da proporção ou do senso psicológico, a que nos referimos, é a compreensão cada vez mais subintelectual das coisas; é a contradição para com a verdadeira exigência do século atual; é uma espécie de regressão à infância da humanidade e aos entusiasmos próprios das antigas povoações. A consciência humana começa a ver nas futilidades e nas inutilidades gritantes motivos para demoradas reflexões intelectuais, isto é, deforma-se a visão psicológica, tanto entre os mais humildes, como nas camadas mais altas. O homem tenta, então, superar a visível falta de imaginação com grotescos arremedos da realidade deformada: confundem-se a pintura, a música, a literatura e o próprio senso filosófico! Um equívoco tipográfico, na impressão da Bíblia, cria uma nova religião; um esgar imprevisto, no teatro, descobre um gênio dramático; uma experiência sem nexo nem sentido, na pintura, estabelece nova escola pictórica; um lugar-comum inexplorado, na literatura, aponta o prêmio tradicional do ano; um distúrbio na sensibilidade do órgão auditivo firma um novo padrão sinfônico; a ociosidade deliberada pode edificar um novo "modus vivendi" filosófico! Embora o senso comum exija primeiro a utilidade e depois a suntuosidade, primeiramente o essencial e depois o acessório, administradores públicos, sob infantil entusiasmo, constroem edifícios exagerados e faraônicos, mausoléus babilônicos, com enfeites tolos, para a gloríola pessoal; representantes do povo apresentam projetos, em linguagem clássica e técnica rebuscada, justificando a verba para o monumento ao "melhor" cão, ao bovino, ou ao "craque" da moda; legisladores, sentindo-se como verdadeiros gênios, pontificam gravemente no sentido de se enfeitar a cidade com extorsivas catedrais de pedra fria, embora subsista o problema angustioso do hospital, do asilo de velhos, do manicômio ou do dispensário de tuberculosos! O reinado da futilidade e a sabedoria acaciana tomam vulto; a moda transforma as mulheres em ingênuas competidoras das velhas índias repletas de penduricalhos, destacando-se a civilizada pelo régio preço dos seus "balangandãs"; o mundo põe de lado os livros culturais e instrutivos, para se compungir na leitura do romance amoroso dos fartos da vida fidalga; noivas principescas rodeiam-se de fortunas conseguidas à última hora, esquecendo-se da família pobre, que empenha a máquina de costura para poder sobreviver; dramatiza-se tragicamente o reumatismo do melhor ator do ano, mas esquece-se a chaga cancerosa do humilde carteiro ou do pobre servente; subvenciona-se com milhões o fausto religioso de um dia, enquanto a fome e a miséria persistem o ano todo! Proliferam os concursos de beleza excêntrica, em que as jovens imprudentes ou ingênuas expõem todas as partes do corpo, para vencer com o melhor pé, tornozelo, coxa, cintura ou busto, até o ridículo mal gosto do "melhor umbigo"!

    É a desproporção psicológica do entendimento humano, ao mesmo tempo em que o homem afirma haver atingido o século genial atômico e a inspiração satânica — o império da Besta o domina escandalosamente!

10. O número 666 na profecia apocalíptica

PERGUNTA: — Quais as vossas considerações sobre o número 666, que João Evangelista afirma ser o número da "Besta"?

RAMATÍS: — Sempre vos fazemos sentir que os profetas são visionários desprendidos do tempo e propensos ao exagero da realidade. Eles superexcitam-se pelas próprias visões e sofrem imensas dificuldades para enquadrá-las no cenário objetivo do mundo das formas. João Evangelista foi também um profeta altiloquente, e podereis identificar-lhe o tom épico na poesia dos seus relatos.

Extirpando-lhe os detalhes demasiadamente fantasistas, há no Apocalipse de João significativo conteúdo lógico e sensato. O número 666, atribuído à famosa Besta, na era do Anticristo, significa o desregramento geral em todas as esferas da vida humana; é uma identificação de ordem sideral, um diapasão vibratório, uma "relação esotérica" que identifica graficamente os acontecimentos em vias de realização por parte da direção superior. A grafia numeral 666 é apenas a figura visível, mais perfeita, para identificar um perigoso estado espiritual coletivo, no plano físico. É um sinal psicofísico na humanidade, em que o plano sidéreo assinala a maturidade de um desregramento nefasto à ordem geral.

O número 666 forma um binômio sidéreo; uma equação no cientificismo cósmico, que assinala o tempo em que o sentimento perigoso das paixões já atinge todo o gênero humano. Vemo-nos na impossibilidade de fornecer-vos uma explicação absolutamente a contento da compreensão humana, porque isso requereria o conhecimento, de vossa parte, de muitas noções preliminares da ciência sideral, que são facilmente assimiláveis no plano dos desencarnados, mas dificultosamente compreensíveis aos submersos na encarnação. É um número que se refere exclusivamente ao reinado da Besta e do Anticristo e tem ligação fundamental com o Apocalipse de João Evangelista. Embora tenham surgido, qual um surto epidêmico, antes e depois da destruição de Jerusalém, muitos outros apocalipses menores, tais como os hebraicos, os de Esdras, de Baruch e outros, a Besta, o Anticristo e o número 666 são colunas vertebrais das visões de João Evangelista, porque revelam o momento psicológico que estais vivendo atualmente.

PERGUNTA: — Que quer dizer a expressão de João Evangelista "Quem tem inteligência calcule o número da Besta, porque é número de homem"?

RAMATÍS: — Ele assim se expressa porque a relação principal do número 666 é para com o homem e não para com a natureza. Quem revelará o sinal da Besta será o próprio homem; mas é necessário que não identifiqueis com esse número o homem-unidade, porém o gênero-homem, ou seja, a humanidade. Trata-se do desregramento psíquico geral, nas criaturas reencarnadas, que é denunciado pelo número 666, correspondente à vibração que se ajusta perfeitamente a esse estado de coisas. O Apocalipse de João abrange o conjunto humano terrícola no fim do vosso século; não se entende com o homem isolado nem com qualquer instituição à parte.

PERGUNTA: — E qual é o sentido das palavras "quem tem inteligência calcule o número da Besta"?

RAMATÍS: — Repetimos-vos: — O número 666 assinala o ritmo vibracional perigoso à sobrevivência do ambiente moral humano. Ele repercute no astral, em torno da Terra, como uma " notificação sideral" que anuncia o "clímax" de saturação magnética prejudicial ao campo consciencial humano. Usando de uma linguagem rudimentar, diremos que o número 666 registra no manômetro sideral a pressão máxima e perigosa da caldeira das paixões humanas; é uma agulha que indica que o "vapor" violento do psiquismo desregrado ameaça explodir a caldeira, ou seja, a linha de proteção à harmonia do conjunto planetário. Necessitaríamos lecionar-vos complexo tratado de Numerosofia Sideral, para que pudésseis compreender esse fenômeno em toda a sua plenitude, pois só é entendível pelos desencarnados cônscios dos seus deveres espirituais. O sinal gráfico 666, que, para o mundo humano, significa um simbolismo cabalístico, para nós, é um verdadeiro detonador psíquico, que revela o momento psicológico da transformação definitiva da humanidade terrena e do seu orbe.

PERGUNTA: — *Entretanto, a maioria dos exegetas estudiosos do assunto afirma que o Anticristo é um homem, mas diabólico, e que por isso o seu nome terá de se ajustar ao número 666, identificador da sua pessoa. Que nos dizeis?*

RAMATÍS: — O número 666 não se refere a um só homem, embora a vossa humanidade tenha feito inteligentes adaptações e cálculos que o ajustam a vários caudilhos, ditadores e reformistas de destaque. Os católicos atribuíram esse número a Luciano, o apóstata, a Maomé, a Lutero, a Calvino, a Voltaire, a Bacunin e outros que não lhes eram simpáticos. Em contraposição, os protestantes, os espíritas, os esoteristas e outros somam os algarismos romanos existentes em cada título do Papa e também formam com êxito a equação 666 com cada um deles. Os povos escravizados também conseguiram achar o número 666 no nome de Napoleão. Através de muita paciência, ajustes, substituições inteligentes e contribuições hábeis, tem sido possível encaixar o 666 na soma das letras que formam os nomes de quase todos os personagens que revolucionaram ou revolucionam o vosso orbe e criam situações adversas![1]

PERGUNTA: — *Mas há que considerar que o nome de Hitler, que realmente significou um flagelo em nosso mundo, ajusta-se extraordinariamente ao número 666! Basta acrescentar-se o número 100 à ordem numérica das letras do nosso alfabeto e fazer a soma das que compõem o nome de Hitler, para obtermos com surpresa o total 666, atribuído ao nome do Anticristo. Que nos dizeis a esse respeito?*

RAMATÍS: — Já vos dissemos que o Anticristo não é um homem; é o conjunto das forças adversas que atuam contra o

---

1 Vide a obra *A Caminho da Luz*, de Emmanuel, ditada a Chico Xavier, cap. XIV, trecho "Identificação da Besta do Apocalipse", em que o autor espiritual atribui ao Papa da Igreja Romana a equação 666 da Besta.

Evangelho, tanto na Terra como nos planos adjacentes e invisíveis, ao passo que Hitler é apenas o sobrenome de um homem, e que também o é de seus parentes e ancestrais que, nesse caso, também seriam o Anticristo! Há que considerar que os prepostos de Deus não cometeriam tão grave injustiça, porquanto nem todos os parentes de Hitler foram responsáveis pelas sanguinárias tropelias da guerra nazista.

Desde que procureis com atenção novos ajustes do número 666 a outras criaturas, sereis inúmeras vezes surpreendidos com várias contradições, em que centenas de conquistadores, reformistas sangrentos e líderes anarquistas de todos os tempos, e piores que Hitler, não se enquadram nos cálculos sibilinos do número citado. Ao mesmo tempo, muitos instrutores religiosos e almas já santificadas em missões crísticas, na Terra, poderão ter seus nomes ajustados ao número fatídico e se tornarem identificações da Besta e do Anticristo! Isso prova que o número 666 não se refere a um homem ou instituição à parte, porém ao gênero humano, ou seja, à degradação da humanidade.

PERGUNTA: — *Hitler não merecia, porventura, que o número 666 se ajustasse ao seu nome como um identificador de suas qualidades despóticas?*

RAMATÍS: — Hitler foi uma cópia moderna de outros líderes guerreiros do vosso mundo, como sejam Aníbal, Átila, Alexandre, César, Tito, Saladino, Gêngis Khan, Napoleão, o Kaiser e muitos outros que foram mais ou menos inescrupulosos. Esses homens são produtos do clima psicológico do vosso mundo, que é alimentado pela própria humanidade a se digladiar pelo interesse nos proventos decorrentes dos conflitos humanos. Se os demais homens não houvessem revelado, também, propensão para o crime, o desregramento e o ódio racial, Hitler não passaria de um infrator comum das leis, punível pelo próprio Código Penal do seu país. A sua ambição, vaidade, cobiça e ódio racial contagiaram gradativamente o seu povo, tomado assim de entusiasmo com as novas perspectivas de glória e de lucros inesperados. As nações adversas ao regime nazista, embora constrangidas pelo incômodo da guerra, eram agrupamentos de outros homens também movidos por vários interesses racistas ou particulares e que, então, procuraram tirar o melhor partido do conflito. Desde o mais humilde soldado até o comando superior, nasceu o júbilo pela esperança de uma promoção de posto; desde o negociante mais modesto até o açambarcador de gêneros alimentícios, todos tinham os olhos fixos no provável lucro fácil, que poderia advir da situação anormal! Em cada cérebro humano vibrou uma esperança de vantagem; cada homem, em lugar de se mover para o equilíbrio e facilitar as coisas para o bem comum, alimentou imediatamente a ideia de acelerar a guerra; o comerciante escondeu a mercadoria ou elevou o seu preço; o jornalista atiçou a ira mental e excitou o ódio entre os racistas de todos os povos; os religiosos de "cá" e de "lá" realizaram reuniões de súplicas ao "seu" Deus, para que seus irmãos de outros países fossem derrotados, por serem seus inimigos! Nos próprios países pacíficos ou distanciados do conflito armado, os descendentes ou parentes dos povos em luta sofrem a desforra dos desonestos, dos prejudicados, dos ambiciosos ou dos enciumados com o "estrangeiro" que progride na pátria alheia; então, depredam seus estabelecimentos, suas casas, roubam-lhes os haveres, insultam, agridem e os humilham em público, sob o disfarce de sadio patriotismo! Na realidade, os líderes guerreiros apenas abrem as comportas das paixões represadas pela humanidade, que está sempre sedenta de violência e de iniquidade. A presença de Átila ou de Hitler, no vosso mundo, é apenas um produto exigido pelo atual conteúdo humano em efervescência; comprova-se essa realidade pela facilidade com que eles sempre encontram clima eletivo para dar vazão às suas idiossincrasias doentias. Enquanto isso sucede, Jesus fica esquecido, e seria passível mesmo de nova crucificação, em estilo moderno, se, aqui estando, tentasse condenar os desatinos dos moradores do vosso orbe!

    Por isso, tanto são responsáveis perante o Pai aqueles que desencadeiam as guerras, como todos os que contribuem mental e moralmente para o clima do conflito, mesmo que estejam afastados dos campos de batalha pela massa de água do oceano ou tentem manter-se sob a máscara da Paz. Quantos subalternos ou mesmo simples admiradores de líderes belicosos surpreendem-se dolorosamente, ao desencarnarem, verificando que as suas culpas ainda são maiores que as dos seus ídolos, por se haverem excedido na prática de iniquidades, aproveitando-se da responsabilidade dos seus comandantes ou do nome de suas doutrinas extremistas!

    Hitler não pode ser a tradução do símbolo da Besta ou do Anticristo, porque ele apenas representou o combustível para uma fogueira de cuja construção todos participaram de um modo particular, trazendo sua contribuição daninha ao espírito de Paz tão desejado. Os homens do vosso mundo, além de não viverem em paz consigo mesmos, ainda dão alento a pensamentos belicosos em todas as esferas da atividade humana. Por isso, um líder guerreiro, ao fazer eclodir uma guerra, nada mais faz do que dar liberdade a uma paixão silenciosa e tenaz, na alma de toda a humanidade. Só quando entre vós imperar realmente o Evangelho do Cristo, é que os átilas, os hitlers ou os césares serão aí considerados como surtos perigosos de "patologia belicosa", que requerem imediata internação em sanatórios, em lugar de representarem símbolos libertadores ou grandes cerebrações guerreiras!

PERGUNTA: — Dissestes há pouco que, se procurássemos com atenção, chegaríamos a encontrar instrutores ou líderes religiosos cujos nomes se ajustam perfeitamente ao número 666. Ser-vos-ia possível citar ao menos um nome respeitado ou santificado, que se enquadrasse no número em questão?

RAMATÍS: — Basta fazerdes com o nome do iluminado Krisna, esse grande Instrutor hindu, um dos mais consagrados líderes crísticos, o mesmo que já fizestes com o nome de Hitler, e encontrareis também o tão discutido número 666.[2] Lembrai-vos, depois, da vida magnificente e messiânica de Krisna, e terminareis compreendendo que o número 666 não pode ser ajustado a um só homem ou a uma instituição isolada, mas à própria humanidade desregrada.

PERGUNTA: — Se assim é, não haverá um outro número que, contrariamente ao que se dá com o número 666, identifique alguma coisa boa, na Terra?

RAMATÍS: — À semelhança do que se dá com esse algarismo, há determinadas palavras que servem para registrar outras vibrações e ritmos de caráter contrário. A palavra "AUM", por exemplo, representa iniciaticamente o sentido sagrado que os orientais dão à vibração do "alento cósmico" da Trindade na própria Unidade; é uma expressão gráfica, mas vibracional, sonora para os humanos, que melhor lhes recorda a expressão trifásica do Universo. Quando os iniciados pronunciam o vocábulo AUM, ligados por uma mesma vibração mental, que ele provoca como um "mantra" sagrado, sentem em torno de si a

---
2 Valor das letras: A, 100; B, 101; C, 102; D, 103; E, 104, etc.
HITLER:-H,107; I,108; T,119; L,111; E,104; R,117. Soma: 666.
KRISNA: - K, 110; R, 117; I, 108; S, 118; N, 113; A, 100. Soma: 666.

modificação vibratória da atmosfera psíquica, que se eleva e se expande para além das fronteiras do entendimento comum. A consciência espiritual abrange então área mais vasta, sob esse "tom-sidéreo", que vibra do próprio alento respiratório e sonoro do eterno manifestar divino. Por analogia, embora precária, poderíamos dizer que o número 666 é o sinal gráfico vibracional da tonalidade contrária à dinâmica ascensional do espírito.

PERGUNTA: — *A fim de melhor podermos atender a qualquer interpelação futura, poderíeis dar-nos explicações sobre se há algum número cuja significação seja oposta à do sentido maléfico do 666?*

RAMATÍS: — O número 3, por exemplo, tem relação com um ritmo peculiar, qual seja o do princípio universal alquímico, como o enxofre, o sal e o mercúrio; os três reinos da natureza, o mineral, o vegetal e o animal; as três forças da própria natureza: ação, reação e inércia. O número 4 também tem sua importância, pois identifica outros movimentos importantíssimos dos planos siderais da Terra: o ar, o fogo, a terra e a água; os estados da matéria: o sólido, o pastoso, o líquido e o gasoso; as quatro estações: a primavera, o verão, o outono e o inverno; os quatro quartos da Lua; as quatro grandes raças: a vermelha, a preta, a amarela e a branca; os quatro pontos cardeais, Norte, Sul, Oeste e Leste, afora outras inúmeras significações que não cabem na exiguidade desta obra.

Particularizaremos, entretanto, a significação do número 7 o número perfeito e sagrado, segundo Pitágoras — cuja importância já é destacada na descrição feita pelo Gênesis, que enuncia: "Deus fez o mundo em seis dias e descansou no sétimo", o que implica em se considerar o número sete como o remate perfeito, a palavra definitiva. Em toda estabilidade de absoluta importância, no vosso mundo, o número sete é fundamento característico: os sete dias da semana, as sete cores fundamentais do espectro solar, as sete notas da escala musical, os sete dias de cada fase da Lua, os sete planetas astrológicos. Também figura no simbolismo e identifica conjuntos de alta importância: os sete degraus da escada de Jacó, ou seja, a ascensão espiritual pelas sete esferas que envolvem a Terra; os sete sábios da Grécia, simbolizando os sete sentidos humanos do homem do futuro; os sete pecados mortais e as sete virtudes teológicas, que definem a "esquerda" e a "direita" do Cristo.

Reservando para outro capítulo uma exposição mais completa da significação do número sete, lembramos-vos desde já que esse número identifica uma vibração boa; é uma nota, um sinal criador bom, como o é o ritmo setenário na Criação.

PERGUNTA: — *Pressupomos que o número 666 ainda há de identificar novos acontecimentos no decorrer deste século, de vez que a profecia apocalíptica deve cumprir-se nestes últimos anos. Não é verdade?*

RAMATÍS: — À medida que decorre o século atual, vem crescendo a atmosfera provocadora da vibração global degradante, que o número 666 identifica em grafia humana. Reparai que as paixões recrudescem e se multiplicam dia a dia, sob um misterioso impulso de dentro para fora; há um como que detonador invisível, que baixa as vibrações costumeiras e subjuga os invigilantes e os anticrísticos, agrupando-os num estado muito aproximado do homem das cavernas. O magnetismo grosseiro avoluma-se na Terra e superexcita o vosso psiquismo, tentando apossar-se do comando tradicional da consciência espiritual superior. Provindo de uma fonte interior, torna-se afim com a maioria da humanidade, que então se sente bem na degradação e se identifica pela sua escória psíquica.

Sob esse clima fluídico viscoso e profundamente subversivo, muitos seres parecem revitalizar-se e se atiram decididamente a todas as degradações e prazeres viciosos da carne, atendendo docilmente a esse magnetismo estranho. Mas, enquanto a maioria se degrada voluptuosamente, sobrevive uma minoria crística e inteligente, que se serve de suas energias salvadoras e vigorosas, para transformá-las em força criadora, construtiva e protecional, aproveitando-a em favor do próximo e sublimando-a para o serviço exclusivo do Cristo! Esses são os "poucos escolhidos" entre os "muitos chamados", que sobre a energia telúrica do vosso mundo fazem florescer as rosas, enquanto os imprudentes só colhem a cicuta! Sob aparente coincidência — que os estudiosos do hermetismo já descobriram — a órbita do astro intruso, cuja aproximação já vos predissemos, revela o significativo número da Besta, ou seja, 6.666 anos-Torra para um circuito completo em torno do seu núcleo, que faz parte de outro sistema. O fatídico número 666 está representado nesse astro higienizador, que deverá proporcionar o clima psicológico para a definitiva seleção espiritual da humanidade e profilaxia do vosso orbe, na trama do "Juízo Final". É um planeta cuja missão cabalística o torna um "detonador" da atmosfera da Besta e do

Anticristo, prevista com sagacidade por João Evangelista, quando adverte: "Aqui há sabedoria; quem tem inteligência calcule o número da Besta, porque é número de homem; e o número dela é seiscentos e sessenta e seis" (Apocalipse, 13:18).

PERGUNTA: — *Qual a interpretação da afirmativa de que a Besta imprimiu um sinal na testa ou na mão dos seus subordinados?*

RAMATÍS: — Sempre serão errôneas todas as interpretações que ultrapassarem o sentido exato de que a Besta é a representação do instinto animal pervertido. Não se trata de ferretear a mão ou a testa de quem quer que seja. Qualquer ação do espírito sobre a carne está ligada a duas manifestações distintas: à da testa, que é o símbolo do pensamento que cria, e à da mão, símbolo da ação, que materializa na forma a ideia criada no cérebro. Aquele que se degrada sob a imposição das paixões inferiores adora a Besta e a sua imagem, que é o desregramento; portanto, o sinal da Besta ser-lhe-á gravado na testa, pelo mau pensar, e na mão, pelo mau agir.

11. A queda angélica e a ação satânica

PERGUNTA: — *Que podeis dizer-nos sobre a existência de uma entidade espiritual eterna, denominada Lúcifer ou Satanás, ou Diabo, que, segundo afirmam as religiões dogmáticas, era um anjo bom que foi exilado na Terra, onde até hoje promove, com poderes sobrenaturais, invencíveis, a derrocada da obra divina?*

RAMATÍS: — Satanás, como entidade eterna, é uma lenda, um mito infantil, pois teria sido criado por Deus, que é o único Criador, e que, como Pai, de suprema justiça e amor, não poderia gerar de sua própria essência angélica uma entidade como essa. Se Satanás fosse gerado por outrem ou nascido por si mesmo, isso comprovaria a existência de um outro Deus! E teríamos, então, dois poderes opostos, a se digladiarem em contínua reação, com o grave perigo de que um dia Satanás pudesse dominar os mundos criados pelo Onipotente! Se Deus, por vingança, houvesse transformado em diabo o anjo que ele criara para a felicidade eterna, o fato representaria terrível desdouro à sua infinita sabedoria, ante o equívoco de criar um ser perfeito, que termina degenerado. Se Deus não pode dominar Satanás ou evitar que ele cause a derrocada da obra divina através da tentação das almas em aperfeiçoamento, quer isso dizer que não é infinitamente poderoso, pois nem ao menos consegue anular o resultado de sua própria incapacidade divina. Se Deus é poderoso mas não impede que Satanás, com sua malignidade, seduza os homens, então não é infinitamente bom, porque é indiferente ao sofrimento dos seus filhos.

A verdade, entretanto, é que o Mal (cuja existência se atribui à obra de Satanás) é expressão transitória e sem prejuízos definitivos, porque se conjuga com a bondade e a justiça de Deus, que é a eterna sabedoria, poder e amor! No trabalho que o homem empreende para atingir em sua evolução a situação angélica, o esforço ascensional cria a aparência da existência de um mal que, entretanto, desaparece gradativamente, à medida que o espírito se vai aproximando do seu verdadeiro destino. O processo que transforma grãos de trigo em saborosa farinha nutritiva; bagos de uva em vinho generoso, e cascalho diamantífero em brilhante fascinante pode ser considerado como um mal para com as substâncias ou materiais que lhe sofrem a ação compulsória e coercitiva? Assim, o sofrimento, a dor e o cortejo de resistências humanas que criam o mal, atribuído à ação de uma suposta entidade malévola, são fases provisórias no divino processo de aperfeiçoamento das almas, e que elas sempre louvam quando atingem o estado de angelitude. O que chamais de influência satânica não passa, portanto, de um acontecimento comum na vida da alma e no mecanismo que amadurece a consciência espiritual, para fazer-lhe sentir que deve evoluir para o fim para o qual foi criada. A resistência contra a Luz e o Bem, que a princípio se verifica na alma, é que gera o mal que atribuís à ação de Satanás, mal esse que desaparece quando a luz do Cristo faz a sua eclosão no mundo interior da criatura.

PERGUNTA: — Em face de afirmardes — aliás de acordo com a doutrina espírita — que Satanás é apenas um símbolo e não uma entidade maligna e eterna, como situar esse conceito dentro da lógica, de vez que João Evangelista aponta Satanás como entidade maléfica, no Apocalipse, e até o pintam como acovardado diante de um anjo?

RAMATÍS: — O quadro que apresenta Satanás acovardado diante da luz do Arcanjo Miguel não passa também de um símbolo que significa a cessação da resistência espiritual a que nenhuma alma pode furtar-se na sua ascensão angélica, pois o poder satânico nada mais é senão o egoísmo feroz da personalidade humana, que se apega tenazmente ao mundo das formas; é a rebeldia completa e a indiferença deliberada para com os planos dos prepostos do Cristo. Satanás simboliza as almas que em conjunto se entregam propositadamente à maldade e à revolta; as que não avaliam as consequências funestas de seus atos nem se atemorizam diante de feitos os mais brutais; almas que se encontram no limiar exato de uma posição em que um passo atrás garante a sua continuidade personalística na carne e um passo adiante o seu enfraquecimento em relação ao Todo. Satanás é o grito desesperado da falange humana que não quer ajustar-se à consciência coletiva do Criador; é a resistência implacável para subsistir isoladamente em selvagem egocentrismo.

PERGUNTA: — *Isso quer dizer, então, que não tem fundamento lógico o dogma de algumas religiões de que Lúcifer ou Satanás foi expulso do céu, em companhia de muitos outros anjos, por ter organizado uma batalha contra Deus, sendo um ser eternamente voltado ao mal; não é verdade? O Apocalipse faz ligeira referência a essa batalha.*

RAMATÍS: — É mister que não situeis as vossas perquirições ao redor de ocorrências fora da Terra, porquanto o Apocalipse se refere exclusivamente a acontecimentos relacionados com ela. Todas as imagens que João apresenta dizem respeito unicamente a movimentos que vos cercam.

Há duas quedas angélicas em vosso mundo; uma abrange tão-somente os espíritos que são "precipitados" de outros planetas para reencarnação na Terra; a outra é de ordem cósmica, relacionando-se exclusivamente com a "descida" do terceiro princípio espiritual operante, do Criador, quando o seu Augusto Pensamento desce à configuração do mundo material, e que se processa através do segundo princípio cósmico, que é o Cristo, ou seja o elo, o veículo, o caminho ou holocausto para a Luz descer às Trevas. Os anjos revoltados e transformados em súditos de Satanás, a que João Evangelista faz referência no Apocalipse, são os espíritos expulsos de outros planetas mais adiantados que o vosso, portanto banidos do seu "paraíso", para salgarem com o seu suor a terra do vosso mundo. Depois de usufruírem de situações superiores, com os benefícios da ciência e da arte, e conhecerem a "árvore da vida" (como diz o "Gênesis") aplicaram os seus conhecimentos para a "ciência do mal", causando a desordem no seu mundo e entravando o progresso dos seus contemporâneos. Miguel (ou Mickael) o Anjo Julgador, símbolo do princípio cósmico da Justiça, que mantém o equilíbrio e a harmonia na substância planetária, enxota com a sua espada flamejante para fora dos muros da nova civilização aqueles espíritos rebeldes, que já foram selecionados nos acontecimentos depuradores dos "juízos finais". Os anjos decaídos são os reprovados pela pedagogia sideral, isto é, os negligentes, os daninhos, os rebeldes que não se adaptam às lições dos professores magnânimos. Candidatam-se, por isso, à matrícula na velha escola da palmatória, nos mundos inferiores, a fim de estudarem de novo as lições negligenciadas e se retificarem no aprendizado do a-b-c espiritual! Advertidos quanto à severidade do "exame de segunda época", que lhes é facultado no encerramento do curso, no "fim dos tempos", esclarecidos quanto aos "pontos" crísticos que devem estudar, para o exame derradeiro, pouco se importam com a sua responsabilidade, o seu futuro ou o ideal dos seus companheiros de educação sideral! A rebeldia então impera, e a desordem se infiltra na substância material de mundos edificados para o ensino espiritual. Esses maus alunos constituem a "massa satânica" que pouco a pouco avilta todos os princípios e todos os recursos ainda possíveis para seu equilíbrio espiritual. O corretivo chega, então, no "fim dos tempos", ocasião em que o gládio julgador, com absoluta equanimidade, separa os bons dos maus, os "promovidos" dos "reprovados"; os últimos são precipitados para as escolas de expiações e provas, que são os orbes inferiores, onde as lições mais suaves são aprendidas entre um cortejo de dores e o "ranger de dentes".

Essa, também, a situação atual da Terra, em vésperas do grande exame final do "fim dos tempos", quando os reprovados farão a sua "queda" para mundos primitivos, adequados à retificação do espírito embrutecido. É necessário, porém, que compreendais a grande diferença que há entre queda e descida. A queda, como já vos dissemos há pouco, é a precipitação dos rebeldes — que certas religiões chamam de anjos que se transformam em diabos — porque sufocam a sua própria origem angélica e se escravizam voluntariamente ao instinto animal, enquanto que a descida é a do princípio angélico, que se faz no ciclo do "Manvantara" planetário, quando o Criador expira ou cria no "Dia de Brama" e aspira ou desintegra na "Noite de Brama", no divino metabolismo em que a criação se distingue no seio do Criador. A queda é apenas o processo corriqueiro de reencarnação interplanetária; a descida, uma operação que abrange todo o Cosmo, absolutamente incompreensível ao homem, e impossível de se explicar sob qualquer alegoria. A queda é uma providência destinada a retificar e corrigir os agrupamentos de espíritos rebeldes que não podem acompanhar o progresso dos próprios mundos que habitam, mas que são almas já provindas da grande descida angélica, em que o Supremo Criador fez a criação emanar de si. Isso não implica em uma consequência depreciativa do seu Sistema Cósmico, pois os precipitados de outros planetas vão submeter-se às retificações compulsórias, enquanto que o Criador "desce" para criar novas consciências dentro de sua própria Consciência Cósmica.

PERGUNTA: — Como poderemos chegar à conclusão de que, na linguagem de João Evangelista, a queda dos anjos subordinados a Satanás é alusiva apenas aos espíritos exilados para o nosso mundo e não a uma coorte de diabos?

RAMATÍS: — Recordamos-vos, novamente, que Satanás, Diabo, Lúcifer ou Satã significam apenas um estado de espírito ainda embrutecido; é nome que abrange indivíduos, grupos, instituições, povos e mesmo a humanidade de qualquer orbe inferior. Este o verdadeiro sentido com que João Evangelista também os situa no Apocalipse.

Quando os orbes são elevados a condições superiores, quer em relação à humanidade ali reencarnada, quer quanto à sua substância ou condição planetária, a escória espiritual, sobejada na seleção final, enquadra-se perfeitamente na alegoria de Satanás ou de Anjos Decaídos. Essa precipitação de sobras já houve com destino à Terra, e o apóstolo João a ela se refere com clareza, nos seguintes dizeres: "E foi precipitado aquele grande dragão, aquela antiga serpente, que se chama o Diabo, e Satanás, que seduz todo o mundo; sim, foi precipitado na Terra e precipitados com ele os seus anjos" (Apocalipse, 12:9).

Com essa emigração compulsória, o "habitat" superior ficou aliviado, e as almas remanescentes puderam regozijar-se pela maior liberdade de ação crística de que passaram a gozar. O Apocalipse também alude a essa consequência benéfica, quando, o apóstolo diz: "E eu ouvi uma grande voz no céu, que dizia: agora foi estabelecido a salvação, e a fortaleza e o reino do nosso Deus, e o poder do seu Cristo; porque foi precipitado o acusador de nossos irmãos, que os acusava dia e noite diante de Deus" (Apocalipse, 12:10). A explicação apocalíptica é bastante expressiva, pois o satanismo — como equívoco espiritual que é — é sempre pecado; é um estado de acusação permanente diante de Deus, dia e noite, ou seja, uma contínua rebeldia contra o plano do Criador. O Apocalipse, embora seja um resumo algo confuso das atividades terráqueas, em que falta o sentido gradativo e cronológico na sequência da revelação, é mensagem séria e de imenso valor, porque deixa entrever, também, profundas verdades, que ainda pedem avançada maturidade espiritual para sua compreensão. Há que notar, também, a referência que o profeta faz ao Cristo, quando o destaca como um princípio planetário, dizendo: "E o poder **do seu** Cristo". João deixa entrever, significativamente, que se trata do Cristo planetário dos orbes dos quais foram enxotados os espíritos de mentalidade satânica.

PERGUNTA: — *Não se pode supor que a descrição de João Evangelista se refira apenas aos espíritos das trevas, desencarnados, perambulando em torno da Terra, e que deverão reencarnar-se de novo na Terra, ou seja, precipitar-se no nosso mundo?*

RAMATÍS: — Se o profeta se referisse apenas aos desencarnados, teria dito, então, "os oriundos da Terra" e não "os precipitados na Terra". Na verdade, em torno do vosso orbe perambulam falanges imensas de "anjos decaídos" de outros orbes, os quais, realmente, terão que reencarnar-se com toda a brevidade. São os precipitados de planetas melhores, e que estão em promiscuidade com os espíritos naturais do vosso mundo e em sucessivas reencarnações. O espírito de satanismo é qualidade consequente de rebeldia espiritual; de teimosia sistemática, contrária aos princípios superiores da angelitude. Satanás e seus anjos — ou seja, a rebeldia e os seus acólitos — só poderiam ser precipitados na Terra, por se tratar de almas envelhecidas, com entendimento consciente e com uma visão clara do "Bem" e do "Mal", motivo pelo qual foram afastadas de civilizações melhores. O profeta não pode estar se referindo aos espíritos terráqueos desencarnados, unicamente, pois eles ainda não poderiam ser considerados satânicos desde que somente agora é que será feita a primeira e geral seleção de "Juízo Final".

PERGUNTA: — *Esse espírito de satanismo não se situa, principalmente, entre os habitantes do mundo invisível, em torno da Terra, motivo pelo qual o Além é que deve ser considerado o viveiro das almas diabólicas?*

RAMATÍS: — Em parte, tendes razão. O globo terráqueo é um núcleo em cuja crosta se situa imensa colmeia espiritual, que ultrapassa a vinte bilhões de almas desencarnadas, distribuídas em colônias e agremiações que apresentam os mais exóticos matizes e onde são submetidas às mais variadas emoções de vida! Os agrupamentos melhores procuram influenciar os piores, que se situam em faixas vibratórias mais grosseiras, enquanto que nas zonas abismais o inferno de Dante é pálida versão da realidade! Atuando vigorosamente na vossa humanidade, os desencarnados de ânimo satânico, sonham o domínio absoluto das instituições humanas! A vida espiritual, junto à Terra, transcorre à semelhança dos padrões terrenos, embora com aspectos diversos e transitórios. No Além, os extremos se fazem sentir com mais veemência; se nas colônias mais elevadas o amor e a fraternidade são sentimentos que vibram com vigorosa intensidade, nos agrupamentos desregrados, das baixas esferas, o ódio e a vingança têm o seu reinado absoluto. Torturam-se as almas em débito mútuo e se formam laços odiosos, que requerem séculos de dores e de sofrimento para a divina conciliação. O mitológico Satanás continua a reinar com vigor do lado de cá e, além disso, opera disciplinadamente sobre o vosso mundo, que lhe fornece alimento nutritivo, gerado no desregramento da vida física! Os exilados de outros orbes, no vosso mundo, usam astuciosamente o seu cabedal de inteligência para tentar o domínio da Terra, e a teriam dominado completamente se a Direção Superior não dispusesse de recursos para sufocar as suas pretensões, subjugando-os pela injunção da dor na carne humana!

PERGUNTA: — Então há exilados de outros planetas que ainda permanecem na condição de rebeldes?
RAMATÍS: — Sim. Muitos deles ainda alimentam as antigas disposições satânicas, mas em breve serão submetidos às duras provas do "fim dos tempos" que se aproxima, e a sua regeneração será bastante apreciável, porque a maioria, embora rebelde, já atinge a maturidade espiritual necessária para que a luz crística principie a assinalar nela a base fundamental do futuro anjo. À medida que a alma desenvolve a sua consciência, nas lides dos mundos físicos — mesmo quando sufoca os impulsos angélicos inatos — essa luz interior age com veemência e termina rompendo a crosta endurecida do personalismo inferior. Os espíritos satanizados também se desesperam; fatigam-se ante a contínua decepção que sofrem à procura de um ideal que, por fim, não lhes satisfaz o desejo pervertido, pois que perde logo o sabor dos primeiros momentos de ilusão!

Ante a realidade maravilhosa de que todos os filhos de Deus são flores destinadas a enfeitar eternamente o jardim do Cosmo, que importa deplorar a existência de alguns milênios de satanismo entre o sofrimento acerbo e um domínio precário, se após a regeneração se desenrola a eternidade de uma vida de felicidade!

PERGUNTA: — *Lemos no Apocalipse que Satanás será solto ou foi solto novamente na Terra, o que nos deixa confusos com a vossa explicação, pela qual a precipitação ou queda dos anjos é fato que já se realizou com os exilados de outros planetas. Como entendermos essa afirmação de João Evangelista, que parece referir-se a um acontecimento futuro?*

RAMATÍS: — As palavras do profeta dão a entender perfeitamente que se trata de duas precipitações de espíritos sobre a Terra. A afirmação é clara mas, aludindo diretamente à precipitação ou queda, dá a ideia de obedecer a um processo compulsório, determinado por poderes superiores, contra a vontade dos precipitados, pois diz: "E foi precipitado aquele grande dragão, aquela antiga serpente que se chama o Diabo, e Satanás; foi precipitado o acusador de nossos irmãos" (Apocalipse, 12:9). Entretanto, o apóstolo dá como voluntária essa precipitação, dando-a como uma saída e não uma precipitação, o que dá a entender que Satanás, exercendo a sua vontade, desce (termo empregado) sem ser precipitado. Vejamos o texto do Apocalipse: — "Por isso, ó céus, alegrai-vos e vós que habitais neles. Ai da terra, ai do mar, porque o Diabo desceu até vós, cheio de uma grande ira, sabendo que lhe resta pouco tempo".

Os espíritos satanizados, exilados na primeira precipitação, estão agindo ainda nas sombras do mundo invisível e também durante as reencarnações; mas falta-lhes oportunidade para uma reencarnação em massa, o que lhes daria um poderio perigoso no mundo físico e que lhes é tolhido, cuidadosamente, pelos Mentores do orbe. Estes evitam a saturação satânica, prematura, no ambiente físico terráqueo, pois, se tal se desse, os satanizados assumiriam por completo o comando de todas as esferas de trabalho, de arte e de ciência humanas, tornando a vida completamente impermeável à influência das diretrizes angélicas! É preciso que as hostes do Cristo prossigam com certo desafogo na disseminação do Evangelho libertador e na edificação de instituições religiosas e espiritualistas, e por isso os diabólicos estão impedidos de uma ofensiva vigorosa!

PERGUNTA: — *Poderemos assinalar essas providências no Apocalipse de João?*

RAMATÍS: — Diz o profeta: "E ele tomou o dragão, a serpente antiga, que é o Diabo e Satanás, e o **amarrou** por mil anos" (Apocalipse, 20:2). Portanto, Satanás é amordaçado em certa época; fica reduzido o seu poder, que crescia perigosamente na Terra, com uma soberania trevosa que já se estendia por todos os setores do labor humano. A sua mais intensa jurisdição foi notada na Idade Média, quando as consciências ficaram asfixiadas por tenebrosa autarquia dominante, que invalidava todos os esforços progressistas do mundo. Percebia-se que poderosas inteligências malignas tinham em mãos a direção do mundo físico e se entregavam às perigosas sugestões dos seus senhores das trevas, reduzindo a pó qualquer esforço de libertação mental. Os altos Poderes Angélicos resolveram, então, restringir o volume de reencarnações satanizadas, de modo a ser diminuído o número de agentes físicos que formavam na Terra o contacto eficiente com o Invisível. Satanás foi "amarrado por mil anos" e, ficando enfraquecido o seu poder na matéria, desceram então à Terra — em substituição aos satanizados — espíritos criteriosos, laboriosos, disciplinados, inofensivos, amorosos e de reto pensar, os quais deram desenvolvimento às artes, à pintura, à música, à escultura; inundaram o ar de odes e de alacridade; incentivaram os albores da ciência e deram novo sentido progressista à vida! Os círculos de ferro do feudalismo foram-se rompendo aos poucos; as consciências começaram a libertar-se dos dogmas sufocantes, das lendas tenebrosas e dos tabus fesceninos e surgiram melhores favorecimentos à existência, inclusive à dos párias, que começaram a erguer-se para situações mais dignas! Apesar dos crimes, das guerras e das abominações que ainda se têm registrado até aos vossos dias, já vicejam com vigor e tenacidade, junto a essa erva má que infesta o jardim terrícola, as flores perfumadas do Evangelho de Jesus! O Evangelho impede sempre a predominância absoluta do reinado de Satanás, que tem o seu poder reduzido quando os Mentores Angélicos o "amarraram por mil anos".

O evangelista João afirma ainda o fato: "E meteu-o (Satanás) no abismo, e fechou-se, e pôs o selo sobre ele, para que não engane mais as gentes, até que sejam cumpridos os mil anos, e depois disso convém que ele seja desatado por um pouco de tempo" (Apocalipse, 20:3). Graças a esse período de controle na reencarnação das almas diabólicas ou satanizadas, os prepostos de Jesus puderam avivar a sementeira evangélica, promover reformas religiosas e codificar na Terra postulados do mundo oculto, angélico, espalhando doutrinas confortadoras e libertadoras! O espiritismo, surgindo quase às vésperas do "Juízo Final", significa o recurso de última hora que o Pai concede àqueles que ainda queiram salvar-se na dolorosa prova final. A sua mensagem, como simplificação do velho ocultismo e revelação dos tradicionais mistérios iniciáticos à luz hodierna, é instrumento valioso, que deve ser empregado com eficiência no serviço de Jesus. Novo alento e vigor angélico receberam no último milênio as almas animadas pelo fogo sagrado das renovações cristãs; um contingente de energias espirituais formou-se em vosso ambiente, através de almas sacrificiais que estão estabelecendo os pródromos de assistência e avivando os ânimos para o grande momento, que já se revela pelos decisivos e proféticos sinais dos tempos! O Alto tomou todas as providências precisas para que no vosso ambiente, assim consolidado, tudo se suceda sem a surpresa de um inesperado comando satânico! E, como o vosso globo será abalado em toda a sua estrutura e as dores coletivas serão imensas, o ambiente trágico não será clima favorável para que os espíritos satanizados aproveitem a oportunidade e estabeleçam o reinado perigoso de Satanás, pois eles próprios ficarão também imersos em angústias e serão os primeiros a clamar por socorro!

Ante a força do Poder Angélico, as almas satanizadas se acovardam, porque Satanás só é destemido quando está vencendo a batalha! Entretanto, o espírito satânico tudo fará para exercer seu domínio, pois afirma o profeta: "Satanás desce a vós cheio de grande ira, sabendo que lhe resta pouco tempo" (Apocalipse, 12:12) e após ter estado preso por mil anos, reduzido, portanto, em suas forças destrutivas; e no capítulo 20: "Cumpridos os mil anos, convém que ele seja desatado por um pouco de tempo" (Apocalipse, 20:3).

PERGUNTA: — Porventura quis o profeta indicar exatamente o nosso século atual, quando se referiu à descida de Satanás cheio de ira, devido a lhe restar pouco tempo para perturbar a Terra? Gostaríamos de conhecer a vossa opinião sobre esse aspecto da predição do Apocalipse.

RAMATÍS: — Os espíritos mais observadores já deverão ter notado a estranha sensação de temor e a inquietude que reina em vossos dias. Estão vendo que a corrupção se estende perigosamente e as criaturas, demonstrando completa irresponsabilidade, se deixam seduzir pelo prazer desregrado e pela inversão dos valores tradicionais da vida. É a descida em massa, que se está verificando, de espíritos rebeldes, frios, egocêntricos, criados no meio da incompostura moral; espíritos sedentos de sensualidade da carne; inimigos da disciplina e da ordem; deliberadamente afeitos à malignidade! Ignoram, entretanto, que sua reencarnação na Terra, conseguida cada vez com mais facilidade, está sendo autorizada e mesmo proporcionada pelo Alto; assim, o que lhes parece apenas oportunidade favorável para darem larga a seus instintos, faz parte dos planos angélicos, a fim de que desça à Terra o maior número possível de desregrados, para que sejam julgados tanto os vivos como os mortos! O apóstolo João chega a felicitar os planos invisíveis do Além, no seu Apocalipse, por essa maior descida dos satanizados à Terra, quando o plano astral ficará desafogado e saneado: — "Por isso, alegrai-vos, ó céus, e vós que habitais neles" (Apocalipse, 12:12), isto é, aqueles que continuarão a viver nesses planos já libertados do conjunto rebelde de Satanás. Em contraposição, o Evangelista lamenta a situação do vosso mundo, pela carga satanizada que há de receber e pesar-lhe na economia espiritual: "Ai da terra, e do mar, porque o Diabo desceu a vós cheio de uma grande ira, sabendo que lhe resta pouco tempo". Confirma-se essa descida de espíritos maldosos, simbolizados em Satanás: "E depois que os mil anos forem cumpridos, será desamarrado Satanás da sua prisão e seduzirá as nações que estão nos quatro ângulos da Terra" (Apocalipse, 20:7,8).

O "pouco tempo" a que se refere o Apocalipse é o espaço exato correspondente ao final do século atual, quando a vossa humanidade, de três bilhões[1] de almas, estiver superlotada de espíritos satanizados que se estão reencarnando, vindos do Espaço, e que até então estavam impedidos de fazê-lo, para não constituírem perigo à integridade administrativa da Terra. Por isso, os desatinos de Babilônia, Sodoma e Pompeia serão reproduzidos por ocasião do desregramento geral que se verificará na Terra, provocado pelos "desamarrados" do Além, figurados em Satanás, mas que serão colhidos implacavelmente pela própria rede de violências, paixões e rebeldia do mundo físico, até findarem

1 N. E. - Dados populacionais vigentes na época em que estas mensagens foram passadas. Hoje a população mundial aproxima-se de 8.000.000.000 (oito bilhões) de habitantes.

o seu poderio diante da catastrófica depuração do "Juízo Final". Em seguida, o trigo será separado do joio; os bons dos maus; os angélicos situar-se-ão à direita do Cristo e os satanizados, iludidos pela sua própria rebeldia, serão enxotados para o mundo primitivo do "astro intruso", que simboliza a esquerda do Cristo!

PERGUNTA: — Essa descida de espíritos diabólicos, através de reencarnações em massa, neste século, faz parte de um plano há muito estabelecido pelos Mentores Siderais, ou será apenas um recurso de última hora?

RAMATÍS: — No seio do Cosmo, como já vos dissemos, tudo é previsto e submetido a planos antecipadamente estabelecidos. A hierarquia angélica domina, por isso, toda a Criação. Satanás — alegoria que abrange todas as almas temporariamente rebeldes aos princípios da angelitude — é figura secundária; o seu reino e sua ação maligna são coisas transitórias no espírito humano, pois que se extinguem, alhures, na própria luz crística que permanece latente no âmago dos seres. Em consequência de não poderdes avaliar satisfatoriamente o que seja a eternidade, os milênios que as almas satanizadas consomem na sua ignorância e rebeldia parecem-vos acontecimentos eternos; no entanto, correspondem apenas ao período de formação natural da consciência, quando o espírito começa a sentir que existe e que é diferente na criação, a qual faz com que ele ame a si mesmo, primeiramente, a fim de desenvolver-lhe o amor consciente. Embora se deplore o egoísmo, considerando-o como coisa satânica, ele é a base do amor puro, que os chegados à condição de anjos manifestam depois, incondicionalmente, para com todos os seres do universo. Embora nos cause repugnância o montruo fétido dos jardins, é com a sua substância asquerosa que os cravos e as rosas elaboram o seu delicioso perfume! A Lei Suprema, ao dar início ao progresso evolucionário do espírito, desenvolve-lhe primeiramente a fase do egocentrismo, que favorece o despertamento da alma em si mesma, dentro do Todo, a fim de se constituir em célula consciente. Começando por amar-se a si mesmo, com egoísmo, o espírito procura a sua origem em seu próprio âmago, no qual Deus está imanente, embora ainda encoberto pelo cascão provisório da personalidade humana. O altruísmo incondicional, do anjo, forma-se nas bases do egoísmo satânico, de quando a consciência estava em crescimento. A alma faz primeiramente a colheita; a seguir, centraliza-se no acúmulo egocêntrico e avaro; depois, torna-se a fonte doadora, o celeiro de dádivas celestes!

Esse o processo; essa a lei; mas ambos são lógicos e garantem-vos a formação consciencial a caminho da angelitude.

Assim, a descida de espíritos satanizados ao vosso mundo significa parte, apenas, do plano elaborado para a futura ascensão espiritual. A última etapa desse plano inicia-se com a "descida" de Satanás, ou seja, com a reencarnação contínua e em massa das almas satanizadas, que há mil anos estavam proibidas de descer à carne, para se evitar a perversão total da vossa humanidade. Insiste o profeta em dizer: "até que sejam cumpridos mil anos; e depois disto convém que Satanás seja desatado por um pouco de tempo" (Apocalipse: 12,12).

PERGUNTA: — Poder-se-á saber, pelo Apocalipse, de que modo serão derrotados os anjos maus precipitados na Terra?

RAMATÍS: — Lede o versículo 11 do capítulo 12, que diz: "E eles o venceram pelo sangue do Cordeiro (do Cristo, do Amor) e pela palavra do seu testemunho (Evangelho), e não amaram as suas vidas até à morte". Portanto, a vitória sobre o satanismo há de ser conseguida com o "sangue do Cordeiro", ou seja, com o sangue do amor, através da renúncia e da bondade; na prática viva e incondicional do Evangelho, à luz do dia, que é palavra do testemunho do Cristo, ou do Cordeiro. Aqueles que não temem a morte a favor do próximo, que se deixaram imolar pelos algozes e que foram sacrificados nos circos de Roma, darão suas vidas, outra vez, para reivindicar o reino do Senhor, conforme afirma João: e não amaram as suas vidas até a morte.

A ofensiva contra Satanás terá êxito, através desses princípios, porque as armas do Cristo são exatamente o oposto das da coorte satanizada, pois o ódio é vencido pelo amor, a perversidade pela bondade, o insulto pelo perdão, a atrocidade pela meiguice, a injustiça pela "milha a favor", a vida pelo sacrifício da morte! Como compensação, diz o profeta: "Bem-aventurados aqueles que lavam as suas vestiduras no sangue do Cordeiro para terem parte na árvore da vida e para entrarem na cidade pelas portas" (Apocalipse, 21:14)

PERGUNTA: — Quais as procedências desses espíritos satanizados, do passado? São exilados de outros planetas ou pertencem também à Terra?

RAMATÍS: — Em face da proximidade do "Juízo Final", o satanismo já pode ser alusivo, também, aos espíritos da própria

Terra, reencarnados e desencarnados, como futuros candidatos, que são, à precipitação para o "astro intruso" que se aproxima. Eles são aliados dos emigrados de outros planetas, que ainda constituem as falanges adversas ao Cristo. A descida de espíritos satanizados ao vosso mundo — como generosa oportunidade concedida pelo Magnânimo Criador para redenção desses infelizes rebeldes — está fazendo decair seriamente o padrão psíquico do vosso orbe; cresce a imoralidade, cresce a perversão, e o desânimo se apodera dos bem-intencionados; chega-se a crer na impossibilidade de se restaurar a pureza dos antigos costumes cristãos! A aura da Terra se torna semelhante a viscosa cortina de magnetismo inferior, que lembra uma névoa sombria a oprimir os esforços ascensionais daqueles que operam sob a égide de Jesus! As prisões do Além foram abertas para os prisioneiros, como anuncia o Apocalipse, e eles se encaminham para a carne, abandonando no Espaço as furnas de suas próprias crueldades e torpezas, para usufruírem da sensação desbragada do ambiente humano! Juntamente com os exilados ainda refratários ao Bem, eles renascem entre vós e pesam na vossa economia moral; são os magos negros, da Atlântida; os demolidores satânicos da Lemúria; os inspiradores das bacanais da Babilônia, de Sodoma, Gomorra e Pompeia; são os perversos lúbricos da Roma Imperial; são os feiticeiros cruéis do velho Egito, os sacerdotes desregrados e vingativos da Índia Védica; são os gênios rebelados das sombras: reis, comandantes e fidalgos sanguinários, ministros e hierárquicos religiosos; são os malvados da Inquisição e chefes de hordas infernais! Outros, plenos de angústia pela demora em ingressarem na carne, debruçam-se daqui, famélicos de sensações inferiores; doutrinam e fascinam incautos "condensadores" vivos que, no ambiente material, se tornam os seus agentes do sensualismo pervertido!

PERGUNTA: — Essas vossas revelações não hão de causar, porventura, certo pânico psíquico nas criaturas mais sensíveis, do nosso mundo?

RAMATÍS: — Nem sempre a sensibilidade existe plena de emoção espiritual. Comumente, trata-se, apenas, de sentimentalismo pueril e, às vezes, de sentimentalismo fingido. Muitos dos que podem achar tétricas as nossas revelações, dos que são pródigos em derramar copiosas lágrimas diante de enredos cinematográficos ou na audição de novelas radiofônicas, têm o coração gélido para com o órfão abandonado, para com a mulher decaída, para com o infeliz embriagado ou para com o cão ferido! Sofrem e se comovem só quando as emoções ferem no íntimo o seu campo egocêntrico; suspiram diante da dor ou da catástrofe alheia, mas não se movem, praticamente, em favor do irmão necessitado; suas almas ainda se sintonizam com os convites de Satanás e olvidam, por isso, o apelo sacrificial do Cristo! Se achais que seria conveniente ignorar-se a verdade do que descreve João Evangelista sobre a onda perigosa que se avoluma no vosso mundo, à beira do "Juízo Final", nós vos advertimos de que de modo algum resolvereis esse problema através de um convencional olvido espiritual! Evocando as palavras de Jesus, "Quando começarem a se cumprir estas coisas, **levantai as vossas cabeças**, porque está próxima a vossa redenção", devemos advertir-vos de que, em lugar de pretenderdes que se escondam as revelações do Apocalipse, deveis levantar as vossas cabeças para conhecerdes, sem receios, a definitiva realidade dos vossos destinos espirituais! Embora possais considerar injusta a descida dessa avalancha de espíritos que se reencarna, presentemente, por todos os recantos do vosso orbe e, principalmente, em camadas sociais inóspitas, é mister refletirdes que quase todos vós sois também remanescentes regenerados dessas hordas, pois já servistes a elas, com prazer, no pretérito distante! Ontem éreis filiados a elas, pela sedução da fortuna fácil, no aproveitamento dos despojos saqueados por vós aos povos indefesos e na constituição de bandos selvagens; hoje, servireis novamente aos vossos companheiros do pretérito, seduzindo-os para o amor de Jesus, aumentando-lhes as réstias de luz, que também existem nos seus corações, pois todos sois filhos do mesmo Deus! Embora transviados, eles também são dignos do amor e da bondade; por isso Jesus apela para o vosso serviço sacrificial e renúncia crística, de modo a poderdes figurar entre os "poucos escolhidos" dos "muitos chamados". Só o bálsamo sedativo dos corações evangelizados, a resistência moral evangélica e a renúncia completa em nome do Cordeiro Magnânimo é que produzirão a metamorfose desses filhos satanizados, mas indiscutíveis candidatos à angelitude eterna.

Reconhecemos que muitos ficarão atemorizados ante essa tarefa incondicional, de absoluto amor, em que as próprias vítimas devem converter os seus algozes ao insigne Evangelho de Jesus. Pesa-vos o fardo, mas é o resultado do que já plantastes com as vossas tropelias satânicas do pretérito!

PERGUNTA: — Não seria demasiado tributo para a nossa debilidade espiritual a tarefa de adaptarmos adversários tão ferozes à mansuetude dos ensinos ministrados por Jesus? O Alto não poderia dispensar-nos dessa tarefa, já que agora somos melhores?

RAMATÍS: — Isso é querer fugir do passado, o que não podeis fazer, uma vez que a vossa humanidade atual é a reencarnação coletiva das mesmas criaturas que, há milênios, constituíam as hordas de vândalos galvanizados no ódio, na violência e na perversidade; que destruíam agrupamentos humanos, templos e escolas; que só reconheciam o direito absoluto no despojamento desenfreado; que semeavam a morte e reduziam a cinzas os adversários! Os séculos findos ainda guardam o eco de vossas rebeldias e insânias diabólicas; nas fímbrias do horizonte ainda existe o estigma etéreo de todas as paixões fervilhantes que têm demorado a vossa definitiva admissão ao reino da Luz Eterna. Muitos exilados que comandaram antigas hordas destruidoras nos planetas de que foram enxotados já se redimiram, e agora vos auxiliam na libertação do satanismo e na aquisição de melhor padrão espiritual. Essa oportunidade crística é de grande valia para todos vós, pois o sacrifício e a renúncia que demonstrardes em favor dos infelizes rebelados talvez vos situe na plenitude angélica de um Francisco de Assis ou na glória indestrutível de um Paulo de Tarso! O auxílio que a Administração Sideral solicita dos vossos esforços espirituais, em benefício desses cruéis rebeldes que se reencarnam no vosso ambiente, é o mesmo que recebeis constantemente das almas angélicas constituídas por velhos satanases já regenerados, que vos precederam na jornada evolucionária! Por que esse receio, quando o Cristo vos espera, há tantos milênios, a fim de que ingresseis no seu reino de glória imortal?

PERGUNTA: — Quer isso dizer que a história se repete, embora mudem os personagens. Não é verdade?

RAMATÍS: — No vosso mundo, e em outros planetas habitados, os espíritos se exercitam para desenvolver suas consciências e se emanciparem do domínio das paixões. O berço é a porta de ingresso à escola física e o túmulo marca o fim do ano letivo. A matéria é o malho que retifica a alma indócil e lhe modifica a configuração rude, para assemelhá-la à escultura sublime do anjo eterno. Os mundos físicos assemelham-se a estações experimentais, em que se aperfeiçoam as flores do espírito para os jardins do Éden! Cada alma, no lodo fértil do mundo físico, forja a sua consciência para a divina entrevista com Deus, onde o banquete da Glória Celeste pede a vestidura radiosa da "túnica nupcial"!

A história realmente se repete, na troca dos seus personagens, porquanto os novos atores devem substituir aqueles que ascensionam aos planos de Paz e de Ventura Eterna. A generosidade do Criador, nessa educação espiritual, determina que os veteranos cedam aos novos os seus papéis já vividos, na sublime atitude de renúncia e de amor; cumpre a estes, então, ensinar aos neófitos, ignorantes e rebeldes, a obediência respeitosa às regras magnânimas deixadas pelo mestre Jesus.

PERGUNTA: — Então, podemos pressupor os espíritos satanizados como sendo os calouros que se reencarnam no cenário terreno, para substituir os veteranos cristãos, em vias de partida?

RAMATÍS: — Acompanhando o vosso simbolismo, diremos que os veteranos são os da "direita" do Cristo, enquanto que os calouros, espiritualmente imaturos, formam quase sempre a "esquerda" crística e só podem atuar nos cenários dos mundos primitivos, onde o ambiente é capaz de suportar-lhes o egoísmo próprio de atores imperfeitos e que estão fascinados pelo orgulho dos êxitos prematuros.

PERGUNTA: — Por que motivo os Mentores Espirituais consentem na promiscuidade entre espíritos bons e espíritos satanizados, permitindo que estes reencarnem entre aqueles, que já se devotam à sua regeneração espiritual? Essa promiscuidade não dificulta a ascensão dos bem-intencionados?

RAMATÍS: — Embora a semeadura seja livre e a colheita obrigatória, é ainda Jesus quem nos adverte: "E nenhuma das minhas ovelhas se perderá". Os espíritos rebeldes, vingativos e obstinadamente adversos ao Cristo (que simbolizam o Satanás bíblico) são também vossos irmãos, porque filhos do mesmo Deus! Os mesmos carinhos e oportunidades de que já gozastes nos evos findos, eles também os merecem, ante a lei de igualdade e de justiça do Criador! Quando renascem no mundo material, o seu psiquismo é subjugado pela carne, e daí viverem para a satisfação exclusiva de seus próprios interesses, não cedendo um só milímetro a favor do próximo. O absurdo, para eles, é conceito de genialidade e a estultícia, em seus agrupamentos, é levada à conta de excentricidade. Mas o Senhor da Vida não os abandona à sua incúria e insensatez, assim como não vos abandonou, também, no passado, quando éreis semelhantes a eles. Após um longo hiato contemporizador, que é uma espera da eclosão natural dos estigmas psíquicos, esses seres diabólicos são conduzidos à compreensão moral superior que lhes inspiram os servidores do Cristo. As almas angelicais são produtos do serviço sacrificial prestado às almas satanizadas; a glória de Francisco de Assis, a tenacidade de Paulo de Tarso e a santidade dos apóstolos são resultantes dos ensejos que para isso os seus próprios verdugos lhes proporcionaram nas vidas imoladas a Jesus! O adversário mais feroz pode ser a moldura viva da alma santificada!

A regeneração dos espíritos rebeldes se torna mais viável quando são reencarnados em um grupo de almas amorosas e de boa-vontade, ao invés de serem abandonados totalmente às influências de indivíduos da mesma índole. Muitos dos satanizados que descem ao seio da vossa civilização terrícola ainda poderão regenerar-se até o término dos acontecimentos do próximo "Juízo Final".

PERGUNTA: — Como poderíamos identificar os indivíduos satanizados, aqui encarnados, à luz da psicologia hodierna do nosso mundo?

RAMATÍS: — Eles se revelam facilmente por suas ações individuais ou coletivas em todos os setores públicos ou particulares da vida humana. O satanismo é um símbolo do truncamento, da inversão dos valores tradicionais já consagrados ao bem comum; é a falsa suposição do verdadeiro; é o reinado do trivial, do inútil e do pervertido, num absoluto egoísmo e indiferença diante de qualquer aflição humana ou necessidade alheia. A banalidade é elevada à conta de sabedoria; a incoerência e cabotinismo tornam-se os aferidores lógicos nas esferas da arte, da ciência, da moral e da religião. Os indivíduos satanizados — ao contrário dos cristianizados — são criaturas cujo modo de vida se transforma em esplendoroso parasitismo; são tipos insensíveis diante dos desgraçados mais esfarrapados! Seus corpos estão cobertos com finíssimos tecidos e ornados com fascinantes pedrarias, mas, por dentro, pulsa um coração gélido, impermeável ao apelo do próximo! Colocados na administração pública, arrasam os patrimônios coletivos e amealham desonestamente para a tribo familiar; criam oligarquias e se justificam colericamente ante as investidas dos desesperados; formam impérios faustosos e esbanjam com prodigalidade criminosa; alimentam movimentos estultos, festividades tolas e realizações vazias de espírito! A inconsciência da realidade espiritual lhes inspira os gastos inúteis e as realizações estéreis; povoam os cemitérios com ricos mausoléus, a fim de que seus cadáveres apodreçam luxuosamente, embora a pouca distância estejam a ruir as choupanas dos vivos famintos e desnudos! Criando as indústrias bélicas, promovem conflitos armados entre os povos subnutridos, para se enriquecerem com os lucros homicidas. Quando se internacionalizam, sob aplausos interesseiros, cuidam apenas dos seus interesses escabrosos e nunca da fraternidade humana; são capazes de bombardear a própria terra natal, a fim de aumentarem os seus créditos nos bancos. Falta-lhes o amor puro e o apego ao ideal superior do bem comum. Movem-se calculadamente, egocêntricos, numa vida capciosa que lhes permita ampliar os seus domínios faustosos e amealhar a fortuna fácil!

PERGUNTA: — Esses indivíduos satanizados não poderão estar operando de modo benéfico, na direção de movimentos realmente culturais, científicos ou religiosos?

RAMATÍS: — Sagazes e eloquentes, eles se infiltram em todas as esferas do pensamento humano, mas lhes é impossível manter em nível honesto a sua índole satânica, que logo os trai escandalosamente! Quando operam na literatura infantil, pervertem a mente das crianças; sensualizam o pensamento do moço na revista fescenina; induzem o leitor à venalidade e envenenam o sentido exato das palavras; insuflam ódios entre as classes e, quando à frente de doutrinas ou religiões, espalham definições separatistas e desmentem em público aquilo que cultuam na atmosfera dos templos, pois falam muito em Deus mas cortejam fanaticamente o mundo de César; pregam a simplicidade, mas vestem-se de púrpura e de holanda (como dizia Jesus) ou de tecidos caríssimos enfeitados de ouro! Subvertem os seus deveres oficiais na segurança pública, atendendo aos manejos torpes da política desonesta; advogam a charlatanice e a mentira; absolvem o intelectual criminoso ou o ricaço faustoso, mas cobrem de ignomínia o infeliz que furtou um pão para dá-lo ao filho esfaimado ou o delinquente descalço que cometeu uma fraqueza! Alimentam estados de angústia e explosão de ódio entre o povo, promovendo o aumento do preço do leite, dos gêneros alimentícios, das utilidades, dos transportes, do pão, e se enfurecem quando seus operários lhes pedem aumento de salário para enfrentar a alta do custo da vida. Na ciência, transformam a dor humana numa bolsa de negócios, em que os medicamentos se assemelham a produtos de joalheria e o socorro aos enfermos à aquisição de luxuosos vestidos de modista! Aplaudidos pela falsa tradição do mundo material e festejados pelo sentimentalismo dos homens tolos, gozam comumente da regalia de monumentos nas praças públicas ou de placas douradas nas avenidas festivas. Mas a Lei Divina os apanha e ajusta nos ciclos reencarnatórios, fazendo-os vestir os mesmos trajes que desprezaram e sofrer as mesmas torpezas que semearam.

Entretanto, a Lei Suprema que ordena a reencarnação dos servidores do Cristo, para salvarem a humanidade das trevas, também assiste os satanizados que descem para a retificação dolorosa de última hora. Por isso, o preparo do ambiente crístico para o terceiro milênio aguarda o vosso tributo de amor e de paciência para com esses irmãos transviados, que já estão convosco, e que já operam em todos os ângulos da vida terráquea. Vivendo satanicamente, eles trincam em si mesmos o cristal refulgente de sua ventura espiritual!

O satanismo, na realidade, é desgraça dolorosa para os seus próprios adeptos que, situados como rebeldes inimigos da Luz, requerem uma terapêutica cruciante em longo exílio nas trevas dos mundos inferiores.

PERGUNTA: — Qual a significação do brocardo que diz: Satanás sopra no ouvido humano e contraria a vontade de Deus?

RAMATÍS: — Esse brocardo quer dizer que, quando espíritos maléficos influenciam a mente humana, a alma se torna invigilante e se perverte, tornando-se refratária ao socorro angélico. A trevosa influência satânica faz vibrar o desejo inferior, que seduz, mas em sentido negativo e invertido. Adotai um brocardo oposto: "Quando o anjo sopra na consciência humana, dá-lhe intuição para o bem". É um convite dinâmico, construtivo e ascensional! O homem bom, sob a inspiração angélica, pensa no infeliz e se comove; pensa no deserdado e sofre com a desgraça alheia; esquece os seus caprichos, o seu poder, a sua glória política ou social; olvida a sua própria comodidade, para atender à angústia alheia. Mas o sopro de Satanás — a "sereia das trevas" — faz o homem inverter os valores sublimes da vida, confundir a realidade e se tornar injusto, impiedoso e estúpido; então, aceita o falso por verdadeiro, a ignorância por virtude e o próprio crime por heroísmo. É por isso que Jesus nos adverte constantemente da necessidade de orar e vigiar, pois Satanás sopra em todo tempo e em toda parte! A oração dinamiza as energias superiores; é atitude crística, cujo potencial interno modifica o campo vibratório em torno da criatura e lhe harmoniza sempre o comando psíquico desajustado por Satanás. E, como a renúncia é o estado mais vibrátil para a receptividade angélica, o seu oposto, que é o egoísmo, torna-se excelente recurso para a manifestação da voz melíflua de Satanás.

PERGUNTA: — Podeis dar-nos alguns exemplos dessas duas influenciações, o "sopro do anjo" e o "sopro de Satanás"?

RAMATÍS: — Quando a consciência sente o sopro do anjo, manifesta-se no ser humano a renúncia crística, a disposição amorosa para com a vida e o próximo; o forte vai amparar o fraco; o rico sai do seu conforto e da sua posição social para atender ao pobre; o sadio leva socorro ao indigente sem família e sem afeto; o homem livre conforta o seu irmão encarcerado; a mulher fidalga cogita do lar para redenção da decaída; o filho rico ampara o órfão deserdado; o homem inteligente abdica do seu comodismo para esclarecer o ignorante; o feliz carreia esperança para o desesperado; o ajustado na vida busca trabalho para o desempregado; o moço ajuda o velho a viver; o milionário providencia a perna mecânica ou o carrinho para o aleijado; a vizinha desafogada provê a vizinha pobre; o amigo oferece o seu amparo ao escorraçado da sociedade; a moça formosa auxilia a educação cristã da menina repulsiva; o esposo feliz doutrina o casado infiel; a esposa honesta aconselha a mulher leviana. Entretanto, o sopro de Satanás inverte todas essas posições: os administradores públicos constroem palácios faustosos, estádios faraônicos, monumentos custosos, ao mesmo tempo que os órfãos, os tuberculosos, os velhos, os cancerosos, jazem desamparados na gelidez das noites hibernais; subvencionam a construção de templos magnificentes e os luxuosos e dispendiosos congraçamentos para se homenagear a Jesus-Pobre; fazem emigrar os despojos dos mortos heroicos, enquanto milhares de recém-nascidos sucumbem à míngua do leite e das vitaminas! Satanás sopra, repleto de astúcia e de manha, aos ouvidos dos milionários, e eles erguem principescas vivendas, insensíveis ao panorama dos casebres infectos que lhes ficam nas divisas; organizam festividades alucinantes e despendem vultosas fortunas em banquetes glutônicos! A orquestra fidalga sonoriza o deslumbrante concurso de elegância e a exposição ostensiva de joias e sedas! Enquanto isso sucede, ecoa no ar o sibilar impressionante da sereia da ambulância que conduz a moça anêmica, a gestante pobre ou a criança desfalecida pela subalimentação! As melodias da moda fundem-se com o grito angustioso do pai desesperado, cujo filho agoniza por falta de socorro médico; com os estertores dos cancerosos no desconforto da esteira em frangalhos; com o choro do nenê anêmico, esquelético, com o ventre hipertrofiado e o eczema da intoxicação; com a tosse asmática e aniquilante da velhinha, que se consome na enxerga apodrecida!

O satanismo, no seu cortejo mórbido de gozadores irresponsáveis, erige um divertido reino entre os gemidos e as chagas de um mundo que pede um pouco de amor! E Jesus é novamente crucificado pelas torpezas dos sequazes de Satanás, que escarnecem da sua meiguice, do seu amor e da sua pobreza honesta! Os fariseus modernos, reencarnações dos velhos sacerdotes hebraicos, cúpidos e nababescos, atendem ao sopro satânico e constroem, por sua vez, os templos luxuosos, semelhantes a cofres de pedra gélida e repletos de tesouros transitórios, que "as traças roem e a ferrugem consome"! Nos seus tapetes, de veludo principesco, fica o escarro do tuberculoso ou a marca das chagas dos pés dos infelizes sem lar, que esperam o milagre por parte da insensibilidade dos ídolos dourados! Nos mármores raros, estampa-se o suor das mãozinhas infantis, que pedem pão, leite e um pouco de alegria; nos bancos ornados de relevos aristocráticos, permanece o odor dos corpos doentes e, junto a esses bancos, a saliva dos asmáticos!

E o vosso mundo, conturbado, apresenta então o terrível e angustioso contraste: aquilo que disse Jesus não é igual àquilo que se faz em nome de Jesus!

12. O astro intruso e sua influência sobre a Terra

PERGUNTA: — *Por diversas vezes, no decorrer de vossas comunicações, tendes feito referência a um astro que se está aproximando da Terra, com a finalidade de higienizar o ambiente terreno e atrair para a sua crosta os espíritos que desencarnarão por ocasião do "Juízo Final". Poderíeis informar-nos qual o ano em que a Ciência Astronômica poderá assinalar a presença desse astro?*

RAMATÍS: — Mais ou menos entre os anos 1960 e 1962, os cientistas da Terra notarão determinadas alterações em rotas siderais, as quais serão os primeiros sinais exteriores do fenômeno de aproximação do astro intruso e da proximidade do "fim dos tempos". Não será nenhuma certificação visível do aludido astro; apenas a percepção de sinais de ordem conjetural, pois essa manifestação dar-se-á mais para o final do século.

PERGUNTA: — *Por que motivo designais esse astro umas vezes como "intruso" e outras vezes como planeta "higienizador"?*

RAMATÍS: — Denominamo-lo de astro "intruso" porque não faz parte do vosso sistema solar, e realmente se intromete no movimento da Terra, com a sua influência, ao completar o ciclo de 6.666 anos.

Em virtude do seu magnetismo primitivo, denso e agressivo, ele se assemelha a um poderoso ímã planetário, absorvendo da atmosfera do vosso globo as energias deletérias, e por esse motivo o figuramos também como um planeta "higienizador".[1]

PERGUNTA: — *Tendes falado, também, em sua "sucção psicomagnética" como sendo uma outra função do referido astro. Em que consiste essa sucção?*

RAMATÍS: — À medida que os espíritos forem desencarnando, serão selecionados no Espaço sob a disciplina profética do "julgamento dos vivos e dos mortos", isto é, dos que já se acham no Além e daqueles que ainda estão na Terra, mas já assinalados pela efervescência do magnetismo nocivo e sintonizado com o do astro intruso. Ele é, como já vos temos dito, o "barômetro" aferidor dos esquerdistas e direitistas do Cristo. O seu papel é o de atrair para o seu bojo etereoastral todos os desencarnados que se sintonizam com a sua baixa vibração, pois, analogamente às limalhas de ferro quando atraídas por ferro magnético, esses espíritos terrícolas desregrados, denominados "pés de chumbo" — porque realmente estão chumbados ao solo térreo pelas suas vibrações densas — ver-se-ão solicitados para a aura do orbe visitante. Essas entidades atraídas para o astro intruso serão os egoístas, os malvados, os hipócritas, os cruéis, os desonestos, os orgulhosos, tiranos, déspotas e avaros; estarão incluídos entre eles os que exploram, tiranizam e lançam a corrupção. Não importa que sejam líderes ou sábios, cientistas ou chefes religiosos; a sua marca, ou seja, o selo "bestial", está identificado com o teor magnético do planeta primitivo. Eles irão situar-se numa paisagem afim com os seus estados espirituais; encontrarão o cenário adequado aos seus despotismos e degradações, pois o habitante desse orbe encontra-se na fase rudimentar do homem das cavernas; mal consegue amarrar pedras com cipó, para fazer machados! A Terra será promovida à função de Escola do Mentalismo e os desregrados, ou os esquerdistas do Cristo, terão que abandoná-la, por lei natural da evolução. O planeta primitivo é o seu mundo eletivo, porque já lhes palpita sincronicamente no âmago de suas próprias almas; apenas hão de revelar, em nova forma física, as ideias e impulsos bestiais que lhes estão latentes no íntimo.

PERGUNTA: — *Essa atração será violenta?*

---

1 Nota do autor espiritual: - Convém não esquecer que a ação mais importante do planeta "higienizador" é no mundo oculto; a sua aura magnética, em fusão com a aura terrena, então proporcionará o ensejo para a emigração coletiva do "Juízo Final".

RAMATÍS: — Não avalieis as soluções siderais com a pobreza do vosso calendário, porquanto já estais vivendo essa atração. Gradativamente ela se exerce em correspondência com o estado vibratório de cada espírito. Muitos malvados, que têm sido verdadeiros demônios para a civilização terrena, já denunciam em suas almas aflitas e desesperadas o apelo implacável do planeta higienizador da Terra! Legiões de criaturas adversas aos princípios cristãos sentem-se acionadas em seu psiquismo inferior e rompem as algemas convencionais da moral humana, lançando-se à corrupção, à devassidão, ao roubo organizado e ao caos da cobiça. É o momento profético das definições milenárias; todo o conteúdo subvertido do espírito virá à tona, excitado pelo magnetismo primitivo do planeta intruso! É necessário que todos tenham a sua oportunidade derradeira; revelarem-se à direita ou à esquerda do Cristo! E a profética figura da "Besta" do Apocalipse se fará visível, na soma das paixões humanas que hão de explodir sob o estímulo vigoroso desse astro elementar. E, como a Lei é imutável e justa, cada um será julgado conforme as suas obras, pois a semeadura é livre, mas a colheita é obrigatória.

PERGUNTA: — Muitos que têm lido as vossas comunicações avulsas alegam que é um absurdo o volume de 3.200 vezes maior do que a Terra, que atribuístes ao planeta intruso. A passagem desse astro junto ao nosso planeta, e com tal volume, acarretaria talvez uma catástrofe em todo o sistema solar?

RAMATÍS: — É que ao captardes o nosso pensamento confundistes o volume áurico do planeta com o seu volume material. Esse volume de 3.200 vezes maior do que a Terra não é referente à massa rígida daquele orbe, cujo núcleo resfriado é um pouco maior que a crosta terráquea. Estamos tratando da sua natureza etereoastral, do seu campo radiante e radiativo, que é o fundamento principal de todos os acontecimentos no "fim dos tempos". É o volume do seu conteúdo energético, inacessível à percepção da instrumentação astronômica terrestre, mas conhecido e até fotografado pelos observatórios de Marte, de Júpiter e de Saturno, cujas cartas sidéreas registram principalmente a natureza e o volume das auras dos mundos observados.

A composição do magnetismo etereoastral desse planeta, em comparação com o mesmo campo de forças da Terra, é indescritível efervescência de assombroso potencial energético, e ultrapassa, então, de 3.200 vezes o mesmo conjunto terráqueo. Inúmeras estrelas que os astrônomos situam no céu variam, também, quanto aos seus núcleos rígidos e sua aura etereoastral que, dotadas muitas vezes de igual volume material, diferenciam-se em milhares de vezes quanto ao volume áurico.

O campo mineral do núcleo rígido do astro em questão é também mais compacto e poderosamente mais radiativo sobre o do vosso planeta. A sua área de ação é muitíssimo maior, quer em sentido expansivo, quer em profundidade magnética. A sua composição quimico-física supera o potencial energético original do vosso orbe, pois é mundo mais primitivo, qual usina de energias superativadas e em ebulição, enquanto que o magnetismo terrestre já é algo exaurido, na sequência do tempo em que se condensou.

Esse poderoso ímã-magneto, que circula sobre um ângulo do vosso sistema solar, em sua aproximação também influi e se combina à aura etereoastral dos outros orbes circunvizinhos da Terra, no conhecido fenômeno de contacto astrológico. Os cientistas atlantes previam a futura influência do planeta intruso sobre o vosso mundo, pois em seus tratados de astrosofia, a serem em breve conhecidos, já diziam que "o juízo da Terra seria assistido pela ronda da roda de Rá", ou seja, pela ronda do globo responsável pelo juízo da Terra em torno do Sol.

PERGUNTA: — E qual o volume do seu núcleo rígido, ou seja de sua matéria resfriada?

RAMATÍS: — Não vos esqueçais de que toda profecia apresenta duas revelações: uma que pode ser descrita ao pé da letra e entendível na hora da predição; outra cabalística, que exige certo conhecimento familiar iniciático para ser devidamente compreendida, porquanto só se ajusta a formas ainda desconhecidas, do porvir. A parte interior, iniciática e sidérica, de nossas mensagens, tem sido compreendida pelos que estão familiarizados com o mecanismo velado sob o "Véu de Ísis", mas a realidade científica, que se esconde sob a alegoria incomum — absurda no presente, mas realidade habitual no futuro — cabe realmente à ciência desvendá-la ao mundo, em seus mínimos detalhes, conforme determina a ética sideral de evolução pessoal da consciência humana. Por esse motivo, não podemos antecipar-nos aos compêndios geofísicos e astrofísicos, nem ao mérito e à aprendizagem das minudências e soluções acadêmicas.

Os profetas assinalaram no passado, e com êxito, que o fogo cairia dos céus, mas coube à ciência humana descobrir as leis e produzir cientificamente o fogo atômico, o qual inegavelmente correspondeu ao que fora dito de modo cabalístico. Os videntes conjeturaram o acontecimento e a ciência concretizou os detalhes. O mérito foi de ambos; um conjunto pensou antecipadamente e outro realizou o pensamento no tempo predito. Do mesmo modo, estamos noticiando-vos o acontecimento em geral e fixando-lhe as bases mais ou menos acessíveis à vossa mente, mas veladas no seu teor importante, visto que fotografamos instantaneamente, na tela astronômica externa do vosso orbe, um fenômeno cuja eclosão ainda é profundamente interior.

O volume de matéria resfriada desse orbe, seus movimentos, velocidade, translação e rotação, são coisas que cabe à ciência terrícola descobrir e anunciar na hora aprazada. Os Mentores mandam-nos delinear o fenômeno em suas linhas gerais e noticiar o mecanismo básico do "fim dos tempos", lembrando aos homens imprudentes que os planos siderais já alcançaram a Terra em sua eclosão astrofísica!

PERGUNTA: — A aura etereoastral desse planeta, 3.200 vezes maior que a aura da Terra, não nos induz a crer que a sua massa rígida deva ser também muito mais volumosa que a do nosso orbe?

RAMATÍS: — Verdadeiramente, o astro intruso é maior do que a Terra, em seu núcleo rígido ou sua massa resfriada, mas não há correspondência aritmética entre os núcleos e auras de ambos. O volume etérico do primeiro é mais extenso ou expansivo, porque também é mais radioativo, no sentido de energia degradada, e mais radiante no sentido de interceptação de energia pura ou livre. Embora seja um globo oriundo da "massa virgem" do Cosmo, com que também se forjou o globo terrestre, ele se situa como um tipo especial à parte, comparado ao vosso orbe, e que variou desde o tempo de coesão molecular, resfriamento, volume e distância com que circunavega no seu campo constelar. Inúmeros outros fatores de ordem magnética e interna, só cabíveis na física transcendental, tornam-no dotado de uma aura consideravelmente prodigiosa em confronto com a esfera astroetérea do vosso orbe.

O fenômeno higienizador — repetimos — é de suma importância no mundo interior; processa-se em condições e dimensões incomuns ao vosso atual entendimento. Não podemos afastar-nos, por enquanto, da base essencial destes relatos, em que afirmamos ser o magnetismo o motivo operante dos acontecimentos; um fenômeno de características aparentemente astrológicas, pois é a ciência acadêmica que há de cuidar, em breve, do fenômeno propriamente astronômico.

PERGUNTA: — Podereis dar-nos uma ideia dessa complicação tão grande que não nos permite encontrar proporção aritmética entre a aura da Terra e a sua crosta rígida e a aura do planeta intruso e o seu núcleo?

RAMATÍS: — A Terra é um globo cuja substância rígida, ou seja, a matéria resfriada, possui uma aura etérico-astral que lhe dá também o "quantum" magnético no equilíbrio do sistema e na convergência e distribuição dos raios cósmicos à sua superfície. Essa aura, que é formada da energia livre ao descer ou condensar-se vibratoriamente e ser interceptada na forma de "radiação", constitui-se também de outro tipo energético degradado, que é a radioatividade formada pela soma das auras radioativas dos reinos mineral, vegetal e animal, reinos esses que também se compõem das auras etereoastrais de seus elementos ou espécies afins.

O globo terráqueo é um "interceptador" no seio do éter-cósmico, absorvendo energias radiantes na forma de ondas eletromagnéticas e dispersando radioatividade na degradação da energia já liberada do serviço fundamental do orbe. Cada átomo está interpenetrado e envolvido por uma aura atômica, que é produto dos movimentos e irradiação dos elétrons que giram velozmente em torno do seu núcleo. As moléculas, por sua vez, sendo compostas de átomos, também possuem a sua aura mais ampla; sucessivamente, tanto quanto aumenta o número de moléculas, crescem também, na mesma proporção, o volume e a potência da aura, formando-se de células, tecidos e substâncias em todos os reinos. Por fim, esse crescimento vem a formar a aura radiativa do inseto, do condor ou do homem, assim como a aura radiativa da semente, da árvore, da floresta ou a do grão de areia, ou do Himalaia.

Somando todos os vermes, insetos, aves, animais e homens, tereis a aura do reino animal; somando polens, sementes, arbustos, carvalhos ou bosques e florestas, tereis a aura do reino vegetal; reunindo areia, pedregulho, colinas, picos ou cordilheiras, oceanos, rios e desertos, tereis a aura do reino mineral. Examinando, a distância, a contextura total da Terra, os olhos espirituais clarividentes podem ver uma irradiação que a envolve qual gigantesca névoa luminosa e que, após envolver o globo maciço ou material, dissemina-se em todos os sentidos. Essa a aura da Terra, formada integralmente das auras de todos os reinos e estes dos seus componentes, até findar nas auras dos elétrons em torno dos seus núcleos atômicos.

Essa aura gigantesca por vezes se comprime ou expande, clareia ou escurece, assume um colorido cinzento-pardacento ou se aviva num laranja-fulgurante que, em certos pontos, apresenta nuances avermelhadas. Na realidade, são fenômenos resultantes da influência de outras auras planetárias, que se aproximam ou se afastam da zona terrestre, e que os astrólogos assinalam habilmente em suas tábuas de rondas planetárias. Outras vezes, a aura da Terra apresenta cintilações chamejantes, quando os seus habitantes se estraçalham nos campos fratricidas, dominados pelo mais abominável espírito de ódio, crueldade e vingança. Ocasiões há em que se apresentam estrias viscosas, como se em certos pontos geográficos escorressem filetes de gorduras repugnantes; são sinais do desregramento de povos, cidades ou agrupamentos que já se deixaram dominar pela ação da Besta!

O globo terrestre está impregnado de forças que atuam diretamente sobre os seus átomos, a fim de reuni-los, mantê-los em equilíbrio nos sistemas eletrônicos e na harmonia dos movimentos, pois é de senso comum que a vida é a ação permanente da energia sob a sua fase-degradação, isto é, matéria.

As auras, pois, são emanações dessa energia, densa à periferia dos corpos e cada vez mais diáfana à medida que se estende para além do núcleo; correspondem especificamente à natureza dos objetos ou corpos de que se originam. Eis o motivo por que a aura do astro intruso é 3.200 vezes maior do que a aura da Terra, embora os seus núcleos rígidos sejam mais ou menos do mesmo volume. E a própria velocidade, rotação, compressão no campo do sistema planetário em que se move, aumentam ou diminuem essa configuração áurica.

PERGUNTA: — Diante da complexidade do assunto, para cuja compreensão nos falta base primária, poderíeis dar-nos um exemplo elucidativo de que um núcleo rígido menor pode possuir aura maior e outro núcleo maior pode ter aura menor?

RAMATIS: — Um bloco rígido, pesando três quilos, composto de nove partes de cimento e uma só parte de aço imantado, possui uma aura etereoastral bem diminuta em força e volume, perto de outro bloco que pese apenas um quilo, mas com nove partes de aço imantado e apenas uma parte de cimento. A qualidade desse aço imantado supera consideravelmente a quantidade do cimento, inócuo no campo de irradiação. Enquanto um quilo de aço pode prender em si um milheiro de agulhas, o Himalaia não consegue atrair um alfinete sequer! O que importa na operação é o potencial vigoroso da aura do mineral e não a igualdade ou compacticidade do seu volume. No próprio cientificismo da bomba atômica, é mais valioso um quilo de urânio do que todas as pedras puras da cordilheira dos Andes...

É sob este aspecto mais qualitativo que situamos o fenômeno cabalístico do planeta higienizador, que a Ciência poderá avaliar mais tarde, no cientificismo das leis atrativas e agora mais libertas do dogma dos princípios newtonianos da lei de gravidade tradicional.

Vós já vos encontrais movendo-vos nessa aura etereoastral do estranho planeta que, no momento, atua de dentro para fora, agindo na mais perfeita equação psicofísica. Enquanto a natureza física do vosso mundo progride sob fenômenos desarmônicos e o degelo aumenta, também se acicatam o temperamento e o magnetismo das criaturas, que se excitam sob estranho convite interior, consolidando pouco a pouco a figura da Besta e o reinado do Anticristo! Enquanto a Terra intercepta e aprisiona a ação do astro, segundo a sua capacidade e afinidade com o campo rígido do mesmo, a humanidade terrícola efetua a interceptação coletiva do seu psiquismo agressivo, fixando-o na capacidade pessoal de cada ser!

PERGUNTA: — Porventura esse planeta já não se aproximou da Terra, há 6.666 anos, quando completou a sua órbita, e não teria causado perturbações idênticas às que acabais de citar, ou mesmo perturbações de outra espécie?

RAMATÍS: — Sim; avizinhou-se da Terra, mantendo-se porém um tanto afastado e sem influenciá-la diretamente. No entanto, assim como o vosso sistema solar caminha em direção a um ponto chamado "apex", próximo da estrela Vega, na constelação de Lira, também o sistema de que faz parte esse astro move-se em direção a um alvo determinado. E como ambos os sistemas se transladam, e com velocidades diferentes, além das alterações produzidas pelas oscilações constelares, justifica-se a maior aproximação atual e em seguida maior distanciamento nos sucessivos 6.666 anos futuros.

PERGUNTA: — Dai-nos um exemplo através do qual pos-

samos entender melhor essa aproximação e, em seguida, o distanciamento futuro do astro intruso. Podeis fazê-lo?

RAMATÍS: — Suponde dois sistemas planetários que viajem pelo Cosmo e se rocem de leve, num dado ponto, devido a coincidirem ambas as oscilações constelares; um deles formará um ângulo inclinado sobre o plano horizontal do outro e, por esse motivo, o satélite mais afastado tangerá o outro sistema em sentido oblíquo.

Para compreenderdes bem o assunto, deveis lembrar-vos de que no Cosmo não há o alto nem o baixo; isso só existe para quem está nas superfícies de cada orbe. A prova a tendes no fato de que o mundo gira sobre si mesmo e não podeis saber quando é que ele está voltado para cima ou voltado para baixo, exceto em relação ao vosso próprio sistema solar. O sistema planetário do astro intruso movimenta-se obliquamente em relação à posição horizontal concebida pela vossa humanidade mas, na realidade, não sabeis qual seja essa horizontal, ao mesmo tempo que os habitantes do astro higienizador poderiam considerar-se em horizontal e situar o vosso sistema solar como estando em obliquidade.

PERGUNTA: — E não poderá dar-se o caso de esse astro destruir a Terra, com a sua aproximação e influência?

RAMATÍS: — Sim, desde que isso estivesse determinado nos planejamentos siderais organizados há bilhões ou trilhões de anos. Mas esses planejamentos não cogitaram do "fim do mundo" em sua estrutura física, mas de alterações evolutivas em harmonia com o selecionamento espiritual da humanidade.

PERGUNTA: — E esse planeta não há de intervir novamente em nosso sistema quando, após outros 6.666 anos, completar a sua órbita, passando outra vez nas adjacências da Terra?

RAMATÍS: — Como a vida do Universo é em sentido expansivo, lembrando uma explosão cósmica realizada há milhares de milênios, a tendência entre os sistemas solares é sempre no sentido de afastamento, motivo pelo qual o vosso sistema também estará mais distanciado do sistema planetário do astro intruso, na sua próxima volta de mais outros 6.666 anos.

PERGUNTA: — Alguns dos que confiam absolutamente nas ciências consideram como imprudência e inutilidade a confiança em comunicações proféticas dessa espécie. Alegam que devemos esperar sempre pelo pronunciamento da Ciência, que é precisa e coerente, baseada sempre em provas e, portanto, sem perigo de provocar atemorizações prematuras e por vezes infundadas. Que dizeis?

RAMATÍS: — Entretanto, essa ciência que invocais foi quem, com a sua "precisão e coerência", assustou o mundo em 1910, quando do retorno habitual do cometa de Halley que, na sua órbita de 12 bilhões de quilômetros, surge cada 75 anos no vosso céu astronômico. Não foi o homem comum nem o profeta quem deu o alarme mas foram os próprios astrônomos que afirmavam a possível destruição da Terra pela cauda deletéria do famoso cometa. Asseguravam, alguns, que a atmosfera se tornaria irrespirável; que os rios, mares e lagos sairiam dos seus leitos e as cidades seriam devastadas por tremendas trombas d'água! Aventou-se "cientificamente" a ideia de a cauda do cometa inflamar o orbe terráqueo e, em consequência de se tratar de afirmações da Ciência, inúmeras criaturas foram tomadas de pânico, umas suicidando-se, outras fugindo para as montanhas, outras doando os seus haveres e cometendo atos ridículos, tudo sob garantia acadêmica! E o vaticínio foi mais desairoso ainda, para a ciência astronômica, porquanto se tratava de um cometa periódico e que desde o ano 240 antes de Cristo, já havia sido observado 27 vezes, não se compreendendo, portanto, o profundo temor até dos próprios cientistas. E apesar da tremenda expectativa o estranho vagabundo dos céus apareceu e retornou pela sua extensa órbita, sem causar o menor dano, levando consigo a sua inofensiva cauda cintilante e prometendo retornar em 1985, a fim de provocar novos sustos à Ciência.

Sem pretender menosprezar o valioso trabalho da Ciência do vosso mundo, citamos esse fato apenas para vos fazer ver que nem sempre podeis confiar na "precisão e coerência" de provas científicas, que também podem situar-se nas mesmas "imprudências e inutilidades" das afirmações prematuras.

PERGUNTA: — Em face do domínio extenso dos telescópios na tela celeste, alguns estudiosos da astronomia acham que, dado o prazo anunciado para o aparecimento do astro intruso, ele já deveria ter sido focalizado pelos observatórios. Acreditam, por isso, que o mesmo não se aproximará da Terra no tempo previsto, isto é, até o fim deste século. Que dizeis?

RAMATÍS: — Inúmeras vezes a vossa ciência astronômica tem-se equivocado quanto às suas enunciações definitivas sobre o que se passa na abóbada celeste! Quantas vezes, após terem sido identificadas estrelas como sendo as mais próximas possíveis — como no caso de Alfa, encontrada nas adjacências do Cruzeiro do Sul — são localizados posteriormente novos corpos ainda mais próximos, como as estrelas descobertas na própria constelação de Centauro e uma outra na de Virgem! Não deixa de ser estranho que, em um mesmo espaço astronômico, descubrais estrelas mais próximas, depois de haverdes descoberto as mais distantes! É claro que a ciência sabe tecer hábeis justificativas para explicar, sob leis conhecidas, mancadas tais como a de descobrir o mais longe antes de descobrir o mais perto...

Antigamente, a ciência ironizava os hermetistas, porque ousavam afirmar, em nome da milenária doutrina secreta, que existiam mais planetas além dos sete que eram conhecidos na época. A palavra da ciência oficial tinha-se firmado, para isso, no poderio dos telescópios "moderníssimos" no tempo. No entanto, Netuno e Plutão apareceram posteriormente e contrariaram os severos prognósticos acadêmicos! E ainda surgirão outros três planetas no vosso sistema, a fim de completarem a corte dos "doze apóstolos planetários do Cristo Solar".[2]

Os antigos astrônomos não distinguiam claramente as estrelas duplas e as tomavam como sendo um só corpo luminoso, porque ignoravam as leis que lhes criavam aspectos reais ou aparentes, que faziam projetar tanto estrelas simples como duplas, ou então as duplas como sendo estrelas simples. No entanto, apesar dessas leis não serem conhecidas, as estrelas duplas continuavam íntegras nas suas expressões binárias, mesmo quando os astrônomos as assinalavam como simples. Posteriormente, apesar da instrumentação científica, ainda mais adiantada, equivocaram-se novamente os cientistas, e de modo completamente oposto: consideravam, então, muitas estrelas simples como sendo duplas, enganando-se outra vez com a falsa aparência provocada pela refração de ótica.

Incalculável número de fenômenos ligados aos astros, estrelas e orbes que rodopiam no quadro comum da visão terrícola do vosso céu ainda vos são desconhecidos, devido à precariedade da vossa instrumentação astronômica e às refrações de ótica. Se há dois milênios tivésseis predito aos velhos caldeus a

---

2 Nota do Revisor - Provavelmente Ramatís refere-se à precariedade da astronomia há um milênio, porquanto os astrônomos modernos, desde o advento de Plutão, já previram a existência de outros planetas em nosso sistema solar. Desse modo, a sua predição é apenas confirmação.

realidade da atual visão astronômica, com todas as anotações de coordenadas, rotas siderais, planetas, cometas, satélites e asteroides agora descobertos, inegavelmente seríeis tachados de fantasiosos! Assim que a Astronomia solucionar problemas importantes no campo da ótica e da física eletrônica, o planeta intruso será observado através das lentes de profundidade etérica, pois que ainda trafega num campo luminoso inacessível aos atuais telescópios.

PERGUNTA: — Não poderíeis dar-nos, ao menos, o roteiro desse astro, a fim de o situarmos num raciocínio científico? Cremos que assim as vossas mensagens seriam aceitas com mais facilidade. Não é exato?

RAMATÍS: — Não nos cumpre contrariar a disciplina espiritual e anular os esforços da ciência humana, conforme já vos temos dito. Ofertamo-vos fragmentos dos acontecimentos mais importantes e que devem despertar novas reflexões para o momento de severa responsabilidade espiritual que se aproxima. Cumprimos ordens do Alto, que nos manda situarmos as nossas mensagens propriamente no "mundo interior" das criaturas, convocando-as para o reconhecimento urgente de sua conduta perigosamente inclinada para a falange dos esquerdistas do Cristo.

Indubitavelmente, a mais impressionante revelação e o maior fenômeno espiritual até agora configurado no vosso mundo ainda foi a presença de Jesus na carne humana; por isso, embora nos preocupemos com a sequência dos próximos eventos trágicos, procurando explicá-los de modo compreensível às vossas mentes, cogitamos mais seriamente do conteúdo crístico do que mesmo do fenômeno astronômico, pois só o primeiro é que poderá diplomar-vos para as academias superiores do espírito. O nosso principal propósito — mormente nas descrições fenomênicas — nas mensagens que estamos transmitindo, é o de higienizar a vossa alma sob a ação balsâmica não do astro intruso mas do Astro Sublime, que é o Cristo! Os recursos purificadores da Técnica Sideral através do astro intruso poderiam ser dispensados se houvésseis cuidado da transformação do ódio em amor, da crueldade em bondade, do egoísmo em altruísmo, da cobiça em dádiva, da desonestidade em retidão, da hipocrisia em sinceridade, do orgulho em humildade, da vaidade em simplicidade ou da luxúria em respeitabilidade da função procriativa!

Através destes relatos, temos chegado até onde nos permitem os Maiorais dos nossos destinos. Sabemos que muitos não nos entendem, nem tampouco nos favorecerão; mas assim deve ser, porque o nosso escopo não é o de copiar a diplomacia do mundo, quando corteja gregos e troianos. Existem grupos eletivos para as nossas dissertações, assim como há olfato simpatizante para cada espécie de perfume. As afinidades químicas, as atrações entre determinados astros e as efusões de amor entre os seres sempre se processam nos climas eletivos. As nossas mensagens também obedecem à mesma índole e se endereçam simpática e especialmente a um tipo de psiquismo à parte. Esse tipo de psiquismo ultrapassa o período histórico conhecido pela vossa ciência oficial; as suas raízes situam-se desde a Lemúria e compõem a consciência eletiva de milhares de simpatizantes nossos, que já viveram conosco no decorrer dos milênios que já se findaram!

PERGUNTA: — *E por que motivo não podeis revelar-nos com absoluta clareza todo o mecanismo desse evento de "fim do mundo", despido do simbolismo, que pode enfraquecer o teor das revelações?*

RAMATÍS: — Porque é um acontecimento físico de somenos importância, representando uma ocorrência comum e provisória nos mundos materiais; um meio e não um fim. O importante para vós não é conhecerdes em todas as suas minudências o mecanismo dos acontecimentos, mas sim chegardes à maturação de certos princípios e certo entendimento espiritual, que ainda pedem mais prazo para a sua plena revelação. A técnica espiritual procura primeiramente, através de caminhos opostos, despertar raciocínios gradativos, para depois focalizar a realidade de novas revelações mais altas, que seriam chocantes de início.

Os vossos pedagogos sabem que, apesar de serem lógicos e sensatos os fenômenos do sexo, nem por isso lhes é conveniente, de início, expor claramente a doutrina aos pirralhos, os quais ainda vivem com o cérebro povoado de ideias de fadas e de gênios miraculosos. Inúmeros religiosos dogmáticos e fanatizados por uma fé cega não podem ser violentados, em suas bases mentais costumeiras e ainda imaturas, por meio de revelações extemporâneas para as suas compreensões infantis. Mesmo equivocados quanto à realidade definitiva, convém que prossigam na candura da crença singela, da qual extraem energias benéficas para auxiliar o próximo e os que os seguem na caminhada. O católico que só admite Deus como sendo um velhinho de barbas níveas, envolvido pelas nuvens imaculadas do céu, sentirá o seu coração sangrar, se tiver que substituí-lo pela ideia esotérica e sem forma da Força, Luz, Amor ou Sabedoria! O terceiro milênio também há de apresentar-vos uma nova expressão da ideia de Deus esposada até o vosso século, motivo pelo qual mesmo os mais avançados espiritualistas hão de sofrer o choque da mudança para o sentido mais real, no entanto sumamente revolucionário perante toda a tradição conhecida! O fim dos tempos, a que nos temos referido, é também portador de renovações mentais que obrigarão a severa deslocação psicológica e filosófica na concepção de Deus.

PERGUNTA: — *Porventura não poderá ocorrer um fracasso, quando da passagem do astro higienizador junto à Terra, surgindo daí problemas ignorados ou inesperados para os Mentores Siderais?*

RAMATÍS: — Não se trata de acontecimento de última hora, atropelado e passível de surpresa para os mandatários de Deus. As graves consequências dessa aproximação têm muita importância para a humanidade terrícola, enquanto que, para os Engenheiros Siderais, é um fato corriqueiro, já de há muito tempo previsto na consecução do sistema solar, e bilhões de vezes repetido em outros mundos e noutras latitudes cósmicas. É um assunto comum, de fisiologia sideral planetária; para os mentores siderais é rotina no mecanismo evolutivo do "todo exterior", tão natural quanto o é o ritmo do vosso coração em relação às necessidades do vosso corpo físico. Os astros, satélites, planetas, sistemas, constelações e galáxias não estão sujeitos a leis que variem de época para época, mas circunscritos unicamente à disciplina da Lei Perfeita e Imutável do Cosmo. Em toda a Criação, essa Lei organiza e rege, numa só pulsação harmônica e vital, todo o eterno pensar de Deus, e materializa no campo exterior o sucesso do Grande Plano Mental elaborado pelo Divino Arquiteto! É como um relógio de precisão, absolutamente certo e exclusivamente harmônico. Não há ocorrência imprevista nos eventos siderais; tudo é manifestação exata de uma causa alhures já planejada com toda exatidão. Até o mísero pó estelar que esvoaça num viveiro de astros gigantescos é um acontecimento previsto e disciplinado nesse plano cósmico, no qual se eliminam todas as surpresas e equívocos.

PERGUNTA: — Dizem alguns confrades que as leis astronômicas, secularmente comprovadas, desmentem a possibilidade do aparecimento desse astro intruso, salvo em consequência de algum milagre que derrogue as leis conhecidas. Que dizeis?

RAMATÍS: — As mesmas leis que regulam a pressão, a temperatura, a especificação sanguínea ou o eletronismo terráqueo podem contrariar princípios idênticos nos mesmos fenômenos físicoquímicos de Saturno, Marte ou Canopus. As leis de Kepler, Newton e Laplace, exatas e tradicionais no campo astronômico, falham se forem aplicadas para se prever quando determinada estrela irá explodir em certa latitude cósmica ou qual será a sua exata grandeza na habitual classificação astronômica terrícola. Embora sejam leis positivas e logicamente aplicáveis, elas não vos auxiliam a prever, no campo astronômico, a queda de um meteoro ou sequer a eclosão de um cisco estelar!

A passagem do astro intruso também escapa, no momento, à aplicação "ao pé da letra" das vossas leis astronômicas conhecidas e tradicionais. Existe algo a mais, que transcende o absolutismo das leis acadêmicas catalogadas pelo homem, e que no momento só é compreensível a certo grupo de estudiosos dos assuntos extraterrenos. Superando o fenômeno puramente físico ou astronômico, existe determinado "quantum" que só um experimentado cabalista poderá descrever a contento das mentes desconfiadas. Não conseguireis obter ilações satisfatórias nem gráficos absolutos desse trânsito astronômico se lhes aplicardes os moldes comuns e as leis da tradição oficial. É um acontecimento que tem a sua causa mais além da craveira acadêmica do vosso mundo, e só os que têm "olhos de ver" já terão descoberto o que realmente se esconde atrás do "Véu de Ísis", a respeito do astro intruso! A mente humana, ainda demasiadamente atravancada de conceitos acumulados no tempo-terra, como repetidora contínua do puro intelectualismo do mundo, fica impedida, às vezes, de "sentir" normalmente aquilo que ainda não pode "saber".

PERGUNTA: — Notamos que os mais afeitos ao rigorismo das leis astronômicas desmentem veementemente o advento desse astro, enquanto que o grupo mais emotivo, místico ou despreocupado para com os valores consagrados pela ciência humana, é que se deixa influenciar pela narrativa do acontecimento. Qual a causa dessa distinção, em que justamente os mais visionários são os que mais se aferram à crença na aproximação e influência do planeta intruso?

RAMATÍS: — Como vos dissemos, aqueles que apenas admitem o "saber" opõem-se às aparentes contradições científicas dos nossos enunciados, enquanto que os que realmente "sentem" o fenômeno em sua "mensagem interior", despreocupam-se da exatidão das leis conhecidas, por compreenderem, subjetivamente, que essas leis não podem ser aplicadas naquilo que ultrapassa as dimensões comuns da forma.

PERGUNTA: — Dai-nos um exemplo dessa confiança no "sentir", desinteressada do "saber".

RAMATÍS: — Os sertanejos, quando prevêem as chuvas, ventos ou qualquer modificação no clima, despreocupam-se das leis meteorológicas, porque "sentem" muito antes o fenômeno. Esses fenômenos sempre existiram anteriormente à descoberta dos princípios esposados pela meteorologia, mas os caboclos já o "sentiam" noutras dimensões, e os assinalavam com êxito, embora não os pudessem explicar cientificamente. Antes de conhecerem as leis de que se trata, os cientistas punham em dúvida o estranho sentir dos sertanejos, que previam mudanças climáticas através de algo oculto que lhes falava no íntimo da alma, mas os sertanejos já estavam habituados a confiar nessa "fala", pouco lhes importando que a ciência cresse ou descresse das suas premonições. Aquilo que chega pela esfera da intuição, fora do tempo, além de ser um fato simultâneo e global, dispensa justificativas das leis físicas para aquele que "sente" o fenômeno e se satisfaz completamente com o que sucede noutras dimensões e além da objetividade do mundo das formas. O grupo mais emotivo ou místico, a que vos referis, está sumamente satisfeito com o seu sistema de "sentir" e "compreender" a sibilina mensagem relativa ao planeta intruso; em consequência, também se revela despreocupado para com os valores consagrados pela ciência, visto não precisar desses valores para compreender o que já compreendeu! O que vos parece deficiência psicológica é exatamente o oposto, isto é, uma excelente sensibilidade psíquica.

Enquanto essa sensibilidade intuitiva se opera no mundo interno, revelando esse estranho sentir de uma realidade ainda obscura para os exigentes da forma, as condições para se "saber" intelectivamente exigem recursos comprovados do mundo provisório dos efeitos e não das causas. Não subestimamos o saber através de recursos positivos do mundo material, pois esse é realmente o caminho mais certo para o progresso humano; queremos apenas evidenciar a força da notificação interior do espírito que, comumente, os próprios cientistas subestimam, com prejuízos para chegarem a um cientificismo mais claro e premonitório.

A maior realidade está na maior penetração espiritual interior e bem menos na forma, que é a substância perecível. As leis do "saber" físico do século XV desmentiam o estranho "sentir" de Colombo, na intuição da existência de um novo mundo além do oceano conhecido; mas a sua confiança nessa força interior, que contradizia os cânones acadêmicos da época, conduziu-o corajosamente à descoberta da América, que hoje vos serve de pouso reencarnatório. Apesar de todo o rigorismo científico do passado, em que não se admitia que pudesse voar o mais pesado que o ar, os vossos céus vivem povoados de gigantescas aeronaves, que se trasladam à força de possantes motores e somando algumas toneladas de peso! Nenhum cientista do passado, por mais abalizado que fosse, poderia conjeturar essa extraordinária conquista da ciência aeronáutica; no entanto, os profetas haviam previsto o acontecimento e, por isso, merecem que se diga que sua capacidade sempre esteve além do tempo e do espaço!

Sob a regência da lei dos pesos relativos nos líquidos ninguém admitiria, em sã consciência, que um quilo de ferro pudesse flutuar sobre as águas; no entanto, sob os recursos de novas leis descobertas posteriormente, no campo da pressão e da forma, centenas de toneladas de ferro flutuam nos rios e nos mares, na figura de cruzadores e transatlânticos!

Por mais corriqueiro que vos pareça o exemplo, notai que a lei do calor que derrete a banha é a mesma que endurece o ovo na fritura; a energia elétrica que aquece os fogões também produz o gelo nos refrigeradores. Inúmeros insetos — como os besouros, por exemplo — devido à sua formação anatômica e à sua dinâmica diferente da das aves, desmentem a possibilidade de voarem; no entanto, contrariando essas leis positivas, eles voam, porque as desconhecem como leis proibitivas do seu voo!

Assim que os vossos cientistas ajustarem também novos princípios na esfera astronômica, verificarão a lógica e a sensatez do que afirmamos sobre o advento do astro intruso.

PERGUNTA: — Não deveremos, então comprovar para crer? Há desajuste espiritual em confiarmos naquilo que as leis conhecidas afirmam e comprovam como lógico e sensato? Não é aconselhável evitarmos confusões, ilogismos e imprudências?

RAMATÍS: — Já afirmamos, alhures, que a confiança maior na intuição comprova sensibilidade mais evoluída; é uma penetração interior mais vigorosa no campo original da vida, sem que por isso se deva anular o esforço da pesquisa objetiva. E é o próprio Jesus que valoriza essa sensibilidade quando, diante de Tomé, adverte: "Tu creste porque viste, mas bem-aventurados os que não veem e creem". Sob esse conceito, o Mestre consagrou o espírito que crê no "sentir", procedendo muito ao contrário daquele que só confia no "saber", pois o saber sem sentir é sempre menos valioso do que o sentir sem saber!

PERGUNTA: — Ser-nos-ia melhor, então, não provarmos os fenômenos, para depois crer. Não é exato?

RAMATÍS: — Se tiverdes que provar, pela matemática e a lógica do vosso mundo, todo fenômeno ou previsão do futuro, para só então crerdes neles, lamentamos a infelicidade de nunca poderdes crer em Deus porque, além de não o poderdes analisar e descrever, ele é incomprovável! A simples premissa de que para crer é preciso provar torna-vos eternamente ateístas, pois o maior e o mais importante fenômeno, que é Deus, nunca poderá ser provado!

PERGUNTA: — De conformidade com a disciplina das rotas siderais, esse planeta não influi, também, sobre os demais corpos do sistema solar?

RAMATÍS: — A sua influência, como já tivemos ocasião de dizer, será profundamente magnética, tangendo um ângulo do sistema solar. O seu volume astroetérico, 3.200 vezes maior que o da Terra, há de provocar alterações nos satélites do Sol, na razão direta de suas velocidades, rotas, volumes e idades siderais, mas somente em relação às suas potências magnéticas e durante o tempo em que permanecerem no ângulo de sua incidência. É óbvio que Mercúrio, com a sua órbita de 88 dias em torno do Sol, sofrerá influência diversa da de Júpiter, que exige 12 anos para o circuito total, ou da de Plutão, que o faz em 250 anos. Pela Administração Sideral estão previstas todas as modificações que devem ocorrer no sistema solar, em perfeita analogia com as alterações comuns e periódicas doutros sistemas adjacentes. Os planos da Engenharia Sideral desdobram-se gradativa e disciplinadamente, aprimorando sistemas de sóis e mundos que balouçam na rede do Universo em ritmos e oscilações cósmicas que escapam aos vossos sentidos e compreensão.

Mas é de lógica comum que esse astro não realizaria tal curso profético visando unicamente as modificações da Terra, que não passa de um corpo de menor importância no sistema planetário!

PERGUNTA: — Dissestes há pouco que a humanidade terrena está atraindo coletivamente o psiquismo agressivo do planeta intruso, fixando-o na capacidade pessoal de cada ser. Poderíeis dar-nos um exemplo para melhor entendermos como se processa essa interceptação ou aprisionamento da ação do astro?

RAMATÍS: — É um fenômeno que pode ser apreciado sob mil modalidades diferentes. Essa interceptação fisiopsíquica que um orbe ou uma humanidade efetua no seio do éter-cósmico, varia de conformidade com as condições de seu progresso sideral. Enquanto os terrícolas, mergulhados no mesmo éter cósmico, situam energia na faixa vibratória que ainda é magnetismo ou energia degradada, os marcianos, com o mesmo éter, podem penetrar profundamente no fenômeno, e lidam, então, com o magnetismo etérico, uma forma ainda mais pura desse éter-cósmico. Eles já conseguem transformar a luz em energia!

A vossa ciência trabalha com energia que se liberta continuamente e exige dificultoso aparelhamento para interceptá-la a contento econômico, visto que aprisiona essa energia depois de produzida ou degradada. Os marcianos, os jupiterianos, os saturninos, conseguem lidar com a energia no seu descenso vibratório, original, isto é, na sua forma realmente positiva e energética que, embora com abaixamento vibratório, é de índole impulsiva e não eclosão eletrônica consumível.

Servindo-nos de um exemplo corriqueiro, dir-vos-emos que a luz é sempre uma vibração única, no sentido de sua pureza iniciática; mas, conforme a capacidade dos que a recepcionam ou interceptam, torna-se luz intensíssima, forte, média ou fraca. Enquanto o homem se debate nas trevas, o gato enxerga no escuro, porque alcança menos de 16 vibrações por segundo; e a luz fraca, para o ser humano, já é intensa para o gato. No extremo da faixa vibratória da luz, o homem se ofusca acima de 20.000 vibrações por segundo, enquanto que essa luz é ainda fraca para a multiplicidade de insetos dos climas límpidos e equatoriais. A luz é sempre a mesma em sua fonte original; existiu antes do vosso orbe e existe como uma só expressão atuante, variando apenas quanto ao ser ou objeto que a intercepta e ajusta na dosagem que lhe é apropriada.

Considerando que o astro de que tratamos é um "quantum" de energia agreste, primitiva e estimulante, os habitantes da Terra irão interceptá-la conforme a sua maior ou menor resistência psíquica no treino da vida. Enquanto um Francisco de Assis, sob essa mesma influência, dosá-la-ia como "vitalidade virgem", que só lhe atuaria no dinamismo do trabalho a favor do próximo, uma alma tipo Nero encher-se-ia de ânimo e de audácia para vencer qualquer escrúpulo contemporizante de uma ação má.

PERGUNTA: — Como poderemos entender que um planeta de magnetismo agressivo e primário possa trazer benefícios à aura da Terra, figurando como um higienizador? A sua aura nefasta não poderá trazer piores estímulos para a humanidade aqui encarnada? Se uma conjunção como a de Saturno, Marte e Júpiter há produzido efeitos salutares, a presença de um orbe dessa natureza não causará intenso prejuízo ao nosso mundo?

RAMATÍS: — Simbolizai esse astro num gigantesco aspirador magnético que deve efetuar a absorção dos detritos mentais que povoam e obscurecem a atmosfera etereoastral da Terra, detritos esses que servem de barreira às influências benéficas dos bons espíritos sobre o vosso mundo, assim como a poeira nas vidraças dificulta a penetração dos raios solares.

Refleti que a verdadeira profilaxia num porão cheio de detritos imundos exige primeiramente a retirada do monturo e não a saturação improdutiva do ambiente por meio de perfume. As substâncias deletérias aderidas às vidraças não serão removidas com água destilada, mas requerem a aplicação de ácidos corrosivos; a madeira bruta e eriçada de fibras exige, para ser polida, a lixa vigorosa e não a doçura da "boneca" de algodão do envernizador. São os golpes de cinzel, do ourives, e não a sua carícia, que rompem a crosta do cascalho e o transformam em cobiçado brilhante. O exorcismo a distância não drena o tumor que está exigindo o bisturi do cirurgião, assim como a nódoa do vestuário só desaparece com o concurso da soda cáustica!

Se a conjunção de Marte, Saturno e Júpiter devesse higienizar definitivamente o psiquismo e o astral da Terra, nenhum momento seria tão propício para tal como aquele em que se deu a sua perfeita conexão com a descida de Jesus. Se o vosso mundo não se higienizou mental e espiritualmente, naquela época, diante da prodigalidade de auxílio das forças angélicas aliadas ao magnetismo daqueles orbes, também não o conseguiria com mais êxito nesta hora grave do "Juízo Final". O vosso orbe rejubilou-se com a presença desses planetas, porque eles exsudavam magnetismo benfeitor; mas, assim que se afastaram das coordenadas astromagnéticas da conjunção, que incidiam sobre a crosta terrestre, a vossa humanidade passou a entregar--se novamente às suas mazelas costumeiras.

O problema, pois, não é o da boa influência, que apenas protelaria, em improdutivo hiato, o conteúdo psíquico subvertido e latente, mas sim o da higienização e, consequentemente, a varredura ou a "sucção" do magnetismo estagnado e deletério da aura da Terra.

O homem terrestre subestimou demais o régio presente da transfusão de Luz e Amor do Cristo às trevas humanas, rejeitando a maravilhosa profilaxia que limpa todos os pecados e afasta as paixões desregradas; inegavelmente, candidatou-se à terapêutica do magnetismo cruciante do planeta higienizador, como quem se sujeita à ação do nitrato de prata para cauterizar as suas chagas rebeldes.

PERGUNTA: — Poderíeis descrever-nos o processo de higienização através desses fluidos tão inóspitos, do astro intruso?

RAMATÍS: — Os fluidos que constituem o magnetismo inferior daquele astro agem através das camadas astrais mais densas e entram em sintonia com idêntico potencial latente em cada espírito reencarnado, ou desencarnado em torno da Terra.

Sabeis que, sob a correspondência vibratória da lei de atração entre os semelhantes, uma paisagem pastoril, suave e benéfica, desperta na alma um sentimento poético, ao passo que a contemplação de uma tragédia causa angústia e horror. Do mesmo modo, as vibrações psíquicas inferiores, do planeta intruso, de um teor energético animalizado, avivarão tendências semelhantes na alma dos terrícolas. Nesse exacerbamento psicomagnético, recrudescerão os desejos mórbidos, que mal se dissimulam naqueles que ainda vivem distantes da cura pelo Evangelho. Sob esse excitante convite interior, que desata as amarras frágeis do instinto inferior, os invigilantes terminam materializando à luz do mundo exterior aquilo que lhes dormita latente no energismo da esfera animal.

Em sentido oposto, e sob esse mesmo simbolismo, o Astro Sublime, que é o Cristo, também continua a efetivar convites energéticos às almas, pela via interna do espírito superior, esforçando-se para despertar-vos as forças adormecidas do anjo, que

também existem latentes em todos os seres.
Enquanto algumas almas se deixam higienizar pelo magnetismo sublime e crístico e emigram, pouco a pouco, para a aura desse Astro Salvador, inúmeros outros espíritos terrícolas só atendem ao voluptuoso apelo do planeta intruso e avivam as suas energias degradantes em perfeita afinidade com as forças deletérias que lhes povoam a atmosfera magnética.

É óbvio que essa sintonia psicomagnética, com a consequente emigração dos "semelhantes", terminará limpando o vosso orbe das fontes vivas e produtoras do próprio magnetismo deletério.

PERGUNTA: — *E como poderíamos avaliar o processo através do qual os terrícolas despertarão em seu psiquismo a natureza magnética inferior do astro higienizador?*

RAMATÍS: — Essa natureza está latente em todos os seres, de vez que é a própria paixão animal que serve para plasmar os organismos da estrutura humana. Ela serve de base para o crescimento da consciência do homem, assim como o caule selvagem é o fundamento para germinação da planta superior que lhe é enxertada. Na rosa fragrante, o perfume é o mundo superior que ela consegue atingir através do seu próprio esforço; no entanto, as forças que a auxiliam nesse divino quimismo vêm exatamente do monturo ou dos detritos que lhe adubam as raízes!

Em consequência, essa energia telúrica do mundo inferior está sempre viva no psiquismo humano e, através também dos ancestrais hereditários, ela se reaviva na psique reencarnada, cumprindo a esta dominá-la ou sublimá-la para fins superiores.

O planeta intruso é um vigoroso "detonador" psíquico do regime dessas forças agrestes que ainda dormitam na alma humana; é ele que ateia o fogo definitivo para o reinado desregrado da Besta! A sua aura, que é totalmente força magnética atrativa pelo campo etereoastral, atuará nas zonas invisíveis também astroetéricas de todos os seres, acordando-lhes o gosto e as tendências animalescas. A sua própria órbita, de 6.666 anos, é dotada do número místico da Besta, e que já foi compreendido no seu verdadeiro sentido pelos que "têm olhos para ver".

PERGUNTA: — *O astro que se aproxima absorverá todo o conteúdo deletério da Terra e, também, o total de entidades diabólicas que flutuam no seu astral?*

RAMATÍS: — Não há privilégio nem discrepância na angelização do espírito criado por Deus. A Lei funciona com absoluta equanimidade e sob imutável sabedoria, através da qual Deus providencia a felicidade de seus filhos; não há injustiça nem proteção à parte, que lembrem os recursos políticos do vosso mundo. Os Mentores Siderais não praticam violências ou desforras contra as almas rebeldes, pois sabem que se trata de um estado natural em relação com o grau evolutivo do espírito humano a caminho da renovação superior. Os diabos de hoje serão os anjos de amanhã, e estes já foram os rebeldes do passado! O astro que vos visitará só há de absorver a porcentagem de magnetismo deletério terráqueo que vibrar com ele; as almas serão então atraídas, pouco a pouco, para a sua atmosfera agressiva e primária, mas na conformidade individual eletiva para essas faixas vibratórias.

É a própria lei de atração entre os semelhantes e de correspondência vibratória que há de selecionar a cota do magnetismo inferior terráqueo em transfusão para o planeta intruso; assim que diminuir o conteúdo astral inferior, em torno da Terra, ir-se-ão reduzindo também as possibilidades de ação e de energismo nutritivo aos espíritos que ainda se alimentam do magnetismo inferior.

PERGUNTA: — Como poderíamos entender melhor essa explicação?

RAMATÍS: — Se reduzísseis a dosagem específica e físico-química do oceano, metade dos seus peixes — os maiores e os mais agressivos, que exigem nutrição mais robusta no meio líquido se extinguiria imediatamente ou teria que emigrar para um outro oceano portador das substâncias necessárias às suas necessidades nutritivas e relacionadas com o seu velho "habitat". No entanto, os peixes mais evolvidos, que também se contentam com o meio "químico-físico" delicado do oceano, prosseguiriam ainda mais jubilosos e mais favorecidos no seio líquido higienizado e eletivo às suas preferências de melhor qualidade. Não há castigos nem providências inoportunas no seio do Cosmo; o astro que vos visitará é consequência do previsto na Lei da Regência Ascensional, guardando excelente afinidade com os próprios espíritos exatamente indicados para o exílio.

PERGUNTA: — Pressupomos, então, que os remanescentes terão que sofrer a ação de certa porcentagem de magnetismo coercitivo, que há de restar após a passagem do planeta. O astral do nosso mundo não ficará contaminado com uma certa parte do magnetismo inferior daquele astro, após essa passagem?

RAMATÍS: — O anjo não é um autômato guiado por fios invisíveis, mas o produto do esforço próprio, sem que se anule, portanto, o estímulo ascensional ante qualquer intervenção extranatural do Alto. O fenômeno da sucção incessante e gradativa, por parte do astro, não elimina "ex-abrupto" o ensejo das renovações, as quais ainda pertencem à responsabilidade pessoal dos próprios escolhidos para a direita do Cristo. Os que reencarnarem na Terra, no terceiro milênio, como candidatos a planos celestiais, não ficarão metamorfoseados em "anjos imaculados", apenas porque seja higienizada certa porcentagem magnética do ambiente em que terão de viver. Eles serão escolhidos e agrupados pelas tendências simpáticas ao Cristo, mas terão que buscar a sua completa purificação sob as disciplinas costumeiras das vicissitudes naturais do mundo físico e também de conformidade com o restante dos seus débitos cármicos. Cumpre-lhes o esforço heróico e pessoal para vencerem definitivamente o gosto pela vida da carne e merecerem a verdadeira vida, que é a consciência do espírito no mundo crístico.

13. Os que migrarão para um planeta inferior

PERGUNTA: — Podeis dizer-nos qual a quantidade aproximada de espíritos que serão transferidos da Terra para o planeta inferior que se aproxima do nosso mundo?

RAMATÍS: — Segundo prevê a Psicologia Sideral, deverá atingir a dois terços da vossa humanidade o total dos espíritos a serem transferidos para o astro de que temos tratado. A esses dois terços ainda serão acrescentados os que deverão ser selecionados, no Espaço, entre o conjunto dos espíritos que sempre sobejam nas reencarnações, para então se efetivar a melancólica caravana dos "esquerdistas" do Cristo.

Os profetas assinalaram essa porcentagem sob vários aspectos e cada um conforme a sua possibilidade de entendimento dos símbolos que lhes foram apresentados na tela astral. Destacamos, principalmente, os seguintes prognósticos: "E serão deixados poucos homens" (Isaías, 24:6). "Duas partes dela serão dispersas e perecerão; e a terceira parte ficará nela. E eu farei passar esta terceira parte pelo fogo", ou seja, a parte da "direita" do Cristo, a ser purificado (Zacarias, 13:8,9). "E a terça parte das criaturas que viviam no mar, morreu, e a terça parte das naus desapareceu" (Apocalipse, 8:9), em cujo simbolismo se percebe que dois terços dos habitantes da Terra devem desencarnar em consequência de inundações ou de naufrágios.

PERGUNTA: — Esses dois terços de habitantes da Terra

serão desencarnados violentamente, para serem encaminhados ao planeta inferior?

RAMATÍS: — Jesus disse: "E serão julgados os vivos e os mortos", isto é, os encarnados na Terra e os desencarnados que se situarem nas adjacências da Terra. Esse julgamento já se está processando, pois não será efetuado de modo súbito, mas obedecendo a indescritível mecanismo que não podemos descrever na exiguidade destas comunicações. Muita gente que está desencarnando atualmente ainda poderá reencarnar-se, voltando ao vosso mundo para submeter-se às provas mais acerbas na matéria e revelar-se à direita ou à esquerda do Cristo; no entanto, muitos estão partindo atualmente da Terra em tal estado de degradação, que a Direção Sideral terá que classificá-los, no Além, como exilados em potencial, dispensados de novos testes!

Sem desejarmos copiar o prosaísmo do mundo material, podemos afirmar que há um processo de classificação automática, nos planos invisíveis, que revela e comprova as reações do psiquismo dos desencarnados, em perfeita conexão com o princípio crístico ou então com o modo de vida bestial que ainda é predominante no orbe intruso.

Diariamente se agravam as condições mentais no vosso mundo, conforme já podeis verificar sem qualquer protesto ou dúvida. Ante a verticalização lenta, mas insidiosa e que já se manifesta na esfera interior, faz-se a perfeita conexão entre a degradação humana e a comoção terráquea; orbe e morador sentem-se sob invisível expurgação psicofísica! Até o final deste século, libertar-se-ão da matéria dois terços da humanidade, através de comoções sísmicas, inundações, maremotos, furacões, terremotos, catástrofes, hecatombes, guerras e epidemias estranhas. O conflito entre o continente asiático e o europeu, já mentalmente delineado entre os homens para a segunda metade do século, com a cogitação do emprego de raios incendiários e da arma atômica, comprovará a profecia de São João, quando vos adverte de que o mundo será destruído pelo fogo e não mais pela água.

Em virtude de os cientistas não poderem prever com absoluto êxito os efeitos de vários tipos de energias destrutivas, que serão experimentadas para serem empregadas na hecatombe final, mesmo no período de paz e com o mundo exausto, surgirão estranhas epidemias, deformando, diluindo e perturbando os genes formativos de muitas criaturas, do que resultarão sofrimentos para as próprias gestantes! O evangelista Mateus (XXIV — 19) registra essa hora, anunciada por Jesus, para os dias de grandes aflições no final do século que viveis: "Mas ai das mulheres que estiverem pejadas naqueles dias" (Mateus, 24:19).

PERGUNTA: — *Mas essa reencarnação de espíritos terráqueos em planeta inferior não implica em involução?*

RAMATÍS: — Quando os alunos relapsos não conseguem assimilar as suas lições, seja por negligência, rebeldia ou desafeição para com os pais, são porventura contemplados com promoções para cursos superiores aos quais não fazem jus? Ou veem-se obrigados a repetir o mesmo curso, recomeçando novamente a lição negligenciada? As almas exiladas da Terra para um mundo inferior não involuem, mas apenas reiniciam o aprendizado, a fim de retificar os desvios perigosos à sua própria felicidade. Após se corrigirem, hão de regressar à sua verdadeira pátria de aprendizado físico no orbe terráqueo, que se tornará escola de mentalismo, desiderato para o qual a Técnica Sideral exige o sentimento aprimorado.

Aqueles que ainda invertem os valores das coisas mais santificadas para o seu exclusivo prazer e desregramento, de modo algum poderão desenvolver o poder mental na aplicação das forças criativas. Ante a proximidade do Milênio do Mentalismo, a seleção se faz urgente, porquanto as condições educativas terrenas vão permitir que o homem desenvolva, também, as suas forças íntimas, para futuramente situar-se na posição de cooperador eficiente do Onipotente. Se os "esquerdistas" da vossa humanidade ficassem com direito a viver na Terra, no terceiro milênio, em breve seria ela um mundo de completa desordem, sob o comando de geniais celerados que, de posse das energias mentais, seriam detentores de assombroso poder desenvolvido para o domínio da vontade pervertida! Os maiorais formariam uma consciência coletiva maligna e invencível pelo restante, que se tornaria escravo desse torpe mentalismo! Seria uma execrável experimentação científica contínua, de natureza mórbida, uma degradação coesa e indestrutível sob o desejo diabólico, como se dá com certos magos que hipnotizam o público no teatro e submetem grupos de homens à sua exclusiva direção mental!

Por isso serão separados imediatamente os candidatos ao diabolismo terrestre, evitando-se que se repita o acontecido na Atlântida, onde os magos-negros, da organização da "Serpente Vermelha", conseguiram açambarcar as posições-chave da coletividade. A fim de desalojá-los de sua posição perigosa e salvar a integridade moral dos bem-intencionados, o Espaço teve que empregar exaustivos e severos recursos incomuns, que pesaram na economia e no equilíbrio magnético e psicológico da época. A terapêutica sideral não mais podia ser contemporizada; o ambiente estava impregnado de terrível energia que, na forma de um "elemental virgem", agressivo e destruidor da matéria fina, era utilizado discricionariamente para fins nefandos. Então os Mentores Siderais fizeram reverter essa energia sobre a crosta do orbe, numa operação que diríamos de "refração" sobre os próprios agentes de todos os matizes, que a manuseavam. Os atlantes, em sua maioria, passaram então a funcionar como "captadores" vivos das forças deletérias em liberdade e que manuseavam à vontade; mas incorporaram nos seus veículos astroetéricos a quantidade correspondente a cada culpa belicosa ou uso desregrado, tornando-se portadores de uma carga nociva, do elemental tosco, primitivo, imune à medicação comum.

O resultado disso a vossa humanidade ainda está sofrendo, pois esse elemental, essa energia agressiva, lesiva à matéria mais fina, e profundamente corrosiva, está sendo expurgada pelos corpos físicos na forma confrangedora conhecida pela patogenia cancerosa. O câncer identifica ainda os restos dessa substância virulenta do astral inferior, que foi utilizada com muita imprudência por parte dos atlantes, acarretando um "carma" que deverá durar até o princípio do terceiro milênio e cuja "queima" está sendo apressada pelo Espaço, motivo pelo qual aumentam atualmente os quadros mórbidos do câncer.

PERGUNTA: — *Sentimo-nos horrorizados em face dessas reencarnações de espíritos terrestres como futuros filhos de homens das cavernas. Não há injustiça nessa retrogradação?*

RAMATÍS: — Desconheceis, porventura, as chamadas reencarnações expiatórias em vosso próprio ambiente terrestre? Considerais involução ou retrocesso o fato de antiga alma de orgulhoso potentado, daninho à vida comum, reencarnar-se na figura do mendigo pustuloso? Ou o caso do notável escritor cuja pena foi insidiosa, fescenina e degradante, que se reencarna na forma do imbecil, para a chacota dos moleques das ruas? Ou ainda o espírito do ex-atleta, que abusava da sua força física e que regressa ao mundo das formas na figura de um molambo de carnes atrofiadas? Há injustiça ou retrogradação, quando o fluente orador do passado, cuja palavra magnetizava os incautos e seduzia os ingênuos com falsas promessas políticas, retorna à Terra como a criatura gaga, ridícula e debicada por todo mundo?

Vós considerais que o ambiente de um planeta inferior significa um retrocesso para os terrícolas, porque ficarão sujeitos a condições de vida inferiores; no entanto, tendes entre vós os cegos, os dementes e os psicóticos de todos os matizes, que já viveram existências sadias e conscientes, em vidas anteriores, e que não se queixam do ambiente em que se encontram. É que ignoram se já tiveram ou não vida melhor, assim como não podem dar notícias de si mesmos. Quantos artistas, filósofos, inquisidores, cientistas, imperadores, rainhas, religiosos e conquistadores descem à carne para serem enjaulados nas mais horrendas expressões teratológicas, sob aflitivas angústias, na expurgação do veneno letal de suas almas dissolutas, sem que por isso os vossos postulados espiritualistas os classifiquem como vítimas de involução ou de injustiça!

Por que motivo temeis que retrogradem os futuros exilados da Terra, quando é certo que eles serão incorporados na carne primitiva, mas sadia e vigorosa, dos que chamais "homens das cavernas", cujos organismos são imunes aos tristes quadros da patogenia nervosa, sifilítica, das perturbações endócrinas e, principalmente, livres dos agravos das atrofias tão comuns ao civilizado terrícola!

Uma vez que não há involução para aqueles que se arrastam em organismos corrompidos, no solo terráqueo, depois de já haverem sido brilhantes intelectuais, famosos artistas ou líderes religiosos, é claro que essa abençoada retificação compulsória, para os emigrados para planeta inferior, não significa injustiça nem retrogradação à consciência humana.

PERGUNTA: — Quais as diferenças que os terrícolas hão de manifestar, quando reencarnados nesse orbe inferior, em relação aos habitantes naturais do mesmo?

RAMATÍS: — O psiquismo do terrícola exilado, embora tenha sido considerado como impróprio para que ele viva na Terra — motivo pelo qual terá de afastar-se dela — é considerado superior no planeta primitivo, e a sua adaptação aos ascendentes biológicos dos homens das cavernas só tende a melhorar-lhes o padrão do corpo astrofísico. Como o perispírito do homem terrícola é mais dinâmico e exercitado, portador de um sistema de "chacras" mais apurado, a sua constituição melhorará a configuração física nos descendentes dos primatas.

O psiquismo do orbe inferior renovar-se-á sucessivamente, em sua qualidade primária, sob o mecanismo psíquico mais evoluído do exilado terrícola. O psiquismo do emigrado da Terra progride, portanto, no esforço de dominar e servir-se compulsoriamente da substância etereoastral agressiva do novo mundo, mas esta requinta-se, também, porque começa a circular num sistema perispiritual mais evoluído e sob a direção de espírito mais experimentado.

PERGUNTA: — *Quais outros exemplos de progressos que os emigrados da Terra poderiam proporcionar aos habitantes do planeta inferior?*

RAMATÍS: — Como a transmigração de espíritos é fenômeno rotineiro no mecanismo evolutivo do Cosmo, os mundos inferiores se renovam e progridem, espiritualmente, com mais brevidade, graças a esses intercâmbios, que são constantes. Só as humanidades libertas das paixões inferiores e devotadas ao Bem espiritual é que dispensam as transmigrações compulsórias. Os movimentos migratórios dos povos, realizados nas latitudes geográficas do vosso mundo, encontram analogia nas romagens de almas que se deslocam nas latitudes cósmicas. A diferença está em que estes acontecimentos siderais obedecem, inevitavelmente, a leis e processos da mais alta técnica de adaptações.

PERGUNTA: — *Essa emigração de espíritos terrícolas para um mundo inferior, embora não signifique retrogradação, não representa uma punição de Deus para com os seus filhos que ainda não puderam submeter-se às leis divinas?*

RAMATÍS: — Não existem providências de caráter punitivo nas leis estabelecidas por Deus. Os meios drásticos empregados pelos Mentores Siderais não só reabilitam os delinquentes, como ainda os aproximam mais rapidamente do verdadeiro objetivo da vida, que é a Ventura Espiritual, a eles reservada desde o primeiro bruxuleio de consciência. No Cosmo, tudo é educação e cooperação; os planos mais altos trabalham devotadamente para que as esferas inferiores se sublimem na contínua ascensão para a Sabedoria e o Poder! Os exilados se retificam compulsoriamente no comando dos corpos vigorosos dos homens das cavernas, porque ficam privados dos impulsos viciosos, sob o guante da carne primitiva, que lhes imprime uma direção consciencial deliberada em outro sentido. Sob o instinto vigoroso do cosmo celular selvático, eles reaprendem as lições; através do intercâmbio entre o psiquismo mais alto e o campo psíquico em formação, os homens das cavernas recebem os impulsos para as aquisições dos germes da filosofia, da ciência, da arte e do senso religioso.

PERGUNTA: — Como poderão os terrícolas retificar-se no planeta inferior, se estarão no comando de corpos ainda mais primitivos e, consequentemente, viveiros de paixões brutais? É crível que, depois de fracassarem em organismos mais evoluídos, os espíritos terrícolas consigam a sua alforria espiritual em organismos inferiores? A convivência selvagem não há de despertá-los psiquicamente para os antigos desequilíbrios e desregramentos?

RAMATÍS: — Realmente, a natureza passional do organismo do homem das cavernas há de predominar com mais vigor do que nos antigos corpos terrestres; o espírito do exilado há de sofrer maior assédio inferior, sob os estímulos hereditários e irrefreados do psiquismo passional do homem do sílex; no entanto, assim o determina a sabedoria da Lei e da Técnica Sideral, que bem sabe do êxito a ser conseguido, pois que apenas se repetem os mesmos acontecimentos que em milhares ou bilhões de ocasiões têm sido empregados como recursos de retificação à rebeldia espiritual, nos mundos materiais e no astral junto à crosta.

O exilado terrícola recebe o corpo na conformidade apenas de sua psicologia espiritual, e que corresponde à sua estultícia, desregramento e indiferença pelos bens superiores. Lembra o irresponsável e desastrado condutor de veículo, que se torna indigno da confiança do seu chefe ou patrão, e só merece ser colocado na direção de viaturas tão imperfeitas e desconfortáveis quanto a sua própria índole daninha no dirigir!

A alma que arruína, deforma ou destrói o seu organismo físico no fogo das paixões violentas e destruidoras deve receber, pela lei de compensação, um corpo desconfortável e primitivo, em correspondência com a rudeza do seu péssimo comando. Deus seria imprudente ou pouco sábio se prodigalizasse organismos mais sadios e mais perfeitos às almas que só admitem a orgia destrutiva dos sentidos animais! Os espíritos que abusam da bênção reencarnatória em um corpo físico sadio e evoluído não só criam prejuízos para si, como afetam desde o trabalho dos técnicos responsáveis pela configuração etereoastral do molde da carne, até àqueles que intercedem pela reencarnação. E esses prejuízos

Mensagens do Astral   255

ainda se estendem aos próprios pais, que se sentem subestimados no esforço de criar e educar o descendente que malbarata o vaso físico. O mau uso do corpo sacrifica laboriosa equipe de trabalhadores, que operam para o bom êxito da reencarnação, seja qual for a retificação cármica, assim como o malfeitor espiritual, que zomba do privilégio abençoado no "direito de nascer", sobre outros milhares de espíritos preteridos na descida.

PERGUNTA: — *Quando os exilados se reencarnam como filhos de homens das cavernas, a força bruta e vital, do novo mundo inóspito, não lhes domina completamente o psiquismo terrícola, que é mais refinado e sublimado? O perispírito do terrícola não fica, porventura, completamente subjugado pela poderosa energia psíquica da carne animalizada do orbe primitivo?*

RAMATÍS: — Assim como no reino vegetal podeis enxertar a muda frutífera superior na planta agreste, no pitoresco "cavalo selvagem", também o espírito exilado da Terra se enxerta no tronco rude do psiquismo selvático do homem das cavernas. A seiva vigorosa de planta primitiva sobe, violenta e rude, para subjugar a espécie intrusa, que lhe é enxertada, tentando impedir-lhe a produção dos frutos. A planta inferior não domina o seu ciúme, cólera e despeito e teima em não ceder a sua energia para a espécie estranha. Mas o jardineiro atencioso vela pelo êxito da nova espécie civilizada e prodigaliza-lhe os socorros necessários; extermina os ramos agressivos do caule selvagem, que tentam debilitar a muda enxertada. A poda inteligente enfraquece a planta bravia, porque lhe decepa as folhas e os galhos que lhe garantiam a personalidade vigorosa; então a seiva é obrigada a subir, para desenvolver e avantajar melhor a planta, que assim distribui, com cuidado e harmonia, a mesma seiva vigorosa e rude que recebe do plano vegetal inferior; produz então os brotos, tece as folhas, e desabrocham as flores, que prenunciam os frutos sazonados do outono! Sob os olhos vigilantes do jardineiro, o "cavalo selvagem", ou antigo caule agressivo, torna-se um escravo dócil e um pedestal obrigatório para a planta superior.

Mas não tarda, também, que ele mesmo se deixe influenciar pela transformação e se renove na seiva e o adubo cientificamente administrado em suas raízes. E o velho tronco se torna então luzidio, vistoso e nutrido, extinguindo-se o seu ciúme e a sua cólera, para se constituir num prolongamento vivo da mesma espécie superior. Em consequência, recebe também a afeição do jardineiro, que lhe asseia o invólucro exterior e também o protege contra os vermes, os insetos e as formigas. Em breve, ei-lo fazendo parte dos pomares nutritivos ou a sustentar os arbustos carregados de flores perfumadas! Antes, era apenas o "cavalo selvagem", o caule hirsuto, primitivo e indomável, rebelde à justaposição do vegetal aprimorado, que o jardineiro lhe impunha no enxerto comum; posteriormente, transforma-se em admirável cunho de beleza vegetal, que segura o buquê de flores fascinantes ou sustém a oferta viva dos frutos saborosos!

É óbvio que, se Deus, como divino jardineiro, prodigaliza seus cuidados, com tanta precisão e afeto, para que o simples vegetal se situe entre padrões mais primorosos, de modo algum deixaria de distribuir as energias espirituais superiores pela carne primitiva dos filhos dos homens das cavernas! E ele o faz, sem permitir que a seiva bruta e instintiva também destrua a qualidade psíquica já conquistada pelos exilados terrícolas, tanto no campo da consciência como no seu senso diretivo ascensional.

PERGUNTA: — Ainda não podemos compreender perfeitamente essa retificação psíquica em mundo inferior, quando tudo ali parece eliminar as menores possibilidades educativas. Esse mundo nos parece uma prisão compulsória, na qual o encarcerado não se move com liberdade e, por isso, vê reduzida ainda mais a sua capacidade para avaliar a responsabilidade dos seus próprios atos. Poderíeis explicar-nos mais claramente o assunto?

RAMATÍS: — Lembramos o exemplo dado anteriormente, em que o orador capcioso deve retornar, em nova existência, sob terrível gagueira. A sua redução inicia-se pela perda da antiga palavra fácil e hipnotizadora. Antes, o seu espírito fascinava as multidões, pelo encanto da voz aveludada e do gesto elegante; depois, é ridicularizado nos esgares da gagueira e nos esforços hercúleos que faz para ser compreendido. O seu espírito, embora amordaçado por essa impossibilidade fisiológica, desenvolve os poderes da reflexão e coordena os seus pensamentos antes de os expor em público. Ele avalia a angústia para compor as palavras através da gagueira, e se vê obrigado, por isso, a só tratar do que é benéfico e útil; desaparecem a insinceridade, os subterfúgios, a dialética complicada e as antigas manhas, porque para o gago o tempo urge; há que aproveitá-lo com inteligência, se quiser fazer-se entendível e tolerável pelos seus impacientes ouvintes! Impedido de empregar os antigos jogos florais da palavra que emocionava, mas que era um desmentido ao seu modo de pensar, o espírito do gago ajusta-se a um raciocínio correspondente exatamente ao seu modo dificultoso de falar. Em consequência disso, adquire hábitos novos e bons, que não cultuava no passado; obriga-se a veicular pensamentos úteis, verdadeiros e leais, que precisam ser entendíveis à luz do dia, através de poucas palavras. Mas, apesar disso, o espírito do antigo orador não retrograda ou involui, porquanto o fator coercitivo da fala é apenas uma breve contemporização na vida terrena; é um "freio fisiológico" que retifica o excesso de volubilidade psíquica da existência anterior, sem lesar, porém, a verdadeira consciência espiritual. Sob a coação da gagueira, os impulsos levianos e de má-fé deixam de agir, pois são preciosos os segundos para que o gago se faça compreender, devendo, por isso, expor em público só aquilo que é medido, calculado e escoimado de inutilidade e más intenções. É terapêutica reeducativa e que elimina os subterfúgios nas relações humanas, trazendo melhores qualidades à bagagem da razão do espírito.

Nenhuma alma pode recuar do ponto em que já consolidou a sua consciência de "ser" e "existir"; tudo aquilo que já conquistou de bom e acumulou nas romagens físicas e astrais, vive-lhe perenemente na memória.

PERGUNTA: — Poderíeis citar algum caso em que, embora estando a alma em reencarnação inferior, pode-se provar que a sua natureza espiritual não baixou de nível?

RAMATÍS: — A prova de que o espírito mantém a sua consciência integral do pretérito, mesmo sob qualquer deformação física ou situação deprimente na matéria, está nas experimentações de hipnotismo, quando determinados pacientes, submetidos à hipnose, revelam pendores artísticos, senso intelectual ou conhecimentos científicos que lhes transcendem fortemente a personalidade comum conhecida.

Quantas vezes o camponês, inculto, depois de hipnotizado, se expressa corretamente em idioma desconhecido, revela uma inteligência superior ou uma individualidade elevada! É uma bagagem de produtos elaborados nas vidas anteriores, que emerge superando a provisória condição a que o espírito se ajustou, devido a ter exorbitado da sua inteligência ou do seu poder no passado.

A roseira de qualidade, quando plantada em terreno impróprio, embora reduza o perfume de suas flores ou se atrofie na sua formosura vegetal, revelará novamente a sua plenitude floral assim que a replantem em terreno fértil. Sob idênticas condições, a alma inteligente não perde a sua consciência espiritual já estruturada nos evos findos, mesmo quando privada de todas as suas faculdades de expressão no mundo de formas; ela apenas fica ofuscada e restringida na sua ação mental. A ausência das pernas, no aleijado, não lhe extingue o desejo de andar, nem mesmo esse desejo se enfraquece; é bastante que lhe ofereçam pernas ortopédicas e ele tudo fará para reconquistar a sua antiga mobilidade, provando a permanência da sua consciência diretora do organismo.

PERGUNTA: — Gostaríamos de compreender, então, através de qualquer exemplo elucidativo, como é que espíritos mais evolvidos em ciência, arte, filosofia e senso religioso, como muitos da Terra, poderão ajustar-se com êxito no corpo grosseiro e letárgico dos homens primitivos.

RAMATÍS: — Concordamos em que os exilados terrícolas possam ser mais evoluídos em conhecimentos científicos, artísticos, filosóficos ou religiosos e, naturalmente, já possuam certos requintes de civilização, mas não concordamos quanto aos seus sentimentos, porquanto a maioria deles ainda está bastante enquadrada no temperamento passional do homem das cavernas. O acadêmico que mata o seu desafeto com um punhado de balas despejadas de artística pistola de prata, nem por isso merece melhor tratamento do que o bugre que esmaga o crânio do seu adversário sob o golpe de massudo tacape. Enquanto o civilizado é mais responsável pelo seu ato, porque já compulsou compêndios de moral superior e não pode ignorar os ensinos do Cristo, o selvagem é menos responsável, porque só aprendeu que a sua glória e o seu valor aumentam na proporção do número de crânios amassados...

Entre o ladrão que arrisca a vida para furtar uma galinha e o eleito do povo que esvazia os cofres da Nação com a gazua da caneta-tinteiro, o primeiro merece mais respeito e admiração, porque o seu furto possui algo de heroico e não se protege com as garantias oficiais do Direito subvertido pelos mais poderosos!

É possível que haja mais cultura no cérebro do bêbado de fraque e cartola, consumidor do uísque importado, do que no do homem primitivo, que grita estentoricamente depois de uma carraspana de milho fermentado; mas, quanto às condições morais e à natureza espiritual, o selvagem é, pelo menos, mais inocente, porque ninguém o fez compreender o ridículo e a estupidez da bebedeira.

É suficiente abrirdes as páginas do jornal cotidiano, para verificardes quantas criaturas alfabetizadas, membros de associações desportivas e culturais, clubes filantrópicos e credos religiosos, detentoras de prêmios de oratória, bolsas de estudo e senso artístico, ou condecorações de mérito, famosas pela frequência aristocrática aos clubes chiques, distintas pela educação esmerada, "elegantíssimas no seu trajar", como as situam melifluamente os lugares-comuns da imprensa social, caluniam, envenenam, esfaqueiam e fuzilam esposos ou esposas, irmãos, parentes e até mesmo os progenitores! Esses espíritos, aparentemente evoluídos, que ainda conseguem evitar o cárcere onde geme o infeliz ladrão de galinhas, deixam-se fotografar trajando finíssimos trajes e ostentam calculados sorrisos fotográficos. É natural que a sua elegância, cultura e cientificismo, apreciados na Terra, sejam argumentos contra a pseudo-injustiça do exílio para o planeta inferior; entretanto, sob o nosso fraco entender, lamentamos antes, e profundamente, a sorte do homem das cavernas, que terá de receber esses espíritos "cultos" em seu *habitat* rude, mas profundamente honesto!

Na realidade, os exilados da Terra serão aqueles que perderam os pelos, mas não evoluíram do animal para o homem, estando vestidos com trajes modernos, mas em discordância ainda com a sua índole, no vosso orbe. Esses, sob o imperativo da lei natural, deverão voltar a empunhar o velho tacape e a devorar vísceras sangrentas, cruas, embebedando-se com o milho fermentado, em lugar do conhaque ou do uísque. Não se trata de punição, mas de uma devolução natural e lógica, em que os "homens das cavernas", desajustados na Terra, serão encaminhados ao seu verdadeiro ambiente psicológico.

A emigração ser-lhes-á de imenso benefício nesse outro planeta, no qual deverão sentir a euforia do batráquio devolvido à sua lagoa. Ao homem pacífico e evangelizado, que cultua a ordem e a estabilidade espiritual na Terra, é imensamente prejudicial que aumente a progênie dos homens das cavernas, habilmente disfarçados sob os trajes elegantes, o desembaraço oral e o volumoso arquivo literário ou científico, mas ainda famélicos de banquetes, de embriaguez elegante e de fortunas fáceis. As suas armas, demasiadamente aguçadas pelo intelecto, superam geometricamente o coração e, assim, criam desatinos e discrepâncias no vosso mundo, já em vésperas de promoção espiritual. Eles são egocêntricos e descontrolados, instintivos e ambiciosos, e vivem repletos de cupidez pela mulher do próximo; quando se centralizam nos seus mundos de negócios, idealizam planos argutos favoráveis exclusivamente à parentela e a si mesmos; semeiam intrigas políticas e criam trustes asfixiadores; favorecem a indústria do álcool, mas dificultam a produção do leite e do pão. Significam perigosa horda de selvagens vestidos a rigor, que galgam posições-chave na sociedade e na administração pública, mas, enceguecidos pela volúpia do ouro e do prazer, não trepidam em armar as mais cruéis e astuciosas ciladas, que deixam verdadeiramente boquiabertos os seus irmãos peludos, das cavernas!

Mas a Lei, justíssima e boa, disciplinadora e coesa no mecanismo evolutivo, termina afastando-os da rápida experiência prematura na civilização, e os coloca outra vez no seu verdadeiro "habitat", onde se afinam melhor à psicologia do irmão vestido com as peles naturais!

PERGUNTA: — Quais os traços característicos daqueles que não serão transferidos para o planeta inferior que se aproxima da Terra?

RAMATÍS: — Conforme os prognósticos siderais, apenas um terço da vossa humanidade reencarnada estará em condições de se consagrar como o "trigo" e as "ovelhas" ou "direita" do Cristo, a fim de se juntar à outra porcentagem que será escolhida no Além, entre a humanidade de 20 bilhões de desencarnados que constituem a carga comum no mundo astral, em torno da Terra.

Os da direita do Cristo possuem um padrão vibratório, espiritual, acima da frequência "mais alta" do magnetismo primitivo do planeta que se aproxima. Em consequência, não vibrarão em sintonia com as suas energias inferiores, que acicatarão o instinto inferior do psiquismo humano, furtando-se, portanto, à subtração magnética gradativa, do referido planeta. Esse acicatamento magnético do planeta primitivo só encontrará eco nos esquerdistas que, na figura de "vassalos da Besta", responderão satisfatoriamente a todos os apelos de ordem animalizada.

Entretanto, não penseis que os "direitistas" sejam aqueles que apenas se colocam rigorosamente sob uma insígnia religiosa ou uma disciplina iniciática; eles serão reconhecidos principalmente pelo seu espírito de universalidade fraterna e de simpatia para com todos os esforços religiosos bem-intencionados. Pouco lhes importam os rótulos, as bandeiras ou os postulados particularistas de sua própria religião ou doutrina espiritualista; facilmente se congregam aos esforços coletivos pelo bem alheio, sem lhes indagar a cor, a raça, os costumes ou preferência espiritual. São desapegados de proventos materiais, desinteressados de lisonjas e despreocupados para com as críticas de suas ações; obedecem apenas à índole de amar e servir! Colocam acima de qualquer feição personalista as regras crísticas do "amai-vos uns aos outros" e "fazei aos outros o que quereis que vos façam". Esse grupo dos "poucos escolhidos" entre os "muitos chamados", será a verdadeira falange de ação do Cristo no vosso mundo, na hora desesperadora que se aproxima. Esse pugilo de almas coesas, decididas e indenes de preconceitos e premeditações sectaristas, sobreviverá à fermentação das paixões animais superexcitadas sob a influência magnética do planeta inferior.

PERGUNTA: — Que quer dizer a "subtração magnética gradativa" do planeta intruso, a que há pouco vos referistes?

RAMATÍS: — A subtração magnética é uma sucção gradativa, partida do astro inferior, a que cada alma responderá conforme a sua faixa vibratória, revelando a sua maior ou menor afinidade com as condições de vida primitiva que lá existe. Os espíritos de vibrações rapidíssimas, em faixas vibratórias mais sutis, escaparão da influência do planeta e, portanto, não sentirão o futuro entorpecimento magnético, um estado de morte aparente e consequente flutuação compulsória na atração para o orbe estranho. Os "esquerdistas", porém, sentir-se-ão sob estranha hipnose, que os deixará inquietos, ignorando de onde provém a força atrativa e succional; perderão o senso do local em que permanecerem até aquele momento e, envolvidos por forte torpor, terminarão trasladando-se para o meio inóspito do planeta higienizador, no qual só despertarão para iniciar a recapitulação das lições negligenciadas na Terra. Mas o que há de predominar nesse processo migratório exótico será justamente a afinidade psíquica de cada espírito para com o planeta primitivo.

PERGUNTA: — Após o afastamento desse astro, não ficarão na Terra pessoas que deveriam emigrar como "esquerdistas"?

RAMATÍS: — O fenômeno se processa de modo lento, pois esse planeta influencia gradativamente, quer na sua aproximação, quer durante o período de seu afastamento. Os sobreviventes esquerdistas ainda na matéria — supondo-se que o planeta se distancie sem atraí-los no devido tempo — serão catalogados no Espaço, após a desencarnação, e conduzidos pelos "Peregrinos do Sacrifício" ao orbe primitivo ou a outros mundos inferiores que lhes sejam eletivos. E a Lei é inexorável quanto ao tempo de exílio, pois os da esquerda do Cristo não retornarão à Terra antes de seis a sete milênios.

PERGUNTA: — Essas migrações de espíritos de um planeta para outro ocorrem sempre através do processo de atração magnética?

RAMATÍS: — Não confundais acontecimentos esparsos com as diretrizes de caráter geral, traçadas pela Lei Geral do Cosmo. O processo de atração deve ser encarado como uma subtração magnética gradativa; é uma condição que se forma no acasalamento das auras magnéticas da Terra e do astro próximo; uma faixa vibratória capaz de canalizar o rebanho dos espíritos em completa sintonia com o seu magnetismo, assemelhando-se a gigantesca nave planetária destinada a receber em seu bojo os viajantes terrícolas de "terceira classe", que vão passar longa temporada de "cura" num sanatório.

Os métodos usados pela Direção Sideral para essas migrações variam conforme as distâncias e a natureza magnética de cada orbe e, também, segundo a natureza psíquica dos emigrados. Os espíritos exilados dos planetas de Capela, na constelação de Cocheiro, trasladaram-se em grupos, através da volitação compulsória, flutuando num mar de energias cósmicas, ativadas e sustentadas pelo energismo das mentes poderosas dos espíritos superiores para, em seguida, ingressarem na carne.

PERGUNTA: — Dissestes, alhures, que há vida animal nesse astro; no entanto, pelo que está ao alcance do nosso entendimento, esse planeta não recebe suficientemente a luz solar para possuir vida orgânica. Planetas mais próximos do nosso Sol, como Saturno, Netuno e Plutão, são dados pela nossa ciência como impossibilitados de manter vida orgânica. Que dizeis a esse respeito?

RAMATÍS: — Não podemos nos estender em descrições fisioquímicas com relação a Saturno, Plutão ou Netuno, de modo a vos provar que a vida que lá existe é preciosa e compatível com as determinações do Divino Arquiteto. Se ele fez o mais difícil, como seja criar os mundos, consequentemente faria o mais fácil: povoá-los! As leis que estabelecestes, valendo-vos dos fenômenos conhecidos da vossa tela astronômica, não servem para que analiseis a vida no planeta que se aproxima, evento que estamos relatando sob dois aspectos distintíssimos: o acontecimento físico, acessível à vossa ciência astronômica no futuro, após o progresso da ótica etérica, e o evento espiritual só compreensível aos cabalísticos.

Não poderíamos explicar-vos minuciosamente o processo em suas bases expressivas, porque se trata de um fenômeno que ocorre no "mundo interior", onde a efervescência de energias suplanta as demarcações das formas objetivas e muda os conceitos de distância e velocidade! Na realidade, o que vos parece um deslocamento geográfico ou astronômico é só operação de mudança vibratória interior e a criação de um campo magnético condutor dos acontecimentos determinados na zona mental.

É necessário não esquecerdes de que o Supremo Arquiteto não criou um só grão de areia que não fosse visando a consciência espiritual de seus filhos. Os seus propósitos inteligentes disciplinam rigorosas medidas que controlam as despesas na economia do Cosmo; os orbes, os sistemas, as constelações e galáxias são celeiros de formas vivas, sob as mais variadas expressões, sem se distanciarem um mícron da direção íntima espiritual, que cuida e plasma as consciências individuais através dos seus obreiros espirituais. Não é necessário vos afastardes da Terra para comprovardes que por toda parte existem condições de vida sob aspectos os mais extremistas e contraditórios!

Enquanto o condor tem o seu "habitat" no pico dos Andes, em atmosfera rarefeita, o tatu, a toupeira ou a minhoca encontram conforto no meio asfixiante do subsolo; o pássaro se banha na leveza do oceano de luz atmosférica, mas o monstro marinho suporta ciclópicas toneladas de pressão oceânica na sua morada submarina; o leão sacode a juba, feliz, sob o calor ardente do deserto, enquanto o urso polar mostra o seu euforia na continuidade da neve; a carapaça alimenta-se nas pedras, e os batráquios se rejubilam no gás de metano dos pântanos; a borboleta é um floco delicado que se extingue ao sopro da brisa mais forte, enquanto a tartaruga é pesado bloco de pedra viva, que sobrenada na água; a foca saltita contente na água gelada e inúmeros insetos reavivam-se nos gêiseres de água fervente!

Variam indefinidamente as pressões, as temperaturas e os

estados físicos, mas a vida se revela em tudo; assim, há seres vivos que podem adaptar-se a qualquer orbe onde os cientistas sentenciam gravemente a impossibilidade de vida. O Sol estende-se com a mesma prodigalidade sobre todos os seres e coisas, criando temperaturas diversas e homens diferentes, e tanto atende à vida em vosso orbe quanto em Plutão ou Saturno! Estamos certos de que, se o vosso mundo fosse povoado exclusivamente de africanos, estes lançariam o seu anátema à possibilidade de existirem homens brancos, louros e de olhos azuis; e se, pelo contrário, a Terra fosse unicamente povoada por brancos, provavelmente terminariam queimando o ousado profeta que afirmasse a existência do homem de cor preta! E, se o mundo fosse povoado só de pretos e brancos, o primeiro homem vermelho que aparecesse, de cabelo ruivo, cor de fogo, iria para uma jaula, por considerarem-no um bicho esquisito!

O vosso orbe é um celeiro vivo e representativo da fauna e dos diversos reinos de outros mundos, oferecendo aspectos para avaliardes todos os fenômenos possíveis que ocorrem nas diversas moradas planetárias que se balouçam na abóbada celeste. Deus plasmou o seu pensamento repleto de vida na substância formativa dos mundos, e a sua magnífica vontade faz desatar sonhos em todos os quadrantes do Cosmo; as leis que os criam são sempre as mesmas na sua função "interior", e agem equitativamente em todos os sentidos; por isso, é estultícia e mesmo ridículo considerardes que o acanhado padrão humano terrícola deva ser a fórmula única para toda a vida planetária.

PERGUNTA: — Considerando que há íntima relação entre o corpo físico e o seu molde preexistente, que é o perispírito, formado com as substâncias magnéticas do meio em que sempre se reencarna, achamos que haverá profunda dificuldade para os espíritos terrícolas se adaptarem a um meio primitivo, como o é o do astro de que se trata. Que dizeis?

RAMATÍS: — Assim como inúmeros espíritos marcianos e de outros orbes mais evoluídos têm podido reencarnar-se no vosso mundo, para auxiliar o progresso científico, artístico e filosófico, também os exilados da Terra hão de adaptar-se ao ambiente primitivo do astro intruso. Aos espíritos é mais fácil a descida vibratória e a adaptação a condições semelhantes às em que já viveram alhures, do que a ascensão para zonas dinamicamente superiores. Na realidade, eles emigram atendendo à própria exigência científica das relações cósmicas, em perfeita afinidade com o ambiente inferior eletivo ao seu metabolismo astroetérico, consideravelmente deprimido pelas paixões primitivas que lhes ajustam a psique do homem das cavernas. É certo que as almas superiores, quando descem de outros orbes evoluídos, suportam inauditas dificuldades para se adaptarem ao vosso mundo, mas isso é porque, sendo missionárias e não exiladas, devem reduzir o seu campo psicomagnético a fim de alcançar o metabolismo biológico no éter-químico terráqueo. Os exilados da Terra revelam no seu psiquismo as condições naturais que se afinam especificamente às paixões animais do planeta para onde emigram, enquanto que os marcianos, por exemplo, quando atuam na vossa humanidade, ficam muito além das faixas vibratórias terrestres e têm que realizar hercúleos esforços para se situarem na frequência vibratória mais baixa.

PERGUNTA: — *Ficam porventura anuladas as leis reguladoras das adaptações comuns nos campos da química e da física? Não podemos deixar de reconhecer que os ajustes vibratórios magnéticos também devem submeter-se à lei do "semelhante atrai o semelhante". Não será assim?*

RAMATÍS: — O fenômeno de adaptação dos perispíritos, nas transferências de um orbe para outro, nas zonas invisíveis aos sentidos físicos, não se submete de modo algum às mesmas leis que disciplinam os planos materiais, do mesmo modo que os princípios que regem o oxigênio livre, na atmosfera, diferem profundamente das leis que o disciplinam nas combinações da massa líquida. Inúmeras vezes a ciência acadêmica considerou impossíveis várias adaptações biológicas a experiências físicas violentas; no entanto, elas se tornaram, depois, assuntos corriqueiros e desmentiram fragorosamente os cientistas. Os povos litorâneos, condicionados ao nível do mar, após rápidas adaptações, conseguem viver até nas atmosferas límpidas dos picos dos Andes ou do Himalaia; a foca, deslocada dos polos, tem conseguido viver até no Equador! No século, XVI, a ciência protestava contra os doidos que se ensaiavam para os voos atmosféricos, afirmando que o homem fora feito especificamente para viver ao nível do solo; mas o progresso da aviação desmentiu a ciência e, atualmente, o homem não só invade a própria estratosfera como ainda impõe um desmentido aos severos preceitos científicos do passado, quando o paraquedista salta até de 12.000 metros de altura, submetido a todas as pressões e atritos, para só abrir o paraquedas a algumas centenas de metros do solo térreo. Quando apareceu o automóvel e os primeiros motoristas, que viajavam a 30 quilômetros horários, aventaram a ideia de se atingir 80 quilômetros no porvir, os graves representantes da ciência prognosticaram que o homem seria, com isso, transformado em geleia humana! E houve novo desmentido, pois atualmente certas jovens franzinas, e até cardíacas, de cabelos ao vento e blusas de peito aberto, atingem 150 quilômetros horários, sem que lhes caia um só fio de cabelo ou fiquem sufocadas pelo vento! Os asfixiantes escafandros dos antigos mergulhadores, sem os quais a voz oficial considerava impossível ao homem resistir ao meio líquido, já se substituem por modernas nadadeiras e máscaras franzinas, enquanto os seus portadores descem a profundidades consideradas pelo academismo pessimista do mundo, impossíveis de atingir! Em breve, os pilotos terrícolas se adaptarão à estratosfera, dispensando os custosos trajes pressurizados, assim como no interior das aeronaves, a quase mil quilômetros horários, os seus ocupantes saboreiam tranquilamente a refeição trazida pela aeromoça!

É óbvio que os exilados da Terra não se adaptarão "ex-abrupto" ao novo mundo, quais improvisados paraquedistas que saltassem no seio inóspito do planeta, mas a natureza inteligente e coordenadora do orbe ajustará, pouco a pouco, os campos energéticos dos terrícolas ao campo energético local. Acresce, ainda, que as adaptações, anteriormente negadas pela vossa ciência e depois comprovadas, foram processadas no plano físico, rígido, e de vibração mais difícil de ser vencida, enquanto que os exilados ingressarão no astro primitivo pela zona astroetérica, para depois aglutinarem a substância do mundo físico nas sucessivas reencarnações, que o espírito comandará, então, com mais êxito.

Embora sejam justas as vossas objeções, confundis as adaptações que se processam no campo dinâmico astroetéreo com as dificuldades naturais e mais veementes que soem acontecer no campo físico.

PERGUNTA: — Mas não há contradição na passagem reencarnatória do campo energético da Terra, que é orbe mais evoluído, para esse astro intruso, de magnetismo primitivo, agressivo e letárgico, consequentemente inacessível às possibilidades de comando dos espíritos exilados para ali?

RAMATÍS: — Enquanto esse intercâmbio ainda se processa no plano físico, da carne, na região do corpo denso, que é o sétimo plano na descida vibratória do espírito angélico, as diferenças de magnetismo são menos sensíveis, pela semelhança natural e por ser o mesmo o mecanismo de vida, que é a física. Todos os espíritos que ainda se situam nas reencarnações físicas — que são aprendizes e não missionários — não encontram obstáculos intransponíveis na reencarnação, por estarem familiarizados com todas as mudanças das faixas vibratórias do mesmo plano. Embora provindos de zonas energéticas diferentes, harmonizam-se pela identidade do mesmo processo reencarnatório a que são submetidos no plano denso.

PERGUNTA: — *Podeis dar-nos um exemplo compreensível de que as dificuldades são menores devido à semelhança dos planos, embora se trate de espíritos provindos de mundos físicos bastante opostos nos seus conteúdos materiais?*

RAMATÍS: — Embora sem lograr êxito absoluto, é sempre possível fazerem-se trocas de peixes das regiões frias para as quentes ou destas para aquelas, porque estão no mesmo plano de vida comum — a massa líquida. No entanto, surgirão dificuldades realmente invencíveis se tentardes a transmigração absurda dos pássaros para os oceanos ou dos peixes para a atmosfera dos pássaros. A migração entre os exilados da Terra e o astro primitivo é dificultosa — não opomos dúvida — mas realizável, porque se processa num mesmo plano, que é o físico e, embora se trate de perispíritos com certas diferenças energéticas, estão identificados pela mesma faixa vibratória de ação material.

A natureza é pródiga em recursos. Ela materializa a vontade do Espírito Planetário do orbe; em consequência, vai procedendo à adaptação progressiva dos exilados às formas hirsutas do que chamais "os homens das cavernas" e, após alguns ensaios teratológicos — como sói acontecer na Terra, quando entram em conflito genes e energias adversos — o êxito se fará gradativamente para os emigrados, que estão ávidos de sensações inferiores, devido ao psiquismo desregrado e afim com o conteúdo animalizado do orbe primitivo.

Já que a Técnica Sideral conseguiu reunir recursos, em um milênio de labor, para que a sublime Consciência de Jesus pudesse atuar no vosso mundo, por que motivo não conseguiria adaptar os esquerdistas da Terra a um planeta primitivo que eles mesmos elegeram para sua moradia mais simpática?

PERGUNTA: — *Mas um perispírito delicadíssimo, composto de substância de um mundo mais evoluído, não deveria exigir, mesmo num orbe inferior, um veículo de substância tão delica-*

da quanto a do seu mundo anterior?

RAMATÍS: — Segundo o vosso modo de pensar, espíritos do quilate de Buda, Platão, Krishna ou Pedro, e de outros missionários do Bem espiritual, deveriam ter possuído corpos exclusivamente fluídicos, visto que seus padrões vibratórios, tão altos, não poderiam ter-se adaptado aos organismos demasiadamente animalizados e compactos, do vosso orbe. No entanto, Buda engordou até à obesidade e Platão era um carvalho vivo, de nervos e de músculos que fariam inveja ao mais avantajado lutador de boxe moderno, ao mesmo tempo que Pedro, sólido de carnes e cheio de força, impunha respeito pela sua figura de pescador enrijecido pelo Sol.

O espírito do homem, como um fragmento do espírito de Deus, descido à forma exterior da matéria, possui no seu invólucro perispiritual a miniatura de todas as energias e substâncias do Cosmo. O espírito-puro, nessa tradicional descida angélica, até atingir a substância física, vai incorporando gradativamente os elementos de todos os planos que se situam no caminho. Em sentido contrário, as adaptações imaturas para o "mais alto" sempre oferecem maiores dificuldades, porque exigem um processo de vigorosa libertação das energias inferiores. Vezes há em que a própria vontade e a capacidade do espírito são débeis para a ascensão, enquanto que as adaptações para os planos inferiores são mais fáceis porque ele comanda energias também inferiores e se deixa plasmar pelo vigor atuante do "mais baixo".

É mais difícil ao celerado equilibrar-se especificamente na morada dos santos, do que estes suportarem a atmosfera nauseante da prisão do delinquente. O batráquio do charco não resiste à rarefação do ar das montanhas, mas o condor dos Andes sobrevive ao nível do mar.

PERGUNTA: — Poderíeis dar-nos uma ideia das condições magnético-físicas favoráveis aos exilados da Terra, nesse astro primitivo?

RAMATÍS: — Apresenta condições semelhantes às da Terra, sem porém igualá-las. Esse astro lembra a fase pré-histórica do vosso globo, nos primórdios formativos do Homem do Sílex. É um planeta cujo metabolismo de vida reside também nas trocas de oxigênio, mas a sua consolidação física, a rotação, o volume, a translação e a órbita que percorre obedecem a princípios mais amplos de outro sistema solar. Assim como na fabricação de confeitos uma mesma receita pode apresentar variações no produto, quando submetida a temperatura ou introdução de substâncias diversas ou intermediárias, também os mundos, embora semelhantes na sua contextura químico-física, variam conforme as influências exteriores e o potencial do campo magnético em que se consolidam. Todos os orbes estão interpenetrados, entre si, não só pelo pensamento de vida, de Deus, como por todas as energias que se incorporam na descida angélica para a fase de matéria ou energia condensada. A consolidação da Terra, no campo radiante do vosso sistema solar, embora contando com os mesmos ingredientes cósmicos que existem fundamentalmente no planeta intruso, comportou-se de modo diferente na sua solidificação, devido a outras influências astronômicas que a distinguiram em todo o processo.

Servindo-nos de exemplo rudimentar, diremos que a estrutura astral-física da Terra difere um tanto da do astro intruso porque foi "cozida em temperatura diferente", embora preparada com as mesmas substâncias e sob a mesma receita...

PERGUNTA: — Como poderemos assimilar a ideia de que os orbes estão interpenetrados, entre si, por energias que se incorporam na descida angélica?

RAMATÍS: — Para isso, é bastante saberdes que esses orbes, sendo mundos semelhantes, possuem entre si relações afins, derivadas dos mesmos planos cósmicos que os interpenetram, embora essas relações escapem à observação da instrumentação física e sejam despercebidas pela visão comum. No vosso mundo, todo líquido, sob qualquer forma e em qualquer latitude do globo, possui relações íntimas e indiscutíveis, além da simples expressão exterior; consistem elas na identidade fundamental do líquido — oxigênio mais hidrogênio, elementos afins da água. Essa fórmula é o elo indestrutível e eletivo da água, sob qualquer condição. Os globos físicos que rodopiam em torno de seus núcleos solares estão aparentemente separados pelos espaços vazios da visão humana; no entanto, eles se ligam vigorosamente entre si, pelas energias imponderáveis dos planos mental-concreto, astral e etérico, e as suas auras se tocam e se comprimem no intercâmbio de influências de todos os tipos. Eles rodopiam dentro de verdadeiros "canais siderais", que perfuram nos campos das energias poderosas que os sustêm no espaço. Nesse trânsito sideral, deixam sulcos luminosos de efervescências energéticas, que os encarnados ignoram e de cuja existência nem ao menos suspeitam em sua imaginação demasiadamente escrava das três dimensões.

No futuro, a instrumentação astronômica de precisão, baseada nos princípios do éter-cósmico e aproveitando-se da energia propulsora da luz, conseguirá atingir esse interior etérico ou subeletrônico, e então observar a incessante renovação de forças e a inteligência planetária que flui e reflui entre todos os mundos e todas as coisas, por mais distanciadas que estejam, fisicamente, entre si. Há permanente intimidade etereoastral entre galáxias, constelações, planetas, satélites, orbes e poeira sideral, pois as suas formas exteriores, mesmo as mais acanhadas, são apenas invólucros perecíveis, degradando-se na fase energética mais grosseira do Cosmo.

No Universo palpita algo desconhecido, operante e intermediário da Vida, que a ciência acadêmica, na falta de um entendimento além da palavra, denomina de éter-cósmico. Como todos os orbes, coisas e seres estão interpenetrados desse éter-cósmico e nada existe isolado nem distante de quaisquer relações, cada gesto, movimento ou pulsação de vida corresponde-se identicamente em todas as latitudes cósmicas. Eis por que todos os orbes estão interpenetrados, entre si, por energias que os incorporam igualmente, no fenômeno em que Deus-Espírito se expande para fora até à fase substância, embora continue sendo uma só Unidade.

PERGUNTA: — E qual o motivo pelo qual assegurais que o astro intruso guarda afinidade com a Terra?

RAMATÍS: — O planeta higienizador não guarda absoluta identidade física com a Terra quanto à sua expressão panorâmica exterior, mas é "interiormente" um dos que mais se afinizam com o padrão psíquico da maioria da vossa humanidade, que se abandona à esclerose das paixões inferiores. O seu conteúdo magnético astral é de profunda simpatia aos espíritos que para ali serão transferidos; o seu energismo íntimo vibra correspondentemente ao psiquismo da massa que será atraída para a sua atmosfera etereoastral. Em torno do seu campo áurico, muitos espíritos terrícolas farão estágio de trabalho socorrista, a fim de tornarem o meio etereoastral adequado à descida reencarnatória dos enxotados da Terra.

PERGUNTA: — Então haverá ainda cuidadosa assistência de espíritos mais esclarecidos, da Terra, para a reencarnação dos exilados nesse planeta primitivo?

RAMATÍS: — O espírito é o "agente" que concretiza, progressivamente, todos os pensamentos contidos na Mente Divina e que, como centelha, evolui da inconsciência de grupos instintivos dos reinos inferiores para a forma de consciência individual humana, quando então se dá o despertar do raciocínio da hipnose animal para a ascese angélica. Essa interminável sucessão de movimentos ascensionais é sempre assistida por inteligências cada vez mais altas na infinita hierarquia espiritual. Assim como o espírito que ainda habita o organismo do homem das cavernas precisa de um guia que lhe sobrepuje apenas a precária inteligência e o sentimento, e lhe conheça de perto as primeiras necessidades, uma consciência tão ampla, como a de Jesus, inspira-se pela sublime entidade que é o Arcanjo Gabriel, espírito planetário diretamente ligado ao Logos do Sistema Solar. A graduação dos espíritos orientadores situa-se harmonicamente na economia do Cosmo. Assim como não requereis Einstein para o ensino da aritmética no curso primário, também não há necessidade de um Arcanjo Planetário para ensinar o homem comum a compulsar as primeiras páginas do Evangelho.

Este o motivo por que na aura astral do planeta primitivo numerosas entidades de certo entendimento espiritual já estão operando em benefício dos futuros exilados e delineiam, na esfera fluídica opressiva e nauseante, as primeiras operações dirigidas à crosta do orbe. Trata-se de colônias espirituais que formarão os "elos" gradativos entre o mundo físico e o astral e, também, entre as ordens mais altas que devem concretizar esforços como providências auxiliares aos reencarnados. Sob a imutabilidade da Lei, não podem ser violentados os campos vibratórios que separam a carne do espírito livre, no Além; os benfeitores terrícolas terão que lançar as bases intermediárias, para que se faça com êxito a pedagogia espiritual no mundo inferior do orbe intruso. Os agrupamentos constituir-se-ão em verdadeiras clareiras de repouso e de ajuste entre as reencarnações consecutivas, servindo também como ponto de referência com o "mundo interior Divino" e facilitando a descida dos futuros instrutores espirituais em missão, na crosta física. Esses voluntários abnegados, denominados "Peregrinos do Sacrifício", cuja casta é conhecidíssima no Espaço, ao penetrarem na extensa mataria dos fluidos repulsivos do astral primitivo do planeta, recordam a figura daqueles abnegados sacerdotes que se embrenhavam floresta adentro, na devotada missão de atender e educar os silvícolas dominados exclusivamente pela animalidade. Eles renunciam aos seus bens e alegrias nos planos edênicos, para atender aos recalcitrantes da Terra, a caminho do exílio! E Jesus, o Sublime Governador da Terra, também não descansará o seu magnânimo coração, enquanto não verificar que a última ovelha extraviada retornou ao aprisco, no tradicional simbolismo do "filho pródigo"!

PERGUNTA: — Qual o tempo que supondes preciso, pelo nosso calendário, para o retorno de todos os exilados?

RAMATÍS: — Quando o astro retornar, isto é, em sua nova aproximação da Terra, daqui a 6.666 anos, em que ficará um tanto mais distanciado da órbita terráquea, pelo gradual afastamento nas oscilações cósmicas expansivas, aqueles que já estiverem livres de suas mazelas e da carga magnética deletéria, farão a transmigração em massa para a Terra, enquanto os mais recalcitrantes continuarão nos ciclos reencarnatórios depurativos do próprio planeta-exílio.

PERGUNTA: — Porventura os espíritos só retornarão à Terra por ocasião de cada aproximação do astro?

RAMATÍS: — Não há regra sem exceção, mesmo no Cosmo, já vos temos enunciado. A migração em massa exige certas bases energéticas que diminuem a dificuldade sideral; por isso, os Mentores da Terra e do astro-exílio estabelecerão em conjunto as providências necessárias para uma transferência compacta porquanto, durante os seis milênios consecutivos do exílio, relativa quantidade estará em condições de emigrar, de volta, para o vosso mundo. A porcentagem mais rebelde, que será menor, prosseguirá então na purificação reencarnatória e, à medida que alguns revelarem condições eletivas para o retorno, emigrarão sob a técnica dos campos energéticos condensados, sustentados mentalmente por grupos dos "Peregrinos do Sacrifício", que empreenderão a longa viagem sob o regime do magnetismo gerado pelo amor e pelo sacrifício!

PERGUNTA: — Poderemos supor que os emigrados da Terra hão de adaptar-se rapidamente ao novo ambiente do exílio?

RAMATÍS: — Sob a força intuitiva e a recordação subjetiva, eles criarão sistemas de vida favoráveis aos habitantes de lá, pois, embora nascendo na forma hirsuta e primitiva, estarão latentes na sua memória etérica todas as realizações conhecidas na Terra. A princípio, ante a coação de corpos tão rudes e animalizados, olvidarão a realidade da vida vivida no vosso orbe mas, no futuro, em certas horas de nostalgia espiritual, sentir-se-ão como estranhos no planeta, recompondo outra lenda parecida com a de Adão e Eva enxotados do Paraíso, por haverem abusado da "árvore da ciência do Bem e do Mal". E sob a mesma índole do que já se registrou na Terra, também surgirá no astro-exílio uma versão nova dos "Anjos Decaídos", rebeldes à Luz Divina, formando a gênese daquele planeta inferior. E abrir-se-á outra vez o extenso caminho da alegoria religiosa e dos indefectíveis dogmas, a oprimirem no futuro os primeiros agrupamentos religiosos do astro-exílio!

E, antes que pergunteis, já vos iremos dizendo que as lendas se repetirão ali devido à saudade do mundo terrestre perdido, cujo conforto, como conquista da vossa ciência, há de vibrar na mente evocativa dos exilados, na figura de bens deixados em um Paraíso! E, apesar das sucessivas descobertas, adaptações, e do progresso natural do meio, predominará no âmago de cada exilado a ideia de se encontrar num mundo infernal, onde é obrigado a "comer o pão com o suor do seu rosto"! Inegavelmente, repetir-se-ão no planeta-exílio os mesmos temas já vividos por aqueles alunos reprovados na Terra, que estará sendo promovida, então, à função educativa de Academia, no terceiro milênio.

O exílio naquele mundo primitivo há de permitir aos imigrados reviverem lições negligenciadas, o que não mais seria possível na complexidade mais alta do curso acadêmico. É por isso que a lenda conhecida em vosso orbe sob a denominação de "Anjos Decaídos" é resumida em um quadro onde vedes a figura flamejante de Miguel Arcanjo empunhando uma espada de fogo com a qual impede o retorno de Adão e Eva ao Paraíso, sob o escárnio da serpente, que representa a sedução astuciosa da carne do mundo! O Arcanjo Miguel, simbolizando o princípio da Justiça Sideral, em qualquer situação ou condição de rebeldia espiritual aos princípios superiores, afasta sempre para condições reeducativas aqueles cuja degradação ameaça o equilíbrio da obra divina!

PERGUNTA: — *Que podeis esclarecer-nos quanto a espíritos exilados de outros orbes para a Terra?*

RAMATÍS: — Dispondes de literatura mediúnica, no vosso mundo, que cita muitos casos de espíritos expulsos de outros orbes para a Terra, em fases de seleção entre o "trigo e o joio" ou entre "os lobos e as ovelhas", fases essas pelas quais tereis em breve de passar, para higienização do vosso ambiente desregrado.

Entre os muitos exilados que o vosso mundo tem acolhido isoladamente, provindos de orbes distantes, podeis identificar certos tipos exóticos, tais como os gigantes, provindos de satélites jupiterianos, e os anões, que identificam antigos emigrados do satélite de Marte. As emigrações em massa, dos planetas capelinos, constituíram no vosso mundo as civilizações dos chineses, hindus, hebreus e egípcios, e ainda o tronco formativo dos árias. Esse o motivo por que, ao mesmo tempo que floresciam civilizações faustosas e se revelavam elevados conhecimentos de ciência e arte, desenvolvidos pelos exilados, os espíritos originais da Terra mourejavam sob o primitivismo de tribos acanhadas. Ombreando com o barro amassado, das cabanas rudimentares do homem terrícola, foram-se erguendo palácios, templos e túmulos faustosos, comprovando um conhecimento e poder evocados pelos exilados de outros planetas.

No vosso mundo, esses enxotados de um paraíso planetário constituíram o tronco dos árias, descendendo dele os celtas, latinos, gregos e alguns ramos eslavos e germânicos; outros formaram a civilização épica dos hindus, predominando o gênero de castas que identificava a soberbia e o orgulho de um tipo psicológico exilado. As mentalidades mais avançadas, dos planetas de Capela, construíram a civilização egípcia, retratando na pedra viva a sua "Bíblia" suntuosa, enquanto a safra dos remanescentes, inquietos, indolentes e egocêntricos, no orbe original, fixou-se na Terra na figura do povo de Israel. Certa parte desses exilados propendeu para os primórdios da civilização chinesa, onde retrataram os exóticos costumes das corporações frias, impiedosas e impassivas do astral inferior, muito conhecidas como os "dragões" e as "serpentes vermelhas".

PERGUNTA: — Esses exilados também se denominavam assim, no seu mundo perdido, em Capela? Eram de tipos egípcios, hindus, israelitas, chineses, e guardavam as mesmas idiossincrasias que revelaram na Terra?

RAMATÍS: — A linguagem hindu, judaica, egípcia e chinesa está repleta de sinais léxicos que pertenciam aos exilados de Capela, de onde eles provieram. Quase todas as fórmulas de matemática, química e física que ainda usais guardam perfeitas características das línguas quase extintas naquele orbe longínquo. Os costumes e as idiossincrasias desses povos exilados revelam profundas analogias com o antigo modo de vida peculiar ao seu mundo original. Principalmente os egípcios, por serem aqueles que possuíam a mente mais desenvolvida e a memória etérica mais lúcida na recordação, deixaram em vosso mundo maior bagagem de valores idiomáticos da migração compulsória. No entanto, não existiam lá as raças agrupadas que formaram na Terra os judeus, os egípcios, hindus, chineses e os descendentes dos árias. Essas raças foram constituídas, no vosso orbe, por afinidade de psicologia espiritual e não racial. Na qualidade de enxotados, representavam a "escória" daquele mundo, que também fora promovido a condições superiores. Emigraram exatamente os "esquerdistas", os rebeldes recalcitrantes, que constituíam os lobos, o joio ou os "maus" à esquerda do princípio crístico, que é o fiel aferidor do grau evolutivo dos espíritos, em qualquer latitude cósmica. Embora esses povos que compuseram os exilados nos pródromos da civilização terráquea se manifestem agora com belas e notáveis credenciais superiores, devem suas bases evolutivas ao fato de haverem sido "anjos decaídos" para a Terra!

PERGUNTA: — Dai-nos algum exemplo, para entendermos esse agrupamento de exilados por "afinidade de psicologia espiritual", formando raças aqui na Terra.

RAMATÍS: — O fenômeno se repetirá exatamente no próximo "fim de mundo", que já beira o vosso século. Os Mentores Siderais escolherão entre os esquerdistas do Cristo os grupos afins às mesmas idiossincrasias psicológicas, para fazê-los reencarnar-se destacadamente no astro-exílio, sob clima físico e ascendentes biológicos iguais, criando-se, então, determinadas "raças" provindas de indivíduos afinizados pelos gostos, ações, intelecto, sentimento e ideais.

Sobre a escória dos colocados à esquerda crística, os Psicólogos Siderais aglutinarão indivíduos pertencentes a um só tipo padrão, que hão de constituir uma raça particular, assim como foi feito nos planetas de Capela. Exemplificando: — Os fanáticos, intransigentes, mercantilistas e orgulhosos de todas as doutrinas religiosas da Terra serão agrupados à parte; em seguida, os avaros, os desonestos, os capciosos e astuciosos; após, os cruéis, os impassíveis, os malfeitores e semeadores de sofrimento; além, os luxuriosos, os pervertidos, os desvirtuadores da moral costumeira ou os zombeteiros, mistificadores, malbaratadores dos bens alheios. Cada um desses grupos, aglutinados eletivamente em tipos psicológicos semelhantes, e não em raças, será reencarnado em ambiente e situação adequados às suas purificações no orbe intruso. Como são portadores de mazelas semelhantes, depurar--se-ão entre si mesmos, no conflito das próprias idiossincrasias e defeitos perniciosos! Não somente se situarão na terapêutica da "vacina" ou da "homeopatia sideral", baseada na lei *similia similibus curentur*, como ainda terão de se ajustar à lei de que "quem com ferro fere com ferro será ferido".

Muitos de vós ignorais ainda que Jesus não formulou conceitos de ordem exclusivamente individualista mas, sob um conteúdo aparentemente singelo, deixou no Evangelho a Lei Sideral, que sempre abrange as coletividades e não indivíduos!

PERGUNTA: — *Gostaríamos de ouvir o vosso parecer sobre o fato de alguns confrades espíritas haverem afirmado que, diante dos postulados do espiritismo, não só se torna injustificável essa emigração de espíritos para um mundo inferior, como até contraria o pensamento de Allan Kardec a esse respeito.*

RAMATÍS: — Lamentamos que pessoas que se dizem espíritas façam essas afirmações imprudentes, consequentes tão somente de falta de leitura das obras kardecistas, que consideramos como bases fundamentais da doutrina espírita. Embora disponhamos de centenas de anotações, preferimos limitar-nos a fazer a seguinte transcrição de algumas palavras do glorioso líder espírita:

> Tendo que reinar na Terra o bem, necessário é que sejam dela excluídos os espíritos endurecidos no mal e que possam acarretar-lhe perturbações. Deus permitiu que eles aí permanecessem o tempo de que precisavam para se melhorarem; mas, chegando o momento em que, pelo progresso moral de seus habitantes, o globo terráqueo tem que ascender na hierarquia dos mundos, interdito será ele, como morada, a encarnados e desencarnados que não hajam aproveitado os ensinamentos que uns e outros se achavam em condições de aí receber.
>
> Serão exilados para mundos inferiores, como o foram outrora para a Terra os da raça adâmica, vindo substituí--los espíritos melhores. Essa separação, a que Jesus presidirá, é que se acha figurada por estas palavras sobre o "Juízo Final": "Os bons passarão à minha direita e os maus à minha esquerda".

Encontrareis estas palavras no livro *A Gênese*, capítulo

XVII. E no capítulo XI, comentário 36 do mesmo livro lereis o seguinte:

> Na destruição que por essas catástrofes se verifica, de grande número de corpos, nada mais há do que o rompimento de vestiduras. Nenhum espírito perece; eles apenas mudam de plano; em vez de partirem isoladamente, partem em bandos. Essa a única diferença, visto que, ou por uma causa ou por outra, fatalmente têm de partir, cedo ou tarde".

Ainda no comentário 37, do mesmo capítulo XI, a explicação é claríssima:

> Há, pois, **emigrações e imigrações** coletivas de um mundo para outro, donde resulta a introdução, na população de um deles, de elementos inteiramente novos. Novas raças de espíritos, vindo misturar-se às existentes, constituem novas raças de homens.

Ditamo-vos, também, algumas respostas diretas das entidades auscultadas pelo grande líder espiritual, constantes do *Livro dos Espíritos*, capítulo IV, item III.

> **Pergunta 173:** — A cada nova existência corporal a alma passa de um mundo para outro, ou pode ter muitas no mesmo globo?
> **Resposta:** — Pode viver muitas vezes no mesmo globo, se não se adiantou bastante para passar a um mundo superior.
> **Pergunta 173B:** — Podemos voltar a este, depois de termos vivido noutros mundos?
> **Resposta:** — Sem dúvida. É possível que já tenhais vivido algures na Terra.
> **Pergunta 174:** — Tornar a viver na Terra constitui uma necessidade?
> **Resposta:** — Não; mas, se não progredistes, podereis ir para outro mundo que não valha mais do que a Terra e que talvez seja **pior do que ela**.

Como vedes, há que compulsar com muito critério a extraordinária base fundamental do espiritismo, que são os livros de Allan Kardec, porque para aqueles que tiverem "olhos para ver", as mais profundas verdades estão ali ocultas.

14. A verticalização do eixo da Terra

PERGUNTA: — Temos meditado bastante sobre as vossas afirmações de que no decorrer da segunda metade do século atual acentuar-se-ão os efeitos da verticalização do eixo da Terra. Podeis dizer-nos se algum profeta do Velho Testamento corrobora as vossas afirmativas nesse sentido?

RAMATÍS: — O profeta Isaías, no livro que traz o seu nome, diz o seguinte, com relação aos próximos acontecimentos: "Pelo balanço será agitada a Terra como um embriagado e será tirada como a tenda de uma noite, e cairá e não tornará a levantar-se" (Isaías, 24:20). É uma referência à verticalização do eixo da Terra, que não permitirá que ela se levante novamente, isto é, que retorne à sua primitiva inclinação de 23° sobre a eclíptica. Jesus também declarou que no fim do mundo serão abaladas as virtudes do céu.

PERGUNTA: — Embora confiemos em Jesus e nas suas afirmações, surpreende-nos que deva ocorrer uma tal derrogação das leis sensatas e eternas, do Cosmo, apenas para que a Terra atinja satisfatoriamente o seu "Juízo Final". Estranhamos esse dispêndio de energias e grande perturbação cósmica para a verticalização da Terra, que é um planeta insignificante perante o infinito. Não temos razão?

RAMATÍS: — A vossa estranheza provém do fato de tomardes "ao pé da letra" as palavras de Jesus. A Terra, sem dúvida, é um planeta muito insignificante para merecer tais providências, que redundariam numa catástrofe cósmica se alguém se pusesse a sacudir os planetas e a vossa própria Terra, como Sansão sacudiu as colunas do templo que lhe caiu em cima... O que o Mestre predisse é que, ao se elevar o eixo da Terra e desaparecer a sua proverbial inclinação de 23°, haverá uma relativa e correspondente modificação no panorama comum astronômico; cada povo, no seu continente, surpreender-se-á com o novo panorama do céu, ao perceber nele outras estrelas desconhecidas dos costumeiros observadores astronômicos. Em linguagem alegórica, se se verticalizar o eixo da Terra, é claro que as estrelas hão de, virtualmente, descer ou cair das suas antigas posições tradicionais, justificando-se, então, a profecia de Jesus de que as virtudes do céu serão abaladas e as estrelas cairão. Se vos fosse possível virar o globo terráqueo, no Espaço, verticalizando-o de súbito e tirando-o, portanto, dos seus 23 graus de inclinação, toda a humanidade teria a sensação perfeita de que as estrelas estariam caindo do horizonte. No entanto, elas se manteriam firmes, nos seus lugares habituais; a Terra é que, devido à torção sobre si mesma, deslocaria no céu os quadros costumeiros e familiares a cada povo, conforme a sua latitude astronômica.

Na Atlântida esse fenômeno foi sentido bruscamente; em vinte e quatro horas a inversão rápida do eixo da Terra causou catástrofes indescritíveis. Atualmente, a elevação se processa lentamente. Na atual elevação, os Mentores Siderais reservaram várias zonas terrestres que deverão servir como refúgio a núcleos civilizados, onde se formem os futuros celeiros do mundo abalado e trabalhem os missionários escolhidos para propagar o avançado espiritualismo do terceiro milênio.

Se os vossos astrônomos examinarem com rigorosa atenção a tela celeste familiar, do vosso orbe, é provável que já possam registrar algumas notáveis diferenças em certas rotas siderais costumeiras.

PERGUNTA: — *Há porventura qualquer outra profecia ou predição de confiança sobre essa queda virtual das estrelas, em consequência da elevação do eixo da Terra?*

RAMATÍS: — Antes de Jesus, na velha Atlântida, já os profetas afirmavam que haveria modificação no "eixo da roda" ou seja, o eixo da Terra. Hermes Trimegisto, o insigne Instrutor egípcio, já dizia: "Na hora dos tempos, a Terra não terá mais equilíbrio; o ar entorpecerá e os astros serão perturbados em seu curso". E Isaías o confirma quando diz: "Porque eis aqui estou eu, que crio uns céus novos e uma terra nova; e não persistirão na memória as primeiras calamidades, nem subirão sobre o coração" (Isaías, 65:17). O evangelista Lucas também adverte: "E aparecerão grandes sinais nos céus" (Lucas, 21:11) (queda virtual das estrelas e abalo ou comoção nos céus). João Evangelista, no seu Apocalipse anuncia: "E caiu do céu uma grande estrela ardente, como um facho, e caiu ela sobre a terça parte dos rios e sobre as fontes das águas" (Apocalipse, 8:10). E ainda: "E as estrelas caíram do céu sobre a Terra, como quando a figueira, sendo agitada por um grande vento, deixa cair os seus figos verdes" (Apocalipse, 6:13).

No Apocalipse, lê-se o seguinte: "E vi um céu novo e uma terra nova, porque o primeiro céu e a primeira terra se foram" (Apocalipse, 21:1), ou seja: a velha Terra, inclinada no seu eixo, e o velho céu familiar a todos, modificaram-se ou se foram. O profeta deixa subentendido que, devido a essa mudança do antigo panorama sideral, os cientistas terão que modificar os seus mapas zodiacais, em cada nova latitude e longitude astronômica peculiar a cada povo, organizando-lhes outros quadros do "novo céu".

PERGUNTA: — *E após a época de Jesus, quais as profecias que podem atestar esse acontecimento?*

RAMATÍS: — Nostradamus, o consagrado vidente francês do século XVI, delineou o roteiro profético mais exato que conhecemos para os vossos dias. Em sua carta a Henrique II ele prediz o seguinte: "Quando os tempos forem chegados, uma grande transformação se produzirá, de tal modo que muitos julgarão a Terra fora de órbita". Na quadra 41, da Centúria II, o profeta deixa entrever claramente a presença de um astro intruso que tem ligação com a verticalização do eixo da Terra, quando prediz: "Uma grande estrela, por sete dias, abrasará a Terra e ver-se-a dois sóis aparecerem". Na Centúria 6/6, do presságio 27, afirma que "no fim dos tempos aparecerá no céu, no norte, um grande cometa".

PERGUNTA: — *Nostradamus fala em "cometa", que é estrela nômade, esguedelhada, enquanto os vossos relatos se referem a um planeta; não é assim?*

RAMATÍS: — Se observardes com atenção as antigas profecias bíblicas e as que se sucederam ao advento de Jesus, verificareis que os profetas, como sensitivos atuando fora do espaço e do tempo, não podiam descrever rigorosamente os detalhes do que enunciavam, pois apenas captavam a imagem geral dos acontecimentos futuros. Em consequência, pouco se importavam com uma distinção meticulosa entre planetas, cometas, estrelas, astros ou sóis, cuja nomenclatura nem seria tão detalhada na época. Incontestavelmente, o que elimina qualquer dúvida é que todas essas profecias convergem sempre para dois acontecimentos únicos e identificáveis: a modificação do eixo da Terra, com a mudança do panorama familiar astronômico, e a presença de um corpo estranho junto ao sistema solar em que viveis.

PERGUNTA: — Porventura, Nostradamus não se quer referir unicamente ao grande eclipse solar, que a ciência astronômica calculou precisamente para o fim deste século?

RAMATÍS: — Se duvidais tanto das profecias e confiais tanto nos cientistas da Terra, como se deduz das perguntas que nos fazeis, achamos que estais formulando agora uma pergunta muito desairosa para a vossa ciência astronômica e humilhante para os vossos cientistas, de vez que reconheceis que Nostradamus poderia ter previsto, no seu tempo, um eclipse para 1999, sem a instrumentação científica e a técnica astronômica do vosso tempo. Mas não foi isso que Nostradamus previu. O grande vidente é bem claro na predição constante de sua carta a Henrique II, quando esclarece: "Quando os tempos chegarem, após um eclipse do Sol, ocorrerá o mais pétreo e tenebroso verão". Ele afirma com muita precisão tratar-se de um acontecimento que há de ocorrer só **depois** do grande eclipse solar. Sem dúvida, a Terra se aproxima de sua fase mais importante (o pétreo e tenebroso verão) abeirando-se de um acontecimento inigualável, como nunca se viu desde a sua criação!

PERGUNTA: — Mas não podemos considerar essa predição como uma afirmação clara e positiva de que a Terra se verticalizará. Que achais?

RAMATÍS: — Notai que, na mesma carta a Henrique II (Centúria I, 56-57), a afirmação de Nostradamus é indiscutível, pois diz textualmente que "a Terra não ficará eternamente **inclinada**". A capacidade profética de Nostradamus soube prever o natural ceticismo da ciência e a proverbial negação dos cientistas, pois diz mais que, apesar das opiniões contrárias (da ciência acadêmica), os fatos hão de acontecer como os relata. E, conforme já vos dissemos, o evangelista João fundamenta a predição de Nostradamus, quando também afirma: "E vi um novo céu e uma nova terra" (Apocalipse, 21:1).

PERGUNTA: — Nostradamus teria previsto também que o astro que se aproxima é de volume maior que o da Terra, conforme afirmastes anteriormente?

RAMATÍS: — Na Centúria 3-34, o vidente francês deixou registrado claramente que "em seguida ao eclipse do Sol, no fim do século, passará junto à Terra um novo corpo celeste volumoso, grande, um monstro, visto em pleno dia". As Centúrias 4-30 e 1-17 previnem-vos de que "a ciência não fará caso da predição, e dessa imprudência faltarão provisões à humanidade; haverá penúria e a terra ficará árida, ocorrendo ainda grandes dilúvios". Certamente, os cientistas ridicularizarão o evento do astro intruso, por considerá-lo aberrativo. Isso terá como consequência a negligência, por parte de todo mundo, em acumular provisões, motivo por que se verão desamparados no terreno econômico, quando a fome os cercar.

PERGUNTA: — Segundo Nostradamus, se a humanidade levar a sério a predição e os cientistas derem aviso para que se providenciem provisões para os dias fatais, serão atenuados os acontecimentos. É isso mesmo?

RAMATÍS: — Quando se fizer a conjunção dos efeitos do astro intruso com os efeitos da loucura humana, no mau emprego da desintegração atômica, "a terra será abrasada". Sobre isso, não tenhais dúvida! Desde que, nessa ocasião, haja depósitos subterrâneos de víveres, ou já se tenha cogitado de outras providências a respeito, inegavelmente serão atenuadas a fome e a miséria. É óbvio que, se os cientistas se dispuserem a ouvir com sinceridade e confiança a simbólica "voz de Deus" transmitida através dos profetas do quilate de um Nostradamus, apesar dos acontecimentos trágicos previstos e irrevogáveis, poder-se-á eliminar grande parte do sofrimento futuro, pois o astro a que nos referimos — como bem sabemos na técnica sideral — abrasará mesmo a Terra e queimará muita coisa! E ainda podemos recordar as palavras de João Evangelista, no Apocalipse, quando diz que a Terra será destruída pelo fogo e não pela água, advertência sibilina onde se esconde a conexão da influência do astro intruso com os próprios eventos desavisados da bomba atômica.

PERGUNTA: — Algum outro planeta de nosso sistema solar sofrerá deslocações sob a influência desse astro?

RAMATÍS: — Ocorrerão modificações proporcionais aos volumes, rotas e movimento dos astros na zona magnética de maior influenciação do astro visitante, conforme já vos expusemos anteriormente. No entanto, será a Lua, como satélite do vosso orbe, o que mais sofrerá em sua posição astronômica, porquanto a verticalização da Terra há de produzir determinadas modificações nas suas coordenadas de sustentação no plano astroetéreo, em correspondência com as energias que lhe fluem de outros astros adjacentes. Os orbes disseminados pelo Cosmo sustentam-se e relacionam-se entre si, adstritos às zonas de cruzamento das diagonais ou coordenadas magnéticas, semelhantes a infinita rede, em cujas malhas os globos rodopiam e se balouçam majestosamente, no mais inconcebível equilíbrio e harmonia. A mais débil modificação de uma coordenada magnética provoca um deslocamento correspondente, para compensação harmônica do sistema cósmico.

Após a verticalização da Terra, far-se-á o ajuste dos polos magnéticos à exatidão dos polos físicos, inclusive o fluxo de sustentação e de equilíbrio entre a Terra e a Lua. Queremos prevenir-vos de que algo mudará nas relações astrofísicas entre a Lua e o vosso orbe, porquanto, após a verticalização do globo terráqueo, também deverão harmonizar-se as atuais coordenadas, cuja força principal é atuante no campo etereoastral, embora o fenômeno termine, depois, materializando-se na esfera física.

Essa modificação foi habilmente prevista pelos profetas antigos e modernos, conforme expomos: Isaías afiança que "a luz da Lua será como a luz do Sol, e a luz do Sol será sete vezes maior, como seria a luz de sete dias juntos, no dia em que o Senhor atar a ferida do seu povo e curar o golpe de sua chaga" (Isaías, 30:36). Nostradamus, em outras palavras, assegura que a Lua aproximar-se-á da Terra, tornando-se 11 vezes maior do que o Sol. O evangelista Lucas clama: "E haverá sinais no Sol e na Lua e nas estrelas, e na Terra consternação das gentes, pela confusão em que as porá o bramido do mar e das ondas" (Lucas, 21:25).

É bem clara a enunciação de todos esses profetas, os

quais são unânimes em afirmar que a Lua se tornará maior e se aproximará da Terra, enquanto que a sua força há de provocar tremendas marés, com o bramido do mar e das ondas. O profeta Isaías também se refere ao fenômeno das inundações e das prováveis marés, quando enuncia: "E sobre todo monte alto e sobre todo outeiro elevado haverá arroios de água corrente no dia da mortandade de muitos, quando caírem as torres" (Isaías, 30:25). É óbvio que os arroios só poderão correr dos mais altos montes após estes terem sido alcançados e cobertos pelas águas, que dali escorrerão como procedendo de vertentes!

PERGUNTA: — Essa aproximação da Lua junto à Terra não fará os oceanos saltarem dos seus leitos e serem impelidos para os polos?

RAMATÍS: — Recordando o que já dissemos, isto é, que todo fenômeno exterior já se encontra disciplinado na esfera etereoastral de todo o sistema solar, só podemos dizer-vos que, se a Lua não se ajustar do modo como se profetizou, será então o astro intruso que fará os mares saltarem da Terra.

PERGUNTA: — E qual o processo através do qual a Lua ficará tão brilhante quanto o Sol, no dizer do profeta Isaías, ou 11 vezes maior do que já é, como diz Nostradamus?

RAMATÍS: — O acontecimento origina-se numa questão de planos em que se situou na vidência dos profetas. Isaías viu a Lua muito próxima da Terra, o que lhe ofuscou a visão psíquica num primeiro plano, e então a sua mente associou esse fulgor inesperado ao fulgor do Sol. Essa mesma visão, quando projetada mais tarde na mente de Nostradamus, na França, fê-lo tomar o campo radiativo e áurico da Lua, aumentado pelo abrasamento do astro intruso, como sendo o seu próprio volume rígido, que ele calculou ter um diâmetro 11 vezes a mais do normal. Na verdade, ele confundiu o campo de irradiação mais próximo de si com a configuração material do satélite da Terra.

O fenômeno se explica pela lei dos planos subsequentes, que observais nos trabalhos dos pintores ou em representações teatrais, quando certos objetos devem predominar em primeiro plano sobre os demais. A chama de uma vela diante da visão humana, consequentemente num primeiro plano, pode impressionar mais do que a luz de um farol brilhando ao longe em último plano, de fundo.

PERGUNTA: — Achamos prosaica essa providência sideral da verticalização do eixo da Terra, que nos deixa a ideia de um apressado conserto em nosso sistema solar.

RAMATÍS: — O que vos parece prosaísmo sideral é apenas um detalhe do cientificismo cósmico disciplinando os recursos necessários para a mais breve angelitude da vossa humanidade. A verticalização do eixo da Terra, em lugar de imprevisto conserto de ordem sideral, é extraordinária bênção que só os seus futuros habitantes poderão avaliar. Os orbes habitados verticalizados ou inclinados em seus eixos, ou variando subitamente em suas rotas, podeis considerá-los como embarcações planetárias transportando carga espiritual sob a disciplina da palmatória ou tão espiritualizada que já dispensa o corretivo compulsório.

De conformidade com a distância do seu núcleo solar, sua velocidade, rotação e inclinação, cada orbe sofre periódicas metamorfoses, que têm por objetivo oferecer condições tão melhores quanto seja também a modificação espiritual e o progresso de sua humanidade.

PERGUNTA: — Em vossas comunicações anteriores, tendes feito referência ao degelo que provocará nos polos a verticalização do eixo da Terra; entretanto, alguns cientistas afirmam que esse degelo, se se verificar, será um acontecimento de senso comum, consequente do excessivo acúmulo de gelo naquela região e provavelmente responsável por fatos idênticos, registrados em épocas pré-históricas, dos quais temos conhecimento através da lenda do dilúvio do tempo de Noé, narrada na Bíblia. Explicam assim esse fenômeno que, para se registrar, não está na dependência da ação de qualquer planeta que, para o conseguir, precise forçar a verticalização do eixo da Terra. Que nos dizeis a esse respeito?

RAMATÍS: — Eles se esquecem de que a simples comprovação desses degelos é suficiente para fazer ressaltar a sabedoria dos profetas, porquanto, mesmo sob esse aspecto, eles o previram corretamente para o tempo exato. Embora os sábios atuais procurem explicar cientificamente tais degelos e os considerem como um fato normal, é muito desairoso para a ciência oficial que homens incultos, místicos e sonhadores, dos templos bíblicos, já pudessem prever com tal antecipação a ocorrência desse fenômeno para a época exata de se registrarem. Acresce ainda que esses homens não só predisseram o acontecimento, com antecedência de mais de dois milênios, como ainda o fizeram desprovidos da preciosa instrumentação da vossa ciência atual! Embora fossem profetas e, por isso, tachados de visionários, superaram todas as conclusões oficiais da ciência acadêmica, porque esta só anunciou o fenômeno já ao limiar de sua eclosão. Os louros pertencem, portanto, aos profetas. Apesar da sua inegável capacidade e do imenso benefício já prestado à humanidade, a ciência está submetida, na sua ação no campo objetivo da pesquisa e da conclusão, só a leis conhecidas; no entanto, o profeta, que se lança fora do mundo de formas e penetra nos acontecimentos fora do tempo e do espaço, pode prevê-los com muita antecedência.

O vosso aparelhamento científico pode marcar com rigor — por exemplo — os epicentros dos terremotos nos locais mais distantes; no entanto, fracassará completamente se pretenderem fixá-los com uma semana de antecedência, quer quanto à área de sua futura eclosão, quer quanto à intensidade dos seus efeitos. Depois de conhecido o fenômeno da trajetória dos cometas e a ocorrência dos eclipses, os astrônomos podem compilar rigorosa tabela, que fixa a periodicidade dos mesmos acontecimentos no futuro, com a precisão admirável de segundos; no entanto, nenhum dos seus instrumentos poderá revelar a hora, semana, mês, ano ou século em que deverá nascer um novo cometa na visão astronômica comum! É mister, portanto, que se louve e se reconheça o trabalho desses profetas "anticientíficos" do passado que, em todas as raças e tempos, previram que a mais perigosa saturação de gelo nos polos e a possível verticalização da Terra — seja em virtude de escorregamento da carga refrigerada, seja devido ao aquecimento normal — dar-se-á exatamente no fim do vosso século! Que importa o mecanismo do fenômeno, se eles o previram com tanta exatidão? Seja o escorregamento do gelo, seja o planeta intruso ou seja o aquecimento anormal, o que importa para vós é que os profetas previram o acontecimento para este século e justamente em conexão com o período sibilino do "fim dos tempos". Divino "senso comum" o desses profetas que, destituídos de telescópios, réguas, transferidores, esquadros e tábuas de logaritmos, desconhecendo os princípios do gás eletrônico, a lei de Kepler ou de Newton, puderam ultrapassar o "senso científico" do homem atômico do século XX! A vossa ciência constata o fenômeno e o explica cientificamente; eles o anteciparam de dois milênios e o previram em sua forma e intensidade, inclusive quanto à época exata de sua eclosão!

PERGUNTA: — Mas é evidente que, sob essa teoria científica de deslocamento do gelo polar e a possibilidade de a Terra mudar por si os polos, a sua verticalização poderia prescindir da ajuda de um astro intruso. Não é assim?

RAMATÍS: — A finalidade principal desse planeta não é essa, mas a de higienizar a Terra e recolher os "esquerdistas". Entretanto, em virtude de sua passagem junto à Terra, as camadas refrigeradas, dos polos, terão de deslocar-se, tangidas pela ação interna dos primeiros impactos magnéticos do astro intruso. O fenômeno é exatamente inverso ao que a ciência pretende conhecer e julgar; ele opera primeiramente no mundo etereoastral e radiante da substância, para depois repercutir nas camadas físicas. Essa ação se processa antes na energia livre, para depois atingir a matéria, ou seja, a energia condensada.

PERGUNTA: — E qual seria um exemplo favorável ao nosso entendimento?

RAMATÍS: — A ciência médica utiliza-se do aparelhamento de eletroterapia ou radioterapia, para modificar as células e os tecidos orgânicos atrofiados ou dilacerados, mas primeiramente atua no campo imponderável ou magnético do ser humano, para depois o fenômeno se materializar no campo físico. Inúmeros hipnotizadores agem no campo magnético do "sujeito", no seu veículo etérico, e paralisam-lhe os músculos, obtendo a rigidez cadavérica. O faquir apressa o crescimento da semente de abóbora, fixando-lhe o olhar poderoso, como um "detonador" vital que, então, desperta o metabolismo astroetérico da semente e põe em movimento o seu mecanismo de assimilação das energias nutritivas do meio. Só depois que se faz a ação interna, ou etérica, ou, se quiserdes, a magnética, é que se torna visível a modificação no campo físico.

Vós observais o aquecimento do orbe e a movimentação natural do gelo polar, mas ignorais completamente qual seja o agente influenciador interno, que ainda se distancia muitíssimo da receptividade comum da instrumentação científica. O acontecimento é facilmente compreensível para os iniciados, mas ridículo, talvez, para o abalizado cientista profano, que descrê do viveiro de energias ocultas e dos fenômenos que se situam além do poder da ótica astronômica.

PERGUNTA: — Segundo tendes afirmado, a verticalização do eixo da Terra causará comoções que se refletirão também *nos oceanos, dando lugar à emersão de continentes desaparecidos. Pensamos que essas terras não poderão ser férteis, de vez que estarão saturadas de sal. Conforme afirmam os cientistas, muitos desertos atuais, como o Saara, devem a sua aridez e improdutividade ao fato de terem sido fundos de mar. Que nos podereis dizer a esse respeito?*

RAMATÍS: — Grandes extensões de terra, que justamente se apresentam mais férteis, nas costas da Europa, principalmente as pertencentes a Portugal e Itália, onde o vinhedo é vasto e pródigo, também foram fundos de mares e emergiram hipercloretadas, por ocasião da catástrofe da Atlântida.

Paradoxalmente ao que afirmais, os frutos nutritivos, seivosos e doces, como a laranja, o mamão, o abacate, e mesmo diversas espécies de legumes gigantes, ou a vegetação nutrida que serve para determinado tipo de pasta de celulose, nascem prodigamente nas margens litorâneas atuais, saturadas de cloreto de sódio! Poucos pântanos são tão férteis quanto os mangues, onde crescem os palmitais e que se infiltram floresta adentro, provindos diretamente das águas do mar. A aridez do deserto do Saara não provém do fato de ter sido ele fundo de mar, mas é consequente da erosão eólica, ou seja, o trabalho contínuo do vento erosivo sobre aquela região de seis milhões de quilômetros quadrados, que oferece excelente espaço livre para a atuação incondicional das forças destrutivas e corrosivas da Natureza. Devido à violenta corrosão eólica no Saara, surgiram os famosos "hamadás", ou sejam, planaltos perigosos e bastiões rochosos, ante a metralha de seixos e fragmentos de rochas que os ventos carrearam em suas asas, sobre o deserto.

A prova de que a esterilidade do Saara não é fruto de saturação de sal provindo do fundo do mar, é a região montanhosa chamada *Tibesti-Hoggari*, situada no centro do deserto e que, por ser protegida do vento furioso, está semeada de oásis de água límpida e fresca e fartamente cultivada à sombra de verdes palmeiras! Por que motivo o sal deixou de atuar nesse poético recanto que, paradoxalmente, é mais fértil que muitas terras livres de cloreto de sódio?

PERGUNTA: — Embora concordemos com tais considerações, discordamos, no entanto, de que o sal possa cooperar para que o solo se torne nutrido e seivoso, e que essa cooperação venha a registrar-se nos terrenos da Atlântida, quando ela surgir novamente.

RAMATÍS: — A Atlântida, quando surgir, contará com locais nutridos e seivosos, que estão submersos e que se situam exatamente sob o mar de sargaços, a começar ao sul das ilhas Bermudas e se estendendo para leste, na figura de imensos lagos flutuantes. Ali há um gigantesco atravancamento de tudo que vem do litoral, desde galhos, troncos, restos de embarcações destruídas desde tempos imemoriais, inclusive as matérias orgânicas, cadáveres de peixes e animais marinhos, formando tudo um assombroso reservatório de matérias em decomposição. A região está sendo nutrida de vitalidade, que se acentua de século para século, pela vertência das raízes das algas do gênero *sargassum bacciferum* e *stenophyllum*, cujo iodo dominante se alia a outros produtos químicos de natureza marítima, formando os iodetos no mar e apressando o metabolismo da decomposição orgânica. Os extensos vales futuros são atualmente gigantescas conchas submarinas, como vastos reservatórios de seiva fertilizante. Afora esse mar de sargaços, o oceano está repleto de moluscos, animais e, principalmente, de algas que absorvem e armazenam considerável quantidade de substâncias que, depois, se depositam no solo submarino. As correntes fluviais, por sua vez, arrastam incalculável quantidade de minerais proporcionados pela erosão do solo. As algas conhecidas como *laminaria flexicanlis* podem render quase um grama de iodo em cada quilo; as algas verdes armazenam com eficiência o amoníaco, enquanto outras chegam a conservar o ouro; os corais dos mares tropicais estão impregnados de prata e boa quantidade de chumbo; as ostras contêm rubídio, e os moluscos, como o *trépang* dos mares da China, o vanádio. É óbvio que outros tipos de animais marinhos se apresentam impregnados de arsênico, fósforo, flúor, magnésio, césio, bário, estrôncio, ferro, cobre, assim como outros fabricam as suas próprias substâncias; neste caso destacamos o *doliurn gales*, que produz vitríolo, e o polvo com o seu conteúdo tóxico de defesa.

PERGUNTA: — Já que afirmastes certa vez que as modificações da morada afetam o morador, devemos crer, porventura, que a simples verticalização do eixo da Terra também há de verticalizar a humanidade em espírito? Isso não contradiz a tradição de que a maturidade espiritual se faz pelo caminho interior, independentemente do cenário exterior? Espíritos como Paulo de Tarso, Francisco de Assis ou Buda não sobreviveram ao próprio meio, sem necessidade de se mudar o ambiente?

RAMATÍS: — Ao afirmarmos que as modificações da morada afetam o morador, não dissemos que o modificam. Uma coisa é afetar e outra coisa modificar. O verbo "afetar" vestiu-nos a ideia de "influir", de "atingir", e cremos que ainda não teve mudada a sua definição nos vossos dicionários. É mister compreenderdes que empregamos esforços heroicos para nos situarmos ideograficamente no vosso acanhado vocabulário humano, ao relatar eventos tão remotos. Se procurardes atribuir novos sentidos às palavras e vos apegardes tão objetivamente à sua morfologia, aumentareis naturalmente as dificuldades para compreenderdes as nossas comunicações.

É claro que o gorila não se espiritualiza no palácio luxuoso, nem o sacerdote se transforma em celerado ao pregar nos presídios; mas é claro, também, que, enquanto o morcego se sente venturoso nos casarões escuros e malcheirosos, o beija-flor é mais feliz quando esvoaça sobre as flores dos jardins. Mas, ao mesmo tempo que o jardim formoso, banhado pela luz do dia, pode afetar o morcego e deixá-lo aflito à procura do seu ambiente sombrio, o casarão escuro e malcheiroso causa angústia ao beija-flor e o torna encorujado, provando que, realmente, a morada afeta o morador.

A verticalização da Terra influirá nos seus moradores, porque há de proporcionar-lhes um ambiente mais sedativo, na forma de agradável cooperação para uma vida mais venturosa e menos contemplativa. O atual cenário terrestre exige de vós a solução de múltiplos problemas, que são obstáculos mas não ensejos evolutivos, embora despertem a dinâmica da alma ainda embrutecida. Reconhecemos que Francisco de Assis viveu entre monturos e foi santo, enquanto Messalina, insensível e escravizada às paixões degradantes, realizava as suas bacanais nos mais sublimes recantos da natureza! Há espíritos eleitos que só cantam a poesia dos pássaros e a beleza das florestas, mas há também inúmeros outros que, na forma de caçadores impiedosos, trucidam as avezitas policrômicas sob a ação dos canos fumegantes das armas de caça. Há jardineiros que se amarguram quando emurchece a rosa atraente, e há homens que matam o seu companheiro num jardim florido ou escolhem para os ataques fratricidas o início do florir da primavera! Enquanto muitas academias diplomam às vezes salteadores disfarçados sob o fraque e cartola, alguns mestres-escolas, humildes e pobres, presenteiam o mundo com excelsos filósofos e iluminados cientistas!

O cidadão do vosso século, malgrado a considerável bagagem intelectual e científica do ambiente civilizado, não passa comumente de um selvagem de cara rapada, sugando a fumaça de folhas de fumo desfiadas e intoxicando o organismo com nicotina; impiedoso para consigo mesmo, despeja goela abaixo goles e goles de líquidos corrosivos ou tortura-se barbaramente nas apostas desportivas ou nos jogos alucinantes! Atravessa a vida física como um doido, numa incontrolada ansiedade pelos prazeres daninhos e conquista de independência econômica, terminando crucificado sob as enfermidades produzidas pelos vícios, imprudências e o cortejo de mazelas psíquicas e morais, que cultua incessantemente. Enquanto enxerga "civilidade" no pergaminho acadêmico, esticado em luxuosa moldura, e "aristocracia" no charuto caríssimo — através do qual Freud descobriria no homem de hoje a sublimação do velho pajé mascador de folhas de mato — o homem da Terra ri e se afasta, exatamente, dos valores reais da vida superior do espírito. Considera-se o glorioso cidadão do século XX e queda-se, entusiasmado, ante o poder assombroso da ciência humana, que acredita poder causar perturbações planetárias e dificultar a obra harmoniosa do Pai com o mau uso da força nuclear! No entanto, quantas vezes esse gigante terrícola tomba, fulminado, sobre o cheque que assina! Aqui, sob um ríctus nervoso, cai apopléctico, empoeirando o casaco de veludo custoso; ali, após fartar-se em ruidoso banquete, "falece" de indigestão, sob as vistas do sacerdote chamado às pressas!

É inegável que o ambiente pior ou melhor é sempre um ensejo oportuno para que se revele a índole psicológica e espiritual do homem, mas a verticalização do espírito há de ser conseguida essencialmente sob a influência magnética do sublime Evangelho do Cristo, e não através da verticalização da Terra ou da melhoria do ambiente físico. Entretanto — como a cada um será dado conforme as suas obras — embora o indivíduo não se modifique completamente sob a ação do ambiente exterior, é indiscutível a influência que sobre ele exerce o meio em que vive, criando-lhe certos estados íntimos à parte.

Ante essa relação entre o indivíduo e o seu exterior, não seria lógico que Nero ou Calígula — dois malfeitores — merecessem o mesmo clima esposado por Jesus. Do mesmo modo, não se justificaria a moradia de Francisco de Assis nos charcos dos mundos primitivos. É possível que Nero e Calígula não se transformem instantaneamente sob o céu do Cristo, assim como o abismo pantanoso e mefítico não perverteria Francisco de Assis; no entanto, ambos seriam afetados pelo meio; no primeiro caso, seria um favorecimento e, no segundo caso, uma situação nauseante e ofensiva à psicologia delicada do espírito santificado!

15. As explosões atômicas e os efeitos cármicos

PERGUNTA: — Que poderíeis nos dizer sobre os efeitos que possam resultar para a humanidade terrena, das explosões atômicas?

RAMATÍS: — Assim que os Técnicos Siderais fizerem funcionar os "refratores" etéricos do mundo invisível sobre a crosta do vosso orbe, a energia que já está se corrompendo nas suas imediações astrais, obedecendo ao fenômeno do "choque de retorno", incrustar-se-á nos agentes que a puseram em liberdade e nos que contribuíram, quer mental, quer fisicamente, para a sua eclosão.

A explosão atômica é portadora de poderosa energia que está sendo utilizada para fins controvertidos; por isso, conforme a intensidade da ação provocada, dar-se-á a reação em sentido contrário. Sábios, militares, políticos, confeccionadores, pesquisadores subvertidos, jornalistas que alimentam pela imprensa a ideia destrutiva atômica, defensores, e outros comprometidos mental e moralmente nas explosões atômicas, absorverão a carga deletéria na conformidade de sua atuação, mesmo que tenha sido de ordem psíquica.

Sob o mecanismo cármico futuro, que calculamos num mínimo de 6.000 até 30.000 anos de purgação, esses infelizes terrícolas estarão funcionando como "canais" vivos, em cada reencarnação, para drenar o solo das toxinas e do deletério efeito do mau uso da energia nuclear.

O corpo chagado, no porvir, sob a cruciante vertência do veneno letal, representará o "fio terra" no sacrifício carnal de conduzir para o seio da natureza a energia que lhe foi violentada e aproveitada para fim ignóbil, qual seja o de romper os tecidos orgânicos das almas em aprendizado espiritual no vosso mundo.

PERGUNTA: — *Poderíamos saber se as atuais explosões da bomba atômica já estão produzindo enfermidades estranhas? Alguns dos nossos sábios dizem que não.*

RAMATÍS: — É lamentável a ignorância do sábio terrícola com relação à verdadeira natureza do homem, visto que se situa exclusivamente no campo das energias orgânicas visíveis e ignora que o poderio, a origem da forma e a sua ação no mundo exterior estão ligados ao delicadíssimo plano "astroetérico" que circunda e interpenetra o vosso orbe. Todas as reações que violentam o campo exterior da natureza terráquea concomitantemente perturbam as agregações harmônicas das energias astrais e etéricas que fundamentam a intimidade das configurações físicas. Sabem os espíritas que a ingestão de formicida, por um tresloucado, não só lhe destrói os tecidos orgânicos da laringe, esôfago e estômago, como faz também com que o formicida "etérico-astral" — que é o duplo perfeito do corrosivo material — termine lesando o principal centro de forças dessas zonas do corpo etérico que, nesse caso, é o "chacra laríngeo" — o centro da palavra. Quando, no futuro, o suicida se reencarnar, a profunda lesão situada na laringe do perispírito dificultará a aglutinação das moléculas físicas, naquela região etérica ofendida, culminando por formar no corpo de carne uma laringe deformada, fendida ou com profunda chaga, como fruto da violência praticada anteriormente.

É preciso não esquecer que o perispírito preexiste, e também sobrevive à dissolução da matéria, assemelhando-se a um negativo fotográfico que revela todos os detalhes em cada nova encarnação do corpo físico. Em consequência, um acontecimento que ofenda voluntariamente o corpo etérico do ser humano produzirá sempre os seus efeitos terríveis, embora o espírito demore mil anos para se reencarnar!

A estultícia mental do cientista terrícola o faz ignorar que, ao violentar o campo físico do seu orbe, está produzindo lesões em certas zonas originárias, no plano étereoastral, e ofendendo os moldes etéricos dos reinos vegetal, mineral e animal! Assim como a bomba atômica, ao estourar no vosso mundo exterior, produz consequências, que podeis avaliar pelos sentidos humanos e pelos estragos materiais, também no lado de cá — na substância original etéreoastral, no seu molde ou no duplo-etérico original — fica perturbada a delicadeza da aglutinação radiante, que é a fonte das energias responsáveis por uma vida regular na crosta do planeta que habitais. Lesardes, portanto, os reinos da Natureza e os seus moldes etéricos no Invisível, é como se estragásseis a emulsão do negativo da chapa fotográfica, do que resultaria saírem deformadas as cópias a serem tiradas futuramente!

Como decorrência dessa imprudência insana, certos tipos de hortaliças, legumes e frutas tornar-se-ão, em breve, corrosivas para a delicadeza do sistema endócrino, e capazes de alterar o quimismo dos hormônios, favorecendo inesperados gigantismos e hipertrofias clamorosas! As alterações da cromatina seminal e a impossibilidade de os genes seguirem corretamente as linhas do biologismo humano, produzirão criaturas anômalas, sob um duplo-etérico deformado!

PERGUNTA: — Como poderíamos entender melhor que uma explosão atômica, no físico, repercute no plano astro-etérico?

RAMATÍS: — O átomo infinitesimal é composto de centros imponderáveis de atrações, como os íons e elétrons; no entanto, esses corpúsculos, que ainda são um "quantum" de matéria, possuem duplo-etéricos semelhantes à sua configuração material e ainda impregnados da energia astral. Cada elétron físico possui, portanto, a perfeita contraparte etéreo astral e que vem a ser um outro elétron num subplano eletrônico. Uma vez que o átomo material é formado pela soma de elétrons e do núcleo que, por sua vez, também possuem os seus duplo-elétricos, é óbvio que há, no átomo físico, um outro átomo etérico. As moléculas físicas, como soma dos átomos etéreo-físicos, também se apresentam revestidas dos seus duplo-etéricos, e as células que se formam da composição das moléculas seguem a mesma disposição fundamental, com as suas contrapartes etéreo-físicas.

Em consequência do que acima expomos, o homem físico é uma cópia, uma reprodução ou a "revelação" exata, no mundo exterior, de um outro homem etéreoastral, invisível, que compreende a soma de células, moléculas, átomos e elétrons físio-etéricos. É por isso que ocorre o fenômeno que já conheceis, de muitos pacientes continuarem a sentir dores em uma perna já amputada, pois o cirurgião que amputou a parte material não pôde nem poderia amputar a perna etérica. Noutros casos, após a amputação da mão atacada pelo câncer, a energia cancerígena caminha pelo "molde etérico" do enfermo e, embora se façam novas e sucessivas intervenções, materializa-se novamente na sequência do braço e vai dali para diante. A bala escaldante, que penetra o cérebro ou o coração do suicida, estraçalha na mesma zona a tessitura etérica, pois que a bala material é um corpo revestido também do duplo-etérico, que é a figura exata de outra bala, que prejudica o seu plano correspondente.

Os reinos animal, vegetal e mineral são configurações visíveis dos mesmos reinos etéreoastrais e que sobrevivem mesmo após a dissolução da forma material, assim como sobreexiste a perna etérica do paciente que sofreu amputação da contra-parte física da mesma.

Daí a razão por que a bomba atômica desata uma ação em cadeia, no plano físico e, também, uma outra que é sua perfeita reprodução, no mundo astral, pois há outra bomba etérica explodindo no mesmo tempo em outros reinos etéricos que são, por sua vez, cópias do mundo físico.

Aliás, muitos anos antes de Jesus, o profeta Isaías já previa o presente momento de alucinação e estupidez humana, com o mau uso das energias que foram corporificadas para o Bem, quando predisse: "E ficou a terra infeccionada pelos seus habitadores, porque transgrediram as leis e mudaram o direito, rompendo a aliança sempiterna" (Isaías, 24:5,6). Está clara a previsão do que vem acontecendo, quando o profeta se refere ao rompimento da aliança do homem para com o Criador, pretendendo, com as explosões da bomba atômica, violentar a matriz etérica da Terra para destruir a Criação!

Adiante, Isaías denuncia as consequências terríveis e as

expiações cármicas que resultarão dessa ignomínia dos homens, quando profetiza: "Por esta coisa, a maldição devorará a terra, e pecarão os habitantes dela; e por isso enfatuar-se--ão os seus cultores, e serão deixados poucos homens". No seu dizer, os sábios enfatuar-se-ão, envaidecidos com os seus poderes atômicos, em consequência dos quais serão "deixados poucos homens na Terra"; na realidade, apenas um terço da humanidade!...

PERGUNTA: — E, por causa de um grupo de cientistas ou de políticos imprudentes, toda a humanidade deverá sofrer as consequências cármicas da bomba atômica? Cremos que à maioria da humanidade repugna essa loucura dos seus dirigentes!

RAMATÍS: — A bomba atômica é apenas um produto do espírito de guerra permanente, que existe entre os homens; é um efeito e não uma causa. Esse espírito belicoso não se revela apenas no sábio, no militar ou no político desavisado, pois estes, muitas vezes, estão dominados pelo férreo dever de "salvar a sua pátria". É o conjunto humano do vosso orbe que contribui para manter latente a vida dessas energias mortíferas, criando-as como uma necessidade, devido à insegurança interior de cada país. Não importa que seja agora a bomba atômica a causar destruições, quando já o foram a dinamite, o canhão, o barco, o avião fratricida e será futuramente outra qualquer energia perigosa; o que importa, sim, é extinguir a dose de vitalidade com que cada um alimenta esse "duende" tenebroso, que é o espírito latente de guerra. Há tanto ódio entre os países, raças, povos, religiões, políticos, correligionários, profissões e classes, como entre vizinhos, esposos, filhos, pais e indivíduos isolados! A guerra está no próprio homem, pois aquele que não sabe o que quer não pode estar em paz nem consigo mesmo; é um guerreiro em potencial!

Se a natureza divina, superior e angélica, do homem, ainda não venceu a demoníaca, inferior e animalizada, como existir no mundo a paz que ainda não existe no indivíduo? Não havendo paz nem mesmo às vossas mesas de refeições e entre a própria família, como quereis vos considerar distantes das responsabilidades pela bomba atômica? Se pudéssemos roubar-vos a bomba atômica, vós a substituiríeis por outra arma, talvez ainda mais tenebrosa!...

Quereis a Paz? Não a conseguireis com palavrório nem com brados estentóricos, nem tampouco por conclamações à hora certa! Segui o Cristo; ele é que vos dará a verdadeira Paz, quando aceitardes o seu reino interior, onde os "tesouros não são roídos pelas traças nem corroídos pela ferrugem", e onde o homem "se salva perdendo a vida"!

PERGUNTA: — Dissestes, há pouco, que a energia cancerígena caminha pelo molde etérico do enfermo, materializando--se em outros membros. Como se trata de um assunto palpitante para a época que atravessamos, podeis nos dizer também alguma coisa sobre o carma do câncer?

RAMATÍS: — O assunto foge demasiadamente ao conteúdo do que foi previsto para esta obra, que pretendemos situar apenas nas fronteiras do tema "O fim dos tempos". Em seguida ao término destas comunicações, iniciaremos, pelo mesmo sensitivo, uma exposição sobre a existência do câncer, com detalhes do seu engendramento cármico, mostrando os resultados benéficos que advêm para aqueles que o sofrem, relacionados com a sua libertação etereoastral desejada há tantos milênios.

16. A higienização da Terra, suas futuras riquezas e suas novas condições de vida

PERGUNTA: — Como será a vida na Terra, depois de higienizada?

RAMATÍS: — A humanidade terrena do terceiro milênio deverá ser constituída dos espíritos que forem selecionados no "Juízo Final" até o fim deste século, compreendendo as criaturas fraternas, honestas, avessas à guerra, à crueldade, à maldade, sumamente devotadas às coisas espirituais, cujo "carma" se apresente de modo mais favorável a permitir a vida em um mundo melhor.

Em face de a Terra verticalizar-se, na próxima elevação do seu eixo dar-se-á melhor ajuste entre as suas estações, resultando disso estabilidade do clima, predominando as fases da primavera e do outono. Isso favorecerá a eliminação de resfriados, gripes, bronquites, pneumonias e todas as moléstias peculiares ao sistema respiratório, consequentes de oscilações violentas da atmosfera.

Embora ainda devam manifestar-se na Terra outros tipos de enfermidades comuns ao homem, estas serão provenientes do sistema nervoso em particular, podendo ser curadas com êxito pelos processos da psicoterapia e cromoterapêutica. A humanidade do terceiro milênio, não obstante ser ainda necessitada do trabalho árduo e contínuo, poderá dedicar maior soma de tempo à Arte, à Ciência, à Filosofia e, principalmente, ao estudo disciplinado dos ensinamentos da Alta Espiritualidade. Poderá controlar perfeitamente os efeitos do clima e pôr em prática extraordinários sistemas de domínio das forças da natureza. Majestosas civilizações desenvolver-se-ão nos atuais polos, gozando a plenitude de um ambiente estável e acolhedor, livre das comoções geológicas extremistas e das intempéries que surpreendem a lavoura e abatem o ânimo do trabalhador. Muitos sonhos e ideais elevados já serão possíveis de concretizar-se nesse breve porvir do vosso globo, pois, embora seja ainda um mundo imperfeito, deverá gozar das credenciais de uma esfera em vias de se tornar morada superior!

PERGUNTA: — Falastes em civilização nos polos?
RAMATÍS: — Sim. Com a elevação gradativa do eixo terráqueo, os atuais polos deverão ficar completamente libertos dos gelos e, até o ano 2000, aquelas regiões estarão recebendo satisfatoriamente o calor solar. O degelo já principiou; vós é que não o tendes notado. Se prestardes atenção a certos acontecimentos comprovados pela vossa ciência, vereis que ela já assinala o fato de os polos se estarem degelando. Em breve, os colossais "icebergs" serão encontrados cada vez mais distantes de suas zonas limítrofes, os animais das regiões polares, pressentindo o aquecimento, procurarão zonas mais afins aos seus tipos polares, enquanto peixes, crustáceos, aves e outros animais acostumados aos ambientes tropicais farão o seu deslocamento em direção aos atuais polos, guiados pelo "faro" oculto de que eles serão futuras zonas temperadas.

O degelo descobrirá à luz do dia as vastas regiões que se encontram refrigeradas e que conservam em seu seio vegetação luxuriante e minerais preciosos, que servirão ao homem do terceiro milênio. Grandes reservas nutritivas, de muito antes da catástrofe da Atlântida, resguardam-se debaixo do gelo, desde quando os polos não eram ainda gelados e que a Terra se situava noutras condições em relação ao seu eixo imaginário.

PERGUNTA: — Como é que após o degelo poderá surgir uma vegetação luxuriante nos polos?
RAMATÍS: — A terra que se encontra debaixo das gigantescas camadas de gelo, dos polos, cessou de produzir logo que a Terra sofreu inversão do seu eixo, quando da submersão da "grande Atlântida", há mais ou menos 27.000 anos. Mas trata-se

de terra nutrida, que pôde conservar o seu húmus e vitalidade em estado latente. Quando os raios solares começarem a despertar toda a energia adormecida nessa região, que é poderoso cadinho de forças telúricas, a própria erva de qualidade rasteira poderá atingir até um palmo de altura, e qualquer vegetal se transformará em espécie gigantesca e de contextura carnuda. O carvalho, o álamo, os cedros, pinheiros, árvores frutíferas como as nogueiras, amendoeiras, as majestosas perobeiras e figueiras bravas para o lenho e para a cobertura encontrarão a magnificência de um solo ubérrimo, capaz de enfeitar a superfície dos polos qual frondosa cabeleira de vegetação gigantesca.

PERGUNTA: — *Fizestes referência a minerais preciosos, nos polos; porventura serão diferentes de outros que existem no restante da Terra?*

RAMATÍS: — As reservas de minerais que ainda existem para uso da humanidade terão que ser mais valiosas do que as que se encontram em minas já perfuradas e que estão sendo exauridas há tantos séculos. Como tudo isso faz parte de um plano inteligente, destinado a fornecer recursos para a educação humana, os prepostos de Deus reservaram aos direitistas do Cristo os elementos precisos para cumprirem os seus objetivos elevados e edificarem novo mundo sobre as sólidas bases do Evangelho. Se os homens do vosso século soubessem das reservas soterradas nas regiões polares, há muito que estariam operando naquelas zonas e exaurindo-as de todo o seu precioso conteúdo; provavelmente, inúmeros conflitos e dissídios sangrentos ter-se-iam registrado por causa disso, entre os povos ambiciosos, como é peculiar à vossa humanidade. Mas a distribuição demográfica, sobre a Terra, embora vos pareça uma consequência natural de os povos buscarem a sua sobrevivência, obedece sempre às diretrizes fixadas pelos sábios Etnólogos Siderais, que agrupam as raças em absoluta correspondência às suas idiossincrasias e deveres cármicos do futuro. Se assim não fosse, a humanidade do terceiro milênio encontraria na Terra apenas um solo árido e perturbado pela saturação radioativa, decorrente das energias atômicas a serem empregadas no conflito bélico do último terço do século entre os dois continentes mais poderosos. A Justiça Sideral, que concede a colheita conforme a semeadura, reservou os polos, com sua nutrição e fertilidade, para ser a "esposa ataviada" dos colocados à direita do Cristo.

PERGUNTA: — *Uma vez que a humanidade do terceiro milênio será constituída de espíritos evangelizados, não seria natural que estes se despreocupassem das riquezas do mundo físico, tornando-se ilógico, portanto, o fato de a Justiça Sideral se preocupar com essa reserva de minerais preciosos nos polos?*

RAMATÍS: — Referimo-nos ao valor intrínseco desses minerais e não à sua feição ilusória, que dá motivo à cobiça e à insânia humana. O homem atual sente-se eufórico na ingênua competição com o velho pajé, quando ostenta as fulgentes pedras preciosas nos anelões vistosos ou o rubi caríssimo no enfeite da gravata. Ele revive assim os velhos tempos dos silvícolas, quando andava coberto de penduricalhos de ossos e das mandíbulas do guerreiro valente, devorado na festa ruidosa. Entretanto, as reservas de minerais preciosos, existentes nos polos, irão ter às mãos de criaturas de caráter muito além da média comum do vosso século; serão os alunos selecionados na escola evangélica, isto é, os simples, os pacíficos, os justos, os bons, os sinceros e os humildes, que administrarão aquelas riquezas para o bem da humanidade e não para se locupletarem com elas. Interessar-lhes-á profundamente o minério precioso como elemento de reconstrutividade industrial e aperfeiçoamento da instrumentação de precisão, assim como utilizais o diamante, a platina, a prata ou o ouro na ciência e na técnica odontológica ou cirúrgica.

Os "direitistas" futuros já sabem, atualmente, que os enfeites dourados não concedem as dádivas da paz e da alegria, e que não há júbilo no homem sobrecarregado de joias, mas dolorosamente deformado; sabem também que o colar de pérolas não alivia a dor da mãezinha aflita diante do cadáver do filhinho adorado! O leito de ouro ou o medicamento dado a beber em cálice de prata, cravejado de diamantes, não alivia o corpo massacrado nem apaga o sofrimento do câncer no estômago. Nenhum brilhante refulgente evita a deterioração da carne do leproso, assim como a vivenda recamada de mármore caríssimo, ou atapetada de veludo luxuoso, não consegue abrandar o ódio entre os esposos adversos ou diminuir o sofrimento moral causado pelos filhos delinquentes.

As reservas de materiais preciosos para os futuros habitantes da Terra, no terceiro milênio, significam recursos destinados ao labor útil e ao progresso da escola terráquea, que será agraciada com a promoção para um curso de Mentalismo, na matéria. A riqueza baseada no preciosidade do reino mineral é uma convenção temporária, pois se a crosta do vosso mundo fosse toda formada de ouro e prata, continuaríeis a vos matar em guerras fratricidas se em alguns pontos do globo surgissem pequenos poços de lama que vos produzissem alfaces ou cenouras! É provável mesmo que recolhêsseis a lama em ânforas douradas ou em formosos escrínios refulgentes, porque o lodo seria então o padrão financeiro do vosso mundo, que ostentaríeis nos dedos ou nos pulsos!

PERGUNTA: — A higienização da Terra e a deliberação do Alto no sentido de melhorar o seu clima, para redução das enfermidades, deixa-nos a ideia de que a felicidade vai ser qualidade intrínseca do mundo físico. Não será assim? A nossa principal tendência espiritual não deveria ser no sentido de nos libertarmos da matéria, em lugar de pensar em felicidade neste mundo?

RAMATÍS: — A criança não deve abandonar o curso primário, antes que tenha aprendido as primeiras letras; o estudante criterioso não deixa o seu ginásio, nem o acadêmico a sua faculdade, antes de conhecer perfeitamente as matérias que lhe servirão de base para o exercício da futura profissão na sociedade. E esse aprendizado se faz por escalas, cada vez mais estéticas e progressistas; há profunda diferença entre o ambiente do curso primário, da palmatória, e o da academia, onde os jovens alunos trocam ideias com os seus professores. É óbvio que a cartilha do mestre-escola não serve para explicar a fisiologia do corpo ou a origem do direito humano. O padrão pedagógico e a estatura orientadora do catedrático modificam-se em conformidade com o ambiente e o alcance intelectual dos alunos. Mas, embora os discípulos tenham por exclusivo objetivo libertar-se da escola e expandir a sua capacidade no meio profano, não pensam em fugir dela, mas sim na compreensão exata das lições que lhes são ministradas sob graduação cada vez mais alta.

A Terra, portanto, significa o curso primário que até o momento vos tem servido para o aprendizado do alfabeto celestial; no entanto, ao ser promovida para função superior, exige novo programa didático mais harmonioso e artístico, para atender aos discípulos aprovados no exame do "Juízo Final" e que, após o diploma de bondade e amor, buscam aperfeiçoar-se no curso do desenvolvimento da vontade para as tarefas criadoras do porvir!

PERGUNTA: — Estranhamos, no entanto, que para esses

escolhidos, que obtêm uma nota evangélica razoável, seja designado um mundo em ruínas, como será a Terra, onde deverão recomeçar todas as lições já aprendidas. Se os esquerdistas irão para um orbe primitivo, não deveriam os direitistas ir para um orbe adiantado, como prêmio ao seu adiantamento?

RAMATÍS: — Repetimos-vos: — A libertação do estudante não consiste na fuga deliberada, mas no bom aprendizado da lição bem-estudada. O planeta primitivo significa um mundo retificador para os exilados, visto que deverão despertar as suas consciências da hipnose inferior; a Terra será um cenário abalado e desconfortante, porém capaz de ser rapidamente reconstruído em melhores condições, porque os seus habitantes estarão "despertos" e na plenitude de suas faculdades para agirem sob o critério elevado dos seus objetivos. Na qualidade de direitistas e sob a inspiração direta dos planos espirituais, hão de modelar o ambiente terráqueo ao seu gosto e a seu modo, dando desenvolvimento e aplicação às lições teóricas do aprendizado primário. A reconstrução do cenário terrícola ser-lhes-á de extraordinária oportunidade para a exteriorização de suas próprias edificações interiores, pois haverá desde o chão para lavrar, o santuário para erguer ou as longas vias para remodelar. A reconstrução da Terra não consistirá apenas na varredura dos detritos deixados pelo vandalismo dos esquerdistas, no furor dos conflitos belicosos, mas, principalmente, em plasmar na forma do mundo material aquilo que lhes vivia anteriormente na alma, mas que a confusão humana não os deixava realizar.

Os novos habitantes da Terra hão de aplicar o conhecimento anterior na edificação da nova escola, sem abandoná-la antes do entendimento completo. Tereis que conhecer profundamente os mínimos detalhes do mundo das formas: ele não foi constituído para que o curseis apressadamente, olvidando a profundidade criativa dos reinos da Natureza, que são viveiros assombrosos de energia e de vida! É preciso não esquecerdes de que Jesus, antes de receber o galardão de Entidade Governadora no Cosmo, aprendeu rigorosamente a sua lição sideral no mundo, quando de suas anteriores romagens planetárias, procedendo como o aluno criterioso, que só abandona a escola depois que incorpora com exatidão todo o conteúdo do aprendizado! O espírito deve desenvolver a sua capacidade de criar, para poder cumprir as diretrizes do Alto; que poderá ele edificar se se manter febrilmente na ansiedade de libertar-se, antes de saber?

PERGUNTA: — *Por que motivo se faz necessária tamanha revolução na Terra?*

RAMATÍS: — O acúmulo de resíduos e da substância mental deprimente, originado do desequilíbrio das paixões humanas ou da inversão dos valores espirituais, afeta a aura astroetérica do orbe e chega a produzir modificações perigosas à sanidade corporal, ao reino vegetal e mesmo aos alimentos e líquidos, ocasionando enfermidades estranhas e envenenando, pouco a pouco, a vida no mundo. E a Terra já principia a exalar magnetismo deteriorado; é preciso, portanto, que se processe a necessária limpeza tantas vezes processada em outros planetas que se encontravam nas atuais condições terráqueas. Essa aura magnética corrompida já se estende além dos limites da precisa segurança etérica, e transmite influências perniciosas aos mundos adjacentes, que as registram na forma de "malignidade astrológica". Daí a necessidade da limpeza da Terra pela Técnica Sideral, que providencia então a absorção dos fluidos opressores por outro orbe mais primitivo.

PERGUNTA: — *De que modo se acumulam na Terra essas substâncias deletérias?*

RAMATÍS: — Esse acúmulo nocivo é produzido pelo desregramento mental das criaturas, cada vez mais insaciáveis nas suas paixões e na realização de objetivos daninhos à harmonia da vida e à educação do sentimento. O homem desenvolveu demasiadamente o intelecto, descuidando-se de purificar o seu sentimento; tornou-se um sábio perigoso, antes de se transformar num homem bom! Abandonando o raciocínio equilibrado, sereno e construtivo, tornou-se um instrumento vivo de guerra, a produzir verdadeiros bombardeios mentais, na forma de cólera, irritação, crueldades, violências, ciúme, orgulho, perfídia e perversão moral! Devido a esse modo brutal de pensar e agir, a atmosfera da Terra está invadida por verdadeiras armas psíquicas, que detonam explosivos mentais e perturbam o eterismo que envolve a consciência etereoastral do orbe; é um contínuo metralhar pernicioso, um dardejar de raios fulminantes e nocivos, criando inextricável floresta de sargaços viscosos, formada pelos detritos produzidos pelos pensamentos impuros!

PERGUNTA: — *A limpeza ou higienização da Terra deve ser processada implacavelmente por um outro astro? Não poderia ser efetuada sem necessidade de tal acontecimento?*

RAMATÍS: — Sob os nossos conhecimentos espirituais adquiridos na tradição de milênios, só encontramos dois aspectos para neles situar o fenômeno: toda ação anticrística produz emanações deletérias no homem e no seu orbe; toda ação crística produz fluidos sedativos, benéficos e saudáveis. Eis o dilema: ser crístico ou anticrístico.

A carga deletéria que interpenetra o vosso globo, na forma de emanação mental destrutiva, viscosa e asfixiante, como produto de uma atitude anticrística durante muitos milênios, sendo energia de baixa voltagem mental, gerada pelos "transformadores" humanos, ficaria permanentemente ativa e aprisionada entre as fronteiras da aura terráquea e não poderia ser reabsorvida pelo globo físico, assim como o pântano não reabsorve as suas emanações e a flor não reintegra o seu perfume; não há possibilidade de dissolvê-la no espaço ou mesmo no sistema solar, ante a implacabilidade da Lei de que "a semeadura é livre, mas a colheita é obrigatória".

O recurso indicado, portanto, pela Técnica Sideral, é o mesmo que já foi previsto no projeto do atual "Grande Plano" em consecução, qual seja o da passagem de um astro absorvente, espécie de "aspirador" magnético-planetário que, a exemplo de uma esponja higienizadora, sugará certa porcentagem de substância deletéria existente sobre a Terra.

PERGUNTA: — Desde que esse astro intruso não limpa completamente a aura da Terra, como já nos informastes, pois que a limpeza total só se concluirá no século XXV, desejaríamos saber se não haverá outro orbe, nas mesmas condições do planeta intruso, para efetuar o resto da limpeza.

RAMATÍS: — Não vos esqueçais da classificação que vos demos de "transformadores humanos". Aqueles que transformaram as energias naturais e a substância mental virgem da Terra em magnetismo viscoso e deletério, exigindo essa limpeza tão exótica por parte do astro intruso, também poderão transformá-las em fluido asseado e benéfico, se se transformarem em criaturas cristificadas. Desde que os pensamentos desregrados produzem efeitos deletérios, é óbvio que os bons pensamentos hão de purificar o ambiente com fluidos benéficos.

Os habitantes do terceiro milênio, como pacíficos, mansos de coração e adeptos exclusivos do Bem, com pensamentos e sentimentos superiores aos da maioria atual da vossa humanidade, devido ao seu conteúdo mental evangelizado, hão de remover gradativamente o resto do magnetismo deletério do vosso mundo, que deverá estar mais aliviado em sua carga, pela atração do astro intruso. Em lugar de transformarem substâncias mentais de alta para baixa voltagem psíquica, como ocorre no presente, os futuros moradores da Terra serão verdadeiros "purificadores" humanos da carga magnética nociva e restante ainda no ambiente. E até o meado do terceiro milênio o ambiente terrestre deverá ficar completamente saneado, graças à sua humanidade, constituída de almas de um porte espiritual superior.

PERGUNTA: — *Mas se, como dissestes certa vez, o pântano não reabsorve a sua própria emanação, de que modo a humanidade futura poderá reabsorver no orbe físico esse magnetismo deletério?*

RAMATÍS: — Repetimos-vos: — Atualmente transformais substância mental "virgem" em deletéria, porque sois verdadeiros "transformadores" vivos desregrados, mas, no porvir, os homens hão de fazer exatamente o contrário, isto é, absorverão a energia perniciosa ainda restante e, graças à sua disposição crística, a sublimarão em forças benéficas. O meio, então, tornar-se-á saudável, pela contínua drenagem através da atitude permanente de alta-vibração, que será um potencial de segurança espiritual.

PERGUNTA: — *Então, não poderia ocorrer o mesmo atualmente, com a humanidade, e dispensar-se a passagem do astro intruso?*

RAMATÍS: — Não há dúvida a esse respeito; possuís o recurso sublime na intimidade do vosso espírito, capaz de substituir o conteúdo psíquico corrompido no seio do orbe por fluidos sedativos e higiênicos; no entanto, não é a nós, mas a vós próprios que cabe responder por que motivo assim não o fazeis. Por que preferis o ódio, a raiva, a impiedade, a hipocrisia, a luxúria, o orgulho, o comodismo e a brutalidade aos princípios purificadores do Evangelho de Jesus?

Quase três bilhões de almas reencarnadas, e dez bilhões, deste lado, ainda se afinizam perfeitamente com a aura corrosiva e selvagem do astro intruso e, no decorrer dos últimos cinquenta anos que restam para o término do atual século, mais intensa será essa simpatia nociva. Impossível aguardardes uma evangelização instantânea nestes últimos anos, pois isso contrariaria a própria presciência sideral, que não vos classifica de pecadores, mas de imaturos em espírito.

É claro que a cristificação, ou seja, a terapêutica que Jesus vos deu pelo seu Evangelho, faria reabsorver os fluidos nocivos que foram gerados nos milênios de invigilância espiritual, e extinguir-se-ia a necessidade da passagem do planeta higienizador! É de senso comum que, enquanto o homem absorve o oxigênio puro e o devolve na forma tóxica de anidrido carbônico, a vegetação, a grande amiga dos seres vivos, favorece a vida física no sacrifício de sua inversão respiratória ao haurir anidrido carbônico e libertar o oxigênio. O processo é o mesmo quanto à respiração mental deletéria da humanidade terrícola, que absorve avidamente as energias virgens e as devolve empestadas; em consequência, terá que imitar o processo dos vegetais e inverter esse mecanismo respiratório mental, cumprindo-lhe, agora, absorver anidrido mental, pestilento, que produziu sob a coação das paixões desregradas, para, através da dor e do sofrimento acerbo, devolvê-lo ao meio, devidamente purificado.

PERGUNTA: — Qual o benefício que logrará o nosso mundo material com o afastamento das criaturas más, tendo em vista que o plano invisível que o cerca continuará, talvez, a ser ajuntamento de espíritos atrasados e perturbadores?

RAMATÍS: — Os reencarnados são a "ponte viva", o "elo vital" que serve de base para a ação diabólica do invisível sobre o mundo carnal. A emigração dos esquerdistas para o outro orbe inferior neutralizará grande parte da ação das trevas, pois que as futuras reencarnações serão selecionadas. Diminuindo na vida física a quota de criaturas receptivas às sugestões inferiores dos espíritos diabólicos, enfraquecer-se-á, também, o ânimo daqueles que no Espaço ainda tentarem o fascínio do astral e o comando da matéria. Reduzir-se-á, então, o êxito das operações obsessoras sobre os reencarnados, ante a dificuldade de uma sintonização favorável.

PERGUNTA: — Essa higienização da Terra não poderia ser feita gradativamente, dispensando o processo extemporâneo de "Juízo Final" e a passagem de um astro purificador?

RAMATÍS: — A técnica sideral e tradicional da evolução das humanidades reencarnadas é uma só; reduzir sempre o magnetismo corrompido, quando satura o meio ambiente físico, a fim de que o estado de saturação não extermine as condições apropriadas para o intercâmbio com a consciência angélica invisível.

Obviamente, em seguida à remoção do fluido nocivo do meio, há que remover, também, os seus agentes, que a tradição evangélica situa como os lobos, o joio, os maus ou esquerdistas do Cristo.

PERGUNTA: — *Mas, após a higienização, não poderiam todas as almas continuar na Terra, sujeitas a uma disciplina e um aprendizado exercidos por criaturas de caráter superior, como serão os futuros habitantes do nosso globo?*

RAMATÍS: — Se as almas corrompidas permanecessem no mesmo orbe onde produzem magnetismo deletério, em pouco tempo o mesmo ambiente estaria novamente saturado de carga idêntica à anteriormente eliminada. Seria apenas um recurso bem ao nível da precariedade da inteligência humana, que contemporiza mas não soluciona os seus problemas. A Lei Suprema sabe como garantir as bases definitivas para a harmonia planetária e a ascensão humana!

A higienização completa do ambiente planetário e de sua coletividade assemelhar-se-á às purificações locais que se registram sob a figura dos fenômenos epidêmicos, erupções vulcânicas, tufões ou terremotos, como ocorreu em Sodoma, Gomorra, Babilônia e Pompeia. Em determinadas ocasiões, a Técnica Sideral emprega processos cujas finalidades desconheceis; mesmo o fogo indomável dos incêndios é muitas vezes coordenado para a limpeza de uma rua, de um subúrbio ou vilarejo cujo astral se encontra corrompido por substâncias mefíticas mentais e tóxicas para a vida psíquica. Não tendes visto, por vezes, que o fogo devora quarteirões de cortiços ou agrupamentos infectos e que, ao mesmo tempo que a lei cármica atinge os seus infelizes moradores, em breve se erguem ali edificações novas e limpas, requerendo inquilinos mais higiênicos?

Quantas vezes os desvãos tristes dos velhos casarões são apenas ambientes onde germinam ideias fúnebres, proliferam pessimismos incontroláveis e vivem criaturas compungidas, em atmosfera prenhe de gemidos, de queixas, rebeldias e temores! Subitamente, o raio benéfico rompe as cortinas desses fluidos densos; doutra feita, o fogo abençoado dissolve a substância infecta e, em breve, o ambiente extensamente sombrio e fúnebre, até mesmo nas redondezas, transforma-se em clima arejado sob o qual se ergue outra morada sadia, enquanto os vermes mentais buscam outras zonas mais simpáticas!

Não vos será difícil distinguir a enorme diferença que existe entre a atmosfera nauseante e pungente do matadouro, que é estigmatizado pela impiedade e pela angústia dos animais sacrificados, e o ambiente repousante, limpo e protetor da igreja! O vosso mundo também não passa de uma atmosfera produzida pelo vosso modo de pensar, agir e sentir. Desde que um aposento afetado pela enfermidade contagiosa exige a profilaxia da creolina ou do formol, por que motivo a enfermidade moral da vossa humanidade não há de reclamar um cauterizante magnético ou uma profilaxia espiritual? Só o espírito de contradição para com a ideia sideral da vida superior é que poderia fazer-vos pensar o contrário!

PERGUNTA: — *Supondo que não fosse possível dissipar a saturação causada pelo magnetismo deletério da Terra, quais seriam as mais prováveis consequências disso?*

RAMATÍS: — Cremos que, em face do acúmulo exagerado da substância mental empestada, o reino das trevas não tardaria em dominar quase todo o vosso mundo, no prazo máximo de um milênio! Ele evocaria as épocas atrozes da Atlântida, da Lemúria, Fenícia, Tiro, Sidon, e o culto dos hititas, quando as almas monstruosas e livres, no Além, se reuniam ali em cultos abomináveis, exigindo dos terrícolas as práticas e os sacrifícios sangrentos das crianças e virgens, que eram atiradas aos estômagos de ferro em brasa dos ídolos fumegantes de Baal e Moloch! As mais abjetas imposições desses espíritos anormais se impunham aos seus sacerdotes devassos e perversos, que na Terra lhes serviam de instrumentos dóceis e providenciavam o "tônus vital" do sangue humano para a insaciabilidade das trevas!

Sob a saturação completa do magnetismo corrompido, do vosso mundo, as almas demoníacas se apossariam completamente do sistema nervoso da humanidade terrícola e a transformariam em infeliz fantoche sem vontade própria, hipnotizada sob a exclusiva ação diabólica e intercambiando as satisfações mais impuras! O Cristo, como o Arcanjo Planetário da Terra, não lograria o sucesso previsto da sua "segunda vinda" no terceiro milênio, em face da aura infeccionada pela substância mental ignóbil e superativa no intercâmbio com o corrompido invisível. Os dirigentes das trevas dominariam facilmente o vosso mundo; a abominação seria incessante entre encarnados e desencarnados, na mais degradante troca de paixões pervertidas. Os espíritos atrasados desceriam à matéria só para saciar-se na carne desvirtuada, enquanto que os "falecidos" tomar-lhes-iam imediatamente os lugares no Além, para a mesma compensação viciosa. Aqui, magotes de criaturas estigmatizadas, na figura de verdadeiros "canecos" vivos, dariam de beber aos viciados alcoólicos sem o corpo físico; ali, seres vencidos pela luxúria e libidinosidade tornar-se-iam verdadeiros prolongamentos vivos da sensação pervertida das sombras no mundo físico; acolá, fantoches aparvalhados, na mais submissa escravidão a espíritos maldosos, seriam instrumentos de vingança e desforra na prática estúpida dos mais nefandos crimes e abjeções!

Podereis avaliar quão dantesco seria o império das trevas sobre a vossa humanidade, se refletirdes somente nos casos isolados que já tendes conhecido em vosso meio: quantos mendigos, ou fidalgos mesmo, escravos da cachaça ou do uísque, não passam de pervertidos vasilhames vivos dos espertos obsessores que daqui lhes comandam a vontade debilitada pelo alcoolismo! Inúmeros homens, distanciados das regras de uma vida sã, convertem-se em verdadeiros focos de sensações ignóbeis; outros, que nada mais são do que médiuns descontrolados, incapazes da terapêutica da humildade, do amor e da tolerância, findam os seus dias no cárcere da matéria, após terem servido como inconscientes "punhais" ou "pistolas" vivas para vinganças solenes das sombras!

O meio deletério, sem recurso de higienização, seria magnífica "ponte" para a semeadura tenebrosa dos rebeldes contra a Luz do Senhor; nasceria então, entre vós e as fontes do mal, uma agitada escada de Jacó, em sentido subversivo, ante a facilidade do meio viscoso, denso e pétreo, que culminaria no mais abominável círculo vicioso, bestial e satânico. A Terra seria a ampliação de Sodoma ou Gomorra, na mais pungente soma de apetites luxuriosos e cínicos, que terminariam subvertendo até as consciências ansiosas de se libertarem do veneno letal do meio. Em face desse astral impermeável às providências angélicas, a humanidade terminaria dementada pelo desregramento completo, a exigir arregimentação tal de recursos siderais de operação no Cosmo, que não mais compensaria o seu despertamento consciencial. Ela seria composta de espíritos petrificados na sua consciência pelo excesso de aviltamento!

PERGUNTA: — Em face de esse assunto vir a provocar, naturalmente, considerações de ordem doutrinária, poderíeis apontar-nos alguma obra espírita, de confiança, que corrobore a vossa afirmação quanto a esses espíritos que ficariam petrificados na sua consciência, pelo excesso de aviltamento?

RAMATÍS: — Recomendamos a leitura atenciosa do capítulo XXII, "Os que dormem", da obra *Os Mensageiros*, de autoria da entidade André Luiz. Destacamos, no entanto, para vossa breve noção, o que consta das páginas 120 e 121, quando o instrutor assim fala: "Muitos penetram nessas regiões de serviço como embriões da vida, na câmara da Natureza sempre divina. Um amigo nosso costuma designá-los por "fetos da espiritualidade"; entretanto, a meu ver, seriam felizes se estivessem nessa condição inicial". "Trata-se de almas que, embora tivessem vivido existência comum no vosso mundo, petrificaram as suas consciências nas concepções negativistas, porque preferiram a rigidez ao entendimento".

O aviltamento nos excessos da animalidade e no círculo absoluto do desregramento, que mencionamos na hipótese da saturação deletéria da Terra, também petrifica o delicado mecanismo de "pensar" e "ser", criando outros tipos de irmãos dementados, ou múmias, também mencionados na obra em apreço.

PERGUNTA: — *As entidades superiores, do Além, não contariam, porventura, com recursos eficientes para susterem a degradação? Esse aviltamento completo não seria uma retrogradação, que contraria os princípios básicos do espiritismo?*

RAMATÍS: — Estamos apenas tecendo considerações sobre a hipótese que vós mesmos levantastes quanto à impossibilidade de se higienizar o astral da Terra. Na realidade, não existe nenhuma surpresa ou deficiência para o Comando Sideral, porquanto Deus, que edificou o Cosmo e criou os espíritos, possui todos os recursos possíveis para a consecução exata dos seus planos educativos. Não vos preocupeis! Deus fez o mais difícil e, consequentemente, ser-lhe-ia mais fácil corrigir os pequenos desmandos dum microcosmo como é a Terra! O engenheiro que edifica o "arranha-céu" não encontra nenhuma impossibilidade quando precisa eliminar alguma nódoa superficial nas paredes ou no piso encerado. A engrenagem cósmica movimenta-se sob rigorosa e disciplinada pulsação; o seu ritmo é perfeito. "Não cai um só fio de cabelo das vossas cabeças, sem que Deus o saiba" — diz o Evangelho.

A ideia da retrogradação do espírito, vós a confundis com as modificações que ocorrem nos veículos intermediários de sua ação, nos vários planos de aprendizado sideral. O espírito palpita integralmente atrás de todas as consciências humanas; é o próprio Criador, o Eterno Existir e que não retrograda, porque o perfeito não evolui! O homem é uma consciência à parte, mas acumula no tempo aquilo que o próprio Pai possui no seu Eterno Existir. Jesus mesmo faz diversas observações a esse respeito, quando afirma: "Eu e meu Pai somos um só" e, adiante: "O Reino de Deus está em vós". Esta verdade também se comprova no Gênesis, quando conceitua que "o homem foi feito à imagem de Deus".

Comumente o espírito humano guarda um potencial maligno que, exposto à luz do dia, parece representar retrogradação. Apesar da hipótese de uma degradação completa do vosso mundo, Francisco de Assis, Santa Teresinha e incontestavelmente Jesus, sempre sobreviveriam a tal saturação demoníaca. O desregramento a ser produzido pela vossa humanidade não seria verdadeiramente retrogradação, mas apenas uma revelação do potencial interior já existente no homem.

PERGUNTA: — Como poderíamos entender essa "revelação", em lugar de retrogradação?

RAMATÍS: — Na verdade, o que o espírito apresenta ao mundo exterior é tão-somente aquilo que já possui interiormente; os recalques, paixões, complexos ou ansiedades mórbidas, que atuam no subjetivismo da memória etérica, transferem-se para o mundo material, como se fossem revelados por um "negativo" psíquico. Um alcoólatra em potencial só refreia sua ansiedade desregrada pelo temor de ofender os preconceitos da sociedade, da família ou mesmo devido a qualquer temor religioso; no entanto, se se desapegar da família, ou se vencer o temor do dogma, ou se se colocar entre companheiros "respeitáveis", mas habituados ao vício elegante, não tardará em se desbragar completamente! Não se pode considerar a oportunidade para a materialização do vício em potencial como sendo a própria causa responsável pelo fato vindo a público.

As algemas convencionais rompem-se pela força dos apelos e das afinidades do meio; este é apenas o revelador do potencial desregrado, que ainda predomina no âmago do espírito defeituoso. Do mesmo modo, na hipótese de um domínio completo dos espíritos das trevas sobre a Terra, o clima corrompido é que funcionaria como "ponte" condutora, para o exterior, do desregramento coletivo adormecido sob as cinzas das convenções humanas.

Deveis conhecer inúmeros indivíduos que, após longos anos de vida pacífica e regrada, cometem crimes abomináveis, por vingança ou irascibilidade. Outros, respeitáveis e honestos, rompem as fronteiras da moral comum e se desregram sob uma sedução irresistível. Essa evasão do que já lhes dormitava potencialmente no fundo da alma não deve ser considerada como retrogradação, pois não é possível materializar em fatos degradantes aquilo que não tem apoio em causas iguais. Os próprios espíritos das trevas, aos quais se atribui a culpa de uma parte da degradação humana, são intrinsecamente inofensivos; eles só podem atear fogo onde há combustível em potencial.

PERGUNTA: — Essa afirmação de que os diabólicos são inofensivos assusta-nos bastante, porquanto a ética espiritual parece exorbitar, então, de sua lógica natural. Que dizeis?

RAMATÍS: — Quando acendeis a gasolina em um vasilhame, credes porventura que o fósforo que realizou o feito é ofensivo ou diabólico? Usai-o para que se ateie fogo na água pura e vereis quão inofensivo é o temido pau de fósforo para com o líquido imaculado! Os diabos são como os paus de fósforos; acendem o combustível desregrado que já palpita latente na alma das criaturas ainda dominadas pelo instinto inferior; mas são inofensivos e impotentes diante das almas cristalinas de um Francisco de Assis, Buda, Krishna, Santa Teresinha e principalmente Jesus!

PERGUNTA: — Mas a contínua tentação termina por subverter as bases da virtude, quando os seus portadores ainda não firmaram o caráter superior; não é verdade?

RAMATÍS: — O espírito que já se consolidou no grau 5, por exemplo, jamais retornará ao grau 4; ele só poderá melhorar ou, quando muito, estacionar, mas nunca piorar ou retrogradar. O Espírito de Deus atua através das consciências humanas, que se forjam por acumulações de ideias e memorizações circunscritas a um centro — a alma — a qual encerra a bagagem vivida e recordada. As personalidades humanas se distinguem, então, pela diferença de suas bagagens mentais, que possuem maior ou menor acumulação de ideias entre si; consequentemente, a memória que já registrou um bilhão de ideias é sempre mais ampla que aquela que ainda conta apenas com meio bilhão; é registro mais numeroso no tempo, e a sua evolução se efetua, continuamente, pela melhor qualidade seletiva das ideias que no futuro se vão acumulando e substituindo ininterruptamente.

A formação da consciência se faz pelo **acúmulo** de ideias vividas ou pensadas; a evolução da consciência se faz pela

substituição das ideias piores pelas melhores; substituem-se as mais rudimentares pelas mais elevadas; as melhores pelas mais estéticas; as mais estéticas pelas mais dinâmicas. A antiga ideia, agasalhada pelos antropófagos, de que era um Bem e uma Virtude Moral comer o inimigo valente, foi substituída, entre os civilizados, por outra ideia parecida, mas considerada melhor: — só comer a carne do irracional; não a do homem! Por isso, o homem come o porco, o boi, o carneiro, o cabrito, o coelho e as aves, na mesma suposição antiga de que é um Bem e uma Virtude para a nutrição do corpo humano, o que continuará a fazer até que substitua essa ideia por outra mais adiantada e mais dinâmica.

Entre os selvagens, a necessidade de comer a carne do inimigo era justificada pela ideia de adquirir coragem; entre os civilizados, os repulsivos banquetes de vitualhas sangrentas são justificados pela ideia de se adquirir proteínas. É tudo questão de pontos de vista e de progresso humano. Felizmente, essa ideia "melhor", de se comer a carne do animal e não a do homem, já está sendo considerada como uma ideia "pior", com a sua substituição por outra ideia mais alta e que se impõe como nova virtude mais ampla, ou seja, não comer carne de espécie alguma!

Notai que já significa evolução o fato de o homem só comer agora a carne do boi ou do suíno e jamais ser capaz de devorar o seu irmão, porque já evoluiu da antropofagia para a civilização, mas não esqueçais de que ainda é bem provável que sejais antropófagos em potencial e, assim, o que confundis com evolução para uma ideia "melhor" seja apenas uma contemporização! Se assim for, ainda podereis retornar a comer carne humana, em consequência de emersão de um estado vicioso latente ou que aflore pelo estímulo ou desespero, sem que isso seja retrogradação, mas sim revelação.

PERGUNTA: — Dai-nos um exemplo mais adequado ao nosso entendimento, para avaliarmos essa disposição a que vos referis.

RAMATÍS: — Suponhamos que alguém colocasse alguns dos vossos homens civilizados, mas cruéis, em uma ilha deserta, ou em um barco no oceano, onde ficassem obrigados a um longo e cruciante jejum e cuja sobrevivência dependesse unicamente de se matar o companheiro mais débil e devorá-lo! Verificaríeis logo quão frágil é ainda a virtude humana do civilizado, que não hesitaria em voltar à antropofagia, para livrar-se da morte pela fome! Os tripulantes marítimos podem contar-vos que, durante os naufrágios, principalmente os ocorridos à noite, quando só restam poucas probabilidades de salvamento, pela deficiência de escaleres a bordo, a maioria dos homens civilizados, sejam acadêmicos, religiosos, pacifistas, graduados ou líderes políticos, esbordoam, atropelam e perdem o senso da dignidade humana, chegando a preterir mulheres, crianças e doentes, para se salvarem a todo custo!

Sob a nossa experiência de psicologia espiritual, podemos afirmar que, diante de uma catástrofe marítima, irremediável, é de vinte por cento a probabilidade de renúncia franciscana em favor do próximo. O potencial animalizado e adormecido, dos oitenta por cento, desperta sob os estímulos e justificativa de salvar a vida, custe o que custar; é uma eclosão do instinto inferior; é o cortejo deletério, ainda não eliminado, que emerge à luz exterior. Mas é revelação e não retrogradação!

PERGUNTA: — Esse astral deletério, que favorece a ação vigorosa e o êxito das trevas, anula porventura a defesa natural daqueles que querem ter uma conduta angélica? O meio desregrado extingue, então, o coeficiente da garantia espiritual dos homens íntegros?

RAMATÍS: — Assim como os cactos sobrevivem na causticidade do deserto e o lírio germina até nos pântanos, nenhum ambiente infernal ou corrompido conseguiu subverter o conteúdo espiritual e íntegro de Buda, de Francisco de Assis ou de Jesus.

É claro que esse tipo de criaturas absolutamente cristificadas reduz-se hoje a insignificante quantidade, porquanto o que ainda predomina no vosso orbe é a ignorância espiritual, a debilidade psíquica. Sabeis que, se aumentardes o charco, não aumentareis os lírios, mas sim a fauna de répteis e batráquios. O que faz com que os possuídos de boa-vontade em ascensionar peçam ainda o socorro do ambiente higienizado, para que se apure mais rapidamente o seu conteúdo psíquico, é a natural debilidade da consciência humana. Embora os que estão fortalecidos por uma postura evangélica não se percam nos meios deletérios, o auxílio seletivo do meio ajuda-os a se decidirem nas suas oscilações entre o mundo de Deus e o de César, o de Cristo e o de Mamon.

PERGUNTA: — Ante esse contínuo acúmulo de matéria psí-

quica nociva, no nosso mundo, como deveremos defender-nos da corrupção que se alastra tão evidentemente?

RAMATÍS: — Depois que a luz do Cristo se refletiu no vosso mundo sombrio, não vislumbramos graves problemas para conseguirdes a vossa proteção espiritual, porquanto tendes uma defesa eficiente e indiscutível, para isso, na libertação do vosso espírito das ilusões do mundo material. E, conforme já vos comprovaram os excelsos espíritos libertos das seduções da carne, o meio para o conseguirdes é o Evangelho! Tipos como Nero, Torquemada, Messalina, Bórgia ou Hitler foram produtos germinados a distância do Evangelho, enquanto que Vicente de Paulo, Estêvão, Francisco de Assis, Maria de Magdala, Paulo de Tarso ou os cristãos sacrificados em Roma, foram consequências vivas dos ensinamentos de Jesus!

Essa a fórmula única e indiscutível; nenhum outro código, por mais excelente ou refulgente, ou mesmo qualquer produto avançado, de magia, elaborado em augusto templo iniciático, há de imperar com mais eficiência salvacionista na própria hecatombe final. Só o amor crístico, pregado pelo Sublime Messias, proteger-vos-á contra as arremetidas das Trevas. Será loucura tentar apagar o braseiro maléfico com novos punhados de brasas da maldade do homem! A marca da angelitude é o amor, a bondade e a submissão, que não geram a força do ódio ou a intensidade da cólera. As únicas armas capazes de vencer as hostes diabólicas ou as investidas da Besta são as que serviram aos cristãos nos circos romanos e aos apóstolos na hora do sacrifício — a submissão incondicional ao Evangelho!

PERGUNTA: — Supondo que todos os humanos se submetam passivamente às influências dos espíritos das trevas, poderá isso conduzi-los a absoluta escravidão às forças diabólicas?

RAMATÍS: — A expressão "absoluta", neste caso, está mal empregada, porque Deus é imanente em sua obra e, assim, o mal é relativo; significa um processo à parte do metabolismo angélico natural; é apenas um acontecimento isolado, uma resistência provisória mas de futura absorção pelo mecanismo ordeiro da evolução. É um retardamento natural na ascensão, a fim de se organizarem e estereotiparem as consciências espirituais nos mundos físicos. Poderíeis ter empregado a expressão "uma longa escravidão", designativa de uma longa sequência natural do intercâmbio psíquico entre os espíritos diabólicos e aqueles que ainda apresentassem condições eletivas para materializarem as intenções pervertidas. Mas o espírito humano, o produto, o criado, é uma vontade menor, que está adstrita eternamente à Vontade Maior, que é o Criador, o qual pode sempre dirigir e movimentar a consciência criada para o destino que lhe traçou definitivamente. Que fim levariam as "absolutas" forças diabólicas, se Deus lhes retirasse o alento de vida que emana de si mesmo? Qual o poder "absoluto" da laranja podre contra a árvore generosa que lhe dá a vida?

PERGUNTA: — Então, não devemos crer que o "Mal" realmente exista nessas entidades diabólicas?

RAMATÍS: — O espírito diabólico, embora vacile em desvios "malignos", executa seus movimentos atraído fatalmente para a Fonte Benfeitora que o criou; inconscientemente procura a sua "focalização" na tela do Amor Infinito. Os seus equívocos e rebeldias provêm da sua própria inabilidade em situar-se na reta, que busca incessantemente. Faltando-lhe ainda a firmeza direcional para o que é realmente bom e justo, atira-se afoitamente aos primeiros atalhos que vislumbra, na esperança de que por ali há de atingir o ideal que lhe acicata a intimidade espiritual. Mas o convite contínuo e incessante do "mais alto" sobre o "mais baixo" termina sintonizando o caminheiro aflito e provisoriamente maldoso, conduzindo-o docilmente ao redil venturoso! "Nenhuma de minhas ovelhas se perderá" — prometeu Jesus, o divino pastor preposto de Deus na Terra!

O fio de água que nasce nas encostas das serras e se avoluma, depois, na figura do caudaloso Amazonas, apesar de seus desvios, teimosias ou equívocos, desde o primeiro bruxulear de vida, termina fatalmente por atingir o oceano, que é o ideal que já nasceu consigo! Daí a expressão popular de "caminhar para Deus", embora o Criador esteja interpenetrando todas as suas criações, pois esse caminho "interior" é realmente a senda que conduz o fio de água espiritual ao seu Oceano Criador.

O Mal, em si, é o exagero, a discrepância da ordem coletiva na viagem natural para esse "interior". Chamai-o de Mal, mas é um mal que orienta e que beneficia, porque oprime, disciplina e imobiliza os que se desviam da estrada real. O mal caminha junto com o crescimento da consciência; mas, quando esta amplia a sua área de ação ou abrange maior extensão que lhe permita haurir mais ventura, afastando-se das seduções e das gloríolas do mundo provisório, reduz também a sua atuação maligna, pelo desinteresse na competição humana.

PERGUNTA: — *Como entender melhor esse axioma de caminhar para Deus, estando Deus em tudo?*

RAMATÍS: — A criatura caminha para o Criador — a Essência Incriada — purificando-se e libertando-se vibratoriamente da forma, assim como a libélula se afasta pouco a pouco da forma da lagarta repulsiva, para tomar uma forma superior. A forma inferior é a vida no mundo material, da energia descida e condensada; é a figura criada; tem começo e tem fim, pois é provisória; significa a ilusão, o *maya* tão sugestivo dos orientais. Quanto mais o espírito se agarra à forma do mundo material, tanto mais longa é a sua ausência da intimidade com o Pai e, também, maior a distância de sua real felicidade. O máximo de ventura possível que o espírito pode usufruir na matéria é sempre uma constante decepção para ele porquanto, satisfeito o corpo emocional, o tédio toma conta da alma outra vez. Nunca ela poderá ser feliz repetindo as mesmas emoções ou apenas fazendo substituições que, de início, já trazem o sabor da futura desilusão.

Caminhar para Deus, portanto, é acelerar o campo vibratório do próprio espírito; é o incessante libertar-se das formas ilusórias; é evitar que a consciência menor crie raízes no mundo provisório, para mais breve sentir, então, a tangibilidade da Consciência Maior que a criou!

PERGUNTA: — *Como poderemos compreender a "submissão incondicional" ao Evangelho, a que fizestes referência há pouco?*

RAMATÍS: — Queremos dizer que o Evangelho deve ser praticado sem qualquer interposição de condições ou regras acessórias; ele é um código de leis perfeitas como as que regem a magnificência das organizações dos mundos celestiais; é um alfabeto que dispensa alterações do mundo humano, porque se entende exclusivamente com a linguagem dos céus!

Os espíritos das trevas, sabendo influir com sutileza na alma dos homens, aconselham muita gente a praticar o Evangelho, mas sob condições que escondem intuitos profundamente dissolventes ou de interesses disfarçados. Sob a inspiração das trevas, pululam no vosso mundo milhares de criaturas sentenciosas, que sempre justificam uma escapatória na prática do Evangelho, tentando acomodá-lo com os interesses da carne ou do mundo material; expõem os elevados conceitos evangélicos, mas os cercam de uma prudência bem humana! Apesar dos apelos nobres, das solicitações e exortações elevadas de sacerdotes, doutrinadores ou praticantes do Evangelho, o trabalho do Cristo se esboroa de encontro aos caprichos e interesses do mundo provisório, porque nem todos querem adaptar-se perfeitamente à sua admirável doutrina de eterna beleza espiritual! Daí recomendarmos a submissão incondicional ao Evangelho, ou seja, a incorporação absoluta e integral ao ensino evangélico, sem quaisquer outras inovações de ordem particular ou dogmática, que se afastem de sua expressão pura e representem uma prática cautelosa e calculada. Aqui, reconhece-se a necessidade da renúncia, mas pondera-se que o excesso de conforto faz parte do progresso humano e representa conquista da civilização; ali, elogia-se a simplicidade, mas justifica-se o exagero de enfeites e o luxo nababesco como expressão de arte e de bom-gosto; acolá, realça-se a urgência da expansão da caridade através da dádiva de trapos velhos e restos alimentícios, mas aconselha-se a punição e o desterro para o desajustado; põe-se em relevo a honestidade, exaltando-se o mau administrador que oferece migalhas do milhão furtado; prega-se a fraternidade universal, mas sob pontos de vista pessoais e caprichos doutrinários separatistas; recomenda-se a expansão do amor crístico, mas apontam-se adversários religiosos; prega-se a necessidade de o empregado contentar-se com seu salário, mas criticam-se os lucros excessivos do patrão ou do chefe!

Um Evangelho cheio de justificativas e de contemporizações com o gosto humano não é o Evangelho deixado por Jesus, cuja vida foi de absoluta e incondicional renúncia pelo bem humano, muito bem atestada nestas recomendações cuja prática ele exemplificou: — "Se o teu adversário obrigar-te a andar uma milha, vai com ele mais duas e, se alguém te tirar a capa, dá-lhe também a túnica". Um Evangelho diferente deste é um Evangelho condicional, muito razoável para atender e justificar as manhas do homem, mas que, em lugar de um conjunto de regras para que vos transfirais do mundo transitório para o mundo angélico, não passa de um cabide de recitativos compungidos para os religiosos melodramáticos!

17. Os Engenheiros Siderais e o plano da Criação

PERGUNTA: — *Qual a ideia que poderíamos fazer dos Engenheiros Siderais e de suas atividades?*

RAMATÍS: — Os Engenheiros Siderais são entidades espirituais de elevada hierarquia no Cosmo, as quais interpretam e plasmam o pensamento de Deus na forma dos mundos e de suas humanidades. Através da ação dinâmica do Verbo — que podeis conceituar como pensamento "fora de Deus" — aquilo que permaneceria em condições abstratas na Mente Divina revela-se na figura de mundos exteriores. Embora saibais que o pensamento puro do Onipotente é o princípio de todas as coisas e seres, pois "no princípio era o Verbo, e o Verbo estava com Deus, e o Verbo era Deus", como elucida João Evangelista, existem os elos intermediários entre o "pensar" e o "materializar" divino, que se constituem de leis vivas, operantes e imutáveis, que dão origem à matéria e à energia condensada. Esses conjuntos e leis vivas são os Engenheiros Siderais ou espíritos arcangélicos, que apreendem o pensamento divino e o revelam no plano denso da Criação, proporcionando até a vida microscópica, para formação das consciências menores. Essas entidades, que os iniciados conhecem desde os pródromos da Atlântida, são dotadas do poder e da força criadora no "sexto plano cósmico", no qual se disciplina a primeira descida dos espíritos virginais a caminho da matéria, através das sete regiões da ascensão angélica. Como os mais altos intermediários do pensamento incriado do Absoluto, até se plasmar a substância física, os Arcanjos Siderais consolidam os mundos e os alimentam em suas primeiras auras constelares ou planetárias, assim como as aves aconchegam os seus rebentos sob o calor afetuoso do amor materno. Todas as formas de vida estão impregnadas dos princípios espirituais; tudo tem alma e tudo evolui para estados mais sublimes, desde o elétron que rodopia no seio do átomo até às galáxias que giram envolvidas pelos poderosos "rios etéricos", que as arrastam como paina de seda ao sabor da corrente líquida. "Assim como é o macrocosmo, assim é o microcosmo" — reza a tradição espiritual desde os primórdios da consciência humana.

A separação é grande ilusão, uma aparência própria da ignorância humana, que está situada nos mundos materiais, pois o sonho de ventura é um só para todos!

Os Engenheiros Siderais, ou Arcanjos da mais alta hierarquia cósmica, como entidades superplanetárias, ainda condensam e avivam o espírito descido até o microcosmo e ativam-lhe a dinâmica ascensional.

PERGUNTA: — *Poderíeis descrever-nos a figura dessas entidades superplanetárias?*

RAMATÍS: — Impossível é descrevê-las em sua exata estrutura e morfologia sideral, porque na forma do vosso mundo não há qualquer ideia ou vocábulo capaz de identificá-las como espíritos cujas auras se extravasam além dos orbes ou das sistemas solares a que dão forma, ao mesmo tempo que presidem à ascensão de todas as coisas e seres para a Ventura Eterna. Talvez fosse possível à gota de água descrever o seu mundo, que é o oceano, por encontrar-se ainda ligada ao meio líquido; no entanto, teria de fracassar lamentavelmente se lhe pedissem que descrevesse o espírito do oceano!

PERGUNTA: — *Qual seria uma ideia aproximada, para entendermos como esses Engenheiros Siderais, ou Anjos Planetários, operam na figura de intermediários entre Deus e os mundos físicos?*

RAMATÍS: — Esforçando-se para que chegueis a uma compreensão aproximada do seu modo de agir desde o potencial do Pensamento Original Divino, pedimos que simbolizeis Deus, o Absoluto que é a Fonte Máxima de energia do Cosmo, em algo semelhante a uma usina central, da Terra, que produz carga elétrica primária e virgem, em alta tensão, num potencial de 50.000 volts. É óbvio que, em virtude da multiplicidade de aparelhamentos heterogêneos que vivem na dependência desse potencial energético, há necessidade de ser a corrente elétrica graduada na voltagem adequada à exigência restrita de cada coisa ou objeto. O modesto fogareiro doméstico, que se contenta com apenas 110 volts, não suportaria o potencial de 50.000 volts; mesmo os motores de 220 ou mais volts fundir-se-iam sob o impacto direto da força produzida pela usina central. No entanto, a técnica humana construiu complexo e extenso aparelhamento que, na figura de condensadores e transformadores, interpõem-se entre a usina e o fogareiro doméstico, abrandando pouco a pouco a poderosa corrente virgem, de 50.000 volts. Movem-se então, sem perigo de danificação, desde os poderosos motores das indústrias gigantescas até o modesto motor de máquina de costura, cada um contemplado com a sua cota de energia útil e suportável.

Indubitavelmente, os transformadores que se colocam sob os primeiros impactos, na alta voltagem da usina produtora, também devem possuir maior capacidade de suportação e de receptividade, a fim de não desperdiçarem o potencial mais vigoroso e poderem graduá-lo como energia de baixa tensão. Sob essa disposição preventiva da técnica humana, operam-se duas soluções inteligentes e lógicas: — economia de força, aplicada só ao gasto necessário, e a suportação exata na conformidade receptiva de cada elemento eletrificado. É óbvio que o modesto aparelho elétrico, de barbear, ignora a complexa multiplicidade de operações que o antecederam no curso da energia, reduzindo-se até à modesta cota de força para mover sem perigo o seu delicado maquinismo! Assim também ocorre convosco: ignorais, na realidade, a complexidade de consciências e de valores espirituais que se enfileiram no Cosmo, absorvendo e reduzindo o "potencial virgem" do Criador, para que o vosso espírito se situe na percepção consciencial humana e possa recepcionar o "quantum" exato de luz que deve alimentar-vos o psiquismo e a noção diminuta de "ser" ou de "existir". Assemelhai-vos ao singelo aparelho de barbear, que vive um mundo de emoções com apenas 110 volts de energia elétrica, e ignora o abrandamento dos 50.000 volts, que a usina produz para verdadeira corrente de sua vida mecânica.

Também vivereis a sensação de uma "consciência total",

apenas com um modesto sopro de energia cósmica, mas comumente ignorais a assombrosa Usina Divina, que é verdadeira fonte criadora do potencial do vosso singelo viver humano! Assim como o modesto aparelho de barbear se fundiria sob uma carga potentíssima além de sua capacidade mecânica, os vossos espíritos desagregar-se-iam, retornando à fusão no Cosmo, se fossem submetidos diretamente ao potencial virgem e poderoso da consciência criadora da Vida, que é Deus! A alma deve crescer conscientemente em todos os sentidos cósmicos, a fim de desenvolver a sua capacidade e suportar a progressiva voltagem de energia transmitida pelos transformadores Arcangélicos, que lhe sucedem indefinidamente em potencial cada vez mais alto.

PERGUNTA: — *Como poderíamos assimilar a ideia de esses espíritos "condensarem" e "avivarem" o próprio potencial de Deus, na recepção da Luz mais alta para o alcance da consciência humana?*

RAMATÍS: — Embora as imagens do mundo físico não satisfaçam a quem precisa explicar a realidade do que é sem forma, podemos figurar os Arcanjos Construtores como "Divinos Condensadores" que se interpõem entre a Luz Máxima, refulgente, de Deus, e a graduam pouco a pouco para a razão do homem, através de suas próprias consciências hemisféricas, galáticas, constelares, planetárias e mesmo as que operam no comando dos quatro elementos da matéria, nos reinos, continentes e raças humanas. A série hierárquica dessas entidades, que agrupam em si mesmas o potencial mais alto e depois o transmitem à faixa vibratória mais reduzida em suas próprias auras conscienciais, é que permite logicamente o crescimento e a ascensão dos vossos espíritos para a sublime angelitude. Essa indescritível e sucessiva redução arcangélica, do alto potencial de Deus, identifica tradicionalmente a "grande descida" do macro ao microcosmo, quando Deus está manifesto tanto na probalidade de onda do elétron como nas galáxias estelares.

PERGUNTA: — *Podeis dar-nos um exemplo mais acessível à nossa mente humana, acerca do que seja um Arcanjo Solar?*

RAMATÍS: — O Sol do vosso sistema planetário é o local exato em que atua a consciência do Arcanjo, Engenheiro, Construtor ou Logos do Sistema Solar, que é o Alento e a própria Vida de todo o conjunto de seus planetas, orbes, satélites ou poeiras siderais, inclusive os seres e as coisas viventes em suas crostas materiais. Esse Logos não se situa, com o seu sistema planetário, num local ou latitude geográfica do Cosmo; o que o distingue principalmente é o seu estado espiritual vibratório, inacessível ao entendimento humano. O homem ainda concebe o "alto" e o "baixo", ou o "puro" e o "impuro", quando só existe uma Unidade Cósmica, indescritível, visto que não há outra Unidade ou outro Deus para termo de comparação. O Espírito, Arcanjo ou Logos Solar, do vosso sistema, está presente e interpenetra todo o campo do sistema solar que emanou de si mesmo, em harmoniosa conexão com as demais constelações e galáxias que se disseminam pelo Cosmo e que, por sua vez, são presididas, respectivamente, por outras consciências arcangélicas, e que formam progressivamente a inconcebível humanidade sideral. Desde o astro solar até à órbita mais distante do vosso sistema, a consciência arcangélica se estende em todos os sentidos e coordena todas as ações que ocorrem nesse campo de vida, constituído de orbes e humanidades, e sob a supervisão excelsa da Mente Divina. Através do oceano etérico concentrado pela sua Consciência Mental, e que banha e interpenetra também as fímbrias dos átomos dos mundos que condensou em si mesmo, o Logos do sistema solar também atua na consciência dos outros Arcanjos menores que corporificaram os planetas e os governam em espírito. Dificilmente podereis conceber a operação harmônica de uma consciência solar, quando comanda instantaneamente as humanidades que palpitam sobre a Terra, Marte, Júpiter, Saturno e outros mundos que apresentam os mais variados matizes conscienciais. O Logos Solar é o condensador sideral que absorve o elevado energismo demasiadamente poderoso da Mente Divina e retém em si mesmo o "quantum" sideral inalcançado pelos espíritos menores. Ele materializa, na forma de um sistema planetário e viveiro de almas sedentas de ventura, uma das peças componentes da engrenagem cósmica, que faz parte de um Grande Plano ou do conhecido "Manvantara" da tradição oriental.

PERGUNTA: — Como poderíamos entender melhor o fato de a consciência do Logos Solar estender-se pelo sistema planetário e operar no núcleo solar?

RAMATÍS: — Lembrai-vos de que o corpo físico é apenas o prolongamento ou instrumento de ação do espírito, mas não representa a sua consciência real; esta atua pelo cérebro, porque este é a porta de entrada do mundo oculto para o físico. O homem-

-carne é somente a emanação de sua consciência espiritual, que o aciona através do plano mental e etereoastral. Não é o volume ou a extensão do corpo humano que identifica o modo de pensar e de agir da consciência espiritual, a qual sempre preexiste e sobrevive à desintegração material. Se não fora assim, uma criatura com 150 quilos de peso teria consciência mais vasta que a do anão de 80 centímetros de altura, quando geralmente é o inverso, pois o gigante comumente se debilita no campo mental.

No dizer dos antigos do vosso mundo, "a alma está presa ao cérebro por um fio"; assim, quando se corta esse "fio" da vida é que o espírito se sente realmente na plenitude da sua consciência. O sistema de globos, satélites e asteroides, em torno do Sol, significa também o corpo "astrofísico" do Arcanjo Solar; mas a sua consciência espiritual é independente da maior ou menor extensão desse sistema planetário, que é apenas o prolongamento ou a sua emanação, assim como o corpo físico é o instrumento do espírito humano reencarnado na Terra. O Logos Solar interpenetra todo o cortejo da vosso sistema, e vós viveis mergulhados na sua Essência Imortal, assim como ele também se situa intimamente na aura de outro espírito imensurável que, sucessivamente, se liga a outro, até cessar o poder conceptual em Deus, que é a última e absoluta Consciência Universal.

O refulgente Arcanjo Solar do vosso sistema situa o seu comando no núcleo do Sol, porque este é, na realidade, o centro "astrofísico" do Sistema, do qual emanam todas as ações e providências necessárias para o governo dos mundos e das humanidades em evolução. A sua aura abrange todo o sistema, desde o protozoário na gota de água, até os orbes rodopiantes. Vós vos nutris nele e também materializais a sua vontade na matéria, tal como se revitalizam as coletividades microbianas, que se renovam no vosso corpo.

Mas o Logos Solar é uma entidade viva, pensante e progressista; inconcebivelmente mais viva do que qualquer um dos mais evoluídos seres do vosso sistema, assim como sois superlativamente mais vivos do que qualquer um dos micróbios que habitam qualquer uma das moléculas do vosso fígado!

Assim como a vossa alma, através dos seus veículos mental, astral, etérico e físico, coordena, ajusta e comanda toda a rede atômica do corpo humano perecível, o Arcanjo Solar é o espírito que faz a conexão perfeita entre todos os liames de ação e de vida no sistema em que habitais.

PERGUNTA: — Esses Arcanjos, ou Engenheiros Siderais, são em número limitado no Cosmo, e previamente designados para essa função sideral, inconcebível para nós?

RAMATÍS: — Se imaginardes o vosso corpo físico como sendo a figura de Deus, podereis perceber que a consciência e a luminosidade áurica de um Arcanjo Sideral é, relativamente, do tamanho da aura radiante do núcleo de um átomo do vosso corpo, em torno do qual giram os elétrons como planetoides microcósmicos sobrecarregados de humanidades microbianas.

PERGUNTA: — Ao vos referirdes a essas entidades "superplanetárias", quereis dizer que a Terra, por exemplo, é apenas o corpo material e visível de um espírito ou Engenheiro Sideral?

RAMATÍS: — É mister não esquecerdes de que "corpo sideral" difere muito de "consciência sideral", assim como o vosso corpo não é exatamente a soma do vosso espírito, mas apenas o seu prolongamento. Se se desfizer um planeta, num sistema que signifique o corpo de um Arcanjo Sideral, será como o homem que perde os seus cabelos, unhas e mesmo pernas, braços e lhe extraiam órgãos, sem que ele fique reduzido em sua consciência. Há que não raciocinardes "ao pé da letra", porquanto vos estamos exemplificando dificultosamente, sob comparações que alteram profundamente a realidade íntima do assunto. Deus, como o Espírito Criador do Cosmo, realmente deve considerar que os mundos emanados de si são como o seu próprio corpo físico. Em consequência, simbolizai o Onipotente como sendo uma infinita esfera translúcida, pejada de mundos e orbes, que flutuam disciplinadamente em seu seio; considerai que essa esfera translúcida e infinitamente ilimitada pode ser dividida mentalmente em duas partes exatas: hemisfério Norte e hemisfério Sul da esfera Deus. Embora Deus continue integralmente em toda a Esfera Infinita, essa simples divisão conceitual, em dois hemisférios, implica em se perceber imediatamente a necessidade de dois novos comandos espirituais — duas novas consciências na figura de dois "condensadores" siderais que devem, então, graduar o altíssimo potencial e a ilimitada energia de toda a esfera, a fim de situar as cotas correspondentes a cada hemisfério, que passa a ter vida à parte, embora sem sair de Deus. Surgem, portanto, os dois Arcanjos Hemisféricos Siderais, que a vontade de Deus situa conscientemente abaixo de sua Vontade Infinita, e que atenderão a todas as necessidades da nova vida em agitação nesses hemisférios da Esfera Divina.

Desde que nessa alegórica concepção continueis subdividindo mentalmente cada hemisfério, percebereis, obviamente, que de cada Arcanjo desses hemisférios subdividem-se duas consciências menores, às quais eles também transmitem a sua vontade e poder criador, mas abrangendo-as sempre, porque são criações conscienciais de si mesmos. Nessa suposta ordem decrescente e redutora, em que a Fonte Máxima de Energia, que é Deus, desce vibratoriamente e vai compondo novas consciências, cada vez menores, sem que por isso fique fora delas, terminareis compondo as galáxias, os sistemas solares, os orbes, satélites, asteroides e poeiras siderais, nos quais tereis que reconhecer a graduação respectiva de subsequentes consciências espirituais, que comandam e coordenam, em ordem decrescente, mas que sempre obedecem, hierarquicamente, à imediata vontade mais alta. É óbvio, pois, que a Terra é também a forma visível de uma vontade espiritual, que a comanda no seu campo interior e a criou sob o ritmo da Vontade maior, descida do Pai, através dos seus prepostos que afloram cada vez mais à forma exterior. Há uma Vontade Diretora, que situamos muito além das galáxias mas que, devido à escadaria espiritual decrescente, atinge até o agitar do elétron atômico, animando-o de tal inteligência e equilíbrio, que ele cumpre a sua missão como um despertador de energia microcósmico.

PERGUNTA: — Afora essa concepção puramente mental, qual é a realidade indiscutível?

RAMATÍS: — A indiscutível realidade é esta: todas as galáxias possíveis de serem evocadas em vossas mentes formam o corpo de um Arcanjo que, por sua vez, coordena harmonicamente os Arcanjos de cada galáxia; em cada uma delas, o seu Arcanjo controla os sistemas solares e seus orbes, e o Arcanjo dos sistemas solares disciplina e provê cada sistema sob a sua direção mental e espiritual, enquanto cada Arcanjo ou Logos Solar materializa e alimenta a substância e os orbes do seu sistema. Em consequência, a Terra, Marte, Júpiter, Mercúrio, Saturno ou qualquer satélite menor de um desses orbes é, também, o corpo visível do Espírito Planetário, que é o verdadeiro coordenador das necessidades dos reinos, seres e coisas ali existentes.

Cada orbe possui o seu Arcanjo Planetário e é apenas uma "vontade espiritual" arcangélica, materializada exteriormente e ligada ao infinito rosário de outras vontades maiores, que se fundem na Vontade última, que é Deus. Os Engenheiros Siderais são os "reveladores", na forma tangível, daquilo que preexiste eternamente no mundo interior, mental e virgem de Deus; são intermediários submissos e operantes entre essa Vontade Absoluta e Infinita, para fazê-la pousar até nas rugas das formas dos mundículos microcósmicos! Eles sustêm em suas auras imensuráveis a consciência física dos mundos e a consciência somática espiritual de cada humanidade. Cada uma dessas Consciências Arcangélicas, que abrange um orbe, sistema solar ou galáxia, "sabe" e "sente" quais as necessidades evolutivas das humanidades ali existentes, assim como a vossa consciência, situada no cérebro físico, sente todas as carências do vosso corpo e providencia-lhe os socorros para a sobrevivência física. Há, então, um intercâmbio incessante entre as consciências menores, situadas nos reinos inferiores, e as maiores, que interpenetram sistemas e galáxias, sob a vigilância e a coordenação da Consciência Infinita e Eterna de Deus!

É por isso que o provérbio popular costuma dizer que "não cai um fio de cabelo, sem que Deus o saiba", e Jesus dizia: "todos os cabelos de vossas cabeças estão contados". Muitas criaturas abandonam-se à intuição e confiam plenamente na providência divina porque sabem que, realmente, através da escadaria infinita de consciências graduadas, no Cosmo, a mais sutil aspiração humana consegue sua realização, de conformidade com o seu merecimento espiritual.

PERGUNTA: — *Poderíamos considerar Jesus como o Arcanjo Planetário da Terra, uma vez que é a maior entidade descida ao nosso orbe?*

RAMATÍS: — Jesus não é Arcanjo, mas sim um Anjo, o que difere muito entre si, pois o Anjo ainda pode atuar no mundo humano — simbolizado nos sete degraus da escada de Jacó que fica logo abaixo do mundo divino, no qual cessa para os Arcanjos toda possibilidade de ligação direta com as formas físicas das moradas planetárias. Jesus, na realidade, é a mais Alta Consciência Diretora da humanidade terrena, mas não do planeta Terra, porque ainda permanece, diretamente, em contacto psicofísico com as consciências terrícolas. Ele é o Elo Divino e o mais lídimo representante de aspecto humano que se liga diretamente à Sublime Consciência do Arcanjo Planetário da Terra. O Comando Sideral do sistema solar atua no Arcanjo do planeta Terra e este na imediata consciência espiritual abaixo de si e em condições receptivas para senti-lo e cumprir-lhe a vontade no mundo físico. É justamente o insigne Jesus a Magnífica Consciência capacitada para sentir o Espírito do Planeta Terráqueo, porquanto o Mestre, além de ser o Governador Espiritual de vossa humanidade, participou também da Assembleia Sideral de quando o Arcanjo mentalizou os planos preliminares para a formação do vosso orbe, em conexão perfeita com os projetos maiores do Arcanjo ou Logos Solar do sistema.

A jurisdição de Jesus assemelha-se a sublime janela viva, que se abre na forma material, para que o Arcanjo Planetário "veja" e "sinta" o que deve providenciar no seu interior espiritual, para atender à progressiva eclosão das consciências humanas, que se delineiam na matéria terráquea. Ante a incessante ascensão espiritual de Jesus e o seu conhecimento, cada vez mais extenso, sobre a consciência coletiva da vossa humanidade, é provável que, no próximo Grande Plano, ele também se torne um Arcanjo cooperador na criação dos mundos, sob a jurisdição direta de outro Logos Solar.

PERGUNTA: — *Mas Jesus, como o Cristo, não significa a mais alta Consciência Celestial, para nós?*

RAMATÍS: — Há que não esquecerdes a significação do vocábulo "Cristo", no seio do Cosmo.

O Cristo Cósmico, em sua generalidade, é o segundo princípio emanado de Deus que, na forma do Amor, serve de coesão entre o seu Pensamento Original Incriado e os mundos que os Arcanjos ou Engenheiros Siderais revelam sob a vontade divina. Ele significa, pois, o estado absoluto do Amor no Cosmo; cimento de coesão entre os astros e a luz pura que alimenta o amor entre os seres. O Cristo Cósmico revela-se em Deus na plenitude do Amor Eterno; o Cristo Galático é o próprio Logos ou Arcanjo das Galáxias, mas destacado na sua expressão de Amor sobre os seus demais princípios do Poder, Sabedoria e da Vontade criadora; o Cristo Solar é também o mesmo Logos Solar, porém acentuado sideralmente no princípio do Amor, distinguido do Poder, da Vontade e da Sabedoria Solar; o Cristo da Terra, consequentemente, é a expressão absoluta do Amor do próprio Arcanjo do vosso orbe!

PERGUNTA: — *Nesse caso, é indiferente que se denomine "Cristo" ou "Logos" ou "Arcanjo", porque se trata da mesma entidade; não é verdade?*

RAMATÍS: — É natural que não possais avaliar os planos evolutivos das humanidades e, por esse motivo, criais confusões em vossas perguntas e naquilo que vos estamos explicando. Realmente, um Arcanjo, Logos Planetário ou Solar, representa a miniatura de todos os atributos de Deus, como sejam a Sabedoria, o Poder, a Vontade, a Justiça e, obviamente, o Amor, que é o princípio crístico. Entretanto, sob cada signo da tradição astrológica que se relaciona com o vosso planeta, é destacado um dos aspectos do Logos, condizente com o atributo que deve ser desenvolvido e cultuado pela humanidade em evolução sob tal signo. Como o Amor foi o principal motivo destacado nos atributos do Logos da Terra, para então ser cultuado pelo homem, sob a vibração amorosa do signo de Pisces, todas as atividades missionárias e incentivadoras, no vosso mundo atual, giram em torno do CRISTO, ou seja, em torno da manifestação absoluta do Amor, como um dos aspectos sublimes do Logos terráqueo a ser cultuado à parte, em correspondência com o favorecimento do magnetismo astrológico do momento. O signo de Pisces, nos seus 2.160 anos de "tempo astrológico", irradia o suave magnetismo que inspira o amor e a emotividade. O homem deve, precípua e fundamentalmente, desenvolver primeiro o amor e, depois, os demais atributos que hão de lhe seguir, em concomitância com os demais atributos do seu Arcanjo Planetário. Sob esse fundamento importante, em lugar de os esforços messiânicos situarem-se na Terra, especificamente sobre outros princípios mais intelectivos, intensifica-se, fundamentalmente, o reinado do Cristo, no seu aspecto do Amor Universal. E aqueles que não desenvolverem esse atributo no tempo exato de 2.160 anos, do signo de Pisces, serão colocados à esquerda do mesmo princípio crístico e exilados para outro orbe, no qual deverão ser reeducados, a fim de aguardarem, também, o período apropriado em que será destacado o mesmo aspecto do Logos Planetário daquele orbe de exílio.

PERGUNTA: — Poderíamos considerar que o término do signo de Pisces também coincidirá com o final da missão do Cristo na Terra?

RAMATÍS: — Em seguida à seleção do "Juízo Final", em que os colocados à direita do Cristo deverão constituir a humanidade do terceiro milênio, é óbvio que não necessitareis mais de esforços hercúleos para a evidência do princípio crístico, porque ele já existirá em todos os corações, assim como não vos é preciso manter o curso primário escolar para aqueles que já são acadêmicos. Desde que todos sejam crísticos, ou, pelo menos, em progressiva e indesviável atividade crística de mais Amor, reduzir-se-á o labor da pregação exclusiva em torno dessa virtude sublime.

PERGUNTA: — Uma vez que sob o signo de Pisces cultuou--se o Cristo, ou seja, o Amor, qual seria o princípio a ser eleito sob o próximo signo de Aquário?

RAMATÍS: — De há muito já vos temos feito vislumbrar qual seja o novo atributo que será destacado do Logos da Terra, como o principal imperativo regente nos dois próximos milênios, sob o signo de Aquário: é o princípio mental, para o homem educar a sua vontade, a fim de que, mais além, sob outro signo, desenvolva o poder criador, em seguida à vontade disciplinada e já purificado pelo Cristo. O ser humano só deve receber poderes mais altos e impor a sua vontade, ou criar, depois que tiver desenvolvido o princípio crístico do Amor absoluto, a fim de não causar distúrbios na harmonia da Criação. O terceiro milênio é o período inicial desse desenvolvimento mental coletivo, da humanidade terrícola, assim como os dois milênios que se findam abrangeram também o esforço doloroso do Cristo e do seu enviado, Jesus, para o amor coletivo. É o "Mentalismo" a sequência que substituirá ou sucederá ao Amor pregado por Jesus e inspirado pelo magnífico Arcanjo da Terra, destacado no atributo do Cristo.

PERGUNTA: — *Afirmastes, há pouco, que o Arcanjo não poderia agir diretamente no mundo físico, mas sim por intermédio de um Messias, como o foi Jesus. É isso mesmo?*

RAMATÍS: — Jesus manifestou-se fisicamente no vosso orbe há dois milênios, porque ainda podia mentalizar e construir os seus veículos intermediários nas energias adjacentes à matéria. Ele é ainda um espírito capaz de ter contacto com a carne, embora sob extrema dificuldade e sofrimento, como ocorreu na sua última descida sacrificial. No entanto, o Cristo Terráqueo, ou seja, o Arcanjo Planetário da Terra, é potencial vibratório de tão alta "voltagem sideral", que não conseguirá aglutinar de nenhum modo as energias inferiores, e situar-se na figura diminuta do corpo físico, para comandar diretamente um cérebro humano. A sua vibração altíssima não conseguiria o descenso vibratório para alcançar a forma letárgica da matéria! E, mesmo se supondo que assim pudesse agir, o seu espírito lembraria o exemplo, que já vos demos, da carga fulminante de 50.000 volts, quando projetada diretamente da usina sobre um minúsculo aparelho de 110 volts.

PERGUNTA: — Então, por que motivo a tradição, e mesmo os Evangelhos, afirmam que Jesus era o próprio Cristo?

RAMATÍS: — Realmente, Jesus foi o revelador do Cristo, o mais credenciado e Sublime Intermediário do Amor Absoluto, no vosso mundo. Pela sua Consciência Espiritual, fluiu e se fixou vigorosamente nas sombras terráqueas a Luz Crística, aflorando então à superfície da Terra e tornando-se o "Caminho, a Verdade e a Vida".

Quando o Mestre afirmou "Eu e meu Pai somos um" e "Ninguém vai ao Pai senão por mim", era o Cristo Planetário que atuava e transmitia o seu Pensamento diretivo por intermédio do seu divino médium Jesus, corporificado no plano físico. O Ungido, o Escolhido ou o Eleito para materializar o Verbo em vocábulos ou ideias acessíveis à mente humana, sob a égide do Arcanjo Planetário e criador da Terra, foi realmente aquele sublime Homem-Luz, retratado na figura angélica de Jesus de Nazaré, o doce filho de Maria.

É por isso que na própria conjunção de Marte, Saturno e Júpiter, que a vossa ciência acadêmica subestima, por desconhecer o verdadeiro fenômeno oculto, os Arcanjos Planetários daqueles orbes trocavam, entre si, os soberbos potenciais aliados às correntes espiritualizadas de suas humanidades evoluídas, formando, assim, o mais alto padrão de energismo e magnetismo sideral sobre a Terra.

A Técnica Divina operou para que Jesus corporificasse em suas entranhas psicofísicas a dosagem crística dos três Logos ou Arcanjos de Marte, Saturno e Júpiter, a fim de que ele pudesse vibrar em uníssono com o Cristo ou Logos da Terra e tornar-se o seu insuperável "canal vivo" no mundo de formas. Aquilo que para o vosso pobre entendimento humano situastes como uma "crendice astrológica" impressionar-vos-á profundamente a alma quando aqui aportardes e puderdes então conhecer quão dispendioso é ainda para os Arcanjos Planetários estabelecerem as condições mínimas para plasmarem nas consciências humanas uma réstia de sua Luz!

PERGUNTA: — O Cristo da Terra só se revelou, espiritualmente, mais acessível à vida humana, através de Jesus?

RAMATÍS: — O Cristo Planetário tem-se manifestado gradativamente em direção à superfície tangível do vosso mundo, através de todos os missionários anteriormente reencarnados como instrutores e líderes espirituais, desde os tempos imemoriais. Alguns deles puderam acentuar a vibração crística mais intensamente, na substância física; outros o fizeram de modo mais singelo. A figura mais notável, no passado, foi Antúlio de Maha-Ettel, o mais sublime revelador do Cristo Planetário na Atlântida, mas é incontestável que, apesar de Hermes, Krishna e Buda muito se destacarem nas suas divinas missões, foi Jesus o revelador inconfundível e a consciência diretora de todos os seus precursores.

PERGUNTA: — *Por que motivo diz o Gênesis que o Criador "soprou" a vida, em lugar de dizer que os mundos se fizeram, sob orientação dos prepostos siderais de Deus?*

RAMATÍS: — O "Gênesis" é um livro que contém o máximo acessível ao entendimento humano na época de Moisés; no entanto, sob as suas inúmeras descrições simbólicas escondem-se grandes verdades. O sopro criador representa o potencial transmitido por Deus aos seus Arcanjos, os quais revelam na matéria o Pensamento Original Divino. Eles representam, na realidade, "sopros" de energias cósmicas do Espírito Onipotente; não um enfeixamento de ar, mas um enfeixamento de luz, um fluxo de vida, um hálito criador, que plasma a Vontade Superior na substância virgem do Cosmo. O "sopro" divino é de Deus, mas não é Deus; quando Deus "soprou" a vida nos mundos, deu alento aos seus prepostos siderais, como espíritos construtores dos mundos e que estão mais perto do Foco Central Gerador da Energia da Vida!

Os Arcanjos vos unem a toda a Criação; significam elos vivos, e ligam-vos também à Mente Divina; constituem a imensurável escadaria da ascensão eterna; são os degraus que também tereis que galgar para vos transformardes em exuberantes condensadores da Luz do Senhor dos Mundos.

PERGUNTA: — *Sob o entendimento humano, ficamos com a impressão de que o Espírito Solar e o Planetário reencarnam-se na matéria dos seus sistemas solares ou planetas. É isso mesmo?*

RAMATÍS: — Do mesmo modo que o vosso espírito comanda a indescritível rede microcósmica de sistemas solares e galáxias, constituídos de eléctrons, átomos, moléculas, células, tecidos e órgãos do corpo físico, eles comandam os seus sistemas solares, sem necessidade de se reencarnarem neles. Não deveis considerar "ao pé da letra" esse comando, porquanto os espíritos arcangélicos atuam noutras dimensões e não podeis concebê-los como sujeitos à dor comum, da vossa carne. Assim que se findar o Grande Plano ou o "Manvantara" de que participais, desfazer-se-á a substância visível do vosso sistema, sem que por isso o Logos Solar deixe de existir integralmente e, ao contrário, se sinta ainda mais liberto em seu dinamismo sideral no Cosmo. Ele entrará no gozo pleno de sua Consciência Constelar, libertando-se da responsabilidade de despertar mais um incontável número de consciências humanas, que já estarão brilhando como centelhas festivas nos orbes que se movem na sua aura refulgente! Assemelhar-se-á a gigantesco inseto que se desprenda de uma rede sutil, de fios de seda!

PERGUNTA: — Como poderíamos compreender melhor essa libertação do Arcanjo Solar?

RAMATÍS: — A ciência vos ensina que o corpo físico nada mais é do que a soma de incontáveis coletividades microbianas, cuja vida microscópica é que realmente reproduz e revela todos os vossos desejos e propósitos, e ainda sustém a própria vida orgânica exterior. O corpo humano, reduzido à forma de pasta nuclear, caberia perfeitamente numa caixa de fósforos, embora mantivesse o mesmo peso da antiga massa visível, mas ilusória.

Há maior quantidade de espaços vazios, no corpo, do que realmente matéria absoluta; o homem, na sua última realidade, é apenas uma rede de magnetismo sustentando invisíveis corpúsculos que, devido à precariedade do olhar físico, assumem, a distância, uma falsa aparência de realidade compacta. Em consequência, quando desencarnais, é como se sacudísseis do espírito um punhado de pó incômodo, que obscurecia o dinamismo intenso de viver! Quando, no final de cada Grande Plano, o Arcanjo ou o Logos Solar se desveste do seu traje de orbes, satélites e asteroides, como se fossem um pó aderido à Beleza, à Refulgência e à Dinâmica de sua alma, também se sente mais nítido e operante no Universo. A sua Consciência liberta-se da opressão das leis vibratórias e implacáveis, a que se submetera, na obrigatória descida angélica, e o seu espírito readquire a plenitude do seu dinamismo peculiar, podendo mover-se livremente nas faixas vibratórias exuberantes da Mente Divina.

Para o vosso precário entendimento humano, dir-vos-emos que o Arcanjo recupera a sua Ventura Sideral, assim como o espírito excelso se liberta das angústias do mundo material. Os Arcanjos prosseguem ascensionando para condições cada vez mais altas, compondo novos sistemas mais evolvidos e operando na massa espiritual. Através da substância aglomerada dos mundos físicos, a massa espiritual, descida, aciona pelo interior todas as formas materiais, desde o elétron atômico até o conjunto terráqueo, plasmando incessantemente novas consciências que ascensionam a caminho da formosa angelitude.

PERGUNTA: — *Registrou-se qualquer acontecimento na vida de Jesus, capaz de explicar a sua conjunção direta com o Cristo Planetário da Terra?*

RAMATÍS: — As tradições religiosas podem comprovar-vos que a missão de Jesus teve o seu clímax durante os últimos três anos de sua vida, após ter ele completado 30 anos de idade. O acontecimento que quereis conhecer está evidenciado pelo seguinte significativo simbolismo bíblico: João Batista interpela Jesus e afirma que ele é o Messias. Jesus, pela primeira vez, responde que realmente o era. De outra feita, após o batismo, que define o propósito iniciático de o homem terráqueo se redimir, e que é realizado por João Batista, os apóstolos assinalam, na vidência, que uma pomba imaculada desce sobre Jesus e o inunda de luz do Espírito Santo. Para aqueles que estão familiarizados com as figuras simbólicas de que os Mentores Siderais costumam utilizar-se na projeção, sobre o mundo de formas, de sinais identificadores de determinadas situações importantes no labor messiânico, a "pomba branca" é o símbolo máximo empregado para notificar a ação do Arcanjo Planetário operando na modificação dos grandes ciclos de renovações espirituais.

O acontecido com Jesus quer dizer que, exatamente naquele momento, o Cristo Planetário pudera vibrar mais diretamente na carne do seu Divino Médium e que, portanto, dali por diante manter-se-ia em contacto mais eficiente com a sua consciência. Na realidade, é da ocasião do batismo em diante que se repetem as constantes afirmações de Jesus, assegurando, sem qualquer vacilação: "Eu e meu Pai somos um" ou "Ninguém vai ao Pai senão por mim".

Na figura de Médium Consciente, ele entregara-se, então, ao indescritível "transe crístico", exsudando o permanente e sublime Amor que o inundava, projetado do Cristo Planetário!

Mensagens do Astral   337

Conhecedor profundo da escadaria hierárquica sideral, reconhecendo-se uma consciência ainda ligada ao mundo de formas, o Messias guardava profunda ternura para com o espírito do Cristo Planetário, que vivia em sua alma, situado hierárquica e imediatamente acima de sua individualidade sideral; sabia o caminho exato para a criatura tomar contato mais direto com o Criador dos Mundos! Como excelso espírito missionário descido à carne, Jesus era o prolongamento vivo do Cristo Planetário da Terra; o "degrau" sideral para a jornada humana em busca da eterna ventura espiritual.

PERGUNTA: — Que significa esse "Grande Plano" ou "Manvantara", no Cosmo?

RAMATÍS: — Assegura a vossa ciência que o Universo se encontra em fase de contínua expansão; assemelha-se a gigantesca explosão que se dilata em todos os sentidos. Efetivamente, a imagem está próxima da realidade; entretanto, como o tempo no vosso mundo é relativo ao calendário humano, não podeis avaliar essa explosão na eternidade da Mente Divina! Para Deus, esse acontecimento é tão instantâneo como o explosivo que rebenta no espaço de um segundo terrestre! Mas essa expansão não se verifica apenas na estrutura da matéria cósmica que anotais através de vossos instrumentos científicos, pois o envoltório físico é o vestuário exterior e provisório dos Augustos Espíritos do Senhor, cujas auras conscienciais também se expandem em todos os sentidos, no indescritível processo de criar e evoluir.

Cada um dos Grandes Planos ou Manvantaras, correspondente ao total de 4.320.000.000 de anos do vosso calendário, no tempo que gasta para se concretizar completamente, significa para Deus a sensação de uma explosão comum que efetuais com fogos de artifícios! O Cosmo, eliminada a ideia de tempo e espaço, é apenas uma eterna "Noite Feérica" e infinita festa de Beleza Policrômica, decorrendo sob a visão dos Espíritos Reveladores da Vontade e da Mente Criadora dos Mundos.

A consciência espiritual do homem, à medida que cresce esfericamente, funde os limites do tempo e do espaço, para atuar noutras dimensões indescritíveis; abrange, então, cada vez mais, a magnificência real do Universo em si mesma, e se transforma em Mago que cria outras consciências menores em sua própria Consciência Sideral.

PERGUNTA: — *Quais as características principais de um Grande Plano, ou Manvantara?*

RAMATÍS: — Visto que a Criação, que é o produto do Pensamento de Deus, nunca teve começo, assim como não terá fim, nem se subordinará nunca ao tempo e ao espaço, os Mentores Siderais procuram expressar o seu processo criador tanto quanto seja possível ao entendimento humano, motivo por que a situam, idiomaticamente, em duas fases distintas e compatíveis com a compreensão humana. É óbvio que Deus não traçou divisões em si mesmo, porquanto a sua manifestação é eterna, contínua e ilimitada. Mas a filosofia oriental procurou distinguir, no Onipotente, a fase da sua "descida" à forma exterior-matéria e, depois, o "retorno" ou a dissolução da substância, como a libertação do Espírito Cósmico da forma. Em consequência, a "expiração" é a descida angélica para fora, ou exterior, e que no Oriente se denomina o "Dia de Brama", isto é, quando Deus cria. A segunda fase é a "aspiração", ou seja, a "Noite de Brama", quando então Deus dissolve o Cosmo exterior.

O "Grande Plano" — denominação mais apropriada para a mente dos ocidentais — ou o "Manvantara", da escolástica oriental, abrange, então, essas duas fases de expirar e aspirar, ou seja, a Noite de Brama e o Dia de Brama. Perfaz cada fase o tempo de 2.160.000.000 de anos terrestres, somando ambas o total de 4.320.000.000 de anos, tempo em que Brama, ou Deus, completa uma "respiração", ou seja, um Grande Plano ou Manvantara.

Há que notar a precisão desses Manvantaras ou "Grandes Planos", já enunciados no tempo de Antúlio, na Atlântida, o qual, devido a esse conhecimento, pôde prever a precessão dos equinócios, que mais tarde os egípcios confirmaram, assinalando-a na edificação das pirâmides e oculta sob as suas medidas sibilinas.

Cada signo zodiacal dura exatamente 2.160 anos, e um grande ano astrológico compreende a passagem completa do Sol pelos 12 signos, perfazendo, então, 25.920 anos. Os antigos atlantes não se referiam ao Grande Plano nem ao Manvantara, mas ao "Supremo Giro de Rã", ou seja, o "Supremo Giro do Sol", que devia compor-se exatamente de 2 milhões de signos zodiacais. Sendo cada signo de 2.160 anos, conforme a tradição astrológica, dois milhões de signos somam 4.320.000.000 de anos terrestres, ou seja, um Grande Plano ou Manvantara.

Os velhos iniciados dos Vedas e os instrutores da dinastia

de Rama costumavam afirmar que a respiração macrocósmica de Brama corresponde à respiração microcósmica do homem".[1]

PERGUNTA: — E como poderemos compreender o "ritmo setenário" que sempre nos citais, em que o Espírito Divino desce vibratoriamente até à fase exterior da matéria, depois de atravessar os "sete mundos"?

RAMATÍS: — Trata-se, também, de novos diagramas especiais, contidos no processo do Grande Plano, e que os Grandes Iniciados hão composto para auxiliar a compreensão humana quanto às fases intermediárias da Criação.

São muito conhecidos entre os ocultistas do vosso orbe os "gráficos-base" que conceituam as "três emanações divinas" e os "sete mundos" e suas "regiões", que situam a descida angélica. Eles demarcam as pulsações rítmicas da Criação Divina e assinalam as faixas vibratórias que identificam as principais mudanças na energia do Cosmo. O conhecimento iniciático milenário sabe graduar perfeitamente as diversas fases da descida do espírito até à expressão matéria, avaliando-lhe os ritmos criadores mais importantes e auxiliando gradativamente o entendimento humano dos estudiosos dos Manvantaras, ou Grandes Planos. É uma redução acessível ao pensamento humano, embora muito aquém da Realidade Cósmica; mas é a expressão gráfica mais fiel possível. Os hermetistas, hinduístas, taoístas, iogues, teosofistas, rosa-cruzes e esoteristas têm norteado os seus estudos com êxito sob esses gráficos inspirados pelos Mentores Siderais, desde a Atlântida.

PERGUNTA: — Poderíeis, então, esclarecer-nos quanto à composição das "três emanações divinas"?[2]

RAMATÍS: — A pedagogia sideral ensina que há três princípios cósmicos, uníssonos, que constituem o próprio Deus; três manifestações absolutas do Ser Supremo e que na exiguidade desta obra assim resumiremos para um fugaz entendimento humano. São eles:

1) **O Princípio Incriado Gerante**; a Unidade Cósmica ou o Espírito Eterno; Deus, o Pensamento Original Cósmico;

1 Nota do médium: - Reduzindo esse conceito ao precário entendimento humano, o início e o final de um "Grande Plano" ou "Manvantara", para Deus, significa tanto quanto o tempo de uma respiração para nós.
2 Nota do médium: - Em face de o esquema de Ramatis sobre a Criação Cósmica apresentar pontos de contacto com a filosofia rosacruciana, recomendamos a obra *Conceito Rosa-cruz do Cosmos*, de Max Heindel, edição da "Fraternidade Rosacruciana São Paulo", com riqueza de detalhes no gênero.

2) **O Princípio Criado Criante**; o Cristo Cósmico, o Amor, que estabelece o equilíbrio entre os opostos, o divino "cimento" que une o pensamento cósmico à forma ou substância; o Elo entre o negativo e o positivo, entre a luz e a sombra; Espírito Eterno que harmoniza a Unidade Cósmica: é a coesão entre os astros, a afinidade entre as substâncias e o amor entre os seres;
3) **O Princípio Criado**, que é o Agente, a Ação que plasma o Pensamento de Deus Pai, no desejo do seu filho, o Cristo. É também conhecido na tradição esotérica como o Espírito Santo, que concebe com a "energia virgem" ou forças pré-cósmicas para a "gestação" na matéria.

Mas a pobreza dos vocábulos, desenhando na vossa mente situações limitadas e letárgicas, no tempo e no espaço, de modo algum pode caracterizar-vos a Realidade Cósmica. Trata-se de esforço conceitual para o treinamento do homem, a fim de que, em sucessivas romagens siderais, termine assimilando o "espírito" e não a "forma" da revelação.

No equívoco de excessiva materialização daquilo que é configuração simbólica, já incorreram as religiões tradicionais, motivo pelo qual ainda se discute sobre as três "pessoas" da Santíssima Trindade ou a pomba "física" do Espírito Santo, pousada na cabeça de Jesus, olvidando-se que tais expressões são sínteses alegóricas de acontecimentos siderais.

Referindo-nos aos três princípios cósmicos, às três emanações distintas do mesmo Ser único e Absoluto, aludimos às fases conhecidas como "involução", "descida vibratória" ou "descenso angélico", quando o espírito atinge o estado substancial distinguível pelos sentidos humanos. Em sentido inverso, o processo denomina-se "evolução", "aceleração vibratória" ou "subida angélica" em direção à origem iniciática do princípio original.

Essas operações, assim classificadas e algo humanizadas, para o melhor entendimento possível à precariedade da vossa mente, sucedem-se dentro da ocorrência completa de cada Grande Plano, fazendo-se a descida em o Dia de Brama, quando Deus gera e daí resulta o princípio criante, que produz então o princípio criado, para que se cumpra o que é planeado no Pensamento Cósmico Gerante.

A Noite de Brama, ou a "desmaterialização" do panorama objetivo do Cosmo e a libertação do espírito para o seu estado original completam, então, o Grande Plano ou o Manvantara atuante nos sete mundos.

PERGUNTA: — *Qual a ideia que poderíamos conceber, desses sete mundos?*

RAMATÍS: — A mesma Pedagogia Sideral ensina que Deus, Brama ou o Universo, abrange sete mundos ou sete estados energéticos que se diferenciam conceitualmente sob a regência do ritmo setenário. Através dessa divisão, cabível na mente humana, torna-se mais fácil aquilatar o processo de "involução" ou "descida angélica" e o da "evolução" ou "ascensão espiritual". Procurando situar-nos dentro dos gráficos mais conhecidos e que consideramos de maior clareza para esse entendimento, principalmente os que são manuseados entre os esoteristas, rosa-cruzes, teosofistas e hermetistas, expomos, resumidamente, a disposição dos sete mundos que servem de degraus diferenciais no abaixamento vibratório do espírito virgem, e que a tradição bíblica também simboliza no trajeto ascensional através da escada de Jacó:

1°) **Mundo de Deus**, a Matriz-Base, o Pensamento Original e Total;

2°) **Mundo dos Espíritos Virginais**, composto de sete regiões, de onde se originam os espíritos diferenciados em Deus, para iniciarem a sua trajetória através da substância material; origem iniciática dos veículos do homem;

3°) **Mundo do Espírito Divino**, em cujas regiões se originam as mais elevadas influências espirituais no homem;

4°) **Mundo do Espírito de Vida**, é a origem do segundo aspecto tríplice do espírito do homem;

5°) **Mundo do Pensamento**, dividido na região do "pensamento abstrato" que contém as ideias germinais da forma, vida e emoção dos reinos mineral, vegetal, animal e humano; na região do "pensamento concreto", zona mental, origem das forças arquetípicas e a mente humana, na figura de um foco que reflete o espírito na matéria, além dos arquétipos do desejo, emoção, vitalidade universal e da forma. (Aliás, esse mundo, em sua divisão perfeita do espírito humano e a mente, separa perfeitamente a personalidade provisória do mundo de formas e o ego concretizado no mundo interior do espírito.)

6°) **Mundo dos Desejos**, responsável pelo "corpo dos desejos", na seguinte disposição: — três regiões que compreendem o poder, a luz e a vida anímica, compondo a atração; a quarta região, que é o sentimento, as três últimas abrangendo os desejos, impressionabilidade e paixões;

7°) **Mundo Físico**, de suma importância para o atual conhecimento do homem comum, assim dividido: — região interior, etérica, forma do corpo vital, e região exterior, química, que compõe o corpo denso ou propriamente físico.

Destacamos especialmente a "região etérica" cujos veículos funcionam em bastante eletividade com as energias do sexto mundo, que é o formativo do corpo dos desejos, compondo-se, então, o corpo etereoastral, responsável pelos fenômenos imediatos no plano físico.

Enquanto o corpo físico é composto dos sólidos, líquidos e gases da região química, toda a sua estrutura invisível, interior, realmente energética e plasmadora da forma — que preexiste e sobrevive à dissolução da carne — reside nessa região etérica. Ela constitui-se de quatro "éteres" que formam a fisiologia do perispírito ou corpo etereoastral, e que assim se dividem: — o mais inferior, que é o "éter-químico", elemento responsável por todos os fenômenos de assimilação e excreção nas relações do homem com o meio; o "éter-vital", o magnífico veículo que permite a propagação no meio físico, impregnando desde o pólen das flores até o espermatozóide humano e que, devido à intemperança ou os vícios sexuais, debilita-se e extingue-se, produzindo a esterilidade; o "éter-luminoso", o meio de percepção sensorial, o captador das vibrações do ambiente exterior e, ao mesmo tempo, o transmissor, em linguagem objetiva, das emoções e das sensações interiores da alma no seu mundo oculto; o "éter-refletor", a tessitura delicadíssima que reflete toda a memória da Natureza, desde o mais leve estremecimento de uma probabilidade de onda até o ruir ou gestar-se do Cosmo. Graças à sua natureza sutilíssima, o ego-divino pode evocar, no plano físico, todos os sucessos de suas personalidades humanas em reencarnações anteriores, constituindo-se, então, a consciência reflexiva, por acumulamento no simbolismo do tempo e do espaço. É um dos principais registros que delineiam a Lei de Causa e Efeito, do Carma, porque fica-lhe refletida toda vibração que exorbite do nível normal da evolução.

Quando o espírito está prestes a abandonar o corpo, na hora agônica, o "éter-refletor" projeta no cérebro do agonizante todo o seu passado, como se um filme cinematográfico fosse projetado, em sentido inverso; a psicometria também é possível, porque a leitura psicométrica é feita diretamente nas imagens

Mensagens do Astral

dos registros desse éter.[3] Entretanto, como bem se define, o éter-refletor é apenas o reflexo da Memória real da Natureza, a qual se encontra em planos mais altos. Só os clarividentes consumados, e sob um modo de vida superior, conseguem interceptar as imagens reais, enquanto que os "médiuns videntes" e os psicômetras precários apenas manuseiam os fenômenos reflexivos e de um tipo de éter ainda adstrito ao campo físico.

Nesse campo etérico é que o sistema de "chacras" tem a sua atividade muito desenvolvida, funcionando como condutor das energias do vitalismo solar e demais forças telúricas e, ao mesmo tempo, facilitando a libertação maior ou menor dos veículos para as saídas em astral, do "ego" reencarnado.

Naturalmente não podemos demonstrar-vos, nestes singelos relatos, a constituição completa de todos os elementos que se interpenetram e atuam na descida vibratória do espírito, constituindo os "egos" para a atuação na matéria. O vosso mundo já possui literatura bastante, no gênero, suficiente para desenvolver-vos a capacidade e a base essencial para que vos torneis cada vez mais conscientes da vossa própria realidade espiritual. O Esoterismo, a Teosofia, a Filosofia Rosa-Cruz, a Ioga, o Hermetismo, as Ordens Iniciáticas e os chamados compêndios ocultistas estão repletos de ensinamentos técnicos e úteis aos discípulos ávidos do saber.[4]

PERGUNTA: — Ante a complexidade dessa região etérica, e para nossa melhor compreensão, poderíeis tecer outras considerações sobre o assunto?

RAMATÍS: — O Éter-Cósmico podemos conceituar como o próprio Corpo Vital ou Duplo-Etérico de Deus, cujos sistemas de galáxias, em efusão, seriam, na fisiologia cósmica, centros de forças à semelhança dos "chacras" que se distribuem pelo duplo-etérico do homem. Em consequência, tudo o que palpita em Deus está envolto por esse Éter-Cósmico, mas na proporção e qualidade exatas para cada coisa, corpo ou ser vivo.

É assim que uma galáxia, que é formada de incontável número de sistemas de sóis, planetas ou mundículos, é também um corpo etérico resultante da soma de todos os corpos

3 Vide *A Vida Além da Sepultura*, de Ramatís, capítulo "A Caminho do Além"; *Voltei*, de Irmão Jacó, pág. 25, e *Falando à Terra*, cap. "De Retorno", espírito de Romeu A. Camargo. As duas últimas obras editadas pela Fed. Esp. Brasileira.
4 Nota do revisor: - Vide obras no gênero: *Fundamentos da Teosofia*, de C. Jinarajadasa, edição da Editora Teosófica Adyar; *Evolução em Dois Mundos*, André Luiz, editada pela Fed. Espírita Brasileira.

ou duplo-etéricos de todos os astros que lhe formam o manto estelar. O sistema solar que vos serve de morada, além da sua expressão física, possui também o seu duplo-etérico, que significa a "matriz" oculta, de todo o sistema. A Terra, como um planeta que gira dentro desse sistema, também possui, por sua vez, o seu próprio corpo etérico, mais individualizado à sua forma, às suas necessidades e responsabilidades no Cosmo. O éter do corpo físico da Terra infiltra-se e interpenetra todas as coisas que nela existem, sejam as montanhas, os mares, rios, minerais, florestas, vegetais, animais, insetos, vermes, pássaros ou seres humanos. Assim como existe o duplo-etérico da floresta material, na forma de outra floresta luminosa, semelhante a um cenário de celofane — onde vivem os espíritos dos silvícolas, julgando-a o seu campo de caça — há também o duplo-etérico de cada pinheiro, arbusto ou lâmina de capim! A reprodução é exata, perfeita e hermética; é uma outra Terra, com todos os seus pertences, sem faltar a figura etérica do esvoaçante grão de areia! Serve de morada a fadas, gnomos, sílfides, salamandras, ondinas, nereidas e outros tipos de elementais e energias ainda ignoradas na própria tradição esotérica.

O condor que voa sobre os Andes ou o verme que se arrasta no seio da terra úmida são apenas a materialização objetiva, aos vossos olhos, do mesmo condor e do mesmo verme que vivem e palpitam no seio recortado do éter que lhes atende à forma idiossincrásica. Quando, por efeito da morte da aranha ou de uma águia, a sua forma se desintegra no mundo físico, a ave ou a aranha prosseguem no verdadeiro mundo de sua origem — o éter astral! E, como ainda não dispõem do discernimento da consciência, nem chegam a notar a diferença vibratória do novo "habitat", prosseguem no seu voo ou na sua teia de seda etérica, no panorama etérico e ainda mais belo e vibrátil!

PERGUNTA: — Quando as coisas ou os corpos físicos se destroem, não devia ficar destruído também o corpo astral, ou o duplo-etérico?

RAMATÍS: — Embora uma floresta, no vosso mundo, seja a materialização física e exata de outra floresta etérica, quando cortais um pinheiro, continua existindo o outro pinheiro etérico, que não é atingido pela ação letárgica do plano físico, salvo quando os poderes mentais dos espíritos construtores querem dissolver qualquer éter acumulado.

Mas o fenômeno é ao contrário, quando operado daqui,

diretamente, no campo etérico. Logo que, por qualquer circunstância excepcional, é destruído o molde etérico de uma flor ou fruto físico, se não for logo restabelecida a energia etérica no duplo invisível, a sua contraparte física se deteriora ou emurchece. É claro que, quanto mais poderoso é algo do mundo físico, também o seu duplo-etérico só pode ser modificado ou destruído por espíritos mentores de considerável poder, mas que só atuam sob o comando mais alto. Muitos cataclismos físicos são primeiramente preparados pelos Mentores Cármicos, nos seus moldes ou duplo-etéricos, para em seguida repercutirem disciplinadamente na matéria.

No seio vegetal da semente também está adormecido o potencial do pinheiro etérico, embora reduzido e aglutinado em si mesmo, o qual é alimentado pelo corpo etérico do "espírito-grupo" da espécie pinheiro. O pinheiro físico, que germina e se desdobra no pinhão atirado no seio da terra, desata-se no seu crescimento vegetal graças ao seu molde etérico, que absorve as substâncias do astral e assume as cores e qualidades do "espírito vegetal" ou "deva" da natureza a que pertence.[5] No entanto, há que convir que esse pinheiro etérico não é apenas uma espécie de árvore recortada em papel celofane, e que imaginareis transparente. Ele contém em si todos os éteres do "sétimo mundo", que já citamos antes, no quadro demonstrativo dos sete mundos; há o quimismo que assimila e excreta no metabolismo da seiva; a vitalidade etérica que procria e constitui, depois, as novas sementes, para que a espécie se reproduza continuamente em novos arvoredos; há o éter luminoso, que dá ao vegetal a sensação de existir, como um centro de sensação do "espírito vegetal" no mundo etereofísico; e há, principalmente, a "memória da natureza", na forma do "éter-refletor", o qual, após a desagregação física da árvore, conservará o "registro memorial" de toda a gestação, crescimento e desintegração vegetal.

É óbvio que, quanto mais evoluída é a espécie vegetal, tanto maiores são as suas qualidades etéricas. Há plantas carnívoras cujo eterismo já está impregnado de desejos e de paixão, porque elas participam do sexto mundo astral, que é o dos desejos e que precede o mundo etérico.

Enquanto são mais inferiores os corpos etéricos do peixe, dos pássaros e de certos animais de menor importância — que

5 Vide obras sobre o assunto: *A Sabedoria Antiga*, Annie Besant, cap. IV; *Plano Mental*, obra editada pela Livraria Freitas Bastos S. A. e *O Reino dos Deuses*, de Geoffrey Hodson; FEEU, Porto Alegre, RS.

QUADRO DEMONSTRATIVO DOS SETE MUNDOS[*]

#	Mundo	Descrição	Plano	
1	Mundo de Deus	DEUS	Mahaparanirvânico	
2	Mundo dos Espíritos Virginais	Mundo da origem dos espíritos diferenciados em Deus, antes da sua peregrinação através da matéria. — Veículos do homem —	Paranirvânico	
3	Mundo do Espírito Divino	Origem da mais elevada influência espiritual no mundo. — Espírito Divino —	Nirvânico	EGO
4	Mundo do Espírito da Vida	Origem do segundo aspecto do tríplice espírito do homem — Espírito de Vida —	Búdico	
5	Mundo do Pensamento — Região do Pensamento Abstrato	Mundo que contém as ideias germinais da forma mineral, vegetal, animal e humana; ideias germinais do desejo, da emoção dos animais e do homem; origem do terceiro aspecto do espírito do homem	Arupa — Mental	Meio de união entre a personalidade e o Ego
	Região do Pensamento Concreto	Mundo das forças arquetípicas e da mente humana. Reflete o espírito na matéria; contém os arquétipos de desejo e da emoção; da vitalidade universal e da forma.	Rupa	
6	Mundo dos Desejos	Mundo do poder anímico, luz anímica e vida anímica; regiões do sentimento, desejos, impressionabilidade, paixões e desejos inferiores. — Corpo de Desejos —	Astral	A PERSONALIDADE
7	Mundo Físico — Região Etérica	Éter refletor da memória da natureza: éter luminoso da percepção sensorial; éter vital da propagação e o químico de assimilação e excreção. — Corpo Vital —	Físico	
	Região Química	Região dos gases, líquidos e sólidos — Corpo denso —	Físico	

[*] Esse quadro é cópia simplificado do diagrama da p. 42, da obra *Conceito Rosa-cruz do Cosmos*, Editora Fraternidade Rosacruciana São Paulo, acrescido, também, dos termos usados pelo Ocultismo Oriental. Copiamo-lo em nossas reuniões para auxiliar o leitor.

Mensagens do Astral

não passam de apêndices instintivos do "espírito-grupo" que os comanda instintivamente — o duplo-etérico do cão, do cavalo ou do gato são portadores de certa dose de consciência, à parte, e já se emancipam da consciência instintiva global do espírito diretor da espécie e, consequentemente, da generalidade do seu corpo etérico.

PERGUNTA: — Naturalmente, o duplo-etérico do homem é o mais aprimorado, nesse "eterismo" que forma o molde das coisas e dos seres. Não é assim?

RAMATÍS: — O duplo-etérico do homem não só é o mais qualitativo e complexo, devido ao sistema fisiológico e avançado dos "chacras", como ainda o principal veículo de coordenação e relação com todos os outros fenômenos das vidas menores. É um veículo aprimorado, cuja dinâmica é utilíssima ao atual estado de consciência do homem porque, embora no mundo da matéria, ele relaciona a criatura com seus veículos superiores.

Esse corpo etérico é que restaura o metabolismo humano, na figura do molde preexistente, para constituir-se o corpo físico pelo nascimento; ele age e reage em concomitância com tudo o que lhe sucede no campo físico.

Quando o médico pratica a anestesia, cai a temperatura do paciente devido à inércia atômica, e ocorre uma breve morte aparente, justamente porque é expulso o duplo-etérico, que é o verdadeiro coordenador do metabolismo físico. A destruição de um órgão físico não atinge de súbito o etérico; conheceis, certamente, o caso de muitas criaturas que amputaram braços, pernas, dedos ou órgãos internos, mas que continuam a sentir dores nas regiões amputadas, e isso porque o molde etérico do órgão operado permanecia a repercutir, por não ser atingível pela instrumentação física. Os espíritos costumam operar curas daqui, agindo exclusivamente no campo etérico; em seguida, o molde do órgão em que atuaram vai-se modificando lentamente e, pela repercussão vibratória, modela-se também a sua contraparte física. Como os curados espiriticamente ignoram isso, e não guardam o regime — que é ainda mais severo que o das operações físicas — a intervenção etérica perde então o seu efeito terapêutico.

PERGUNTA: — O câncer apresenta também qualquer relação com esse duplo-etérico?

RAMATÍS: — Como o agente energético responsável pela

patogenia do câncer provém de uma energia astral corrosiva, ele se situa, basicamente, no duplo-etérico, onde tem o seu "habitat" favorável. Muitas vezes os médicos costumam amputar as partes afetadas dos cancerosos: extraem um dedo e, para surpresa sua, o câncer surge novamente, atacando a mão e o braço e avançam implacavelmente, a zombar da ciência humana! A radioterapia, os passes magnéticos e a homeopatia em alta dinamização conseguem certo êxito nessas curas, porque representam justamente a única terapêutica que consegue influenciar no duplo-etérico e, assim, atacar o agente corrosivo no seu verdadeiro corpo energético de vida astroetérica.

PERGUNTA: — Nesse caso, certas energias perigosas podem influir a distância, através do corpo etérico da própria Terra?

RAMATÍS: — O corpo etérico da Terra está impregnado do éter que invade todo o Cosmo e, consequentemente, do mesmo éter que rodeia e interpenetra os astros, sistemas e mundos próximos ou distantes, motivo por que os astrólogos acusam as influências etéricas astrais a distância, na forma de influências de boas ou más condições astrológicas. As mudanças longínquas, que se processam nos corpos etéricos dos outros orbes, devidas ao oceano de éter cósmico que tudo une e intercambia, repercutem, também, no duplo etérico astral da Terra e no próprio éter do corpo humano, conforme a maior ou menor sintonia ao tipo da influência.

PERGUNTA: — É esse o motivo da ação "etereoastral" do planeta intruso, a que sempre aludis como sendo uma influência característica?

RAMATÍS: — Efetivamente, grande parte dos terrícolas já se deixa influenciar pelo referido astro, sem poder objetivar a origem da estranha volúpia sensual, que lhes superexcita as paixões, e efetua convites para o prazer fácil, instintivo e impuro, dificultando o senso diretivo moral do espírito e favorecendo um retorno à esfera animal primitiva. Ignoram essas criaturas que o astro intruso, embora ainda invisível aos sentidos físicos e à instrumentação material, age pelo seu duplo-etérico sobre o duplo-etérico da Terra e, consequentemente, por meio de repercussão, termina atuando gradativamente nos campos etéricos daqueles que ainda guardam o potencial etérico-astral das paixões inferiores e não as expurgaram completamente pelo sofrimento ou, então, com a auto-evangelização.

Os "chacras" ou os centros de forças que controlam a fisiologia do duplo-etérico regulam o intercâmbio entre os vários órgãos físicos e, principalmente, entre as energias astrais do sexto mundo dos desejos, que são as forças das emoções da impressionabilidade e das paixões. Toda ação etérica inferior, que se lançar de outros astros sobre a Terra, fará vibrar o sistema de chacras humanos e, consequentemente, movimentar também o simbólico e instintivo campo da "besta" animal, como já está ocorrendo convosco, sob a ação do magnetismo etereoastral do planeta intruso, que é primitivo, animalizado e estimulante das paixões inferiores.

As tendências inferiores, os desejos torpes e desregrados, despertam-se na tela astral do terrícola e surgem, então, as evocações da velha instintividade própria dos primatas das cavernas.

Eis um dos motivos por que a órbita de 6.666 anos, do planeta intruso, revela o simbólico número da "Besta" do Apocalipse, que é o "detonador" psíquico da eclosão do instinto bestial humano. É, na realidade, o agente iniciático do reino do "Anticristo", cuja ação principal realmente se inicia pelo "interior" da Terra.

PERGUNTA: — Escapa ao nosso entendimento humano a natureza dos planos previstos e concretizados pelos Engenheiros Siderais há trilhões ou quatrilhões de anos e sob rigorosa disciplina evolutiva, como sempre nos tendes informado. Poderíeis dar-nos uma ideia mais objetiva do assunto?

RAMATÍS: — Como a Consciência dos Engenheiros Siderais ou Arcanjos, suplanta o virtual fenômeno de "espaço" ou "tempo", porque já abrange um orbe ou sistema de mundos, um milênio do calendário humano não lhes significa sequer um minuto terrestre! Milhares de micróbios que vivem na ponta de um alfinete têm o direito de descrer que o homem viva 80 ou 100 anos, pois esses micróbios vivem no espaço de minutos, ou mesmo de uma hora, as sensações progressivas de infância, mocidade e velhice. Entretanto, o vosso período de 80 anos de "vida longa" é fugaz minuto na concepção mental do Engenheiro Sideral! Qual seria a sensação do micróbio — já vos perguntamos certa vez — que vive entre outros milhões, no seio da molécula do vosso fígado, se ele tentasse descrever toda a configuração do vosso corpo físico? Na figura de cidadão comum da molécula hepática, não conseguiria ver-vos à distância, nem seria capaz de avaliar a contento a vossa figura humana; em consequência, teria de descrer da vossa realidade, assim como os ínfimos micróbios humanos, situados na molécula "Terra", integrante de uma célula de galáxia, não podem formar um juízo perfeito nem ao menos da forma do fígado estelar do Pai! Deus é um Pensamento Eterno, e a sua Criação um produto objetivo desse mesmo pensamento; o binômio "pensar e criar" não pode ser calculado no espaço e no tempo, porque não existe nada fora de Deus que também possa marcar as suas operações criativas. Ele "é" sempre-eternamente! Nele tudo existe, sem começo nem fim!

Assim que pensais em construir uma ponte, por exemplo, esta se fixa, invisivelmente, na vossa mente, na figura de um molde ou matriz, que apenas fica aguardando o ensejo para revelar-se ao mundo e aos sentidos humanos. Embora outros não creiam nessa ponte, por enquanto invisível, na vossa mente, ela já existe indestrutivelmente noutras dimensões; vós a criastes no mundo mental, assim que pensastes na sua estrutura e acabamento.

No entanto, vós sois responsável pelo benefício ou prejuízo que se fizer no mundo pela concretização dessa idéia, seja um abrigo de órfãos ou maquinaria infernal de destruição. Mas é evidente que o combustível que usais é sempre extraído da fonte mental do próprio Deus, que é o Autor único e Insuperável de todas as coisas.

Às vezes, muitos usam as mesmas ideias inatas, simultaneamente, e então aparecem obras iguais ou semelhantes, ao mesmo tempo, na Terra. Tudo quanto imaginardes e conservardes na vossa retentiva mental exige essência da própria Mente Divina.

Os Engenheiros Siderais também dão forma àquilo que já é um plano perfeito e preexiste eternamente na Mente Divina e, por esse motivo, todas as operações são previstas com trilhões ou quatrilhões de anos e se situam num desdobramento evolutivo, revelando-se gradativamente na forma, através das mentes menores dos espíritos humanos.

PERGUNTA: — Essa explicação de que o espírito humano apenas vai dando forma substancial àquilo que já existe "sem começo e sem fim", na Mente de Deus, desperta-nos uma ideia de automatismo; fica-nos a impressão de não passarmos de colecionadores de ideias alheias, embora elas sejam recebidas de Arcanjos ou de Deus. Que nos dizeis a respeito?

RAMATÍS: — O escritor que vive a jubilosa sensação de

haver criado obras excelentes, ou o artista eufórico de sua virtuosidade, nada mais fizeram do que apossar-se de ideias mentais que outros espíritos lhes inspiraram do Além. O escritor, antes da pseudocriação da obra em sua imaginação, apodera-se da obra alheia e física, do próprio mundo, como sejam o lápis, a caneta ou a máquina de escrever, papel, tinta ou dicionários; ao efetuar o trabalho serve-se de um idioma que outros burilaram no tempo e sob outros costumes humanos; manuseia regras, palavras, frases e orações que são produtos de pedagogos ou de compêndios alheios. As próprias ideias que lhe acodem para "criar" a sua obra provêm das evocações de um mundo edificado por outros que já o antecederam; descreve coisas que já existiam e lhe impressionaram a mente; quando medita em algo novo, o faz por eliminação daquilo que lhe parece mais velho, mas o que sobra ainda é escolhido e não criado. Ele imagina-se dono de um estilo, mas esse estilo é apenas um esforço para ser diferente dos outros estilos e, comumente, surpreende-se com outros escritores que também possuem um estilo igual ao seu, verificando, então, que nem o seu modo de escrever é exclusivo no mundo!

   O escritor que pretenda criar coisa inédita há de se conformar, sem dúvida, com o fato de que não é nenhum criador, mas apenas um compositor! A sua glória, a sua alegria e os seus méritos hão de basear-se exclusivamente no seu modo pessoal de compor, diferente dos demais escritores, embora o faça com as mesmas ideias e os mesmos recursos de que eles também se servem.

   PERGUNTA: — Qual a ideia aproximada, embora vaga, que poderíeis transmitir-nos, sobre a Mente Divina?
   RAMATÍS: — Formai a ideia de que Deus possui na sua Mente os moldes preexistentes, ou os negativos etéricos, os registros "akhásicos", reproduzidos no éter-refletor da Memória Cósmica. Como Deus é eterno, sem começo nem fim, sem passado ou futuro, é um Pensamento Original, perene, imutável e uníssono, de tudo que existe. Em si mesmo há o negativo e o positivo da Criação, o Espírito e a Forma. Não há modificação naquilo que é imutável e perfeito! Só existe um Deus, que não pode ser comparado a alguém ou a qualquer outra coisa fora dele, o que implicaria na existência de outro Deus. Em Deus, nada pode ser medido, comparado ou avaliado, porque essas medidas e comparações seriam dele mesmo, sobre ele mesmo. Ninguém pode descrever Deus, porque é impossível à parte des-

crever o todo, que ultrapassa a si mesma. A visão panorâmica do Criador só ele mesmo a possui e não o homem, que é simples detalhe analítico e um produto da Criação.

Quem pudesse descrever Deus em sua absoluta Realidade, seria tão grande quanto ele, e ainda mais poderoso, uma vez que pudesse situá-lo fora de sua própria ação infinita, o que o próprio Deus ainda não pôde conseguir! Considerando que o espírito humano (ver o diagrama da pág. 456) seja um círculo que cresce tanto quanto o homem evolui em consciência, Deus representa os raios que partem do centro desse círculo para o Infinito, em todas as direções. Embora o círculo cresça indefinidamente na eternidade, nunca poderá alcançar os raios que lhe ultrapassam continuamente o limite circular.

Humanizando a ideia de como os Arcanjos ou Engenheiros Siderais criam os mundos, sob a orientação da Mente Divina, poderíeis supor que ela é o Grande Negativo Cósmico, eterno, que possui originalmente desde a matriz de um elétron até os moldes de todas as galáxias existentes ou já dissolvidas em pó, no Cosmo. A criação dos mundos e das coisas seria apenas o "positivo" revelado desse Grande Negativo, assim como o negativo fotográfico pode revelar mil positivos com as mesmas imagens, que estão sempre imutáveis na chapa fotográfica original. Em consequência, qualquer alteração no positivo tem que ser primeiramente efetuada no negativo. Supondo, então, que a Mente Divina é esse Grande Negativo Cósmico, eterno e imutável, que contém em si tudo o que foi ou será, os Grandes Planos, ou Manvantaras, significam as fases de revelações do Grande Negativo Interior, que então se revela para o Grande Positivo Exterior, que é a Matéria!

Os Engenheiros Siderais, ou Arcanjos Planetários, devem ser considerados os intermediários, o "elemento químico sideral" que revela e materializa o mundo exterior sob a Vontade de Deus e com as imagens preexistentes no Grande Negativo da Mente Divina, assim como o fotógrafo terráqueo revela as suas cópias positivas dos filmes ou chapas negativas. A soma global de tudo é a Realidade do próprio Criador, embora atuando sob o aspecto trifásico, que temos concepcionado nos gráficos da descida angélica, para um melhor entendimento humano.

Recordamos-vos que há o Princípio Incriado Gerante, como o Pensamento Original, que opera primeiramente pelo mecanismo da Mente e, consequentemente, pelo Grande Negativo. Em seguida, há o Princípio Criado Criante, como o conjunto crístico dos Arcanjos Edificadores, que produzem a "revelação", a coesão ou o Amor operante, atuando por último o Princípio criado, que é a ação fixando-se na figura dos mundos e das formas, tornando-se então o Agente que plasma o Pensamento Original Incriado. E, como a matéria, ou a energia condensada, através da fase da Noite de Brama, retornará ao estado de pura energia, os mundos físicos são provisórios, considerados a Grande Ilusão, ou seja, o "Maya" da tradição oriental, pois é aquilo que se transforma, que muda e, portanto, o produto do tempo e do Negativo Cósmico; não é o Original e sim o produto; não é a causa e sim o efeito.

PERGUNTA: — *Como situar, nessa ideia do Grande Negativo Cósmico, que é eterno, a figura do espírito do homem, que tem sempre uma origem no tempo?*

RAMATÍS: — Deus nunca teve princípio nem terá fim, enquanto que o homem teve princípio e não terá fim. O espírito do homem é imortal, porque foi gerado no Espírito Imortal do Pai; só pelo desaparecimento deste poderia também desaparecer o espírito do homem, porque Deus, na realidade, pode ser considerado o "pano de fundo" da consciência humana. A consciência do homem forja-se sempre num Grande Plano, através da descida da Massa Espírito até à fase da matéria, quando, então, a Consciência Total emite prolongamentos nas várias consciências menores, sem fragmentar-se na sua Realidade Eterna e Infinita. Na profundidade espiritual de qualquer consciência humana persiste sempre a unidade, o fundo imortal, que é o Espírito Divino único, assim como atrás dos raios individualizados do Sol persiste a unidade do núcleo gerador da Luz!

É por isso que a separatividade é uma grande ilusão e ocorre apenas na periferia humana. Se todas as consciências dos homens retornassem à sua origem, verificariam, com espanto, que constituem, em profundidade, uma só consciência, na mais soberba fusão de Luz Imortal, revelando o augusto mistério daquela frase pronunciada por Jesus: "Eu sou"! E todos comprovariam, então, que um único sonho e um mesmo ideal acalenta todas as ansiedades expressas sob diversos modos e formas!

É ainda Jesus, novamente, quem nos adverte dessa verdade, lembrando que as múltiplas consciências humanas são apenas prolongamentos da Consciência Cósmica do Pai, quando nos afirma "Eu e meu Pai somos um"!

A consciência do homem é imortal e indestrutível, no seio

de Deus, porque só o próprio Deus que a criou é que a poderia destruir, mas isso não seria possível ante a impossibilidade de o Onipotente destruir em si mesmo aquilo que não pode eliminar para outro local fora de si mesmo!

PERGUNTA: — Podemos pressupor que esse Grande Negativo é o Espírito do Criador?

RAMATÍS: — Mais uma vez recomendamos que não tomeis "ao pé da letra" as nossas conjeturas, porquanto estamos apenas tentando dar-vos uma ideia do processo dinâmico da Criação, servindo-nos de imagens ao modo terrícola, a fim de atender aos hiatos da vossa inteligência. Deus não é o Negativo, nem mesmo a Mente Divina, mas pensou com a Mente tudo o que está no Grande Negativo. Deus, em todo o seu conjunto cósmico, abrange esse simbólico Grande Negativo, como o registro do seu eterno pensar, algo existente imutável, porque ele não muda nem progride, não estaciona nem retrograda. Ele sempre é! Qualquer modificação em Deus, mesmo para melhor do que a perfeição, seria sempre um movimento em si mesmo, para mais além de si mesmo, o que destruiria a ideia da imutabilidade.

Em verdade, só Deus é capaz de criar, porquanto o pensamento mais alto e a ideia mais original do Universo, ainda Deus sempre a pensou antes que o espírito humano, que é apenas o produto da criação. A perene ascensão espiritual amplia cada vez mais a consciência do homem, ensinando-o a movimentar-se e a compreender as belezas superiores, a fim de concretizar os seus ideais sonhados, mas assim o faz manuseando as peças originais e intrinsecamente criadas por Deus!

PERGUNTA: — Queixam-se alguns confrades de que essa ideia de Engenheiros Siderais confunde demais o divino com o humano. Podeis dizer-nos alguma coisa a respeito?

RAMATÍS: — As palavras criadas pelos homens não revelam toda a Verdade criada por Deus. E, como Deus está em tudo que criou, indubitavelmente não existe algo especificamente "divino" ou "não divino", que esteja fora dele. Essa concepção é apenas para o efeito de apoio mental humano, necessário à alma que mal balbucia o alfabeto espiritual.

Os Engenheiros Siderais são, na realidade, as indescritíveis inteligências arcangélicas que atuam na região interna das forças arquetípicas dos mundos, nas próprias "matrizes" siderais, que permanecem latentes na Mente do Criador. Eles constituem os núcleos vivos de energias espirituais que alimentam a vida nos diversos reinos dos mundos físicos, que compuseram pela sua poderosa vontade inspirada pela Suprema Vontade do Pai. Após a consolidação desses mundos materiais surge, então, a indescritível hierarquia menor de trabalhadores, aos quais os edificadores também entregam as tarefas subsequentes. Os iniciados sabem que os mundos físicos e astrais são vestes de tecidos vivos, confeccionadas com as energias e potenciais atuantes nos quatro reinos da Natureza. Tradicionalmente, essas forças são conhecidas, no reino do fogo, como as salamandras; no reino das águas, como as nereidas ou ondinas; no reino da terra, como os gnomos, as fadas, e, no ar, como as sílfides e as fadinhas. Essas forças vivas, policrômicas, e que possuem configurações visíveis, são muito familiares aos clarividentes "positivos", isto é, àqueles que comandam realmente a sua faculdade e veem o que desejam ver, diferindo dos clarividentes "passivos", que só veem o que as entidades invisíveis determinam que vejam.

Os Engenheiros Siderais operam no limiar dessas forças assombrosas, vivas, sutilíssimas e inquietas que, em incessantes movimentos vorticosos, situam-se sob o controle de uma consciência planetária, assim como a alma humana coordena as energias que se distribuem pelo corpo físico e as coloca em relação com o mundo exterior.

Temo-nos cingido à ideia de Engenheiros Siderais ou de Espíritos Construtores dos Mundos, só para atender melhor à dificuldade objetiva da mente ocidental, que ainda não possui a faculdade afinadíssima do oriental, que sabe sempre captar com facilidade o "espírito" das palavras. Do mesmo modo, temos feito referência a Anatomistas, Geólogos, Legisladores ou Zoólogos Siderais, a fim de que sejam avaliadas mais fielmente a natureza e a responsabilidade dos encargos de determinados grupos desses sublimes edificadores da vida física e humana. A tradição religiosa de todos os povos de há muito os tem anunciado sob as características de cada credo, religião ou doutrina espiritual: são os Arupa Devas e os Rupa Devas dos hindus ou budistas; os Senhores do Céu e da Terra, na linguagem dos Zoroastrinos ou, ainda, os Anjos ou Arcanjos, dos Maometanos, dos Cristãos e dos Hebreus ou, então, os Senhores Soberanos dos Quatro Elementos, assim denominados entre certas escolas ocultistas, e também os Magos dos Sete Mundos, das escolas atlântidas.[6]

---

6 Nota do revisor: - Vide obra *Evolução em Dois Mundos*, cap. I; Fluído Cós-

No livro do Êxodo, os hebreus se referem às Cortes Angélicas dos Anjos do Senhor, quando aludem à existência dos Deuses ou dos Engenheiros Siderais, na seguinte exclamação: "Quem é semelhante a ti, ó Senhor, entre os Deuses!" (Êxodo, 15:11) Está implícita nessa frase a ideia do Criador, situado entre os Deuses que lhe obedecem ao pensamento original e criam os mundos, como Construtores Siderais.

As palavras, na função de símbolos que vestem ideias, não podem, naturalmente, dar definições a contento, quando essas ideias pertencem a regiões, dimensões ou estados que ultrapassam o mais genial conhecimento humano. Esses seres planetários operam nos mundos sem forma; numa conceitual região da Razão Pura e absolutamente indefinida na pobreza da terminologia terráquea, cuja linguagem ainda não satisfaz nem ao menos às próprias necessidades humanas!

PERGUNTA: — *Alguns dos que têm lido as vossas mensagens têm pensado que, pelo fato de não ser possível descrever e compreender-se a realidade da existência desses Engenheiros Siderais, a maioria dos leitores há de conceituá-los sempre numa situação bastante humana. Não é assim?*

RAMATÍS: — Indiscutivelmente estareis equivocados se configurardes os Engenheiros Siderais como gigantescas figuras que se movem entre fitas métricas, transferidores e tábuas trigonométricas, à mão, riscando afanosamente, na tela do céu, e fazendo valas na abóbada sidérea, a fim de comporem sistemas solares ou imensuráveis galáxias estelares! Enunciamos um tipo de "fazedores de mundos" assim como a boa literatura espírita se tem referido aos Construtores ou Edificadores do Cosmo; afidalgamos a ideia sob a concepção familiar de edificar e não de criar, porquanto já vos temos explicado que nada se cria no Universo, porquanto Deus já criou tudo.

Desde que, em assunto abstrato como este, tomeis a vestimenta pela ideia, ou a palavra pelo espírito, é óbvio que vos equivocareis. Os próprios vocábulos Deus, Absoluto, Jeová, Parabrahan, Motor Imóvel, Divino Movente, Centro Infinito, Foco Criador, Senhor dos Mundos, Pensamento Incriado, Lei Suprema ou Onipotente, de modo algum descrevem o Autor da Vida ou definem a Realidade Cósmica! Mas seria incongruência que o homem, ao conceber Deus como o Imperador dos Mun-

mico, pág. 19, ditada pelo espírito de André Luiz aos médiuns Chico Xavier e Waldo Vieira, editada pela Federação Espírita Brasileira.

dos, o imaginasse como um notável conquistador apoiado sobre incontável exército de orbes e apreciando os seus domínios, sob festivas fanfarras das hostes angélicas. Pelo fato de nomeá-lo o Divino Motor Imóvel, nem por isso deveis configurá-lo como gigantesca maquinaria rodopiante no Cosmo! O Engenheiro Sideral, o Arupa Deva ou o Arcanjo Planetário, usa de sua vontade poderosa fora do tempo e do espaço; aglutina a energia, condensa-a sob processos inacessíveis à mente humana e se torna então o "revelador" das matrizes siderais, pensadas eternamente por Deus. Opera de dentro para fora, assim como o faquir, pela sua vontade disciplinada, faz a semente de abóbora germinar em alguns minutos. O Pensamento Criador do Onipotente situa-se na mente de seus prepostos arcangélicos, no plano mental abstrato, e, em seguida, baixa ao plano mental concreto; deste desce para o campo vibratório da região astral, até pulsar na região etereoquímica, onde se confeccionam os moldes de todas as expressões da vida física sob essa inspiração mais alta. Dessa última zona é que surgem no mundo físico todas as ações e a vida, que se interpenetram das energias dos planos antecedentes, do qual os cientistas comuns ainda ignoram a verdadeira origem.

No estado atual da mente humana, é ainda dificílimo descrever a descida do espírito angélico virginal até formar as suas "escotilhas vivas" no mundo material, através das quais compõe novos centros de consciências humanas, que despertam da longa hipnose para o conhecimento sidéreo e a ventura de existir.

Os vocábulos de que algumas instituições espiritualistas ou escritores geniais se utilizam para definir esse processo, embora insinuem a ideia básica da Criação, sempre deixam a desejar quanto à sua significação; quer sejam os "motos vorticosos", as "emanações setenárias", os *pralayas* ou os "chacras cósmicos", são definições geniais, que distam muito, porém, da realidade eterna e indefinida do ALGO que nos criou, porque a sua mente humana se move em dimensões e planos completamente opostos àqueles em que atuam os Arcanjos Edificadores, ou Engenheiros Siderais.

PERGUNTA: — *Porventura, a nossa bagagem humana, coligida nos milênios findos, ainda não nos pode oferecer os meios de uma compreensão satisfatória desses planos opostos?*

RAMATÍS: — Já vos advertimos de que nos estamos cingindo mais às dissertações "ocidentalizadas", porquanto a mente

O ESPÍRITO HUMANO
E A EVOLUÇÃO DE SUA CONSCIÊNCIA

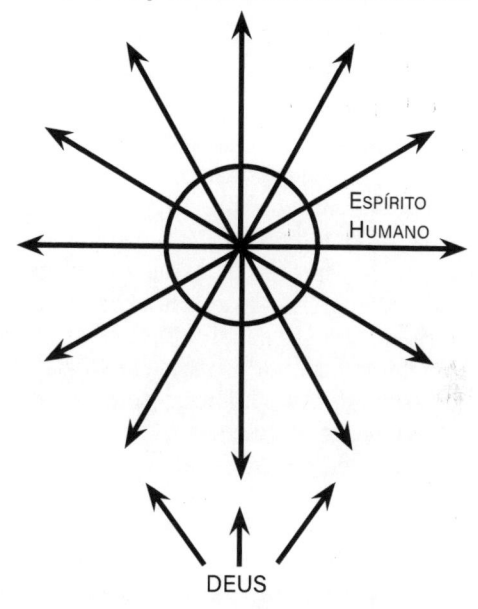

ESPÍRITO HUMANO

DEUS

ocidental é muito adstrita às fórmulas geométricas do mundo provisório da matéria, enquanto que os estudiosos do Oriente servem-se dos vocábulos apenas como simples "detonadores" psíquicos, que os fazem sentir a verdadeira mensagem interna. A "Voz Silenciosa" só é ouvida depois que a mente se liberta de qualquer condicionamento psicológico, religioso, doutrinário, acadêmico ou científico do mundo exterior. A mente deve estar limpa de todas as fórmulas familiares, agradáveis ou desagradáveis, do mundo transitório; há que assemelhar-se à chapa virgem, da fotografia, para que novas impressões não se confundam ou se deformem no fundo das velhas ideias estratificadas.

Os estudantes orientais entregam-se ao "êxtase" sem premeditação, e procuram ouvir a "Voz sem Som" do Espírito Cósmico que está em todos nós. Eles não opõem barreiras humanas construídas, compiladas ou repetidas por sábios, cientistas, filósofos ou instrutores, que são outros homens criados por Deus e não podem saber mais do que a própria "Voz de Deus" soando no interior da alma! E nessa captação da Fonte Pura de todo o conhecimento, sem objeção e sem desconfiança, sem premeditações ou apartes, flui-lhes, então, a melhor solução das coisas da

Vida. E, como não podem explicar aquilo que sentem no *samadhi*, ou no êxtase, quando o "Eu sou" está acima do pensamento humano, limitam-se a sorrir, tolerantes, quando os ocidentalistas lhes fazem indagações obscuras ou intoxicadas pelo excessivo intelectualismo das milenárias repetições dos homens! Não podendo transmitir a experiência que também teria que ser vivida pelos seus opositores acadêmicos, científicos ou filosóficos, o recurso é aguardarem o despertamento dos outros. Paradoxalmente, quando esses outros efetuarem a mesma experiência, eles também sentirão a mesma Realidade que os primeiros sentiram; por isso dispensarão as explicações intelectivas, mas também não poderão explicar a própria experiência!

Esse "sentir" antes de "saber" torna os verdadeiros iniciados avessos à costumeira verborragia do Ocidente, em que o intelectual, o cientista ou o acadêmico compulsam centenas de compêndios gigantescos e martirizam o público exausto, a fim de defenderem ou provarem teses que o *gnani yoga* compreende num minuto de *samadhi*!

As brilhantes acrobacias ocidentais, no trapézio da mente, muito raro oferecem a senda que pede o silêncio na mais profunda libertação interior, porque as coisas espirituais só podem ser conhecidas, sabidas e explicadas, depois de perfeitamente sentidas.

PERGUNTA: — *A existência de cometas errantes, que surgem bruscamente nas várias constelações, não desmente, porventura, os planejamentos siderais a que vos costumais referir?*

RAMATÍS: — Os cometas, constituídos de matéria rarefeita, embora não ofusquem nem influenciem o curso dos planetas, não são exclusivamente astros errantes, sem objetivos definidos na mecânica celeste. A regularidade de suas órbitas foi comprovada por retornos periódicos. Entretanto, obedecendo exatamente aos planos dos Engenheiros Siderais, os cometas revitalizam, na sua passagem, a atmosfera dos sistemas planetários, aumentando-lhes, principalmente, as cotas de hidrogênio, nitrogênio e hélio, substâncias estas que eles possuem em abundância nas suas nebulosidades ou cabeleiras luminosas.

PERGUNTA: — *E os abalroamentos que se verificam no Cosmo não contrariam, também, um plano preestabelecido há tantos milênios?*

RAMATÍS: — Só quando os mundos estão esgotados e

consumidos em suas vitalidades, gélidas as suas atmosferas e mesmo em deserção a sua aura astral, é que se sucedem os choques ou abalroamentos, que fundem suas matérias em nova expressão energética no Cosmo. Mas na economia sideral nenhum corpo é destruído antes de cumprir a sua missão predeterminada. Esse acontecimento ainda obedece hermeticamente aos detalhes dos planos antecipados, pois um equívoco sideral seria prova de incompetência dos Arcanjos Criadores sob a vontade do Pai!

Quando a Terra estiver exaurida no seu magnetismo, e árida em sua superfície, imprópria para a vida sob qualquer condição, encaminhar-se-á, melancolicamente, para a dissolução no Infinito, na feição da substância que se transforma em energia pela decomposição orgânica. E quando por choque, ou por desgaste, ou diluição, ou explosão, se dissolver no Cosmo, a energia nutrir-se-á outra vez, para servir a outros Grandes Planos futuros.

PERGUNTA: — Por que motivo não encontramos nos ensinamentos de Jesus quaisquer referências que possam ajustar-se às vossas considerações siderais?

RAMATÍS: — Precisais lembrar-vos de que Jesus se rodeava de apóstolos aliciados entre os pobres pescadores incultos, daquela época; além de ignorantes quanto aos raciocínios sobre o mundo invisível, a maioria estava subjugada aos ritos e aos dogmas religiosos das velhas sinagogas, cujos ensinamentos se baseavam na figura de um Jeová feroz, guerreiro e sanguinário, sempre pronto a se desforrar da incúria de seus filhos. Mesmo em seu próprio lar, Jesus não poderia externar os seus profundos pensamentos sobre um Deus Magnânimo, capaz de amar os próprios pecadores, sem que despertasse a desconfiança de todos. A família de Jesus era afeita à devoção religiosa comum, e José era entendido nos livros sagrados e no *Torah*, onde Moisés pontificava colérico, exprobrando os pecados do mundo!

Atendendo à lei divina de afinidade espiritual, Jesus se aproximara dos patriarcas essênicos, que já lhe haviam preparado a "abóbada espiritual" no campo invisível adjacente à Terra; nesse convívio com os Rabis, libertos dos condicionamentos milenários, e contando, ainda, com a amizade útil e sincera de José de Arimatéia e Nicodemus, o Mestre desafogava, então, a sua sede de falar e expunha o seu verdadeiro entendimento a respeito do Criador e da Vida. Mas, fora desses grupos compreensivos da Realidade Superior, não lhe era aconselhável "atirar pérolas aos porcos", como ele mesmo dizia, e como impunha o conhecimento interior. Aqueles dois excelsos amigos de Jesus, dotados de um poder penetrante e extraordinário, além de cultos eram devotados à ciência hermética — à conhecida "Cabala", cultuada na época e na feição das práticas espíritas atuais. Além dos inúmeros conhecimentos compulsados na velha Índia iniciática, entre os hierofantes egípcios e os magos da Fenícia, eles investigavam velhos papiros contendo fragmentos das civilizações extintas, da Atlântida e Lemúria.

Dos apóstolos e discípulos de Jesus, apenas João Evangelista ficou a par de algumas notificações mais sérias e importantes, porque Jesus preparava-lhe o espírito, a fim de que mais tarde pudesse recepcionar a contento as visões que descreveu no livro do Apocalipse. Em consequência, os atuais ensinos — que deveis situar atualmente à luz do próprio homem comum, da época de Jesus — estavam ocultos sob o véu iniciático, a fim de não se estigmatizarem no manuseio imprudente dos incautos, tolos e imaturos de espírito! Jesus não deixou anotação ou citação alguma de tais realidades ocultas, porque ninguém o entenderia, afora aqueles que não precisavam ser esclarecidos, porque já eram iniciados no assunto.

Podereis avaliar o espanto que se originaria, na época de Jesus, com tais explicações, pelo protesto que a mente humana do vosso século faz contra certa parte dos nossos atuais comunicados, onde aqueles que não perceberam ainda a "essência iniciática" da ideia de Deus — que será familiar no terceiro milênio — não se conformam com a nossa enunciação, embora já conhecida há muitos milhares de anos!

PERGUNTA: — A ideia de Deus, no nosso mundo, é muito confusa. Há os que dizem que Jesus é o próprio Deus; outros que afirmam que determinada parte dos atributos de Deus continuou na sua feição angélica, virginal e incriada, enquanto outra caiu, na alegoria de Lúcifer, que representa a rebeldia dos anjos, formando a consciência da nossa humanidade. Que nos dizeis a esse respeito?

RAMATÍS: — A confusão é consequente da concepção iniciática dos três princípios básicos divinos numa só Unidade, em que Deus é Pai, Filho e Espírito Santo ou Agente na forma. As religiões dogmáticas tornaram demasiadamente humanos esses três "princípios", transformando-os em três "pessoas" da Santíssima Trindade. Na realidade, o Pensamento Incriado Gerante, como princípio original do Cosmo, atua, em sua manifestação exterior, através de um "elo", que é o segundo princípio intermediário denominado o atributo Criado e Criante, mais tradicionalmente conhecido pelo **Cristo**, o Amor ou a Coesão planetária. O terceiro princípio apenas criado, na alegoria do **Espírito Santo**, ou seja, o espírito que pratica a ação, plasmando-se na forma, materializa a Vontade de Deus pelo seu Pensamento Incriado, recebendo o **sustento** através do Cristo Cósmico, o segundo princípio Criado Criante. Isto posto, esse segundo princípio, o **Cristo**, ou **Deus-Filho**, não desce até à configuração material, para compor a forma física ou incorporar-se como energia acumulada, em que o terceiro princípio se situa. Na figura de "ponte viva" entre o Pensamento Original Incriado e o terceiro princípio plasmado no Cosmo material, o **Cristo Cósmico** é realmente a parte que não atinge a vibração letárgica da expressão-matéria e, portanto, não faz o descenso até esta fase, porque é o **elo** entre o **pensar** interno e o **existir** no exterior. É o canal que, no Cosmo e no seio do próprio Absoluto, une as duas margens extremas da Criação — o Deus Pai, Pensamento Incriado, ao Deus-Espírito Agente, na configuração material. E Jesus confirma essa condição crística do Amor Cósmico — que é o divino simbolismo do Deus-Filho — quando afirma no seu Evangelho: "Eu sou o **Caminho**, a Verdade e a Vida". Nessa hora, era o Cristo Planetário da Terra que falava por Jesus, isto é, um prolongamento do Cristo Cósmico ou do princípio de Coesão Cósmica e Amor Espiritual.

A divina iniciação da vida humana obedece fundamentalmente ao esforço hercúleo para a alma alcançar esse Elo Crístico que se mantém unindo o Pensamento Incriado de Deus e a sua própria emanação, que é a matéria vestindo a sua ideia fundamental e cuja vontade é transmitida pelo seu Filho, o Cristo Cósmico.

PERGUNTA: — *Poderíeis dar-nos uma ideia de senso comum, para melhor abrangermos em nosso entendimento as vossas considerações?*

RAMATÍS: — Considerai o vosso espírito como sendo o pensamento original incriado; o vosso **perispírito** como sendo o segundo princípio, criado-criante, que foi instituído pela ideia origem, e que depois pôde criar o terceiro princípio, o **corpo físico**, atuando sobre a energia, e aglutinai, por analogia, esta ideia à tradição de que "o Espírito Santo atuou na substância virgem e esta concebeu a vida física". Percebereis, agora, que o pensamento incriado, considerado o pai, por intermédio do atributo criado-criante (o filho ou o perispírito) tem a sua ideia original plasmada em forma, pelo terceiro atributo agente, que forma então o corpo físico, ou seja, o Cosmo humano.

Torna-se claro, agora, que esse perispírito, ou o duplo etereoastral, situa-se entre o pensamento original e o corpo humano; ele é o **elo**, o princípio de coesão que, sob a vontade diretora, sustenta o produto materializado na forma física. Como tal, não **desce** ou não cai até o plano material, mas apenas serve de **ligação** entre os dois extremos máximos, que são o espírito-origem e a matéria-produto.

PERGUNTA: — Ouvimos alguns confrades afirmarem que o Universo continua em processos de aperfeiçoamento, o que nos deixa algo confusos. Então Deus não é Perfeito? Não é ele, sob essa condição, o Autor do Universo, que também devia ser perfeito?

RAMATÍS: — Onde é que está um outro Universo perfeito, com o qual possais ter comparado o Universo atual, de modo a saberdes ou a chegardes à conclusão de que o Universo em que viveis ainda está em processo de aperfeiçoamento?

Deus não pode crescer para dentro nem para fora; nem qualquer transformação será viável em si mesmo, porque implicaria em contraste com "algo" além de si! Como Deus é o Tudo e o Todo, nada existe além dele; só ele mesmo poderia dizer-nos se o Universo é perfeito ou imperfeito. As vossas considerações sobre o que seja perfeição baseiam-se nas próprias aferições humanas e não na originalidade do Criador; elas surgiram dos contrastes criados por vós mesmos em vossas vidas de relações comuns com o panorama passível de vossa percepção. Na realidade, a afirmação de que o Universo continua em processo de aperfeiçoamento só pode ser consequente do paradoxo de uma comparação de Deus em relação ao próprio Deus. Sabe-se que há imperfeição, devido justamente a ter-se consciência de que um Deus deve ser perfeito! Trata-se de simples jogo de palavras, pois as idéias, as comparações e as deduções formuladas são ainda produtos manuseados num dos planos mais rudimentares, qual seja o da matéria, a última fase da descida angélica.

A força desse conceito de perfeição ou imperfeição, emitido pelo homem sobre o Criador, ainda é bem menor do que a opinião do micróbio que procura avaliar a estrutura exata do pico do Himalaia onde vive soterrado no seio de um átomo! A impossibilidade de a criatura abranger o Criador em sua plenitude cósmica afasta-lhe, também, a capacidade de concluir quanto a qualquer um dos seus atributos absolutos.

PERGUNTA: — *Porventura, essas vossas dissertações não são ainda prematuras para o nosso atual entendimento? Há um deslocamento doloroso em nossas mentes, quando temos que abandonar velhos conceitos ainda não de todo compreendidos, para admitirmos concepções que nos parecem tão complicadas.*

RAMATÍS: — Há que recordar o pensamento do próprio Jesus, nos seus ensinamentos evangélicos, quando deixa bem claro que "no fim dos tempos seria dita toda a Verdade". E o Mestre ainda acrescentou: "Mas o Consolador, que é o Espírito Santo, a quem o Pai enviará em meu nome, vos ensinará todas as coisas e vos fará lembrar de tudo o que tenho dito" (João, 14:17-26). Alhures, ainda disse Jesus: "Conhecereis a Verdade e a Verdade vos libertará".

A dor mental que acicata a criatura quando ela deve desprender-se das velhas fórmulas, que se petrificaram sob raciocínios estandardizados, nunca será evitada, porque a evolução aguilhoa o homem de tal modo que mais tarde ou mais cedo terá que sofrer a angústia de libertar-se do passado! Nunca solucionareis os vossos problemas na fuga deliberada; eles continuarão a exigir-vos decisões definitivas!

O que vos estamos transmitindo são conhecimentos velhíssimos e corriqueiros entre os pesquisadores da filosofia oriental, em cujo ambiente nos situamos em várias romagens terrenas. Eles têm sido conservados desde os primórdios das civilizações, na atmosfera dos templos iniciáticos, mas, nos dois últimos séculos, já estão prodigamente esparsos pelas prateleiras de vossas livrarias, como joias esquecidas pela mente demasiadamente intelectiva e menos sensível do ocidentalista. Naturalmente sois abalados com os enunciados, na sua expressão demasiadamente humanizada; no entanto, assim temos que expor, em face da exigência muito objetiva do homem do Ocidente; doutro modo, discorreríamos apenas num sentido evocativo, manuseando os vocábulos já consagrados na tradição iniciática milenar, e os vossos espíritos é que terminariam compondo a real tessitura do que pretendíamos dizer-vos.

18. O terceiro milênio e a nova humanidade

PERGUNTA: — *Achamos demasiadamente otimista o que tendes dito até agora sobre o advento do terceiro milênio, dado o prazo exíguo para que se cristianize completamente a nossa humanidade. Não é exato?*

RAMATÍS: — Não somos nós que atribuímos ao terceiro milênio as prerrogativas de trazer a cristianização da humanidade terrícola; é a milenária voz da profecia que assim o diz.

O terceiro milênio está implicitamente configurado nas seguintes passagens do livro do Apocalipse de João Evangelista: "E eu, João, vi a cidade santa, a Jerusalém nova que da parte de Deus descia do céu, adornada como uma esposa ataviada para o seu esposo" (Apocalipse, 21:2). "E não entrará nela coisa alguma contaminada, nem quem cometa abominação ou mentira, mas somente aqueles que estão escritos no livro da vida e do Cordeiro" (Apocalipse, 21:27). "E não haverá ali mais noite, nem eles terão necessidade de luz do Sol, porque o Senhor Deus os alumiará, e reinarão por séculos e séculos" (Apocalipse, 22:5).

O apóstolo evidencia a natureza do mundo do próximo milênio: a Jerusalém nova, como símbolo da civilização constituída pelas almas selecionadas, ou seja, a nova humanidade, distante da abominação, da mentira ou de qualquer coisa, contaminada, e composta daqueles que, definitivamente evangelizados, estão escritos no livro do Cordeiro, o símbolo da renúncia, do amor e do sacrifício exemplificados por Jesus. Ali não haverá mais noite (símbolo das trevas, das paixões desregradas e das sombras do sofrimento) nem haverá necessidade de luz do Sol, porque os direitistas serão exatamente os homens interessados no mundo espiritual, onde o sol pontifica e dá a vida. A futura humanidade deixar-se-á alumiar pelo Senhor Deus, porque será desprendida das exigências e das disposições draconianas do reino material. Justifica-se, pois, esse otimismo a que vos referis, em relação ao terceiro milênio, porque todas as tradições proféticas, que seria longo enumerar, situam-no como o início da era crística e do reinado do "povo de Deus" sobre a Terra.

PERGUNTA: — Essa seleção apressada para um outro planeta, e as modificações violentas na verticalização do eixo da Terra, serão suficientes, porventura, para que o terceiro milênio se nos apresente completamente harmonioso? Há de suceder em meio século, aquilo que não foi possível conseguir--se em vários milênios, como seja a verticalização do espírito?

RAMATÍS: — É claro que não deveis aceitar um acontecimento miraculoso, em que o homem se angelize subitamente, apenas sob o toque da magia sideral do esperado terceiro milênio. O "Juízo Final" expurgará para ambientes adequados os espíritos que não se ajustam à urgência da Terra em se ajustar às novas funções astrofísicas, que lhe foram previstas pelos Mentores Siderais durante a sua formação astronômica.

Oportunamente vos daremos esclarecimentos sobre o que significam os "carmas" das galáxias, das constelações, dos sistemas planetários, dos orbes e satélites. Então podereis verificar que o espírito abusa do seu livre-arbítrio e não se ajusta ao carma aperfeiçoativo da massa planetária em que reside. O grau de progresso previsto para o globo terráqueo, no próximo milênio, estabelece-lhe, também, um novo padrão geológico e uma carga de espíritos em sintonia com a sua nova situação.

PERGUNTA: — Uma vez que somos todos fadados à Felicidade Eterna, não será força de expressão essa apressada seleção compulsória sob acontecimentos trágicos? Não poderia ocorrer a maturidade espiritual sem a preocupação de urgente angelização em um terceiro milênio feliz?

RAMATÍS: — Não deveis pensar que Deus criou recursos extemporâneos, obrigando a caravana espiritual a se apressar na escadaria evolutiva. Ele edificou o Cosmo com objetivos definitivos que ainda ignoramos. Naturalmente, somos parte do Grande Plano e constituímos detalhes de certa importância, apesar das degradações provisórias e da insignificância de nossas vidas em relação à magnitude do Universo. Mas guardamos a esperança da afirmação de Jesus, de que o reino de Deus está no homem, o que nos demonstra que a insignificante gotícula espiritual humana é projeto definitivo de um oceano de luz e de sabedoria sideral! Assim como o secular carvalho existe potencialmente na bolota e o gigantesco pinheiro no modesto pinhão, o Arcanjo Planetário está potencialmente vivo na rudimentar centelha que forma a consciência bruta do selvagem. A bolota insignificante se transforma em frondoso carvalho, despertando as suas forças latentes e ampliando a sua consciência vegetal para dominar o meio ambiente; à medida que a semente dá vazão às suas energias internas, abrange maior zona de consciência vegetal e apodera-se, também, de maior área de ação. Cresce em consciência e em poderio vegetal; serve-se, então, das energias ambientais em conexão com as energias que lhe atuam na intimidade, para despertar a configuração da árvore benfeitora, cujo molde etérico já estava resumido no átomo-semente.

Assim como, para a centelha humana atingir a configuração planetária, existe um caminho, que é o Cristo, ou seja, o Amor em sua plenitude cósmica, a bolota só alcança a plenitude do carvalho através da "afinidade" química, que é o amor vegetal. A semente centraliza as suas forças internas e as combina harmoniosamente com as energias do meio em que é chamada a crescer; o espírito do homem concentra o seu potencial interno sob a presença mais íntima do Cristo, e se põe em relação amorosa e fraterna com a humanidade que o cerca, para então abranger maior porção de Deus. No entanto, a questão de pressa, ou demora para essa mais breve realização espiritual, é problema do homem e não de Deus; é coisa toda particular do próprio espírito interessado no assunto. Este é que decide se estuga o passo ascensional ou se o retarda; o problema é excepcionalmente íntimo. Deus, em sua Bondade, Sabedoria, Justiça e Amor, limita-se a conceder oportunidades para aqueles que preferem apressar-se, assim como favorece ambientes apropriados para os que preferem demorar na escalonada. A seleção do "Juízo Final", na separação do trigo e do joio, tem por precípuo objetivo criar mais decisivamente essas duas oportunidades: o apressamento para os direitistas e o recomeço ascensional para os esquerdistas. É uma indiscutível decisão pessoal deles, e que o Pai, magnânimo como sempre, respeita ao conceder os poderes do livre arbítrio aos seus filhos, poderes estes que só faz cessar quando eles prejudicam os direitos alheios.

PERGUNTA: — *Qual um exemplo mais objetivo das vantagens da seleção no "Juízo Final"?*

RAMATÍS: — Considerai a humanidade terrícola como se fosse um imenso jardim, em que as rosas e os cravos, a fim de sobreviverem, lutam ardorosamente contra as ervas daninhas, que se multiplicam e asfixiam os espécimes inofensivos. A situação só poderá ser salva, nesse jardim, mediante a intervenção urgente do jardineiro, que deve então arrancar as ervas más e lançá-las para fora do jardim, desimpedindo-o para o crescimento satisfatório das espécies delicadas. A ausência das ervas ruins favorecerá a proliferação vigorosa das flores, assim como a emigração dos espíritos daninhos da Terra, para outro planeta, tornará o ambiente terráqueo mais favorável para o breve progresso dos bem-intencionados.

PERGUNTA: — *Assim que se sucederem todos os acontecimentos previstos para o "Juízo Final", o terceiro milênio há de surgir como um deslumbrante ensejo de espiritualidade e sanidade moral?*

RAMATÍS: — Não deveis sujeitar os acontecimentos siderais ao controle do vosso calendário humano, que se baseia nos movimentos corriqueiros da Terra em torno do Sol. Antes que o terrícola houvesse criado o calendário humano, os eventos do "Juízo Final" já estavam determinados com absoluta precisão, nos planos da engenharia sideral. Não é a ampulheta terrestre que há de determinar, especificamente, a época exata dos fatos proféticos, mas são os sinais dos tempos, previstos pelas profecias do passado, que assinalam o momento chegado. Não há afobação, na mecânica sideral, para que esses acontecimentos se realizem exatamente em vésperas do terceiro milênio ou sejam registrados à última hora, para não ultrapassarem as tradições humanas. O terceiro milênio é o ensejo repleto de melhores esperanças para a vossa humanidade, porque é exatamente o período que se sucede aos mais importantes acontecimentos do vosso mundo. A Terra não se verticalizará apressadamente para o advento de um terceiro milênio dourado; isso é apenas modesto detalhe, quase imperceptível, relacionado com o Grande Plano. Não se trata de proceder à edificação de súbito viveiro de anjos vencedores de um concurso celestial denominado "Fim do Mundo", mas sim de oferecer melhor oportunidade para a felicidade humana. Os colocados à direita do Cristo, que se reencarnarão sucessivamente na Terra, nem por isso ficarão isentos de contínuo labor para a sua definitiva alforria espiritual. Terão que desenvolver, também, as qualidades latentes que dormitam na sua intimidade, assim como a semente se desenvolve melhor em terreno mais fertilizado. É óbvio que o ambiente higienizado, da comunidade seleta do terceiro milênio, exigirá também mais responsabilidade espiritual aos seus componentes. Os deslizes e as negligências futuras terão aspectos mais severos porque, embora não sejam delitos destrutivos, como os que praticais atualmente, terão maior repercussão no ambiente selecionado. O furto pode não ser considerado um crime entre os salteadores comuns, mas transforma-se em horrível delito se praticado por sacerdotes, no ambiente religioso! É menos grave a culpa do garoto que quebra artística vitrina de luxo, do que a do homem que apenas borra a pintura da casa do vizinho!

Isto considerado, embora o próximo milênio se torne feliz ensejo de elevação espiritual para os direitistas, a ascese espiritual continuará tão intensa e severa como antes, para que a gestação interna do anjo não seja sacrificada pela excessiva confiança no meio higienizado. O traje de seda exige ainda mais cuidado do que a roupa de algodão!

PERGUNTA: — Qual a situação desse ambiente higienizado pelo astro intruso, após a verticalização da Terra e o início do terceiro milênio?

RAMATÍS: — As convulsões geológicas e as inundações, como produtos naturais da elevação do eixo terráqueo nos acontecimentos profetizados, não permitirão, logo de início, uma absoluta estabilidade e segurança mesológica. Devido à mudança das linhas tradicionais do equilíbrio geofísico e do magnetismo terráqueo, continuarão a registrar-se, ainda, certos impactos subterrâneos, embora cada vez mais fracos. Apesar de apresentar a Terra satisfatórias condições de habitabilidade, a humanidade terrícola ainda não encontrará, no princípio do terceiro milênio, um panorama edênico e venturoso. Serão aplicados todos os esforços e conhecimentos artísticos, científicos e educativos, para a edificação de um cenário agradável à existência humana dos escolhidos. O êxito desejado não será obtido de modo "ex-abrupto", mas sim no decorrer dos primeiros dois ou três séculos, como fruto do entendimento entre as criaturas bem-intencionadas. Distantes das angústias atuais, em que o fantasma da guerra exige que a melhor parte dos proventos humanos seja transformada em armamentos assassinos, todos os esforços e realizações hão de convergir apenas para um só objetivo — um mundo melhor! Ao começo, quase tudo estará por fazer e renovar. O final do vosso século será qual o fim de uma festa bacânica, em que os destroços se amontoam por todos os cantos, em face da incúria do homem e da brutalidade dos elementos da Natureza justamente irritados pela agressividade humana. As margens dos mares, lagos e rios e os novos panoramas geográficos, as ruínas batidas pelos ventos melancólicos das intemperanças e desilusões humanas, demarcarão os restos de algumas orgulhosas civilizações, que se submergirão sob as paixões desregradas e a distância do Cristo amoroso.

    A face enrugada da Terra, os cenários inéditos e as inúmeras surpresas consequentes da elevação do eixo, hão de requerer novas providências no reajuste e na classificação geológica. A vegetação selvática, nutritiva e seivosa, revelando-se através de espécimens gigantescos, na região dos polos degelados, inspirará um viveiro de indústrias pletóricas para o bem da humanidade renovada. Graças aos registros da memória "psicoetérica" do homem, onde se reflete o resumo de toda a escalonada do espírito, ele fará inteligentes adaptações ao panorama modificado, e a sua experiência do passado induzi-lo-á a eliminar o excessivo, o fútil e o inadequado, para só edificar agrupamentos cercados do essencialmente benéfico e necessariamente indispensável. Não se verão mais os mostrengos atulhando os cemitérios, na forma de ricos mausoléus que atestam a vaidade humana ainda depois da morte; desaparecerão os monumentos graníticos que estratificam o orgulho dos homens nas praças públicas, apenas porque cumpriram o dever que se lhes havia solicitado como aos mais credenciados para certas responsabilidades!

    A existência humana, no terceiro milênio, será toda consagrada ao bem comum; os valores espirituais hão de predominar sobre as estultícias das gloríolas bordadas nas pedras e gravadas no solo instável de um mundo em transe para novas configurações futuras. Todo o aspecto edificativo do mundo deixará sempre uma fisionomia de transitoriedade; perceber-se-á que o homem já delineia as suas atitudes para o fim espiritual, olvidando pouco a pouco a preocupação aflitiva de eternizar-se no meio físico. E a estabilidade do clima, pela perpendicularidade do eixo e a ausência das variações tempestuosas, que são produtos dos desequilíbrios barométricos, auxiliá-lo-ão a compor uma vida tranquila e profundamente saudável.

PERGUNTA: — *Então, o terceiro milênio é o período almejado para a felicidade humana! Não é assim?*

RAMATÍS: — O período almejado para a felicidade humana deve ser o estado de equilíbrio e de harmonia entre o próprio ser e o meio que elege para a sua atuação. Esse meio não pode ser o "habitat" dos mundos materiais, pois a matéria, como substância provisória, está condenada à dissolução. Não há ventura definitiva sobre as coisas provisórias, cuja instabilidade gera a inquietação e a desconfiança. A felicidade do espírito aumenta na razão direta do seu esclarecimento e conhecimento espiritual. Conforme afirma Paulo de Tarso, o homem precisa saber "o que lhe convém", porque com a simples substituição de desejos maiores não se cria a felicidade! A insaciabilidade não é ventura, mas contínua transferência de sonhos e ambições: é um estado de inquietação e insatisfação ante a ignorância da criatura, que ainda não sabe realmente o que quer, como diz Paulo.

O terceiro milênio não significará um cenário festivo, celestial, adrede preparado pelos Mentores Siderais, a fim de serem premiados os vitoriosos com boas notas no exame de seleção espiritual! É o panorama adequado para se agruparem as almas de ideais superiores e distanciadas da veemência das paixões animais, mas exigirá a aplicação tenaz e construtiva do novo habitante, a fim de que forme o ambiente de sua expressão espiritual superior. No entanto, os propósitos de alta espiritualidade e a vontade disciplinada é que edificarão a formosa coletividade crística e a paisagem delicada de inspiração angélica.

O novo "habitat" será agradabilíssimo pela harmonia das relações humanas em nível evangélico e pela ventura geral do entendimento fraterno coletivo. Assim como há paz e ternura no seio de uma igreja, há o desregramento e a insegurança nos lupanares! A atmosfera do templo reservado à oração supera consideravelmente o ambiente do cabaré, que é lugar de devassidão! Assim como os fiéis constroem a igreja para tranquilidade de sua devoção, os direitistas do Cristo farão da Terra a abóbada protetora de suas condições psicológicas de auto-evangelização.

Conheceis, no vosso mundo, os que se afligem para conseguir o êxito com a melhor decoração dos ambientes de orgia carnavalesca, e também os que se afligem para melhor ornamentar o seu templo. O cenário do terceiro milênio será sempre uma conquista pessoal, uma edificação gradativa e de ordem superior; nenhum "maná" cairá do céu, como recompensa aos que sobreviverem aos desregramentos dos fins dos tempos; eles deverão construir um mundo melhor com o material mais delicado que a Divindade lhes oferecerá nos séculos porvindouros. Certos povos, arruinados pelas guerras e morticínios, conseguem rapidamente a renovação dos seus valores destruídos, e chegam a oferecer padrões melhores no seu reerguimento artístico, científico ou econômico, muito além das realizações idênticas dos seus próprios vencedores! Muitas vezes, as derribadas das formas arcaicas e das edificações seculares trazem a público os péssimos costumes morais e injustiças praticadas à sombra da maldade humana. Os impactos violentos nem sempre são especificamente destruidores; comumente estabelecem oportunidades louváveis para um aprimoramento mais rápido e superior! Assim, o aspecto catastrófico do "fim do mundo", da vossa humanidade anticrística, encontrará louvável compensação na vigorosa ascensão social e espiritual do terceiro milênio, no qual se concretizarão inúmeros sonhos de beleza e da confraternização tão desejada pelos homens de boa-vontade!

PERGUNTA: — Não haverá, porventura, desarmonias nas relações humanas, no terceiro milênio, coincidindo que todos os moradores da Terra se sintam plenamente satisfeitos?

RAMATÍS: — Não vos esqueçais de que a próxima humanidade será constituída dos escolhidos, colocados à direita do Cristo! As suas relações futuras se processarão, por isso, sob a mais absoluta sinceridade espiritual, e todos os esforços na esfera da arte, da ciência, da economia e do sentimento religioso serão disciplinados por acurado planejamento, onde a mais importante preocupação não será a de não se perder "tempo", que é valor precípuo atualmente, entre vós, mas sim a do que seja **melhor** e **mais cristão**. O Evangelho do Cristo será o Código protetor de tal civilização, como garantia moral e social; a lei da reencarnação constituirá o postulado principal a ser tido em vista por todos os direitistas, em relação aos interesses humanos, motivo pelo qual se enfraquecerá esse demasiado apego do homem atual aos valores materiais. Os "tesouros que a traça não rói e que a ferrugem não consome" dificilmente provocarão conflitos ou desinteligências entre os homens. Os prazeres da alma hão de predominar sobre as emoções instintivas do corpo, porque a sensibilidade espiritual não encontrará entusiasmo ou júbilo na gama instintiva da paixão violenta e inferior. Os intercâmbios festivos da amizade pura, e o cuidado fraterno recíproco entre todos, predominarão como prazeres altos, em lugar da ventura primitiva consistente na exposição de vestuários luxuosos, joias, berloques e quinquilharias que formam os penduricalhos do atual corpo humano. Pouco a pouco, o que é efêmero, trivial e grosseiro deixará de ser coisa cobiçada, para ser devidamente substituída pelos bens morais. O conceito de felicidade será um ideal mais compatível com as conquistas duradouras do espírito; não se cultuará insaciavelmente a ânsia de ser feliz na aflição louca da almofada do automóvel luxuoso, na epicurística digestão do "caviar", na bebericagem corrosiva do uísque aristocrático ou na competição sexual animalizada. Os prazeres digestivos sobre a morbidez das vísceras animais serão relegados a plano inferior; o homem sentar-se-á à mesa para alimentar-se e não para efetuar truculento festival dos sentidos físicos. Consciente de sua realidade espiritual, que sobrevive à dissolução do corpo de carne, não sentirá prazer em compensar com as bagatelas do mundo físico e provisório aquilo que pode cultuar para a vida definitiva da alma!

PERGUNTA: — Podemos imaginar que a Terra, pela primeira vez em sua história, há de galgar uma posição mais adiantada na pedagogia sideral?

RAMATÍS: — A Terra, pela primeira vez na sua história sideral, encontra-se no limiar de sua promoção para a condição de academia espiritual! Sob o manto de fluidos densos do magnetismo deletério que esvoaça em sua atmosfera psicofísica, o vosso orbe é como a escola primária no fim do ano letivo. Na mente do engenheiro responsável pelo seu destino, já se delineou o projeto para a edificação compatível com as novas funções a que tem direito no futuro. Evocando o seu passado como um corpo planetário, constituído pelos quatro elementos da magia hermética, água, terra, fogo e ar, o globo terráqueo representa a mãe extremosa, em cujo regaço fermentaram cortejos de almas na gestação para as divinas esferas da angelitude! Na figura de abençoado cadinho de energias telúricas e viveiro incessante de espíritos em ebulição para a glória de "conhecerem-se a si mesmos", dificilmente a alma humana compreenderá quanto deve ao seu planeta, responsável pela consciência de ser e existir. Muitos anjos que planam as suas asas de Amor e Sabedoria sobre a vossa humanidade, curvam-se, comovidos, rendendo hosanas à Terra, como a matriz materna de suas consciências espirituais. E na sua função heroica de compor as linhas demarcativas de incontável número de espíritos em eterna ascensão, ela vê os seus filhos queridos partirem, como libélulas que se alcandoram no espaço e desaparecem na visão cerúlea do Infinito!

É justo, pois, que a Alta Hierarquia do Senhor dos Mundos tenha autorizado o desvestimento do véu sombrio dos fluidos oprimentes do vosso mundo, para que lhe seja ofertada a túnica radiosa da promoção acadêmica!

PERGUNTA: — Em virtude de o próximo milênio seguir-se à hecatombe do "Juízo Final", os escolhidos da direita do Cristo não hão de sofrer com a situação caótica do meio em que irão reencarnar?

RAMATÍS: — As civilizações mais importantes, no próximo milênio, constituir-se-ão nas zonas menos atingidas pelas catástrofes profetizadas para o fim do mundo. Algumas florescerão exatamente nas regiões onde atualmente se encontram os pólos congelados, conforme já enunciamos, a fim de ser aproveitada a exuberância das reservas que surgirão à luz do dia e que se acham debaixo das camadas regeladas. Nem todos os países e agrupamentos serão atingidos catastroficamente pelas comoções geológicas, submersões de faixas litorâneas e pelas inundações inevitáveis, porquanto a elevação do eixo se processará gradativamente. No plano traçado pela engenharia sideral já foram assinaladas as coletividades que devem permanecer como sustentáculos das tradições morais, históricas e iniciáticas, a fim de servirem de base lógica e sensata para o desenvolvimento disciplinado da civilização futura. Supondo-se que seja mesmo encontrado um cenário caótico, pelos reencarnantes selecionados, é mister compreenderdes que a ventura íntima do espírito evangelizado supera qualquer configuração precária do mundo exterior. Embora o ambiente funesto do necrotério, ou do matadouro, desperte na alma bem formada um estado de doloroso confrangimento, enquanto a paisagem primaveril se associa a júbilos espirituais, a consciência superior termina sempre superando a influência do meio agressivo. A paz e o entendimento afetivo da família, na choupana do pobre, superam a amargura e o ódio que fazem morada nos aposentos dourados dos palácios luxuosos! Os insultos que repercutem nas paredes de mármore custoso ou sobre os vasos preciosos são desgraças irremediáveis ante as palavras afetuosas e cristãs escutadas pelas paredes de barro amassado!

PERGUNTA: — *E os direitistas terão que gastar muitos séculos para ajustar o meio exterior à sua harmonia espiritual?*

RAMATÍS: — A ascensão espiritual é programa de longo curso no seio do Infinito e na concepção da Eternidade! O simbolismo bíblico de que "mil anos terrestres equivalem a um minuto para Deus", serve para dar-vos a pálida ideia do extenso caminho que a alma deve percorrer para a sua definitiva libertação espiritual. Após o período de demolição das formas arcaicas e disformes, e a reeducação dos estigmas viciosos, como tendências hereditárias deixadas pelos esquerdistas emigrados da Terra, suceder-se-ão mais ou menos cinco séculos, para a completa reconstrução nos moldes psicológicos da nova ética espiritual.

PERGUNTA: — *Podemos conjeturar que no terceiro milênio existirão os mesmos credos religiosos que atualmente operam na Terra?*

RAMATÍS: — A unidade religiosa, absoluta, ainda não é advento para breve, no vosso mundo, pela mesma razão por que a humanidade não poderia preferir exclusivamente um só tipo de flor ou de perfume. O terceiro milênio será o início de verdadeira aproximação fraterna entre os seres, sob o regime de generosa tolerância; os credos religiosos que atenderão às idiossincrasias dos seus devotos suavizarão as suas fronteiras dogmáticas e providenciarão maior intercâmbio entre os vários adeptos. Inúmeras associações desportivas do vosso século, embora cultuem insígnias diferentes, costumam promover festividades e encontros afetivos, sem que por isso desapareçam os seus objetivos e preferências a parte. É certo que sempre haverá, ainda, no terceiro milênio, um eco das raízes profundas firmadas pelas atuais religiões dogmáticas e tradicionalistas, tentando uma hierarquia sacerdotal a fim de liderarem o pensamento religioso da nova humanidade; mas será apenas uma tentativa de agrupamento simpático, sem a costumeira agressividade ideológica ou o combate sistemático que ainda se faz nas tribunas infelizes. Os direitistas, fundamentados no princípio da renúncia crística, hão de preferir sempre sacrificar o seu credo, para não ser imolado o princípio do Amor!

PERGUNTA: — Porventura ainda proliferarão credos anti-reencarnacionistas, no terceiro milênio?

RAMATÍS: — Ainda neste século, as grandes hierarquias religiosas tradicionais, se quiserem sobreviver ao novo espírito de religiosidade que se desenvolve entre os mais libertos de dogmas, terão de reconhecer, **com toda urgência**, a Lei da Reencarnação e a pluralidade dos mundos habitados! Nenhum credo, seita ou postulado religioso será levado a sério, dentro em breve, se se recusar a reconhecer a lógica da reencarnação! Isso será um verdadeiro suicídio doutrinário e sem qualquer apelação, pois os fenômenos que em breve verificareis, e já delineados pelo Espaço — inclusive quanto a materializações de espíritos à luz do dia — não deixarão mais dúvidas a esse respeito. É certo que algumas instituições religiosas, dogmáticas, hão de fazer esse reconhecimento com determinadas restrições e evasivas, sob o pretexto de que "já eram pioneiras do dogma da reencarnação"!

As mesmas contradições bíblicas que têm sido invocadas para se contestar a reencarnação, também serão usadas, em breve, para justificá-la. É sempre a pusilanimidade humana a torcer valores para justificar fracassos! Os próximos acontecimentos, no vosso século, comprovarão a pluralidade dos mundos habitados, em face das comunicações interplanetárias. A reencarnação se confirmará através de hipnoses sérias, controladas, e nas recordações espontâneas do pretérito. A imortalidade se provará com as comunicações entre vivos e mortos e nos fenômenos de levitação, transportes e xenoglossia!

Esses eventos foram devidamente previstos por Jesus, quando advertiu que todas as coisas seriam reajustadas nos seus devidos lugares e ser-vos-ia dito tudo o que ele não podia dizer na época. É a suprema bondade do Pai, que acelera, na hora do "Juízo Final", toda a série de fenômenos e de provas da realidade espiritual, ajustando todos os recursos para comover e impressionar os seus filhos negligentes. A Honestidade Divina do Pai não quer que os futuros exilados da Terra possam alegar desconhecimento e ausência de provas que lhes justifiquem a rebeldia ao Evangelho. A separação do joio e do trigo será efetuada sob a mais lídima justiça da consciência espiritual; os esquerdistas merecerão o degredo através de sua própria teimosia e dureza de coração, ante o capricho de ter olhos e não querer ver, ter ouvidos e não querer ouvir. Ninguém poderá fazer alegações de injustiça divina; não haverá reprovações atribuídas a credos, sistemas ou preferências religiosas; os lobos separar-se-ão voluntariamente dos cordeiros, sob o império da Lei de Seleção Cósmica! A caravana dos emigrantes da esquerda do Cristo perderá o direito de efetuar reclamações à Administração Sideral do Supremo Comando, porque ser-lhe-ão concedidos todos os meios de esclarecimento dos problemas do raciocínio e da perquirição do reino do espírito. Ninguém será afastado draconianamente para o planeta inferior; a própria disposição mental e moral é que elegerá a condição irrevogável de exilado da Terra!

PERGUNTA: — *O espiritismo codificado por Allan Kardec não predominará, porventura, no terceiro milênio, uma vez que nasceu com a denominação de Terceira Revelação?*

RAMATÍS: — A doutrina espírita, como ciência e filosofia que disciplina e coordena os impulsos religiosos da criatura, para "religá-la" ao Criador, já pode ser considerada a mediadora crística de todos os esforços e movimentos ascensionais do homem. Ela possui o "toque mágico" capaz de avivar raciocínios para as pesquisas mais aprofundadas no campo iniciático ou corrigir o pensamento infantilizado dos religiosos presos aos lendários dogmas carcomidos pelo tempo. Na sucessão dos vossos dias, já podeis verificar que todas as soluções racionais, inconfundíveis e penetrantes no futuro, estão manifestas nos postulados espíritos, assim como a loja floral possui as sementes das flores mais belas e de perfumes mais raros. Qualquer acontecimento supranormal que atualmente se registra nas instituições ou hierarquias religiosas, nos departamentos administrativos, nos lares ou nas relações sociais do mundo, que desafiam as explicações lógicas da ciência acadêmica, terminam sempre obtendo a sua explicação racional e sensata sob o raciocínio espírito! Aumenta a porcentagem das coisas que confirmam a revelação espírita e diminuem as que a desmentem! Allan Kardec, sublimemente inspirado — o que lhe valeu a denominação de "a encarnação do bom-senso" ante o seu esforço heroico de trabalho e de abnegação por uma ideia mais compatível com a cerebração do século XX — codificou doutrina de tal envergadura e profundidade espiritual, que a simples adesão do homem aos seus postulados já lhe vale um diploma de bom-senso e um emblema de sadia inteligência! Quando a maioria dos conjuntos religiosos e espiritualistas se debilita pelo anacronismo de suas bases dogmáticas; quando os próprios esforços iniciáticos definham em grupos isolados e no silêncio egocêntrico das "afinidades coletivas", o espiritismo, lembrando a doce imagem de Jesus, estende o seu manto fraterno e, qual ave benfeitora, acolhe todos os seus simpatizantes e detratores, as luzidias mentalidades e as débeis cerebrações, os moços entusiastas e os velhos alquebrados, as almas passivas e os espíritos dinâmicos! E, contradizendo a própria ética de que, à medida que a ciência acadêmica evolui, enfraquecem-se os postulados infantis das religiões conservadoras, o espiritismo remoça, reverdece e se amplia na sua configuração sensata e lógica, porque os experimentos científicos, em lugar de desmenti-lo, ainda o comprovam nos seus postulados de mais de cem anos!

E quando a ciência comprovar à luz meridiana dos seus gélidos laboratórios que o espírito é imortal e sobrevive à dissolução do corpo físico, paradoxalmente, não será a ciência quem fará jus à glória da descoberta mas, na realidade, a doutrina espírita, que há de merecer então o galardão, como precursora do raciocínio científico e lógico, doado claramente às massas humanas! Em consequência, esse mediador crístico, aferidor de raciocínios geniais e precursor das mais avançadas experimentações científicas relativas à sobrevivência da alma, assim como revelador da Lei da Reencarnação, será o mais importante "diapasão" para a decisiva afinação instrumental da orquestra religiosa do terceiro milênio!

PERGUNTA: — No terceiro milênio não deviam predominar as instituições que propagam a necessidade da busca da verdade interior e da meditação silenciosa do espírito? Sempre tivemos particular predileção pelas tradições iniciáticas, que desenvolvem nos seus adeptos o conhecimento das hierarquias ocultas do Cosmo!

RAMATÍS: — Indubitavelmente, na mesma atitude ou longitude cósmica, hão de viver almas cuja compreensão e conhecimento da verdade cósmica se distanciam por milênios incontáveis. Entre o sábio que preleciona sobre a composição eletrônica dos átomos, e a criança que adormece no colo do assistente, enorme é a distância que os separa no entendimento. Da mesma forma reconhecemos que há, entre o neófito espírita, exclusivamente submerso na sua doutrina, e o espiritualista afeito ao conhecimento iniciático, um extenso abismo de compreensão. Examinando a nossa própria romagem pelo vosso mundo, no interior dos templos iniciáticos, tivemos ocasião de verificar que o homem comum e sectarista sempre se destruía no campo profano, vitimado pela sua incúria espiritual, enquanto o cultor da alta iniciação permanecia fiel ao Cristo Planetário. Mas devemos reconhecer a profunda diferença de compreensão espiritual da humanidade naquelas épocas recuadas, humanidade essa que ainda se encontrava esclerosada na ferocidade absoluta das paixões animais e nos primeiros pruridos conscienciais de "existir". Esse infantilismo de consciência só era dominado diante do milagre ou dos deuses vingativos, ferozes, que deviam punir impiedosamente. No entanto, o século atual é exatamente o limiar da vossa maturidade espiritual; já não se justifica mais a convicção de que o processo espiritual ter-se-á que fazer exclusivamente a portas fechadas, quando o despertamento se faz compreensível pelo Cristo Operante! Antigamente, os cálices sagrados dos nossos templos iniciáticos eram verdadeiros "oásis" no deserto das trevas humanas, onde a chama crística brilhava com suaves acenos para as regiões mais altas. No presente, as grandes confrarias que ainda se resguardam nas zonas solitárias de melhor padrão psicoetérico conservam ciosamente os remanescentes históricos dos grandes esforços iniciáticos do passado, como a vanguarda vigilante que, no mundo físico, forma o elo santificado com as grandes hierarquias das Fraternidades Brancas, situadas nos planos espirituais inacessíveis ao entendimento humano! Constituem o celeiro nutritivo das almas que se entregam à meditação e à procura interna do "Eu Sou", na divina espontaneidade de assear a mente e burilar o espírito no campo da consciência mais alta. Mas os que assim se reservam, nos pequenos hiatos da vida agitada do vosso orbe, ainda ferreteado pelo materialismo das formas escravizantes, são as antenas vivas e os cálices humanos que recepcionam as forças puras e que ateiam o fogo sagrado na alma em aprendizado cósmico. Essa minoria, que sempre existiu e nunca será do conhecimento do homem profano, também existirá no terceiro milênio, como a "ponta de lança" viva entre as sombras terráqueas e as luzes edênicas! Mas será sempre um pequeno punhado de homens excepcionais, porquanto significam a qualidade que serve para manter a temperatura angélica na **qualidade humana** reencarnada. Essa é a Lei!

No terceiro milênio também se constituirão credos e doutrinas bastante semelhantes entre si, prosseguindo na faina sublime de compor novas consciências devotadas aos postulados religiosos, a fim de mais tarde se constituírem nas grandes consciências que hão de extinguir a ilusão da vida humana, para existirem plenamente no mundo espiritual!

PERGUNTA: — *Por que motivo louvais o iniciado consciente de sua plenitude espiritual, e afirmais depois que "não mais se justifica a iniciação a portas fechadas"? Não haverá certa contradição nessa vossa afirmação, que parece negar o valor do trabalho iniciático?*

RAMATÍS: — Assim nos referimos, em face da urgência do momento em que os acontecimentos trágicos do "Juízo Final" — uma falência em liquidação, às vossas portas — exigem urgente modificação de conduta e direção espiritual a mais certa possível! Muitos espíritos que adquirem profundos conhecimentos na atmosfera do templo iniciático, nem por isso conseguem vivê-los cristicamente à luz das relações cotidianas e dos interesses comuns. Estamos cansados de observar a longa lista de "mestres" que sabem recitar longos "mantras" em preciosa sintonia iniciática; que sabem evocar, sibilinamente, os "devas" da natureza; que manuseiam com firmeza técnica a "bioquímica transcendental" no campo da magia ou da alquimia mental e guardam o sigilo de "não atirar pérolas aos porcos" fora das colunas do templo, mas que não passam de "iniciados modernos", que falham nas mais prosaicas experimentações da lei comum do mundo e fracassam nos mais comezinhos princípios de entendimento com os párias da vida! Alardeando conhecimentos, num fraseado fascinante, da ética esotérica, tecendo brilhantes exposições da gênesis oculta e conhecendo roteiros geniais da integração do Logos planetário, ou sincronizando-se ao "fluxo vivo" da vibração solar, arrasam-se num segundo ante um gesto, uma resposta ou um conceito irregular acerca do próximo, comprovando, então, a sua inépcia iniciática!

Na realidade, o fascinante figurino recortado pelos velhos mestres do hermetismo, ou pelas dinastias iniciáticas, pode vestir muitas vezes o iniciado cujo interior não condiz com as exigências do traje fidalgo, mas nesse caso se trata de uma aparência toda externa, que lembra o selvagem metido em casaca e polainas, em festiva cerimônia no palácio suntuoso, mas cujos gestos e "gafes" revelam a profunda contradição entre o vestuário do convidado e o seu comportamento na fina sociedade! E, como agora já não há mais tempo para uma iniciação apressada, para aqueles cuja maturidade interior ainda requer milênios de experimentação, eis o motivo de nossa afirmativa de que, no momento, já não oferece êxito a iniciação a portas fechadas, pois o decisivo acontecimento do "Juízo Final" talvez não conceda ao adepto de última hora o entendimento real da iniciação, que precisaria demonstrar à luz do dia e sob a égide do Evangelho de Jesus! Na simplicidade evangélica da afirmação do Mestre, de que ele é o "Caminho, a Verdade e a Vida", reside o recurso salvacionista e derradeiro para que o cidadão terrícola possa ainda evitar o doloroso exílio no planeta intruso!

Eis o motivo por que o espiritismo alicerçou a sua doutrina científico-filosófica nas bases definitivas do Evangelho de Jesus que, assim, constitui o cimento de garantia e segurança dos seus postulados. O próprio Allan Kardec viveu mais de três milênios peregrinando pelos vários templos e povos do passado, a fim de condensar a velha iniciação e ofertá-la à massa comum, na forma do espiritismo, doutrina acessível a todas as mentalidades, como também o é o ensinamento de Jesus! É um dos recursos com que Deus provê a seus filhos, à última hora, quando já falham todos os esforços mais complexos da "auto-iniciação"!

No estado em que vos encontrais atualmente, urge a iniciação **fora dos templos**, sob a poeira comum dos caminhos trilhados pela massa aflita, sujeita à complexidade das leis humanas, que obrigam as criaturas a esforços sobre-humanos, que as irritam e lhes despertam a revolta adormecida. É louvável a figura do Augusto Mestre, que sonha e vos nutre a alma, em profunda meditação, ingressando na plenitude do *samadhi* situado na fragrância da natureza contemplativa, divino repositório da verdade e da revelação espiritual aos discípulos ávidos de sabedoria. Mas também é admirável a figura do Mestre ignorado, que se angustia no turbilhão das civilizações egocêntricas, ávidas na defesa de seus interesses comuns e em terrível competição fisiomaterial, necessitando manter a sua serenidade espiritual diante de todas as complexidades cotidianas. Inúmeros deles circulam pelas vossas artérias, povoadas de criaturas materializadas, insubmissas, exigentes e intolerantes, mas guardam o sorriso de boa vontade e de compreensão e cujos conselhos são verdadeiros tratados de cristificação humana!

É preciso que tenhais sempre presente em vossas mentes a

insigne figura de Jesus, o maior intérprete do Cristo Planetário, pois de sua Sublime Consciência forjou-se o Evangelho como o tratado iniciático mais providencial para a hora cruciante que de vós se aproxima. Ele rompeu as paredes limítrofes dos templos iniciáticos, clareou os símbolos ocultos e ensinou o silêncio da humildade, que também desperta as forças íntimas da alma e acelera a maturidade do espírito, mesmo entre o ruído do mundo profano! Deixando entrever que existem **outras verdades**, que ele não podia revelar no momento e que seriam ditas na hora de vossa maturidade espiritual, lembrou-vos que a iniciação no silêncio da alma é justa e exigível, mas o que é conhecido a **portas fechadas** dos templos iniciáticos há que ser provado evangelicamente a portas **abertas** do santuário do mundo profano!

PERGUNTA: — A generalização dos valores iniciáticos, expostos comumente sob os postulados de doutrinas e de afirmações cotidianas, podem porventura revelar aquele conteúdo interior, que só se compreende na atmosfera sugestiva dos templos iniciáticos?

RAMATÍS: — O alcance mental da vossa humanidade, no século XX — graças à cooperação da ciência e da filosofia — justifica a iniciação à luz do dia, sob a égide de Jesus e na prática viva do Evangelho. A mente humana já não pode duvidar das forças invisíveis aos olhos e aos sentidos materiais e deixar de conhecer os postulados interiores, que antigamente se guardavam ciosamente no seio das instituições iniciáticas. O menino de ginásio já se familiarizou com os elétrons, átomos, ondas curtas, raios cósmicos, magnetismo, eletricidade, polarizações e radiações de todos os matizes! O cientista atual demonstra que o "Nada" é um viveiro de germes microscópicos ou de fantásticas energias conhecidas como um produto "éter-cósmico"; que o corpo humano é poderoso campo eletrônico de energia condensada, sob a direção de uma consciência que principia a se revelar nos laboratórios de precisão! A passagem de Jesus pelo vosso mundo extinguiu a velha angústia do "discípulo à procura do seu Mestre", porque já se conhece o "Caminho, a Verdade e a Vida", que o sublime Nazareno exemplificou com a sua vida! Jesus é a mais elevada Entidade espiritual descida ao vosso orbe, tendo cumprido a dolorosa iniciação na descida vibratória; ensinou-vos, à luz do dia, os "momentos sagrados" e apontou-vos as "zonas iniciáticas" do coração nos quais podereis alcançar o Cristo Planetário! A senda iniciática é o caminho interno da renúncia, do amor e do sacrifício, também por amor, para com aqueles que sofrem e se debatem nas trevas.

Jesus deixou-vos o padrão universal e definitivo para o êxito da mais rápida iniciação angélica em direção aos reinos da Verdade! Os que não puderem compreender Jesus e viver os seus postulados singelos, mas libertadores da ignomínia humana, de forma alguma terão mais sucesso sob o ritualismo que desperta a vontade e o comando das forças internas do espírito! A incapacidade de viver o Evangelho à luz do dia é um produto natural e exclusivo da própria imaturidade espiritual, que também não será removida no ambiente sigiloso do templo iniciático! Rituais, "mantras", sincronizações entre adeptos ou despertamento de vontade; o comando das forças da Natureza, o domínio dos quatro elementos, a clarividência exercitada ou a alquimia transcendental, enriquecerão a bagagem mental do discípulo, tornando-o figura excepcional no modo de vida comum; no entanto, esses magníficos valores, de louvável mentalismo, talvez não concedam a desejada maturidade espiritual sob a completa índole crística!

Rasputin era poderoso alquimista das energias da Natureza, assim como possuía o poder da hipnose coletiva; no entanto, faltava-lhe a maturidade espiritual da integração perfeita aos conceitos simples do "amai-vos uns aos outros" e do "fazei aos outros aquilo que quereis que eles vos façam"!

Há milênios que o vosso mundo se vem preparando sob as mais complexas e elevadas provas de ascensão espiritual, nas quais os templos têm funcionado como institutos de pedagogia libertadora da forma. No silêncio iniciático, muitas almas hão-se credenciado para o definitivo exame que se delineia nos vossos dias; no entanto, louvando todo esforço de "auto-iniciação", não podemos deixar de advertir que Jesus, o Ungido do Cristo, ainda é o barômetro da aferição da maturidade espiritual de cada ser humano!

PERGUNTA: — Quereis dizer que não traz favorecimento essa iniciação; não é assim?

RAMATÍS: — Nenhum de vós poderá isentar-se dela; é o curso real e exato para cada alma embutida na carne do vosso mundo. O homem só consegue a sua alforria espiritual depois que descobre a "senda interna"; e isto ele o fará com mais êxito sob a inspiração do silêncio, em contato com a "VOZ sem SOM", que lhe indicará o trajeto exato. Mas o verdadeiro iniciado é aquele que já elimina as divisas do mundo interior e do mundo exterior; a sua projeção no campo físico de formas é apenas o prolongamento do seu conteúdo consciente interno; é assim como Paganini, que transmitia a sua alma de virtuose nas melodias geniais do seu violino, que vibravam na atmosfera do mundo profano! O seu pensamento musical, silencioso mas genial, criava vida através do instrumento musical, eliminando as barreiras entre o exterior e o interior da alma. Dessa forma procede o iniciado consciente de toda a sua pedagogia espiritual; a sua melodia silenciosa e íntima, como seja o entendimento de ter sido feito "à imagem de Deus" ou o sentir do divino mistério do "Eu Sou", materializa-se no contato diário com os seus semelhantes, em sons harmoniosos que não ferem mas, ao contrário, comovem e inundam de júbilo todos os seres e todas as relações, todas as coisas e todos os momentos!

O Evangelho de Jesus é que prova quem seja o iniciado à luz do dia, embora a "Voz do Silêncio" já o tenha confirmado nessa situação, entre as colunas do Templo iniciático!

PERGUNTA: — *Quais serão os recursos positivos que permitirão à humanidade do terceiro milênio realizar um aceleramento tão grande, contrariando a pedagogia costumeira, que tem exigido tantos séculos para modificações diminutas no caráter dos homens?*

RAMATÍS: — A vossa dúvida provém do fato de ser esta a primeira vez que se processa tal acontecimento, embora vos pareça contrariar a rota natural do amadurecimento espiritual.

Baseando-vos nos acontecimentos históricos e evolutivos do espírito humano, podeis estranhar que, em tão diminuto período e apenas devido à passagem de um milênio para outro, a humanidade terrícola efetue progresso tão salutar! ... Uma vez que, partindo da civilização tão almejada e cultuada pelos gregos de Platão, Sócrates ou Pitágoras, sob a disciplina admirável de "alma sã em corpo são", a humanidade terrícola atinge o fim deste século sob terríveis tendências para o desregramento em comum, é óbvio que ela deve ser submetida a um definitivo processo de seleção, que lhe permita efetuar a eclosão dos seus valores sadios e adormecidos. Nunca houve no vosso mundo acontecimento como esse que vai ocorrer, e a civilização nova, do terceiro milênio, também será um padrão ainda desconhecido coletivamente na Terra.

Jesus afirma a ocorrência desse fato inédito no vosso orbe,

quando adverte: "Porque será então a aflição tão grande que, desde que há mundo até agora, não houve nem haverá outra semelhante" (Mateus, 24:21). Indubitavelmente, o Mestre faz questão de acentuar que "nunca houve acontecimento semelhante na Terra", porque será uma renovação súbita, completa e insofismável da civilização anticrística atual, para ser transformada na humanidade de Deus, no terceiro milênio.

O recurso positivo, mais importante, para o aceleramento da maturidade espiritual da nova humanidade, reside precipuamente na seleção espiritual do "Juízo Final", quando forem escolhidos os bons, ou direitistas, para se tornarem o germe do povo cristianizado. É óbvio que numa seara onde pululam os frutos pobres, o progresso e a produção sazonada se farão rapidamente, desde que, após a derrubada das árvores frutíferas de má qualidade, sejam escolhidas as sementes sadias e feita a plantação futura apenas com essas mesmas sementes, mas escolhidas! E por isso diz a revelação do Apocalipse:

> E não haverá ali jamais maldição, mas os tronos de Deus e do Cordeiro estarão nela, e os seus servos o servirão!
> (Apocalipse, 22:3)

Ramatís e seus críticos

Desde as suas primeiras comunicações, Ramatís nos recomendou que eliminássemos quaisquer receios nas indagações mediúnicas que, lhe fizéssemos. Ele sempre nos deixou a liberdade de crítica para que não conservássemos nenhuma dúvida sobre as suas dissertações. Explicou-nos que, o intercâmbio de ideias deveria estar liberto dos "tabus", que comumente prejudicam as mensagens mediúnicas, e ele sabe compreender bem a nossa natureza humana.

Essa disposição benévola e afetuosa induziu-nos às perguntas arrojadas que constituem este capítulo e que bem provam a nossa impertinente disposição de indagar. Para isso, reunimos certos artigos de imprensa, cartas, crônicas, perguntas, julgamentos alheios e censuras severas, com referência às suas mensagens; recordamos palestras e dúvidas sobre o assunto; guardamos apontamentos de rua, para sobre tudo inquirir o espírito de Ramatís. Algumas vezes a nossa insistência chegou até a ser intolerável mas, se assim procedemos, foi para que se excluísse a maior parte das dúvidas suscitadas até aqui quanto às mensagens já recebidas, permitindo que ficasse bem esclarecido o pensamento do espírito manifestante.

Ramatís é espírito de bom ânimo, sincero e fraterno; costuma nos pedir que não o situemos na galeria dos "santos espíritas", a que, alguns confrades desavisados promovem os seus guias espirituais. Nada mais pretende ele do que a singela função de noticiarista desencarnado. Reconhece que as suas comunicações hão provocado celeuma e até irritações descabidas, mas assevera que isso é próprio da ansiedade humana na procura da verdade. Algumas vezes, com graça satirizada, assegura mesmo que o bulício mental que provocam as suas mensagens já está produzindo suave benefício nos seus julgadores, pois elas são, realmente, algo revolucionárias, visto que desmantelam as velhas prateleiras mentais, bastante sobrecarregadas com inúmeros conceitos petrificados pelos séculos findos.

E é isso mesmo. Os espíritos mais conservadores e ciosos de suas tradições saltam à arena para terçar armas contra a "agitação mental" e defenderem os seus postulados simpáticos. Surgem, então, "pontos de vista" e afirmações doutrinárias ou científicas, de todos os lados; lança-se mão de recursos inteligentes e invoca-se a lógica e o bom-senso para se derribarem as mensagens extemporâneas de Ramatís. As revelações são consideradas exóticas e excêntricas, sendo autopsiadas por alguns até com irreverência; os conceitos que ferem a velha escola são excomungados pelos puristas zelosos de sua linhagem doutrinária. O raciocínio dos leitores é entalo sacudido entre os dois extremos opostos. Mas, será isso de grande beneficio para a sua elasticidade mental! O exercício dinâmico do espírito, ao pensar, sempre lhe acelera mais o mecanismo da evolução!

Almas temerosas hão de apontar os perigos "mefistofélicos" de Ramatís; espíritas neófitos intervirão apressadamente a fim de defender os princípios espíritas que supõem em perigo; alguns, mais severos, hão de requerer a cassação do mandato espiritual da entidade do Além... Surgirão providências imediatas que protejam os postulados já consagrados pelo senso comum e batizadas como verdades definitivas! Enquanto isso suceder, a efervescência será contínua, mas no vasilhame do cérebro flutuarão, por fim, resíduos mentais, à superfície da água límpida! Entretanto como no-lo afirma o próprio Ramatís — extinta a tempestade de censuras ou de lisonjas, de antipatias ou de simpatias, novas disposições de espírito serão verificadas em todos aqueles que se movimentaram sob o pretexto Ramatísiano.

Está aberto, pois, o cenáculo, para que se verifiquem as brilhantes porfias sobre os equívocos que se atribuam a Ramatís, as quais, além de excêntricos convites à dinâmica do espírito, servirão também para revelar o grau de compreensão evangélica de cada julgador.

Quanto a defeitos de linguagem ou insuficiência de, expressões que, porventura, possam ser encontrados no transcurso da leitura desta obra, sejam levados à conta da incapacidade do médium e não à de Ramatís. O sensitivo não dispõe de arquivo genial de imagens e de vocabulário suficiente para sintonizar, escorreitamente, o caudal de ideias que lhe flui da entidade comunicante. Esta envida os maiores esforços para se situar no campo espiritual do médium que, por vezes, não encontra figura ou expressão alguma, em sua mente, para traduzir a contento aquilo que apenas "sente" em outras dimensões vibratórias. A torrente de pensamentos que tenta ocupar-lhe a pequena área cerebral lembra a figura de um barril de água que se entorne sobre um frágil copo de vidro! No dizer do médium, o acontecimento é como se Toscanini estivesse tentando executar a nona sinfonia de Beethoven pelo cérebro de um maestro de um povo primitivo!

Indiscutivelmente, a obra seria de muito maior valia se pudesse fluir pela mediunidade cristalina de um Chico Xavier, de um Fernando de Lacerda ou de um Rev. Owen ou Stainton Moses! Lembre-se, por isso, o leitor de que, afora as excrescências comuns da forma, há nesta obra uma direção implacável no sentido de objetivações mais altas, e um conteúdo doutrinário crístico que pede a melhoria do espírito, muito antes da fascinação do texto.

Ramatís e seus conceitos

PERGUNTA: — *Gostaríamos de vos ouvir quanto às variadas apreciações que têm despertado as vossas mensagens mediúnicas. Para isso, contamos com o vosso espírito tolerante e isento de susceptibilidades tão comuns à nossa humanidade.*

RAMATÍS: — Consideramos de boa ética essa vossa disposição, pois os labores que cumprimos também são inspirados por almas superiores à nossa exiguidade espiritual. Não podemos alimentar susceptibilidades nas indagações justas; tudo faremos, tanto para contentar os que nos censuram, como os que se afinizam com a nossa índole psicológica. Reconhecemos a impossibilidade de satisfazer a todos, coisa que nem o nosso amado Mestre Jesus conseguiu realizar no vosso mundo. A crítica ao nosso labor é um direito com o qual concordamos prontamente, e é justo que cada um procure aquilo que deseja.

PERGUNTA: — *As opiniões sobre as vossas comunicações mediúnicas variam muito, principalmente quanto a vos situarem num labor doutrinário definido. Uns classificam-vos como entidade espírita kardecista; alguns dizem que sois umbandista; outros vos consideram simpático às sociedades teosóficas ou aos labores esoteristas. Existem, ainda, os que afirmam que sois excentricamente devotado à escolástica hindu. Queixam-se certos confrades do vosso ecletismo embaraçante. Que nos dizeis?*

RAMATÍS: — Não procuramos classificação em nenhuma doutrina, mas a compreensão daqueles que consideram as seitas religiosas como verrugas no corpo do Cristo. Nossos propósitos objetivam a aproximação crística entre os valores doutrinários de todos os espiritualistas de boa-vontade. O Cristo é um estado pleno de amor e de associação divina; é radiosa fisionomia espiritual destituída de rugas sectárias. É princípio de nutrição cósmica para todas as almas, amor entre os seres e coesão entre os astros. A verdade crística não pode ser segregada por ninguém; é um estado permanente de procura e de ansiedade espiritual, bem distante dos invólucros estandardizados. Qualquer sistema ou seita religiosa que se considere o melhor pesquisador da verdade é apenas mais um concorrente presunçoso entre os milhares de credos isolacionistas do mundo. O fanatismo, que é próprio do homem inculto, feroz e destrutivo, também se afidalga nas vestes respeitáveis do cientista, do filósofo ou do intelectual já consagrado no academismo do mundo. A teimosia sistemática, mesmo sob a lógica científica, é sempre um índice de fanatismo, que cria disposição adversa à maturidade dos conceitos novos. O jardineiro progressista estuda e experimenta sempre os novos espécimes, antes de negar-lhes os novos valores estéticos. Em consequência, não vos preocupeis em nos situarem neste ou naquele postulado religioso ou filosófico; preferimos, antes, a condição singela de noticiarista sem compromisso dogmático.

PERGUNTA: — Acusam-vos alguns espíritas de não serdes entidade exclusivamente devotada aos princípios da doutrina de Kardec.

RAMATÍS: — Apenas evitamos a exclusividade que exalta os caprichos e as teimosias sectaristas e contraria o dinamismo da vida espiritual. É de senso comum que mediunismo difere muito de espiritismo; o primeiro é uma faculdade independente de doutrinas ou de religião; o segundo, doutrina codificada por Allan Kardec, cuja finalidade é a libertação do homem dos dogmas asfixiantes. O espiritismo é o conjunto de leis morais que disciplina as relações desse mediunismo entre o plano visível e o invisível e coordena também o progresso espiritual dos seus adeptos. Os fenômenos mediúnicos começaram a ocorrer muito antes da doutrina espírita e podem se suceder independentemente de sua existência. A literatura mediúnica é pródiga em vos comprovar a quantidade de sensitivos que recepcionam mensagens daqui, embora não operem diretamente sob a inspiração do espiritismo codificado por Kardec. Podereis encontrá-los nos círculos esotéricos, nas reuniões teosóficas, nas fraternidades rosa-cruz, nas comunidades protestantes e nos próprios agrupamentos católicos. Independentemente da codificação kardeciana, foram recebidas do Espaço as importantes *Cartas de Meditações* e *Luz da Alma*, ditadas pelo instrutor tibetano a Alice A. Bailey; as missivas a Helena Blavatsky, dos mestres Moria e K. H.; as *Cartas do Outro Mudo*, ditadas a Elza Barker por um magistrado inglês desencarnado; a *Luz no Caminho* a Mabel Collins; as mensagens do Padre Marchal a Ana de G.; o *Mundo Oculto* inspirado a M. Sinnett; a *A Vida Além do Véu*, ao pastor protestante Rev. G. Vale Owen. As inéditas experimentações mediúnicas de Eduardo Van Der Naillen, entre os Mayas — que ignoravam o espiritismo — originaram *A Grande Mensagem*, obra admirável como repositório de conhecimentos do Além; C. H. Leadbeater, bispo anglicano e um dos esteios da Sociedade Teosófica, revelou poderosas faculdades de clarividência, sem contacto com o kardecismo. No vosso século, Pietro Ubaldi, Ergos, Ermibuda e outros entregam-vos mensagens de inspiração mediúnica, embora sem o selo da insígnia espírita. Os profetas eram médiuns poderosos: Isaías, Daniel, Ezequiel, Jeremias, Jonas, Naum, Habacuc e outros, iluminavam as narrativas bíblicas com os seus poderes mediúnicos: Moisés hipnotizou a serpente e a transformou num bastão, fazendo-a reviver diante do faraó surpreendido; sabia extrair ectoplasma à luz do dia; praticava levitações, transportes, e produziu chagas no corpo, curando-as rapidamente. Realizando a mais assombrosa hipnose da História, usou o povo egípcio como *suject* e o fez ver o rio Nilo a correr como sangue; atuando nas forças vivas da Natureza, Moisés semeava o fogo em torno de si, cercando-se da "sarça ardente", e punha em fuga os soldados escolhidos para matá-lo. Na esfera católica, Terezinha via o sublime Senhor nimbado de luz. Francisco de Assis revelava as chagas de Jesus; Antônio de Pádua transportava-se em espírito, de Portugal à Espanha, para salvar o pai inocente; Dom Bosco, em transe psicométrico, revia Jesus na infância; Vicente de Paula extinguia úlceras à simples imposição das mãos e São Roque curava a lepra a força de orações. Tereza Neumann, no vosso século, apresenta os estigmas da crucificação, e alguns sacerdotes católicos se tornam curandeiros milagrosos sob a terapêutica dos benzimentos. Entretanto, nenhum desses consagrados seres da história religiosa era espírita, na acepção do vocábulo, embora todos fossem médiuns, o que ignoravam! Eis pois, o porquê de não carecermos assumir responsabilidade doutrinária exclusivamente kardecista ou, isoladamente, em outra nobre instituição, porquanto esse exclusivismo de modo algum ampliaria as nossas ideias. Estas justificar-se-ão por si mesmas, independentemente de qualquer particularismo redutivo.

PERGUNTA: — *Esses confrades temem que a divulgação acentuada de vossas mensagens possa desviar do roteiro progressivo os novos adeptos espíritas. Consideram prematura a preocupação com os conceitos heterogêneos de vossas comunicações, antes que possuam o entendimento puro do espiritismo. Esta concepção está certa?*

RAMATÍS: — Embora não nos situemos na área codificada do kardecismo, reconhecemos este como a doutrina evolutiva que melhor atende às necessidades espirituais da humanidade terrícola, em seu conjunto geral. É a síntese popular da Verdade Oculta e o mais eficiente caminho de ascensão espiritual para a mente ocidentalista. Allan Kardec, corajosamente, ergueu a ponta do "Véu de Ísis"; abriu a porta da iniciação em comum e revelou a preliminar do Céu. Após fatigante labor, através de milênios, em contacto com todos os esforços iniciáticos, codificou os valores suficientes para libertar o homem da "roda das reencarnações". A disposição ferrenha de muitos discípulos, que fossilizam os conceitos dinâmicos do espiritismo e os transformam em sentenças rígidas no "espaço" e no "tempo", é que traça fronteiras separatistas e contrárias à dinâmica evolutiva da doutrina. Muitas desilusões fraternas que os recém-chegados recebem dos "tradicionais" terminam afastando-os para certos exotismos e sincretismos embaraçantes. O espiritismo é essencialmente evolutivo, mas os seus adeptos, desavisados da realidade funcional dos seus postulados, tornam-no letárgico com o sistema de afirmação dogmática. O Evangelho, que é a verdadeira garantia crística do espiritismo, ainda não foi bem compreendido pela maioria dos seus discípulos. Raros são os que não confundem o sentido crístico do Evangelho com o sentido espírito de afirmação doutrinária separatista, firmado nos pontos de vista isolados e contrários à harmonia fraterna. Essa preocupação purista, que invocais, fortifica, realmente, a doutrina como configuração sectarista, mas reduz-lhe a amplitude evangélica, que deve ser sempre a base da "Terceira Revelação". Muitos espíritas revivem, em modernas sublimações, os dogmas dos velhos credos que esposaram nesta ou em reencarnações passadas. Revelam novamente, no meio espírita, a mesma intolerância religiosa, a sisudez pessimista e a má disposição para com as ideias e labores que ultrapassam as fronteiras de suas convicções e simpatias. Reproduzem sob novos aspectos doutrinários, embora mais cultos, a mesma excomungação sistemática do passado.

PERGUNTA: — *Afirmam alguns que a dissociação que podeis provocar no seio do kardecismo será devido ao fato de propagardes por via mediúnica os princípios e os conceitos de seitas e instituições adversas à singeleza do espiritismo.*

RAMATÍS: — O perigo de dissolução doutrinária ante esses conceitos adversos há de desaparecer, se estiverdes plenamente convictos e integrados nos próprios postulados kardecistas que aceitais. Só a convicção absoluta pode afiançar a "fé que remove montanhas". Se temeis essa dissolução doutrinária, é porque ainda não tendes fé absoluta no que admitistes; se assim não fora, o vosso temor seria infantil. A debilidade de vossas convicções tornará o kardecismo tão desamparado diante de nossas mensagens quanto diante de todas as demais comunicações que nos sucederem. Só a negligência e a incúria dos seus discípulos é que permitirão que seja tisnada a pureza iniciática dos princípios de Kardec. Necessitareis, então, da fé sincera e vigorosa que sempre impediu as dissoluções e as promiscuidades em quaisquer setores altruísticos do vosso mundo. É a fé irredutível dos protestantes que os imuniza contra as infiltrações estranhas às suas congregações; é a fé absoluta dos santos que os livra da sedução da matéria; é a fé nos seus postulados morais que mantém alguns povos europeus em neutralidade pacífica no seio das nações belicosas. Apesar das influências heterogêneas da época, Mozart, Bach e Beethovem conservaram a pureza iniciática de suas composições musicais; embora vicejassem numerosos arremedos de pintores, não se tisnaram a beleza e a pureza da pintura de Rubens, de Da Vinci, de Ticiano ou de Rembrandt! Apesar da lubricidade que ainda impera em alguns conventos religiosos, muitos frades e freiras são cópias vivas de um Francisco de Assis, de uma Tereza d'Ávila. Mau grado as promiscuidades imorais que pululam na sociedade e a desonestidade que corrói a administração pública, inúmeros caracteres se conservam íntegros no seio dessas influências dissolventes. Naturalmente, só uma fé viva, contínua e forte, sustenta qualquer ideal, e essa espécie de fé é que recomendamos que os espíritas tenham para com a consagrada doutrina codificada por Allan Kardec. Se assim fizerem — não opomos dúvida — serão infantis todos os temores às nossas mensagens dissociativas.

PERGUNTA: — *Alegam outros que as vossas mensagens geram confusão entre os espíritas, porque estes se deixam fascinar pelo exotismo exterior, e se perturbam com o conteúdo, que não se afina com a doutrina espírita.*

RAMATÍS: — Tornamos a repetir: Não está em nossas mensagens essa probabilidade perturbadora, mas sim naqueles que ainda estão em condições eletivas para serem perturbados ou vítimas de confusão. O espírito humano é dotado de razão e de sentimento; quando a razão não está suficientemente desenvolvida para protegê-lo da perturbação, que o salve — pelo menos — o sentimento cristão. Se não existe a garantia espiritual de qualquer um desses atributos, como quereis evitar a perturbação? Inegavelmente, ainda sereis os candidatos e as vítimas de todas as influências e sugestões exteriores. Se viverdes em confusão convosco, naturalmente estareis em confusão com tudo o que pesquisardes, quer sejam as nossas mensagens, quer sejam as comunicações de outros espíritos mais elevados. Não conhecemos doutrina mais pura e santificante do que o Evangelho de Jesus; no entanto, ireis responsabilizar o Divino Mestre pela confusão que os homens fizeram com os seus abençoados ensinamentos? Não foi o seu Evangelho, mas as confusões humanas que assassinaram os infiéis nas impiedosas cruzadas da Idade Média; que armaram odiosas fogueiras e criaram as tenebrosas torturas da Inquisição; que trucidaram indefesos huguenotes na sangrenta Noite de São Bartolomeu. Ainda sob a égide do Evangelho, a confusão humana queimou Joana D'Arc, João Huss, Giordano Bruno, e atualmente ainda consagra os instrumentos de morte para as guerras fratricidas! Lamentamos que as nossas mensagens possam criar confusões à pureza iniciática espírita, do mesmo modo que lamentamos seja culpado o Evangelho pelas atrocidades humanas! A dinamite destinada ao serviço pacífico das edificações humanas ainda a usais, devido à vossa confusão, como agente de morte; a embarcação idealizada para a confraternização entre os povos serve-vos como cruzadores, submarinos e canhoneiras mortíferas; o avião, ideal de fraternidade, a confusão o transformou na terrível ave semeadora de ruínas e crueldades. A energia atômica, pacífica em Marte, é no vosso mundo elemento feito para derreter os corpos nascidos para o amor e para a vida. A confusão, na realidade, depende do destino que derdes às coisas que ledes, que inventais ou que descobris, provando que ainda vos falta o verdadeiro discernimento dos objetivos idealizados por Deus!

PERGUNTA: — Afirma-se que os "velhos espíritas", conservadores da ética kardecista, são menos simpáticos às vossas mensagens. Que dizeis?
RAMATÍS: — É muito natural que assim suceda. As épocas de renovações artísticas, assim como as de renascimento espiritual, provocam sempre maior relevo na clássica posição de "moços" e "velhos", embora as ideias novas sejam as mesmas ideias velhas sob atraente vestuário moderno. Os moços de hoje, concomitantemente os velhos de amanhã, também hão de oferecer resistência teimosa aos novos valores que surgirem no futuro, sob o império da evolução. Na pintura, na filosofia, na música, na ciência e na própria indústria, sempre se digladiaram essas duas condições distintas: velhos e moços. No entanto, embora se situem em extremos antagônicos, são duas forças que disciplinam a evolução; tanto os moços entusiastas como os velhos ponderados atendem aos imperativos naturais da vida progressista. Os primeiros, idealistas, corajosos, traçam os rumos do futuro, e os segundos, conservadores, prudentes, tolhem seus passos quanto aos excessos prejudiciais. Disciplina-se a imprudência excessiva do moço pela experiência sensata e orientadora do velho. E diante de assuntos como o "Juízo Final" ou o "fim do mundo", ainda mais se acentuará o conflito entre as velhas e as novas idéias, instigadas pela afirmação pessoal de cada grupo à parte. Se os velhos espíritas são menos simpáticos às nossas comunicações, deveis concluir que, realmente, não estamos transmitindo mensagens para conjuntos exclusivos ou para adeptos que nos lisonjeiem. O nosso esforço é de caráter geral. Estamos ditando para além da efervescência moral que já estais vivendo; só os eletivos à nossa índole espiritual é que nos sentem no momento, sem a exigência férrea de primeiro nos compreenderem.

PERGUNTA: — Há os que afirmam que as vossas mensagens são destituídas de qualquer proveito; outros há que veem nelas uma associação de ideias do médium, ou seja puro animismo. Que podeis nos esclarecer?

RAMATÍS: — Se estes relatos forem fruto de puro animismo do médium, independentemente de nossa ação espiritual, cabe-lhe o indiscutível mérito de nos haver interpretado a contento, evocando o sentido crístico em que realmente desejaríamos situar as nossas comunicações. Quanto ao sentido proveitoso, depende, naturalmente, do próprio leitor, a quem cumpre tirar as ilações construtivas ou rejeitar as afirmações que suponha perniciosas. O lavrador inteligente sabe que o mais opulento feixe de trigo pede a separação cuidadosa do joio. Recordamos, a propósito, aquele sentimento elevado que Jesus revelou diante do cão putrefato, ante a repugnância dos apóstolos, quando enalteceu a brancura dos dentes do animal e os comparou a pérolas preciosas! A Terra também vos oferece inúmeras mensagens vivas, das quais podereis extrair ilações proveitosas ou destrutivas. O mesmo arsênico que os Bórgias empregavam para assassinar os seus desafetos, a medicina aproveita para o tratamento da amebíase e do sangue. A cicuta, que mata, cura as convulsões rebeldes quando aplicada em doses homeopáticas; o escalpelo do homicida, nas mãos do cirurgião, é instrumento que prolonga a vida. Sob o toque da magia divina de Deus, o monturo fétido se transforma em roseiral florido e perfumado. A serventia que dormita no seio de todas as coisas criadas pelo Onipotente exige que a boa intenção a saiba aproveitar no sentido benéfico à vida. Estas mensagens também contêm um sentido oportuno; cabe ao leitor encontrar os objetivos sadios.

PERGUNTA: — Soubemos, também, que atribuem falta de proveito às vossas mensagens, sob alegação de serem absurdas e fantasistas. Qual a vossa opinião?

RAMATÍS: — Há que distinguir sempre entre o sentido benéfico que pode existir oculto na fantasia e o maléfico disfarçado no cientificismo mais rigoroso. Antigamente, a infância terrícola se deliciava com as histórias da Carochinha, em que os príncipes, as fadas e os gênios bons sempre venciam as feiticeiras, os gigantes maus e os lobos ferozes. Era o triunfo absoluto do Bem sobre o Mal. As narrativas fantásticas limitavam-se a despertar a atenção para a exposição da virtude moral, onde a bondade, a inocência e a honestidade eram fartamente glorificadas. As vovós reinavam, absolutas, nos velhos lares, narrando ao pé do fogo as fantasias que davam sublime direção espiritual ao subconsciente das crianças. No entanto, o espírito científico e positivo do século atômico requer severas exigências ao cérebro do escritor moderno, a fim de exterminar o excesso de fantasia da mente infantil. Interveio e impôs a sua lógica matemática; motorizou o tapete voador; considerou absurda a vida do Pinocchio; aposentou Gulliver e liquidou o encantador país de Liliput. O velho gato de botas teve cassada a sua licença de turista inveterado e o chapeuzinho vermelho aguarda a maioridade para enfrentar o lobo mau. O gigante do "pé de feijão" ficou estigmatizado como uma vítima da glândula hipofisária e proibiu-se a velha alquimia dos magos, que transformava príncipes em cisnes e princesas em borboletas. A moderna Branca de Neve, atarefada com refrigeradores, fogões elétricos e assadeiras automáticas, olvidou os sete anões, que passaram a constituir casos excêntricos de distúrbios endócrinos! Graças, pois, à meticulosidade científica do século atomizado, foram derrotados os velhos personagens das leituras fantásticas e substituídos por tipos ferozes, homicidas, que acionam metralhadoras eletrônicas e pretendem o domínio continental. Estúpidos fascinoras semeiam a morte nos desertos enluarados e seres diabólicos, interplanetários, comandam esquisitos aparelhos, ameaçando destruir o vosso orbe! O príncipe gentil, respeitoso, foi modernizado no herói de trabuco à cinta, chapéu de aba larga, a fazer farta distribuição de murros; o fascínio moderno é devido à sua brutalidade física e à sua impiedade contra os adversários vencidos. A fada que distribuía o "pólen" dourado das alegrias infantis transformou-se na mulher sem alma, despudorada, viciada com os corrosivos elegantes e sofisticada às banalidades fesceninas. Os gnomos inocentes, da natureza festiva, fugiram diante dos terríveis auxiliares do herói moderno, que são desonestos e semeiam intrigas e ciladas traiçoeiras. Na antiga fantasia infantil, o príncipe generoso e leal ressuscitava Branca de Neve com um beijo de amor puro, e a feiticeira vingativa, símbolo da maldade humana, sumia-se nas furnas dos abismos sem fim. A perversidade e a mistificação eram incondicionalmente justiçadas pelo poder do Bem; a ternura exaltada e o amor glorificado. Na literatura moderna, científica, o galã, como prova de masculinidade, é vítima de histerismo e esbofeteia sua amada! O delinquente, quando é punido pela justiça, já não compensa o cortejo de crimes que praticou e de vítimas que causou.

    A fantasia, quando firmada no sentido do Bem e da Bondade, exalta as virtudes adormecidas nas criaturas, em lugar de afrouxar os ditames da moral do espírito; estimula à fraternidade e à mansuetude, predispondo o homem ao culto superior. No entanto, o cientificisnio da bomba atômica criou as mais bárbaras e dantescas cenas de morte! Aqui, parturientes derretiam-se com o filho, na hora de dá-lo à luz; ali, velhinhos fatigados, na contemplação da natureza, convertiam-se em poças sangrentas, nos bancos das praças públicas; acolá, bandos de crianças transfiguravam-se em pastas albuminoides; alhures, criaturas em retorno aos seus lares deslocavam as carnes diante dos seus familiares! No fragor infernal do impacto homicida, fundiam-se a carne do sacerdote e a da criança, no batismo; derretia-se a mão do cirurgião sobre o enfermo esperançado de viver; diluía-se o lactente no seio da mãe apavorada, e a garota, aterrorizada, revia-se deformada! Cérebros geniais puderam calcular a temperatura máxima que desencadearam essas aplicações científicas subordinadas à matemática dos cálculos nucleares! No entanto, para os 140.000 japoneses que se derreteram no fogo apavorante da explosão atômica seriam incondicionalmente melhores todos os contos fantásticos dos mundos de fadas do que o cientificismo que lhes acarretou morte tão horrorosa!

Sob a aparente fantasia de nossas mensagens, efetuamos um convite para o reino amoroso de Jesus, assim como as histórias que as vovozinhas contavam, para a infância, mostravam o reino das fadas, dos gnomos e dos, príncipes valentes, mas eram sempre leais às virtudes nobres da alma. O convite para o Cristo é o do acatamento aos princípios santificantes do Evangelho, os quais são eternos, acima das formas literárias e das equações científicas. Esses princípios lembram as pérolas verdadeiras, cujo valor não aumenta num escrínio de veludo nem se diminui na pobreza de um envoltório de algodão. Mesmo quando submersas na lama, elas guardam a sua preciosidade real!

PERGUNTA: — Alguns críticos espíritas afirmam que as vossas mensagens, embora entusiasmem pelo assunto profético pelo exotismo das revelações, distraem os discípulos, fazendo esquecerem a mensagem singela do Evangelho. Que nos podeis dizer a respeito?

RAMATÍS: — Certos de que Deus sabe o que faz, cingimo--nos às suas diretrizes e não às dos homens. Não opomos dúvida quanto à urgente necessidade da singela evangelização da criatura terráquea, a fim de poder enfrentar galhardamente os momentos dolorosos de que se aproxima o vosso mundo. Inegavelmente, é melhor a purificação do sentimento do que o brilho do raciocínio; que o coração domine primeiro o cérebro. Mas a própria angelitude exige absoluto equilíbrio entre cérebro e coração. A figura do Anjo, revelando-se na harmonia perfeita das suas asas, é o símbolo desse augusto binômio divino, em que a asa direita da sabedoria se ajusta ao completo equilíbrio da asa esquerda, do sentimento purificado. Só a sabedoria e o sentimento, completamente. desenvolvidos, é que facultam à alma o voo incondicional no Cosmo. O espírito pode evolucionar exclusivamente pelos caminhos do coração, se assim preferir, mas não se livra de retornar à vida física, a fim de obter alforria completa na educação do intelecto.

As mensagens que vos ofertamos estão isentas de ódio, de malícia ou de discórdia; não é o seu conteúdo exótico que produz fascinações extemporâneas; o próprio momento profético e entrevisto no subjetivismo do espírito é que desperta atração para o tema "Os tempos chegados". Há que compreenderdes também que a mensagem singela do Evangelho não exige o retorno do homem ao primitivismo das cavernas; Jesus não veio destruir a Lei, mas cumpri-la. Não vos pede que troqueis o terno de casimira pela tanga do selvagem ou o veículo motorizado pelo carro de bois; nem vos ordena que excomungueis o conhecimento e que vos dediqueis exclusivamente às compungidas orações. Oxalá fôsseis realmente sábios como Jesus o é! Justamente a sua sabedoria é que o tornava tão compreensível, e o seu extraordinário conhecimento psicológico é que o fazia tão terno. Na Terra, o ermitão fanático, que foge do mundo e se recolhe às grutas das florestas, também é capaz de abrir o coração do infiel que lhe rejeite a cartilha de devoção; no entanto, muitos sábios, trajando a rigor social, renunciam à vida para o bem da ciência humana. Francisco de Assis, quer vestindo-se com o hábito de frade ou pelo último figurino da moda, portador de um anel de grau ou simples operário na limpeza das cidades, nunca se distanciaria da singeleza do Evangelho! Só a perturbação íntima é que distrai do Evangelho, e muitos há que se perturbam até mesmo no exercício dos ensinos de Jesus.

PERGUNTA: — Alguns espíritas lamentam que as vossas comunicações não sigam a mesma linha de exortação evangélica, sem complexidades proféticas, a que já se consagraram inúmeras entidades nas obras mediúnicas tradicionais do espiritismo. Referem-se a espíritos que transmitem apenas mensagens doutrinárias que não provocam celeumas, dúvidas, nem contêm predições prematuras, mas se mantêm dentro da manifestação purista dos preceitos kardecistas.

RAMATÍS: — As manifestações espirituais, na vossa vida, podem obedecer a múltiplos aspectos. Assim como Buda veio para os seus eletivos, na Ásia, e Jesus para os seus afins, no Ocidente, há profetas que só servem a grupos simpáticos à sua psicologia, como há determinados trabalhadores desencarnados que só atendem aos adeptos da doutrina espírita. "Grande é a seara de meu Pai e há nela muitos lugares para todos os trabalhadores" — afirmava o grande líder oriental. Por que motivo deverão todos os instrutores pregar sob um mesmo e exclusivo aspecto? Uma vez que já existem no vosso meio entidades espirituais capacitadas e integradas na esfera da pura exortação evangélica, por que motivo deveríamos repetir as mesmas coisas, talvez com menor êxito? Se compreendeis realmente que Deus está em tudo que criou, não podeis separar nada dentro da sua orientação divina. Que é que interpretais como manifestação "purista", em doutrina? O que concorda com a vossa mentalidade? Aquilo que o vosso espírito agasalha com simpatia, olvidando que o que detestais pode ser motivo de atenção e de prazer de outrem? Essa exclusiva preocupação purista, na vida em comum, é um capricho que pode concorrer para o separatismo, que nada tem de evangélico. Quando sentimos realmente a magnificência da vida que nos foi dada por Deus, sentimos também que devemos ampliar os limites de nossos purismos; folgamos, tanto com o progresso do verme no seio da terra, quanto folgamos em que a borboleta ascensione para espécies mais encantadoras. O servidor do Pai, inspirado pelo Evangelho, tanto admira a urtiga que fere quanto a violeta que perfuma; tanto tolera a serpente rastejante, que atende ao sagrado direito de viver, quanto admira a andorinha que corta os espaços. Sabe que Deus não cometeu distrações na contextura dos mundos; que não criou "coisas ruins ou impuras" e que não cabe ao homem o direito de criticar supostos equívocos do Pai! O bálsamo, que alivia a dor, tem o seu correspondente no ácido, que cauteriza a gangrena. Eis porque nao podemos nos cingir a um sistema único de comunicações mediúnicas, de modo a vos entregarmos mensagens confeccionadas especialmente para o cabide do vosso comodismo mental. Não deveis criar a separação, exigindo preferência exclusiva para o que vos é simpático, pois, não existindo coisa alguma absolutamente impura, à medida que realmente evoluirdes descobrireis os valores que se acham ocultos nas coisas consideradas inúteis ou daninhas.

PERGUNTA: — Podeis nos dar alguns exemplos desses valores existentes nas coisas "inúteis" ou "daninhas"?

RAMATÍS: — O capim, tão vilipendiado, a ponto de servir de figura de retórica para simbolizar a inutilidade, é considerado atualmente, pela vossa ciência, como uma das plantas que possui todas as vitaminas conhecidas, o que tem constituído o segredo da vigorosa nutrição dos animais. Na impureza do charco nasce o lírio, e no monturo nauseante esconde-se a energia que, em divino quimismo, transforma detritos em roseiral perfumado! Os detestados vermes intestinais assinalam à criança a sua carência mineralógica e lhe indicam o alimento exato; o batráquio repulsivo é que sustenta a vida na lavoura; as feias lagartas geram delicadas borboletas; as minhocas são os humildes mineiros que abrem as galerias que servem para a renovação do ar destinado às reações químicas da seiva vegetal no subsolo. O mofo, ou bolor, considerado resíduo anti-higiênico, é a virtuosíssima penicilina. Em nenhuma ferida em que se assenta a mosca varejeira há perigo de gangrena. Milhares de criaturas devem a sua cura aos tóxicos das aranhas, das cobras e dos insetos venenosos, e outras ao aproveitamento médico do arsênico, da cicuta ou do curare. Há um sentido oculto, de utilidade, mesmo naquilo que vos parece revolta da Natureza: a tempestade furiosa é a limpeza da atmosfera carregada de impurezas, e os temidos vulcões são as válvulas de segurança do vosso globo, para que se equilibre a pressão interna na saída gradual dos gases.

Só o homem — separatista por índole — é que atribui efeitos daninhos às coisas que não lhe despertam simpatias. O derrotismo da alma egocêntrica não lhe permite avaliar merecimentos nas experimentações alheias, e então se entrega sistematicamente a uma censura viva e acre. Em qualquer latitude do Cosmo, seja na região celestial, seja na vida física ou nas regiões infernais do Além, há um contínuo processo de mais embelezamento e utilidade espiritual. Jesus, o espírito sem deformidade mental, que reconhecia sempre o valor oculto que há em todas as coisas, considerou a prostituta como a infeliz esposa, mãe e irmã distante dos bens da paz e da alegria verdadeira. O homem honesto e compreensivo, viajante comum da vida física, quando não lhe agradam as ofertas ou as experimentações dos companheiros da mesma viagem evolutiva, segue o seu caminho e os deixa em paz. Se não vibra com os raciocínios novos dos companheiros, prossegue evolucionando através dos seus valores familiares, que lhe despertam inteira confiança.

As nossas mensagens não são imposições, mas ofertas de boa vontade; cada um que as prefira conforme a sua capacidade mental e o seu diapasão espiritual, sem, entretanto, subestimar as experiências naturais de outros seres. O homem não cumpre os mandamentos do Pai quando cultua só aquilo que lhe agrada e hostiliza sempre o que lhe é antipático. Que seria do vosso orbe se os "cientistas puros", inimigos do misticismo e dos compungimentos religiosos, resolvessem destruir todos os templos e agrupamentos espiritualistas, exterminando sacerdotes e doutrinadores? Ou, então, se os mandatários religiosos, fanáticos, inimigos da ciência e remanescentes da Idade Média, decidissem aniquilar completamente o labor científico? Qual dos grupos teria mais direito e razão para agir? O vosso globo, em lugar de escola educativa do espírito, tornar-se-ia um árido deserto de ideias e de liberdade!

PERGUNTA: — Há os que afirmam que as vossas mensagens perturbam os sistemas já consagrados pela tradição espírita, principalmente no tocante à extensa quantidade de obras doutrinárias, já produzidas por médiuns de merecimento, podendo-se, pois, dispensar vossas comunicações, consideradas dissociativas. Que nos dizeis a respeito?

RAMATÍS: — Qual o sentido dos "sistemas" de que falais, na tradição espírita? Podereis, porventura, provar que os sistemas criados pelos homens, embora espiritualistas ou religiosos, podem superar o sistema do Amor que ainda falta à humanidade? Examinai e comparai a natureza dos múltiplos sistemas que pululam no vosso mundo, em todas as esferas da experimentação humana, inclusive os religiosos, e vereis a sua fragilidade. Vós achais, por exemplo, que é muito acertado o sistema de destruirdes os ratos, as baratas ou as serpentes, como animais daninhos, mas isso é porque não os apreciais como quitutes em vossas mesas. Sob esse esporto pretexto, criais então rigorosos "sistemas" científicos e industriais, para com extremado carinho engordardes suínos, bois, carneiros, vitelas e aves para o cemitério do vosso estômago. Considerais impuro o "sistema" de criardes ratos ou escorpiões, mas achais higiênico e puro o de criardes galinhas, porcos e cabritos para o embelezamento nauseante de vossas mesas. No primeiro caso, é porque detestais o rato como alimento e, no segundo, porque apreciais o porco como petisco. No entanto, se comparardes os vossos sistemas civilizados, de alimentação, com os de outros povos, será provável que emitais acres censuras ao saberdes de raças cuja alimentação se firma na criação de ratos e de serpes! A utilidade, portanto, das coisas criadas por Deus fica subordinada à simpatia e preferência de cada homem, de cada grupo, seita ou raça. Gostais de porcos e de bois, ou de galinhas cozidas em moderno vasilhame de pressão; recomendais, então, que se ampliem os frigoríficos, que se higienizem os açougues e que se desenvolvam as indústrias de conservas de carnes em latas! Isto "é bom", porque gostais de comer, mas aquilo "não é bom", porque não gostais; que se destruam incondicionalmente, então, os ratos, as baratas, os escorpiões ou as cobras e tudo que vos é antipático, pois que é ruim e impuro, visto que não serve ao vosso paladar nem pode ornar as vossas mesas! O que apreciais está certo; o que detestais está errado. Que vos importa o sofrimento do suíno na engorda albumínica ou a tortura do ganso com o fígado hipertrofiado, arrastando-se pelo solo! Isto são apenas insignificantes detalhes de um "bom sistema" que concebestes na espertaza egocêntrica; que é muito bom para as vossas alegrias e prazeres, embora horripilante para o porco, para o ganso e para outros animais que sacrificais.

Assim raciocinais, também, quanto às crenças e aos sistemas religiosos ou espiritualistas; cultuais e defendeis severamente o sistema que agrada ao próprio paladar psíquico, mas achais impuro ou dissociativo o sistema ou o labor que não é de vossa simpatia. Aquilo que não se afina ao vosso modo de pensar desperta-vos antipatia e quereis eliminar; o que agrada ao vosso raciocínio, erigis em "sistema" e a ele aderis com entusiasmo. Que se divulgue, amplie e se dissemine pelo mundo aquilo que julgais bom, que julgais puro, que julgais certo ou verdadeiro, mas seja censurado, julgado e exterminado aquilo que julgais mau, exótico ou errado! Destruam-se as igrejas católicas — gritam os protestantes; derrubem-se os templos reformistas — bradam os clericais; quebrem-se os ídolos inúteis e as imagens gélidas — exclamam os espiritistas; encarcerem-se os diabólicos — retrucam os católicos e os protestantes, aludindo aos espiritualistas. Combata-se o esoterismo, a maçonaria, os teosofismos complexos ou os exotismos da umbanda — clamam espíritas kardecistas; acabe-se com o perigo do intercâmbio espírita com as larvas, com os elementais e os ilusórios cascões de desencarnados, pontificam os teosofistas e rosa-cruzes nos seus compêndios doutrinários! Defendem o seu "sistema" os umbandistas, afirmando que, no kardecismo, Jesus apenas faz discursos, enquanto que na umbanda o Mestre realmente trabalha! Ergam-se fogueiras para os positivistas, espécie de "São Tomés", que só creem naquilo que apalpam; acendam-se fogueiras para os espiritualistas, que só doutrinam sob conjecturas — gritam outros! Os sistemas que se julgam certos estão em luta com os sistemas que julgam errados, e a confusão aumenta, porque todos apregoam que o seu sistema é o melhor e o único detentor da última verdade, quando não da Verdade integral!

É óbvio que a nossa presença pode ser dissociativa no seio de tantos "sistemas", porquanto não estamos interessados em valorizar tradições ou agrupamentos simpáticos, mas apenas em insistir quanto à urgente necessidade da adoção do sistema crístico, do Amor e da Bondade, que deve reunir as simpatias gerais de todo o Universo. Esse sistema universalista, sob a égide do Cristo, não exige definições nem se torna dissociativo, porque não prega a união pelos caminhos da separação, nem fala de amor sob a confusão da discórdia.

Embora a maioria das instituições religiosas e espiritualistas do vosso mundo esteja de posse de extensa bibliografia doutrinária, obtida no esforço santificado do Bem, cremos que seu conteúdo só é valioso quando vivido praticamente no "amai-vos uns aos outros". Apenas por pregardes esta máxima de mil modos diferentes e sobre ela tecerdes mil historietas poéticas, não provareis que vos entrosastes com o sistema Crístico mas apenas que procurais a garantia do sistema religioso particular que adotais.

PERGUNTA: — Em certa crítica de escritor espírita, muito credenciado na seara, fostes comparado a um Mefistófeles com o falso aparato de um anjo, a fim de enganar os incautos. Afirma-se que as vossas mensagens possuem subtilezas tais que hão de provocar, no futuro, muita separação entre os espíritas. Em face da continuidade de vossas comunicações, gostaríamos de conhecer o vosso pensamento a esse respeito.

RAMATÍS: — Como não, há privilégio na indesviável ascensão espiritual, e todos os filhos de Deus evolucionam para a angelitude, os anjos já foram os diabos de ontem; e, o que é mais importante: o pior diabo será um dia o melhor anjo. Deus, o

Absoluto Criador Incriado, está em tudo o que criou. Em consequência disso, ninguém se perde em seu seio, e os Mefistófeles sobem, também, a infinita escadaria para a Perfeição. Havendo um só Deus eterno e bom, que provê, imparcialmente, a felicidade de todos os seus filhos, os mefistófeles e os diabos não passam de "fases" letivas na escolha educacional do espírito divino. São períodos experimentais em que se forjam os futuros habitantes do céu; significam degraus entre a animal e o anjo. Mefistófeles, na realidade, é o curso pré-angelical que fica entre a consciência primária e a cósmica do anjo. Admitir o contrário seria retornar à crença na velha fábula do inferno eterno e do seu esquizofrênico Satã às voltas com os caldeirões bíblicos. E como os espíritas — principalmente — não esposam essa teoria, que ainda faz sucesso entre os religiosos infantilizados, é óbvio que "Mefistófeles" lhes significará sempre o irmão desajustado, o velho companheiro que saiu de casa e que, quando retornar aos seus pagos divinos, também será o "filho pródigo", da parábola, a merecer o melhor carneiro.

Supondo que somos um Mefistófeles — no engraçado dizer do escritor atemorizado — que se disfarça na pele de anjo para enganar os incautos, quer isso dizer que no vosso mundo existem muitos potenciais, sob idêntico disfarce, pelo que deveis tomar muito cuidado e exercer severa vigilância em roda de vós, pois ser-vos-á difícil identificá-los no seio das paixões comuns da humanidade. E tornam-se muitíssimo perigosas as sutilezas dos Mefistófeles reencarnados, quando eles encontram afinidades entre os irmãos incautos. Lembram gotas d'água na terra ressequida da separação humana.

PERGUNTA: — Outra crítica insistente classifica-vos de lobo vestido de ovelha; diz que sois um dos "falsos Profetas" anunciados pela Bíblia; um dos "espíritos iníquos" mencionados por Jesus. Qual a vossa resposta?

RAMATÍS: — Na figura desse lobo vestido de ovelha ou do falso profeta bíblico, queremos deixar-vos, então, a seguinte mensagem mefistofélica: — Antes de irdes ao vosso centro, loja, cenáculo, igreja, templo, terreiro ou instituição iniciática, reconciliai-vos com os vossos inimigos; antes da prece recitada em público, lamuriosa e poética, dedicai-vos tão abnegadamente aos vossos irmãos necessitados, de modo tal que nem vos sobeje tempo para orardes. Não julgueis a embriaguez do irmão sem lar e sem ânimo para viver, mas estendei-lhe as mãos fraternalmente; abandonai o vosso veículo caríssimo e luxuoso, até que o infeliz aleijado do vosso caminho tenha o seu carrinho de rodas. Reduzi a quantidade excessiva de ternos, que possuís, para que possais vestir alguns maltrapilhos da vizinhança; diminuí o uísque e as compotas da vossa adega, para que sobre pão ao faminto e vitaminas para a criança anêmica; economizai no gasto da boate, para socorrerdes a infeliz lavadeira que precisa de descanso, a parturiente que pede fortificante ou o operário desvalido que não cobre com o seu salário as suas despesas mensais.

Buscai colocação para o desamparado e para a jovem doméstica que luta com dificuldades financeiras; providenciai medicamento para o doente deserdado e livro para o estudante pobre. Não temais a abóbada da igreja católica, as colunas do templo protestante, o esforço do esoterista, a reunião do teosofista, o experimento do umbandista, as lições da Yoga ou a cantoria dos salvacionistas. Concorrei à lista para os pobres de todas as religiões, sem exclusivismo para com a vossa seita; atendei ao esforço do irmão que vos oferece a Bíblia em lugar do livro fescenino e auxiliai a divulgação da revista religiosa que vos recorda Jesus; rejubilai-vos diante do labor doutrinário adverso ao vosso modo de entender, mas que coopera para a melhoria do homem.

Aprendei que a doutrina é sempre um "meio" e não um "fim". O espiritismo é maravilhosa revelação da imortalidade da alma; convite divino para que o homem modifique a sua conduta desregrada e assuma a responsabilidade da vida espiritual; mas, acima de tudo, que se cumpra a universalidade do Cristo, antes que o separatismo de seitas. E que "vos ameis uns aos outros, assim como eu vos amei" seja o compromisso incessante a que deveis atender, porque nunca podereis pregar a união sob a exclusividade religiosa. Podeis afirmar que estais com a melhor doutrina, mas isto é apenas uma opinião humana, com a qual pode discordar a opinião crística. A melhor doutrina é, ainda, o amor pregado por Jesus, doutrina que não possui postulados ou diretrizes tipografadas fora do coração!

So assim fizerdes, asseguramos-vos que estareis livres do imenso perigo dos "lobos vestidos de ovelhas", dos "falsos profetas", dos mefistófeles com aparência evangélica ou dos "espíritos iníquos" preditos na Bíblia. Se eles vos conduzem ao erro e à iniquidade, tornar-se-ão inofensivos, em virtude de não encontrarem em vós próprios as condições favoráveis para implantarem em vós a iniquidade e o separatismo.

Considerações sobre opiniões do Além

É provável que ao leitor pareça estranha a série de perguntas dirigidas a Ramatís, no capítulo seguinte, supondo que estamos aflitivamente preocupados em justificar-nos perante as possíveis censuras de espíritos desencarnados acerca desta obra.

Quando publicamos o opúsculo *Conexões de Profecias*, contendo algumas perguntas e respostas extraídas da obra definitiva, surgiram algumas críticas em jornais e revistas espíritas, das quais já tratamos no capítulo anterior. Alguns classificavam Ramatís como umbandista, outros como teosofista, outros como esoterista, outros como um espírito excêntrico, devotado à escolástica hindu, outros tachando-o de "Mefistófeles" ou falso profeta, outros de anti-kardecista e até de feiticeiro.

Posteriormente, surgiu nova campanha por parte de outros confrades, os quais apontavam censuras severas de espíritos credenciados e desencarnados, que estariam sendo emitidas contra a obra de Ramatís, situando-o como entidade menos digna a difundir profecias mirabolantes e prejudiciais, através de mediunidade invigilante. De modo algum afirmamos que essas nobres entidades desencarnadas e de nossa confiança hajam dito semelhante coisa; mas alguns espíritos insistiram em ajustes sibilinos em alguma mensagem do Além, num esforço de patentear, em público, a grave censura ao nosso labor. O fato provocou a remessa de centenas de cartas ao nosso grupo e ao médium do qual Ramatís se serve inquirindo sobre esse julgamento desairoso do Além e rogando-nos esclarecimentos para cessar a confusão.

De modo algum ficamos preocupados com o assunto, nem pretendíamos apresentar qualquer justificação a esse respeito, porquanto o tempo é que dirá do valor ou da inutilidade da obra ramatísiana. Mas não podíamos cometer a descortesia de fugir às solicitações dos simpatizantes e leitores da obra, porquanto bem reconhecemos a nossa responsabilidade em precisar atender às indagações acerca do que publicamos. Isto posto, lançamos mão do recurso que o bom-senso nos indicava: ouvir Ramatís, a respeito, o que fizemos através das perguntas que constituem o objetivo do capítulo que se segue.

Para nosso contento e do próprio leitor desta obra, as respostas de Ramatís foram de sentido geral e não exorbitaram do âmbito evangélico, o que se tornou perfeitamente conciliador.

Atendendo à inspiração do nosso Mentor Espiritual, situamos as perguntas com mais evidência no terreno das hipóteses, indagando-lhe de sua opinião, caso espíritos desencarnados, dignos e sábios, realmente emitissem as opiniões que vários confrades teimam em atribuir à sua obra.

Acreditamos que atendemos, também, aos imperativos sagrados do espiritismo, logrando uma solução afetuosa e racional, sem o combate e a agressividade que sempre desmentem o serviço evangélico.

Confiantes em que o discernimento do leitor inteligente há de auxiliá-lo na identificação do conteúdo crístico desta obra, esperamos em Jesus que tenhamos obedecido satisfatoriamente aos ditames amorosos do seu divino Evangelho.

Curitiba, 15 de Janeiro de 1956
Grupo Ramatís

A voz oficial do Espaço ou das instituições religiosas ou espiritualistas

PERGUNTA: — Temos recebido grande quantidade de cartas, afirmando-nos que existem comunicações de abalizados espíritos desencarnados, em cujas entrelinhas censuram as vossas profecias mirabolantes e as consideram prejudiciais ao ministério da espiritualidade. Que nos dizeis a respeito dessas possíveis advertências, que têm servido de gáudio e satisfação a alguns críticos?

RAMATÍS: — Há um provérbio de senso comum, no vosso mundo, que assim reza: — "Pelos frutos se conhece a árvore". As nossas intenções podem ser identificadas em nossas próprias mensagens, assim como pelos frutos se identifica a natureza da árvore que os produziu. Sabeis que não podeis encontrar laranjas nos espinheiros nem tão pouco cicuta no suco medicamentoso da hortelã. Entretanto, aceitamos sempre qualquer censura que se nos dirija, sem desaprovarmos o julgador, a fim de não transgredirmos as sublimes recomendações de Jesus no "amai-vos uns aos outros" e no "fazei aos outros o que quereis que eles vos façam". Qualquer referência, justa ou injusta, aos nossos labores, recebemo-la com o afeto e respeito que nos merecem as recomendações de Jesus: "não julgueis, para que não sejais julgados". Embora possam nos atribuir sentimentos menos dignos, é mesmo conveniente que sejam conhecidas todas as opiniões favoráveis ou desfavoráveis ao nosso despretensioso trabalho. O direito de opinar é sagrado; respeitemo-lo sob as normas da tolerância exemplificada por Jesus. Em fidelidade ao Magnânimo Senhor, não esqueçamos o seu sublime ensinamento do "Amai-vos uns aos outros, assim como eu vos amei". E, quando quisermos saber qual deve ser a nossa reação, mesmo diante da Injustiça, é ainda Jesus quem nos, indica a solução exata: — "E se qualquer te obrigar a caminhar uma milha, vai com ele duas".

Nesta hora decisiva para as reais transformações do espírito, é sempre oportuno que testemunhemos os conceitos evangélicos à altura da mesma confiança que depositamos neles. O ensinamento de que "aquele que não tiver pecado atire a primeira pedra" é suficiente para afastar-nos de qualquer ação antifraterna, e o conceito de que, "aquele que vê o argueiro no olho do vizinho não enxerga a trave no seu", impede-nos de emitir julgamento contra quem quer que seja que censure as nossas comunicações.

Ante a absoluta certeza de que a Jesus é que cabe separar o joio do trigo, estamos despreocupados a respeito de qualquer censura alheia, mesmo porque o julgamento ou a censura, no vosso mundo ou em outro, por mais lógico e verdadeiro que seja, constitui sempre um delicado caso de consciência para o julgador, perante os preceitos do Cristo. Assim como a lisonja não nos deixaria melhor do que já somos, também estamos certo de que a mais terrível censura não nos deixará pior. Aliás, quando o censurado consegue guardar o devido respeito diante do julgamento alheio, para não contrariar os preceitos do Cristo, cabe-lhe sempre a primazia de êxito espiritual no perdão crístico.

PERGUNTA: — A fim de que se faça maior luz nos esclarecimentos a serem dados aos vossos leitores e se interprete a contento geral essa possível censura, desejaríamos esmiuçar o assunto sem quaisquer receios. Notamos que alguns simpatizantes dos nossos trabalhos arrefeceram o seu entusiasmo das primeiras horas para com vossas mensagens. Que nos dizeis a respeito?

RAMATÍS: — As opiniões contrárias aos nossos insignificantes labores prendem-se a questões de eletividade espiritual. A simpatia de muitos para com as nossas comunicações depende da razão muito lógica de não vibrarem na mesma faixa vibratória em que atuamos. Nem por isso os consideramos injustos para conosco, pois nos examinam apenas do seu ângulo familiar; se lhes apresentássemos um roseiral florido, eles, analogicamente, haveriam de não olhar as rosas, para se distraírem com a pesquisa da qualidade do adubo que as fertilizasse. No entanto, os afeiçoados às nossas mensagens fazem exatamente o contrário: deixam de lado o adubo, para se inebriarem com o perfume das rosas. É uma antipatia natural e lógica, essencialmente justa; provém de outros condicionamentos psicológicos e de outros temperamentos psíquicos. Eles percorreram caminhos diferentes dos da nossa índole oriental. Os nossos simpatizantes atuais, que confiam em nossos dizeres, embora nascidos no Oriente, guardam as tradições de Krishna, de Hermes, de Buda e de outros, porque são egressos das regiões orientais. Eles são mais intuitivos, místicos e sonhadores; algo despreocupados para com a exaustiva objetividade do Ocidente, e nos aceitam incondicionalmente, sem as preocupações formais do intelecto sentem-nos, profundamente, no silêncio da alma, e adivinham a divina realidade do "Eu sou". Vivem um tanto fora das fronteiras rígidas do "espaço" e do "tempo", símbolo dos vossos entendimentos positivos; são mais negligentes para com as complexidades científicas e, embora vestindo o traje de carne dos ocidentais, os reconhecereis facilmente sob a psicologia inata do oriental.

PERGUNTA: — *Qual o motivo dessa maior afinidade e disposição eletiva para as vossas mensagens, por parte dos egressos do Oriente?*

RAMATÍS: — O oriental é essencialmente introspectivo; a sua agudeza mental "sente", muito antes, aquilo que os outros geralmente só percebem através da matemática da forma. Na profundidade do seu espírito vibra a misteriosa "voz sem som" que, no "caminho interior", adverte da realidade que transcende o reino de *Maya* — a Ilusão! É por isso que o que dizemos lhes é eletivo; eles sentem na intimidade dos seus espíritos o exótico perfume que se evola, e uma "voz familiar" lhes segreda: — "Antes que a Alma possa ver, deve ser conseguida a harmonia interior, e os olhos da carne tornados cegos a toda ilusão. Antes que a Alma possa ouvir, a "imagem" tem que se tornar surda aos rugidos como aos segredos, aos gritos dos elefantes em fúria como ao sussurro prateado do pirilampo de ouro". Estas palavras quase não têm sentido para o ocidental inato, porque para isso é preciso fazer o espírito mergulhar profundamente no seu interior, abstrair-se da complexidade ilusória da forma exterior, que o oriental sabe ser profundamente enganadora. Ele inverte fundamentalmente o problema, interessando-se em primeiro lugar pelo que a pitoresca linguagem iniciática chama o *Dhâranã*, ou seja a abstração completa de tudo que pertença ao universo exterior, ao mundo dos sentidos; enfim: — à dor de cabeça do cientista ocidental. As nossas palavras revivem-lhes certas emoções fixadas na retina espiritual, enquanto que para os "não eletivos" podem até parecer ridículas ou obscurecedoras da realidade prática.

Nenhuma censura ou crítica aos nossos comunicados causará perturbações a esses nossos simpatizantes, nem lhes anulará a confiança que já nos devotam. Na realidade, as almas se aproximam e comungam em grupos afins com os mesmos ideais e os mesmos sonhos; inútil será que outros se fatiguem para modificar essas simpatias, que se alicerçaram através de milênios de contacto espiritual. Há sempre uma elite para cada tipo de mensagens, doutrina ou instituição religiosa; a simpatia íntima dos adeptos só poderia mudar se lhes mudassem, também, o conteúdo psicológico individual, acumulado no passado. Embora não pretendamos criar doutrinas ou seitas, existe um grupo eletivo, inconfundível e coeso, que corresponde intimamente às nossas intenções.

Aceitaremos, por isso, as censuras de reencarnados ou desencarnados, a nosso respeito, sob a mais excelente disposição de espírito; é um julgamento que nos será de imensa utilidade, porque nos auxiliará a identificar os verdadeiramente eletivos à nossa índole espiritual. Quanto aos que arrefeceram o entusiasmo das primeiras horas, é porque já estavam divorciados em espírito para com a nossa índole; apenas confirmaram objetivamente o que já lhes era fundamentalmente íntimo na alma.

Estamos certos de que não será esse arrefecimento nem as censuras da Terra ou do Espaço que nos levarão ao ostracismo espiritual, pois sempre atuamos sob a égide de Jesus, que é a garantia máxima das nossas mensagens.

PERGUNTA: — Consideram alguns espíritas que os avisos provindos do Além podem abalar as vossas credenciais como espírito comunicante dos valores espirituais. Não vos preocupa o conceito futuro que possa ter o vosso nome?

RAMATÍS: — Na função de modestos cooperadores do Ideal Crístico, o nosso nome é apenas provisória identificação de uma responsabilidade espiritual, sem que isso importe em personalidade muito do gosto humano. Estamos empenhados num serviço de doutrinação algo subjetiva, mas propriamente indireta, em que os valores crísticos da tolerância, do amor, da bondade, do perdão e da cooperação devem pairar acima de qualquer sistema doutrinário ou reconhecimento personalístico. Os invólucros e as configurações exteriores, que possam amparar as nossas evocações crísticas, são de menos valia. Embora as mensagens apresentem o atrativo de "fim dos tempos", a sua importância está na modificação que operar no coração daqueles que as aceitam, não nos interessando louvores aos nossos espíritos. Para nós, a obra vale pelo que é e não pelo apego que possamos ter para com ela. Atuamos num setor de alertamento espiritual, corajoso e decisivo, em todas as latitudes de interpretações filosóficas e religiosas. Isto posto, ainda que a opinião geral a nosso respeito possa ser abalada no seio de um sistema, de uma doutrina ou de um agrupamento à parte, isso só provará, incontestavelmente, que não pretendemos agradar a grupos específicos, mas a todos, em geral, por mais que se afirmem portadores de maiores verdades.

PERGUNTA: — Outros espíritos advertem que os avisos do Além, por parte de espíritos desencarnados e contra as vossas mensagens, podem significar a decisiva "Voz Oficial" a que se deve dar absoluto acolhimento. Como deveríamos entender esses avisos ou censuras que se atribuem a médiuns credenciados?

RAMATÍS: — As opiniões de espíritos desencarnados, favoráveis ou desfavoráveis a qualquer assunto, podem ser muito importantes como voz oficial, mas essa importância é só para os seus afeiçoados. Para o budista, é muito importante a "voz oficial" de Buda ou dos seus enviados; para o muçulmano vale apenas a palavra do seu profeta ou dos seus chefes espirituais; para os cristãos, a voz abalizada é a de Jesus. É uma questão de indiscutível eletividade que faz existirem budistas que só admitem Buda, confucionistas que só aceitam Confúcio, zoroastrinos que só acolhem Zoroastro, muçulmanos que só confiam em Maomé e cristãos que veneram apenas a Jesus. Acresce, ainda, que a própria "voz oficial" de cada seita ou religião pode perder a sua força doutrinária quando também mudem as antigas simpatias dos adeptos tradicionais. Apesar de Lutero haver congregado inúmeros discípulos e realizado a Reforma protestante, muitos de seus adeptos transferiram-se para novas seitas que sucederam à Reforma e também se constituíram em novos "protestos" ao primitivo Protestantismo. E assim terminaram desprezando a antiga "voz oficial", para só confiarem na voz oficial dos seus novos profetas e reformistas. O mais importante para nós não é a voz oficial desta ou daquela doutrina, mas, principalmente, a revelação Crística que possa haver em cada agrupamento sectário. Enquanto no seio do kardecismo a "voz oficial" é a dos seus mentores espirituais sob a égide de Kardec, os espíritas-redentoristas só consideram como tal a de Luiz de Matos, o fundador do Racionalismo Cristão Espírita. Os adeptos do "Cristo Fluídico" só aceitam, nesse particular, a opinião oficial de Roustaing, enquanto que os umbandistas só confiam oficialmente nos seus orixás e nos humildes "pais de terreiros". Em consequência, não vemos motivos para preocupações de vossa parte com a "voz oficial" em que confiam as pessoas que não confiam em nossas comunicações mediúnicas. Muitos poderão em breve, por questões imprevistas, passar a simpatizar-se com outros grupos espiritualistas e, então, se devotarem a novas vozes oficiais. Assim como acontece com o cravo, a rosa, a violeta, a verbena ou o jasmim, que têm odores eletivos e "oficiais" para diversos olfatos, também sucede com os credos, seitas e doutrinas simpáticas aos vários tipos psicológicos do mundo. O que não se justificaria seria o cravo ou a rosa resolverem, draconianamente, pontificar como portadores do "odor oficial" de todo o jardim...

PERGUNTA: — Não poderá haver quem diga que isso é apenas, de vossa parte, uma inteligente escapatória da censura? ...

RAMATÍS: — Todos vós admitis que o vosso credo, doutrina ou religião é que representa a verdadeira revelação inspirada por Deus. Assim pensam católicos presbiterianos, metodistas, adventistas e outras seitas derivadas do protestantismo; assim pensam os espíritas kardecistas, redentoristas, roustanguistas, néo-espíritas, esoteristas ou umbandistas; também assim pensam os teosofistas, rosa-cruzes, yogas, martinistas, fraternistas e iniciáticos; igualmente assim pensam as correntes espirituais dos budistas, muçulmanos, taoístas, hinduístas, confucionistas, mosaístas, inclusive livres-pensadores ou positivistas. E da índole humana essa tendência particularizada de cada agrupamento ou corrente filosófica ou religiosa, e todos encontram justificativas para o seu modo de pensar; nenhum se considera como cultor de postulados sectaristas e todos são unânimes em se considerar profundamente universalistas. Fala-se em universalismo defendendo-se Jesus contra Buda, ou Moisés contra Jesus. Os homens ainda vivem, no vosso mundo, em conjuntos idiossincrásicos, pregando a universalidade fraterna mas empunhando os seus estandartes tradicionais: — sou católico, espírita, protestante, muçulmano, ou adepto de tal corrente espiritualista! Não podemos, portanto, nos preocupar com uma opinião a mais ou a menos nesse turbilhão de opiniões adversas e contraditórias da vossa humanidade. Enquanto os homens formarem grupos distintos separados por sistemas, credos, doutrinas e religiões, que buscam a verdade por processo particular, estarão imitando os paralíticos, cujos movimentos só se fazem sob o amparo de muletas adequadas.

Depois que Jesus nos legou a força libertadora do "amai-vos uns aos outros" e nos deu a chave para a solução lógica de todos os problemas humanos no "fazei aos outros o que quereis que vos façam", os sistemas doutrinários ou religiosos — embora bons, não há duvida — tornaram-se de secundária importância. Pouco importa se a macieira está plantada em luxuoso pomar, ou no fundo de pobre quintal; o que lhe garante o valor é a qualidade do fruto. A amplitude dos conceitos ditados e vividos por Jesus são premissas definitivas para a base de qualquer movimento religioso ou espiritualista na forma de "movimento crístico". A mais rica catedral ou a mais avançada instituição iniciática que não puder fazer viver esses conceitos, diariamente, pelos seus adeptos, pode fechar as suas portas; serão apenas casarões intitulados religiosos mas distantes da ética do Cristo e apenas protegidos pelos arames farpados do amor-próprio. É lícito e mesmo aconselhável que vos agrupeis afetiva e doutrinariamente; mas antes de vos dizerdes cristãos, budistas, muçulmanos, mosaístas ou hinduístas, tornai-vos primeiramente crísticos!

As vossas posturas religiosas ou compromissos doutrinários não vos legarão os valores morais evangélicos se não os quiserdes possuir na intimidade da alma. De joelhos nas igrejas católicas, em cânticos nos templos protestantes, concentrados nas mesas espíritas, meditando nas lojas teosóficas, operando ruidosamente nos terreiros, recitando "mantras" sincrônicos dos rituais iniciáticos ou devorando leituras bíblicas, ainda não passais de vítimas frequentes da roda das reencarnações. Vindes sofrendo desde a Lemúria, a Atlântida, a Suméria, a Caldeia, a Assíria, o Egito, a China, a Índia ou Pérsia, a angústia das dores e da morte. Guardais no subconsciente as cicatrizes das desilusões com a parentela do mundo ou a decepção dos prazeres animais.

Enfrentastes tempestades, agonias epidêmicas e deformidades físicas sob a disciplina do carma retificador; reencarnastes nas margens dos lagos gelados, nos desertos calcinantes, nas florestas úmidas ou nos pântanos infectos. No entanto, ainda amais com ardor a tortura física e não tendes ânimo para a grande e definitiva libertação! O "homem velho", das sensações inferiores, ainda vos liga fortemente ao comboio melancólico dos viajeiros das paixões descontroladas da carne. Constituís, sucessivamente, a procissão de escravos jungidos pela corda ao moinho quixotesco da vida humana, embora o Alto vos acene, aflitivamente, e Jesus vos convide para o seu reino de amor e de bondade. Vós vos deixais seduzir pelo amor ao mundo ilusório, onde a forma da matéria sufoca a vida magnífica do espírito.

PERGUNTA: — *Mas não considerais de importância o julgamento provável partido de algum espírito que tenha sido reconhecido, na Terra, como um homem abnegado e que houvesse prestado admirável serviço no campo evangélico? Qual seria a vossa opinião, caso isso viesse a suceder?*

RAMATÍS: — Se considerardes esse julgamento como de um espírito credenciado na sua última reencarnação, advertimos-vos de que a morte do corpo não é um ato de magia ou de renovação milagrosa. A desencarnação apenas transfere o espírito para outra faixa vibratória, sem que com isso fique extinta violentamente a sua bagagem íntima. Nós, aqui, não somos agraciados inesperadamente com nova bagagem psicológica adequada ao meio que passamos a habitar, e continuamos a agasalhar os mesmos caprichos e pontos de vista particulares, esquecendo, por vezes, as nossas próprias necessidades espirituais. No Além, como na Terra, o Cristo é quem demarca a fronteira das nossas ações: só Ele, realmente, pode revelar a estatura exata de nossa alma. A disposição mental de se fazer estatística dos pecados alheios também é acontecimento rotineiro para muitos dos moradores do lado de cá. Os espíritos despreocupados da crítica ao próximo — podemos vos afirmar — há muito que não se reencarnam mais no vosso mundo, salvo os missionários ou os instrutores da classe de um Krishna, de um Hermes, de Buda ou Jesus. Nós, que ainda não sabemos cultuar com absoluto rigorismo o "não julgueis para não serdes julgados", raramente somos capazes do silêncio fraterno diante do que julgamos equívoco alheio.

A alma não se promove, no vosso mundo, a candidato aos planos celestiais apenas por pronunciar recitativos compungidos baseados nas máximas evangélicas, ou por produzir brilhantes discursos ou páginas de exortações evangélicas. Temos observado que, justamente devido à fanática preocupação de defesa dos princípios doutrinários, quase que não sobeja tempo para que muitos encarnados vivam praticamente esses mesmos princípios. O que consideramos de vital importância é a opinião de Jesus a nosso respeito, e sabemos que essa valiosa opinião, quando se verifica, é sempre repleta de amor e de compaixão.

PERGUNTA: — *Na hipótese de vos considerarem como entidade menos digna, quais as vossas considerações a esse respeito?*

RAMATÍS: — A definição de entidade "menos digna" prende-se a várias interpretações das quais será oportuno cogitar. Minuto a minuto, no labor comum da vida humana, o espírito é chamado a se comunicar com entidades menos dignas, da censura, da vaidade, da mentira, do orgulho, da maledicência, do amor-próprio, da cizânia, da pretensão, da impiedade, da luxúria, da presunção e da cólera! O problema mais grave da criatura não é o de evitar comunicação com entidades menos dignas, mas sim o de como passar a agir após o contacto com elas. Na hipótese de sermos entidade menos digna, cremos que o maior perigo para o médium, ou para vós que nos ouvis, não seria a nossa personalidade, mas sim as possíveis indignidades que despertassem em vós, devido à nossa influência. O perigo estaria, portanto, na simpatia que pudesse resultar entre vós e aquilo que fosse indigno. Muitos homens se consideram virtuosos porque deixaram de fumar; no entanto, o que mais lhes causa temor é o verem outros homens fumar, porque ainda não venceram completamente o vício, que os espreita como um contínuo desejo oculto. Do mesmo modo, as criaturas realmente dignas nunca poderão temer que as encaminhemos para o mal, salvo se ainda lhes vive, oculto, o desejo para o mal.

Encontrai-vos rodeados de tantas influências menos dignas que, de modo nenhum, poderíamos significar para vós um perigo, ao pôr em relevo as vossas responsabilidades. Satanás — entidade menos digna — não conseguiu perverter a alma de Jesus; no entanto, invocando legiões de anjos e cantando hosanas ao Cristo, os sacerdotes matavam criaturas nas fogueiras da Inquisição e os protestantes assassinavam os seus irmãos no Novo Mundo!

O vosso mundo está repleto de coisas menos dignas, como o prostíbulo, a banca de jogo, os ambientes alcoólicos, os banquetes nababescos, as corrupções administrativas e os agrupamentos fesceninos; no entanto, quantos pregadores e trabalhadores que se consideram ligados exclusivamente a espíritos "dignos" vivem se comunicando com esses antros, às escondidas! Inúmeros seguidores de doutrinas, religiões, credos e postulados considerados dignos, que fogem das entidades diabólicas, incorporam diariamente a maledicência, a censura, a presunção, a insinceridade, o personalismo ou o sectarismo, que os afasta da dignidade de Jesus!

Judas esteve continuamente ligado à entidade digna que era Jesus; no entanto, esqueceu-se de se separar de suas paixões latentes no âmago da alma. Madalena, ao contrário, "médium" da sensualidade e servindo a indignos obsessores da carne, soube desligar-se do diabolismo e consagrar-se ao ministério do Bem!

Não vos preocupeis com a nossa suposta indignidade; vigiai, sim, os vossos pendores e simpatias íntimas, porque Deus não permite a violência no campo interior do espírito, desde que este não possua condições simpáticas para recepcionar o que é indigno.

PERGUNTA: — Supondo que venham a ser endereçadas ao vosso médium algumas acusações de que difunde mensagens ridículas, qual a vossa opinião sobre a atitude que deve tomar o sensitivo, desde que essa censura seja do Além? Deve ele contornar esse problema e evitar tratá-lo em público?

RAMATÍS: — Não vemos razões para que contorneis problemas, censuras ou pensamentos emitidos a respeito de nossas modestas mensagens. O que é feito à luz do dia também pode ser discutido nas mesmas condições. É possível que na Terra se guarde sigilo ou se evite, diplomaticamente, tratar de assuntos nevrálgicos; mas deste lado tudo é diáfano e visto à luz da visão espiritual. Achamos infantil o vosso temor de apreciar em público as censuras atribuídas a nós ou ao nosso médium, de vez que não estranhamos a naturalidade humana de tais censuras, sobre as quais estamos dando explicações.

A vossa humanidade pode ser considerada como um agrupamento de crianças irritáveis, que se privam da própria alegria porque se precipitam no extermínio dos objetos que lhes são dados para tal. A vossa idade sideral e a incapacidade de libertação da carne pede, por vezes, as vossas exprobações ameaçadoras ou as "excomungações" às iniquidades humanas, sem que por isso vos consideremos realmente iníquos. Na intimidade dos nossos espíritos, o que realmente existe são a tristeza e a piedade por vós, porque sois como o cego faminto, que não pode enxergar a videira pejada de frutos a poucos passos ou o "oásis" de água cristalina que lhe mitigaria a sede.

Não consideramos as censuras de reencarnados ou de desencarnados, aos nossos propósitos, como libelos contra as nossas individualidades, mas apenas como ensejos para esclarecimentos evangélicos. Quanto ao julgamento a ser atribuído ao médium que recepciona estas mensagens, deve ele compreender que é apenas uma figura humana, provisória, investida nas funções de modesto instrumento de trabalho a favor dos que são simpáticos aos nossos pensamentos. Cumpre-lhe, na consciência espiritual, isentar-se de qualquer animosidade fraterna e, mesmo que os conceitos mencionados lhe sejam endereçados, felicitar-se por essa oportunidade de provar a sua evangelização, aceitando serenamente os epítetos que devem experimentar-lhe a temperatura do coração. Censuradores e censurados, críticos e criticados, todos ainda são vítimas dos ciclos reencarnatórios da Terra, na melancolia das vidas físicas. Por muitas vezes Deus vos reunirá, ainda, novamente na Terra, no mesmo diapasão de trabalho, para novos reajustes espirituais. Na qualidade de viageiros para os mesmos destinos, os atritos e os ressentimentos que porventura se registrarem só poderão fazer com que vos demoreis na caminhada para a ventura final.

Eis os motivos por que aconselhamos ao nosso sensitivo que mantenha a máxima serenidade diante de qualquer censura ou crítica alheia; que seja ela aceita como a brisa suave, que apenas encrespa de leve o dorso do lago sereno do espírito, mas nunca como a tempestade incontrolável, que pode também remover o lodo do fundo do lago.

PERGUNTA: — *Que nos dizeis do trabalho em que se empenham alguns irmãos a fim de neutralizarem a repercussão favorável que possam ter as vossas mensagens?*

RAMATÍS: — É um movimento que achamos muito justo, por parte daqueles que resolveram iniciá-lo, do mesmo modo que também consideramos de justiça que procureis divulgar as nossas mensagens. Esses nossos irmãos guardam a convicção de estarem absolutamente certos e temem que os nossos pensamentos se propaguem em detrimento dos postulados tradicionais que já admitiram como verdade indiscutível. Não vemos motivos para censurarmos essa disposição natural do espírito humano. Só a simples convicção de que estão praticando um bem já os exonera de qualquer crítica. É um modo particular de trabalhar pelo bem da espiritualidade. Apreciamos com simpatia todo esforço em prol de segurança doutrinária para o bem do espírito. Confiam plenamente no conteúdo dos preceitos a que se afinizam espiritualmente; querem evitar, portanto, que as nossas comunicações possam trazer-lhes prejuízos ao labor já realizado com dignidade na seara espírita. Por que não haveriam de reunir, com urgência, os recursos necessários para garantia de postulados que tão custosamente hão implantado no ambiente doutrinário?

Embora estejamos transmitindo mensagens com a única finalidade de despertar o mecanismo dos vossos raciocínios para vários labores espiritualistas do mundo, reconhecemos o justo temor com que estamos sendo recebidos por aqueles que nos julgam demolidores de suas doutrinas.

PERGUNTA: — Desde que esses irmãos nos considerem adversos às suas doutrinas, a sua campanha demolidora não poderia afetar o nosso labor?

RAMATÍS: — Supondes, porventura, que a laranjeira e a roseira consideram demolidor ou adverso o vigor do vento contra as suas folhas, a agressividade dos insetos contra a sua seiva, a corrosividade dos ácidos em suas raízes, o excesso da chuva, a gelidez do inverno ou a irreverência das abelhas em seus caules? Como plantas empenhadas num crescimento interno, num objetivo útil e bom, o que para outras árvores poderia parecer crítica, injustiça ou censura, para elas apenas são estímulos, obstáculos e problemas que, removidos, engrandecem a sua própria natureza vegetal. Tanto nós, espíritos desencarnados, quanto vós, discípulos, ou o médium que é nosso instrumento, podem considerar essa chamada campanha demolidora como um extraordinário contingente de forças estimulantes, que vos exercitam a vigilância crística e podem desenvolver ainda mais, em vós, a bondade e o amor, sem qualquer reação psicológica contundente do homem-matéria. É mister que reconheçais que os vossos companheiros de embarcação terráquea veem-se obrigados a lançar mão dos recursos que lhes pareçam melhores no labor defensivo daquilo que tem sido um serviço generoso ao próximo.

As nossas mensagens, diante da campanha demolidora que citais, ou se dissolverão como o pó ao vento arrasador, ou então sobreviverão mais coesas, íntegras e fortes após a tempestade. É preciso que sejam provadas — não há dúvida — e muito devereis agradecer àqueles que vos ajudam a prová-las.

PERGUNTA: — Os espíritos desencarnados, pelo fato de haverem sido considerados trabalhadores cristãos na Terra, estão autorizados a efetuar julgamentos pessoais dos outros trabalhadores encarnados? Isto parece-nos desmentir o que eles ensinavam no mundo físico. Estamos certos?

RAMATÍS: — Não encontramos motivos para vossa desconfiança. As coletividades de espíritos que mourejam junto à crosta terráquea são as remanescentes de vossa própria humanidade e que se renova continuamente no ciclo das reencarnações. Embora cultuemos padrões mais elevados, porque já nos situamos na área do trabalho de Jesus, a nossa proximidade da Terra associa e desperta-nos influências mentais muito ao gosto das preocupações terrenas. Esquecemos, por vezes, que também já tivemos a nossa infância espiritual e não suportamos o que julgamos equívocos dos nossos companheiros. Assemelhamo-nos aos velhos decrépitos, do vosso mundo, que, desiludidos por terem sido vítimas dos desregramentos da juventude, tornam-se religiosos ou espiritualistas puritanos, e passam a excomungar todo divertimento dos jovens como "loucuras da mocidade". Ante a visão reduzida da Realidade Espiritual, apegamo-nos demasiadamente à personalidade, humana e tentamos fortificá-la a todo custo! Exaltando-nos, pessoalmente, então julgamos e corrigimos os equívocos do próximo, na ingênua ilusão de que já passamos a existir mais e melhor do que os outros, isto é, daqueles que censuramos. Em nossa intimidade humana e provisória, o "eu" inferior sempre nos justifica o julgamento que fazemos do próximo, sob o sutil sofisma de que defendemos doutrinas, princípios morais humanos ou divinos. Na realidade, tudo isso é apenas angústia de sobrevivência, de "melhor existir", personalisticamente, na ignorância profunda dos verdadeiros objetivos do Pai.

Acumulamos ideias e emitimos pareceres que nos possam distinguir o mais possível no seio da massa contemporânea, embora esses pareceres se convertam, por vezes, na deprimência da censura ou da crítica ao próximo. Pensando em revelar o que é mais certo e mais justo, comumente só revelamos aquilo que é apenas simpático à nossa formação filosófica ou religiosa. Mas a sequência da vida nos vai descortinando novos panoramas da Realidade Espiritual; a consciência humana, desde os seus primeiros bruxoleios de vida isolada, aparentemente, no seio do Cosmo, cresce continuamente em sentido esférico, passando por consciência grupal, racial, continental, planetária ou constelar.

À medida que abrange maior área de conhecimento cósmico, também se despe dos seus pontos de vista, caprichos e limitações personalísticas, para então se doar à condição de "divino alimento" às consciências menores que a seguem na esteira da caminhada. Só enquanto as almas alimentam ainda a noção de separatividade, como indivíduos exclusivos, é que fazem seleções de virtudes em si e de pecados em seus irmãos.

Se o espírito humano pudesse abranger toda a área da "Consciência de Deus", naturalmente eliminaria a sua ideia de "defeitos alheios", pela razão de não mais existir o "alheio", ante uma só consciência portadora de toda a vida!

Essas razões nos aconselham a que aceitemos sempre todas as censuras à conta de insuficiência espiritual e não de culpa para com o código divino. A crítica e o julgamento revelam sempre o estado espiritual daquele que os emite, e que deve ser considerado de acordo com as emoções e sentimentos que ele mesmo julga serem os melhores. O julgamento é um esforço humano para fazer sobressair a figura passageira no mundo das formas, embora acarrete estagnação na caminhada do espírito. Quando a Consciência Divina quer nos oferecer exemplos de padrões de exaltação espiritual superior, apresenta-nos figuras como a de Francisco de Assis, Krishna, Buda ou Jesus de Nazaré, os quais, paradoxalmente, nunca julgaram e só se glorificavam "negando-se a si mesmos".

PERGUNTA: — Se é assim, pensamos, então, que as censuras emitidas por espíritos desencarnados devem colocá-los em conflito com as tarefas que haviam assumido quando no mundo físico; não é verdade?

RAMATÍS: — Inegavelmente, como já vos advertimos, todo julgamento resulta, sempre num problema de consciência entre o julgador e a consciência do Cristo. É, entretanto, um ato muitíssimo natural, próprio do nosso estado evolutivo ainda incipiente, e devido à nossa incompreensão da "realidade única" de que o "reino de Deus está no homem" e "o homem foi feito à imagem de Deus". Em nossas contínuas reencarnações pelos mundos físicos, formam-se profundos quistos em nossas almas e que são dolorosos para extrair. Lembramos o barro bruto, na sua primeira forma, para se tornar depois o vasilhame delicado: — o mais trabalhoso é torná-lo sólido sob o fogo causticante e depois desbastar-lhe as arestas sob a ação implacável do oleiro. E assim, pouco a pouco o "espírito-indivíduo" desperta, reconhecendo-se intimamente ligado ao Pai e a todos os seres e coisas. A sua potencialidade eterna está no pensamento único de Deus, o princípio gerador; a sua coesão está no amor, que reside no segundo princípio crístico, e a sua força criadora é o espírito operante, que vem a ser o terceiro princípio componente da simbólica "divina trindade" numa só expressão, que é Deus, o Absoluto Criador Incriado.

PERGUNTA: — Nesse caso, aconselhais a nossa completa indiferença pelo resultado que possa alcançar qualquer campanha contra as vossas mensagens. Não é assim?

RAMATÍS: — Não opomos dúvida a que assim devais proceder, aliás de acordo com o ensino consagrado de Jesus. Agora é o momento de provardes que confiais no Evangelho de Jesus e o pondes em prática justamente na hora psicológica do exame crístico. De outra forma iríeis vos desmentir, lançando-vos à arena com as mesmas armas imprudentes da censura. Sempre tendes afirmado que a verdade sobrepuja injustiças ou equívocos. Porventura não tendes confiança no que dizeis? Aguardai que a justeza das nossas mensagens seja provada à luz do dia porque, em lugar de dissociativas, separatistas ou confusionistas, irão servir, em breve, para que se compreenda melhor o sentido da unificação crística.

Não vos preocupeis com a aflição do próximo em querer salvar, orientar ou defender princípios de sua simpatia, mesmo quando se tratar de entidades respeitáveis. Isso é devido, naturalmente, à noção errada de que "os outros" estão sempre equivocados e precisam ser salvos! O missionário católico ou protestante, que enfrenta os terrores da floresta para catequizar o bugre e ensinar-lhe que não deve devorar o seu irmão selvagem, termina abarrotando o estômago com as carnes assadas do seu irmão menor: o boi, o suíno, o carneiro! A questão é de pontos de vista particulares sobre o modo de "salvar" o próximo. Entretanto, perante a Consciência Infinita do Pai, ambos estão certos, porque cada um age de acordo com o seu grau de maturidade espiritual. Muitos líderes espiritualistas do vosso mundo, que vivem aflitos para libertarem os seus irmãos de vícios perigosos, não passam de fumantes inveterados, alcoólicos, elegantes e devoradores de despojos sangrentos dos seus irmãos inferiores. E, cada vez que um desses líderes consegue libertar-se desses seus vícios, acrescenta a si mais uma virtude e descobre mais um vício alheio a que deve dar combate.

A crença do selvagem antropófago de que, devorando o seu prisioneiro, tornar-se-á valente e destemido, é considerada um crime horroroso e repulsivo perante o Código Criminal dos civilizados; no futuro, porém, quando maior for o grau evolutivo do espírito terrícola, haverá leis severas de proteção à vida das aves e dos animais e, então, também será crime horroroso, a ser severamente punido, o fato de elegantes cidadãos devorarem os seus irmãos inferiores, a fim de se tornarem "robustos" e "ricos em proteínas"!

Em face da versatilidade com que muda a apreciação do que são virtudes e pecados, no vosso mundo, não vos preocupeis com julgamentos doutrinários. Estes não existem na consciência de Deus, mas apenas na mente humana. Podeis conceber, se assim o quiserdes, a existência de irmãos angustiados e temerosos da dissolução doutrinária; mas isto é um direito muito justo: o direito do jardineiro que vela, embora exageradamente, pelo germinar da sementeira que está a seu cargo.

A coesão crística só poderá ser conseguida pelo amor, pela bondade e pela absoluta tolerância para com o entendimento alheio. Se os nossos labores se esfacelarem em conjunto, ante a força implacável e adversa que situais, ficar-vos-á, pelo menos, a glória de haverdes ficado fiéis a Jesus.

PERGUNTA: — Finalizando a série de perguntas sobre as críticas ou julgamentos a respeito das vossas mensagens, desejaríamos, para as nossas reflexões, conhecer qual a vossa opinião sobre a doutrina espírita. Muitos apontam outros caminhos ecléticos, iniciáticos e renovadores, como de maior superioridade e êxito. Que nos dizeis?

RAMATÍS: — Moisés trouxe-vos a primeira revelação — a Lei da Justiça; Jesus trouxe-vos a segunda revelação — a Lei do Amor; Allan Kardec trouxe-vos a terceira revelação — a Lei do Dever. Na primeira, o homem ficou atemorizado diante do Jeová feroz, sanguinário, que o atiraria eternamente no inferno fumegante, sem esperanças de fuga ou de perdão; na segunda, Jesus transformou o irascível Jeová no Pai Magnânimo, um doador de graças e de misericórdias divinas aos que sofrem e amam; na terceira, Kardec revelou o Consolador prometido e as diretrizes fundamentais do dever do espírito para consigo mesmo. A primeira revelação foi um imperativo para o céu, através do temor e da ameaça; a segunda revelação, um convite celestial, sob a insígnia da renúncia e do amor; a terceira revelação, o despertamento mental para que o homem alcance o "éden", na construção do seu destino! É já a emancipação do espírito nos caminhos rudes da ascensão: o espírito assumindo o comando de si mesmo; a sua convicção de que é "anjo" em potencial e o criador da sua ventura. Pouco a pouco deve ele se libertar das lamúrias resignadas, provindas de um sofrimento consequente de equívocos cometidos no passado, para se tornar um princípio espiritual operante, que procura extinguir o fardo cármico gerado continuamente, de vida em vida. Em lugar da passividade triste, diante de um sofrimento "vivo", embora resignado, há que libertar-se das algemas do carma disciplinador, para vislumbrar o horizonte infinito do seu novo campo de ação e de cristianização, como um decidido preposto do Pai!

O espiritismo é, sem dúvida, a revivescência do cristianismo, distinguindo-se ainda pela corajosa decisão em levantar o véu postado entre o mundo espiritual e o da matéria densa. Em sua indiscutível missão de "revelador", no preparo do milênio do mentalismo, que se aproxima, o espiritismo deve erguer a alma humana para conduzi-la à libertação de sua consciência e torná-la entidade operante no mecanismo do Cosmo. Foi um apressamento angélico para a vossa humanidade letárgica aos valores do espírito imortal, fazendo com que se abrissem para todos, repentinamente, as comportas do velho mistério do "ser" e do "destino". É a última e a mais eficiente arguição que os Mentores dos vossos destinos codificaram para o exame urgente, no limiar do novo milênio. Dinâmico, funcional e imperativo, modificará todo o meio, doutrina ou postulado filosófico, religioso ou científico em que for acolhido, estudado ou tolerado! No entanto, cumpre-vos distingui-lo em sua absoluta realidade crística, na feição fundamental do "cristianismo revivente", sem censuras e sem separatismos. É movimento crístico que amplia a visão humana pois, na figura de condutor evangélico, jamais poderá ser isolacionista ou intolerante, mas a força coesiva entre todos os homens, e a luz da verdadeira solidariedade.

Não é ecletismo religioso, para o fim único de unir seitas para comporem o harmonioso organismo do Cristo, mas é ecletismo espiritual, atuante em todos, para o mais breve ingresso na Vida Superior.

O trabalho de Ramatís analisado pela Federação Espírita do Estado de São Paulo

Fala o crítico literário de *O Semeador* (órgão oficial da Federação Espírita do Estado de São Paulo), com Edgard Armond, Secretário Geral dessa entidade.

A Vida no Planeta Marte e os Discos Voadores — Ramatís — psicografia de Hercílio Maes: — Sobre este livro, bem como sobre outras mensagens deste espírito, temos ouvido opiniões discordantes, e até mesmo reprovativas. Consideram-no alguns como narrações fantasiosas, não dignas de crédito; julgam outros que Ramatís pode representar, de certa forma, uma ameaça à livre e acertada expansão da doutrina dos espíritos, por desvio das massas espíritas dos verdadeiros rumos apontados pela Codificação Kardeciana.

De nossa parte, não pensamos assim e julgamos que qualquer ensinamento novo do campo espiritual, venha de onde vier, deve ser bem acolhido sem *parti-pris* e, após o devido exame, incluído no rol daqueles que já possuímos, como integrantes da sólida e já vitoriosa estrutura codificada pelo insigne missionário Kardec. Aliás, este é o ponto de vista expressado pelo próprio codificador, quando disse que o espiritismo, como doutrina evolucionista, encorporaria qualquer verdade nova que surgisse futuramente, após — é óbvio — a necessária análise de caráter comprobativo e racional.

Mas como se podem pôr à prova verdades ou enunciações que estejam acima de nossas possibilidades de verificação, ou quando sejam coisas que só futuramente se venham a verificar?

Todavia, é de observar que muitas das comunicações feitas por Ramatís vêm sendo confirmadas (não em detalhes) por vários mentores espirituais, que a todo instante nos alertam sobre a rápida aproximação de cataclismos, telúricos e sociais, portadores dos sofrimentos e transformações anunciados, desde muito, no próprio Evangelho.

Devemos, pois, nos abster de críticas precipitadas e puramente opinativas que os fatos podem, em breve, desautorizar e prestemos assim homenagem a esse notável Instrutor Espiritual, cujos ensinos demonstram conhecimentos fora do comum e cuja operosidade revela o escopo generoso de nos esclarecer fraternalmente.

Neste livro, que vamos analisar ligeiramente, Ramatís descreve as condições da vida no planeta Marte, cuja humanidade, menos numerosa, porém muito mais evoluída que a nossa, revela costumes, legislação e condições sociais de tal modo diferentes que, para muitos, como dissemos, sua descrição não passa de fantasia, de pura ficção.

Mas note-se que até hoje, mesmo entre os espíritas, existem confrades que, semelhantemente, julgam as obras de André Luiz, esse outro notável Instrutor que tão preciosos esclarecimentos nos tem trazido, no conhecimento da vida além-túmulo, nas esferas espirituais imediatamente sequentes à crosta planetária; não se apercebem de que a objetividade da vida espiritual é cada vez maior à medida que nos libertamos dos liames espessos da matéria densa.

O livro de Ramatís representa, a meu ver, valiosa e importante contribuição ao conhecimento da vida espiritual em planos mais elevados que o nosso; é uma ampliação, um desdobramento, portanto, das obras de André Luiz, mostrando a vida não em um plano sequente, restrito ao ambiente planetário, mas em um outro mais amplo, dentro do sistema planetário do qual fazemos parte.

Das obras que se tem publicado ultimamente, julgo ser esta uma das mais avançadas e úteis, pelo menos pelo fato de mostrar como seria a vida humana em um orbe onde o Evangelho de Jesus é compreendido e aplicado pelo povo, de forma natural e espontânea, e quão radicais transformações se operam na vida dos seres quando as almas triunfam da animalidade inferior e exteriorizam as luzes que formam sua própria essência divina.

O livro contém ensinamentos elevados, de evidente utilidade para todos nós, e aponta motivos ideais para nossas meditações no esforço de melhoria íntima, que é o escopo principal do espiritismo militante. Põe a nu as inferioridades desta nossa humanidade e, mostrando situações espirituais diferentes, aspectos evolutivos de planos situados imediatamente após este que hoje ocupamos, dilata fronteiras no campo do entendimento e ajuda a caminhar mais depressa. Oferece conhecimentos e práticas que, aplicados desde já em nosso mundo (se tal fosse possível) operariam tremendas alterações e enorme impulso dariam ao seu progresso espiritual. Expõe revelações avançadas no setor da pedagogia, mostrando os benefícios da cooperação científica posta ao serviço do esclarecimento, da formação do caráter, da orientação espiritual, visando o amor do próximo e o bem-estar geral. Faz previsões sobre o avanço da ciência do nosso mundo nos próximos tempos e, o que é mais importante, oferece diretrizes para esse avanço. Abre novos horizontes, mais dilatados e escampos, à compreensão e à realização da vida espiritual, fora e acima das competições e das restrições impostas em nosso mundo pela ignorância religiosa e pelo retardamento moral que nos são característicos.

Compare-se o que ali está com o nosso materialismo grosseiro, com o fanatismo dominante nos campos sectários, com a ortodoxia adstringente e retardadora, que infelicita até mesmo os mais lúcidos e bem intencionados, e se verá quão grande é, na realidade, a diferença espiritual entre os dois orbes irmãos e vizinhos.

Para muitos problemas de ordem espiritual, que atualmente nos preocupam, mormente aqueles que interessam à evolução atual, aponta solução e diretrizes, e o que ensina representa na realidade um avançamento, uma antecipação de conhecimentos precisos para a preparação da humanidade, visando o seu futuro ingresso naquele orbe ou em qualquer outro que seja porventura o degrau sequente.

O autor demonstra conhecimentos sólidos e profundos em todos os ramos da ciência universal, dando assim completa autenticidade ao trabalho mediúnico. Por outro lado, seu estilo correto e sóbrio corre parelha com a síntese que dá corpo e integridade a todas as suas magníficas e esclarecedoras explanações.

Para os espíritas, sua obra é de evidente valor doutrinário, porque esclarece muitos pontos controvertidos, como também porque demonstra os inconvenientes de uma ortodoxia sistemática, mesmo quando tenha por finalidade a defesa e a conservação de princípios e estruturas doutrinárias.

Nada encontramos neste livro que represente discordância ou desvios doutrinários em relação ao espiritismo. O que ele contém são confirmações, ampliações, complementações, antecipações. Os horizontes dilatados que ele revela, conquanto distantes, pertencem todavia aos mesmos céus que Deus criou para todos os seus filhos.

Ao invés de criticar, devemos agradecer quando luzes maiores, como essa, se derramem sobre as sombras espessas das esferas vibratórias em que vivemos.

O livro não se limita a apresentar uma filosofia abstrata ou inócua, como muitas das que conhecemos, mas oferece regras de vida moral superior, de ética espiritual elevada, confirmando neste campo os princípios basilares do espiritismo evangélico.

E na exortação final então se revela toda inteira e clara a hierarquia elevada do Instrutor, do grande e generoso espírito que, no momento, se devota à propagação das verdades eternas no cenário sombrio e doloroso deste nosso mundo de expiações e de provas.

O Semeador, junho de 1956.